Franz Stark

Zauberwelt

der deutschen

Sprache

Geschichte ihres Wortschatzes
und seiner Ausstrahlung

IFB Verlag Deutsche Sprache

Zum Buch

Dieses Buch wirbt um Sympathie und Respekt für die deutsche Sprache, will Interessantes und Spannendes von ihr berichten und den wenig bekannten Einfluss ihres Wortschatzes auf andere Sprachen herausstellen. Weil viele Deutschsprachige eher zum Gegenteil neigen, wird ganz bewusst und ohne Scheu vor den übrigen großen europäischen Kultursprachen das Loblied auf sie als einer ‚verkannten Schönen' gesungen. Wer sich nur nahe genug mit dieser ‚Schönen' einlässt, wer mehr über ihre faszinierende ‚Biographie' erfährt, der wird sie nicht mehr hinter anderen ‚verstecken' wollen." – Eine unterhaltsame und lehrreiche Sprach- und Kulturgeschichte.

Zum Autor

Der Autor Dr. Franz Stark war von 1967 bis 2003 leitender Redakteur beim Fernsehen des Bayerischen Rundfunks und ist seit 1993 Lehrbeauftragter für ‚Deutsch als Fremdsprache' und ‚Medienphilologie' an den Universitäten München und Passau. Nach dem Studium der Philosophie, Germanistik und Kommunikationswissenschaft hat er beim Nestor der deutschen Wissenschaftstheorie Wolfgang Stegmüller über ein sprachphilosophisches Thema promoviert. Stark ist Autor mehrerer Bücher zum Thema Sprache.

Im IFB Verlag Deutsche Sprache erschienen bisher:

Wie viel Englisch verkraftet die deutsche Sprache? – Die Chance zwischen Globalisierungserfordernis und Deutschtümelei

Sprache – ‚Sanftes' Machtinstrument in der globalen Konkurrenz

Franz Stark

Zauberwelt

der deutschen

Sprache

Geschichte ihres Wortschatzes
und seiner Ausstrahlung

Bibliographische Information der
Deutschen Bibliothek:
Die Deutsche Bibliothek verzeichnet diese Publikation in
der Deutschen Nationalbibliographie: detaillierte
bibliographische Daten sind im Internet über
http://dnb.ddb.de
abrufbar.

Erheblich erweiterte und überarbeitete Neuauflage

Copyright © 2012 by
IFB Verlag Deutsche Sprache GmbH
Schulze-Delitzsch-Straße 40, 33100 Paderborn
Alle Rechte vorbehalten.
Nachdruck – auch auszugsweise –
nur mit Genehmigung des Verlages.
Druck: Janus Druck GmbH
Umschlaggestaltung: Laurenz Scheer

ISBN 978-3-942409-23-0

Inhalt

Vorbemerkung zur deutschen Ausgabe in Russland 9
Bemerkung zur Neuausgabe des Textes 11

Teil I Ermunterung zum Deutschen 13
1 Das Verstecken der eigenen Sprache 15
2 Loblied auf eine verkannte Schöne 26
3 Was ein Wort erzählen kann 36
4 Identität durch Sprache 42

Teil II Stippvisite im deutschen Sprachmuseum 51
1 Ein Helm, ein Horn und eine Bibel 53
2 Die indoeuropäische Vorgeschichte 58
3 Die germanische Vorgeschichte 63
4 Was der germanische Wortschatz verrät 67
5 Die ersten deutschen Texte 77
6 Karl der Große als Sprachpfleger 84

Teil III Lehrjahre einer Kultursprache 89
1 Der Wortschatz – Neubau auf altem Fundament 91
2 ‚Operation Glaubenswörter' – die Kirche als Geburtshelferin des Deutschen 97
3 Kein Platz mehr für Helden und Heiden – Wörter sterben aus 103
4 Recht und Seelisch-Geistiges 109
5 Kreative Wortschöpfung 115
6 Die Bezeichnung der Deutschen 119

Teil IV Vom Minnesang zur Lutherbibel 131
1 Erster Anlauf zur gemeinsamen Hochsprache 133
2 Jüdischdeutsch 149
3 Slawische Spuren auf deutschem Boden 160
4 Das Bürgertum als Träger der Sprachentwicklung 171
5 Der Einfluss der Humanisten 179
6 Luthers sprachliche Großtat 185

Teil V Der Weg in die Gegenwartssprache 199
1 Bedrohung und Verteidigung 201
2 Dichter und Denker einen die Sprachnation 213
3 Versäumte deutsche Sprachenpolitik 225
4 Weltsprache für Wissenschaft und Bildung 243
5 Fortschritt – Kulturblüte – Nationalismus 253
6 Sprachmissbrauch im Nationalsozialismus 269
7 Deutsch am Ende des 20. Jahrhunderts 274

**Teil VI Deutscher Wortschatz in
europäischen Sprachen** 281
1 Lehnwörter als historische Zeugen 283
2 ‚Barbaren' beeinflussen die Romania 287
3 Glaubensverbreitung im Osten und Norden 297
4 Höfisch-ritterlicher Kultureinfluss 311
5 Die Ostsiedlung: Mit den Menschen wandern die Wörter
5.1 Der große Aufbruch 317
5.2 ‚Der Bürgermeister im Rathaus am Ring . . .' 322

5.3 Das Baltikum: Die Sprache kam mit dem Schwert .. 330

6 Hanse und Reformation
Deutsch bei den nordischen Vettern 339

7 Neuhochdeutsch: Tschechische Abwehr – Polnische Öffnung 350

8 Die Habsburger Expansion – Beispiel Kroatisch 367

9 Deutsche Entlehnungen im Ungarischen 378

10 Russland und die ‚Nemcy'

10.1 Der Sprachkontakt in vorpetrinischer Zeit 382

10.2 Deutsche Sonderstellung seit Peter dem Großen 395

11 Westeuropa entdeckt das geistige Deutschland 416

12 Deutsch im anglo-amerikanischen Alltag 433

Teil VII Das Gewicht des Deutschen 449

Plädoyer für aktivere Sprachenpolitik 451

Versagen deutscher Sprachenpolitik 453

Sprachenpolitik ist mehr als Sprachvermittlung 461

Literaturverzeichnis 467

Literaturangaben zu den einzelnen Kapiteln 469

Ausführliches Literaturverzeichnis 473

Vorbemerkung zur deutschen Ausgabe in Russland

Die erste Ausgabe dieses Buches war 1993 unter dem Titel „Faszination Deutsch" erschienen, geschrieben mitten in der Zeit, in der die wiedergewonnene Einheit die Deutschen in Ost und West mit der Frage konfrontierte, was sie eigentlich miteinander verbindet, warum sie nach wie vor ein Volk sind und auf welche Tradition sie die neue-alte Gemeinschaft stützen können. Sie waren plötzlich wieder auf ihre Geschichte verwiesen, um die sich viele nach der Katastrophe des ersten Nationalstaates und der scheinbar endgültig gewordenen Teilung kaum noch gekümmert hatten.

Zwei Jahre später erscheint das Buch nun in einer vollständig überarbeiteten und vielfach ergänzten Fassung in Russland, und zwar sowohl in Russisch wie in Deutsch. Ich verstehe die Herausgabe einer auch deutschen Sprachfassung durch den Moskauer Universitätsverlag als eine Bekräftigung der in Jahrhunderten gewachsenen kulturellen und sprachlichen Verbindung zwischen den beiden Ländern und Völkern. Tatsächlich gibt es ja nirgendwo außerhalb des deutschen Sprachraums so viele Menschen mit Deutschkenntnissen wie in Russland und der GUS.

Es kommt aber, glaube ich, noch etwas hinzu. Die russische und die deutsche Gesellschaft haben gegenwärtig – bei allen offenkundigen Unterschieden – eines gemeinsam: eine Krise ihrer Identität. Und wer über seine historisch-kulturelle Identität ernsthaft nachdenken will, kann ihren wichtigsten Faktor, die Sprache, nicht ausklammern.

Für Deutsche und Österreicher besitzt das sprachlich-kulturelle Erbe als Identitätsfaktor ein besonderes Gewicht, weil ihre nationalstaatliche wie auch ihre demokratische Tradition weniger weit zurückreichen als andernorts – und weil die brisante Idee der Nation sie in eine so schreckliche Verirrung geführt hatte. Aber gerade die Wertschätzung der eigenen Sprache und die Loyalität ihr gegenüber haben in den letzten Jahrzehnten im deutschen Sprachraum eher abgenommen. Dieses Buch will deshalb um Hochachtung vor der traditionsreichen europäischen Kultursprache Deutsch werben und ihre Jahrhunderte andauernde Ausstrahlung herausstellen, die sie vor allem im Norden und Osten Europas besaß.

Der Autor ist kein Hochschulgermanist, sondern Journalist mit dem Fachgebiet Außenpolitik. Sein Engagement für die deutsche Sprache ist die Frucht eines Germanistikstudiums, und sein ‚sprachenpolitisches' Engagement ein Ergebnis vergleichender Beobachtungen in vielen Ländern. Weil es Aufgabe des Journalisten ist, eine Vermittlerposition zwischen der reinen Wissenschaft und dem interessierten Laien einzunehmen und dabei auch die aktuelle, politisch aktuelle Situation zu reflektieren, könnte das Buch ganz verschiedene Leserkreise ansprechen: historisch und kulturgeschichtlich Interessierte, Funktionsträger mit internationalen Kontakten, aber auch Sprachenstudenten, die einen Überblick und eine Einführung in die Geschichte des Deutschen und seiner europäischen Rolle suchen.

München, im Mai 1995

Franz Stark

Bemerkung zur Neuausgabe des Textes

Das erste Manuskript wurde 1995 geschrieben. Eine sorgfältige Prüfung hat gezeigt, dass der Text, weil es sich vorwiegend um ein sprachgeschichtliches Buch handelt, auch heute noch ‚aktuell' ist. Nur an ganz wenigen Stellen wurden minimale Korrekturen angebracht. Neu ist allerdings das letzte Kapitel, da sich in den Jahren bis 2012 doch einiges verändert hat; es betrifft die Seiten 439 bis 455. Der neue Text wurde an das Schlusskapitel des späteren Buches „Deutsch in Europa" (Asgard Verlag, 2002) angelehnt.

Ich wünsche nach 17 Jahren den neuen Lesern das gleiche Vergnügen wie den russischen Lesern damals.

München, im September 2012

Franz Stark

Teil I

Ermunterung zum Deutschen

1
Das Verstecken der eigenen Sprache

Machen wir einen Zeitsprung um elf Jahrhunderte zurück: Da sitzt kurz vor dem Jahr 870 im elsässischen Kloster Weißenburg der Mönch Otfried vor seinem eben fertig geschriebenen ‚Evangelienbuch'. Es ist ein wissenschaftlich und literarisch anspruchsvolles Werk in Versform, das er dem ostfränkischen König widmen wird. Aber noch legt er die Feder nicht aus der Hand. Er macht sich Gedanken, wie er es rechtfertigen kann, dass er dieses Werk nicht in Latein, sondern in der fränkisch-deutschen Volkssprache, seiner Muttersprache, verfasst hat. Zwar existieren schon seit einem Jahrhundert Texte in dieser Sprache: Übersetzungen, kleinere Gebrauchstexte, auch einige heidnische Epen. Aber für eine eigene wissenschaftliche Abhandlung hatte es vor ihm noch kein Autor gewagt, die Volkssprache zu verwenden. Otfried ist sich bewusst, dass er damit für das frühe Deutsch endgültig den Rang als Kultursprache beansprucht.

In einem Vorwort zum ‚Evangelienbuch' rechtfertigt Otfried schließlich diesen kühnen Schritt so: Auch die Griechen und Römer hätten in ihrer Muttersprache geschrieben, „warum also sollen die Franken darauf verzichten, Gottes Lob in fränkischer Sprache zu singen?" Er räumt zwar ein, dass „diese Sprache bisher nicht zu solcher Dichtung benützt und noch nicht in Reime gefasst wurde, (aber) sie besitzt doch Geradlinigkeit in schöner Schlichtheit... (Geben wir ihr) Versfüße, metrische Zeit und Ordnung der Teile, dann erhält sie das Maß, dass sie zu Gottes eigener Predigt wird... Warum sollten einzig die Franken zu solcher Leistung nicht fähig sein?!" Und er fährt voller Selbstbewusstsein fort: „Sie sind so tapfer wie die Römer und Griechen... Sie besitzen die gleiche Geisteskraft und sie leben mit allem ausgestattet in einem gesegneten Land. Sie brauchen sich (ihrer Sprache) wahrlich nicht zu schämen."

Otfrieds Tat stellt einen Markstein in der deutschen Sprachentwicklung dar und setzt einen Schlusspunkt unter eine Entwicklung, die in der zweiten Hälfte des 8. Jahrhunderts begann, als sich Deutsch als erste Volkssprache auf dem europäischen Festland zur Schriftsprache herausbildete. Noch vor dem Kirchenslawischen im 9. Jahrhundert, vor Französisch und Russisch im 10. und 11., vor Spanisch-Portugiesisch im 12. und vor dem Italienischen im 13. Jahrhundert. Nur auf den britischen Inseln waren die keltischen Sprachen noch früher verschriftlicht worden, und auch größere Schriftzeugnisse des Altenglischen setzen schon einige Jahrzehnte vor solchen des Althochdeutschen ein.

Seit der selbstbewussten Feststellung Otfrieds („... sie brauchen sich ihrer Sprache wahrlich nicht zu schämen") ist mehr als ein Jahrtausend vergangen, und doch gewinnt man im deutschen Sprachraum heute oft den Eindruck, dass das sprachliche Selbstbewusstsein hier wieder hinter das Otfrieds zurückgefallen ist. Wenn man als Journalist viel in anderen Ländern unterwegs ist, beobachtet man auch die Verhaltensweisen und das Selbstverständnis anderer Nationen und stellt unwillkürlich Vergleiche an. Dabei ist mir immer wieder aufgefallen, wieviel weniger als andere Völker Deutsche, Österreicher oder Deutschschweizer im Ausland ihre eigene Sprache zu verwenden wagen.

Gewiss, viele deutschsprachige Touristen reden in den Ferienorten rund ums Mittelmeer munter und ungeniert auf Deutsch drauf los und gehen davon aus, dass ihr Gegenüber es ebenfalls beherrscht. Das ist aber nur ein scheinbarer Widerspruch. Denn im Hotel, am Strand oder im Souvenirladen gilt die alte Kaufmannsregel: „Die beste Sprache ist immer die Sprache des Kunden." Der Tourist kann ohne Bedenken davon ausgehen, dass ihm der ‚Anbieter' sprachlich gerne entgegenkommt.

Was ich meine, ist das Sprachverhalten von Diplomaten und höheren Beamten, von Wissenschaftlern und Journalisten – kurz von Funktionsträgern, Eliten und Multiplikatoren. Viele von ihnen scheinen zu glauben, ihre eigene Sprache – immerhin eine der großen Kultursprachen und die zweitgrößte Muttersprache Europas – ‚verstecken' zu müssen. Anders als Franzosen, Engländer oder Spanier interessiert es sie in der Regel gar nicht, ob ihr Partner möglicherweise auch Deutsch spricht. Vielmehr drängen sie ihm gleich eine Konversation im neutralen Englisch auf. Oft halten sie daran auch dann noch fest, wenn dieser Deutsch antwortet und damit zeigt, dass er es beherrscht – und vielleicht gerne anwenden würde.

Da ist zum Beispiel der Geschäftsträger einer deutschen Botschaft in Ostafrika. Er hat mich zusammen mit deutschen Entwicklungshelfern im Land zu einem Umtrunk eingeladen. Später am Abend stößt noch ein Finne dazu, der sich auf Deutsch an der Unterhaltung beteiligt und es erkennbar gut beherrscht. Unser Gastgeber jedoch erklärt, wir seien jetzt eine internationale Runde und er bäte uns, von nun an Englisch zu sprechen. Der Finne wehrt ab, er könne Deutsch genauso gut. Gleichwohl besteht der Geschäftsträger für den Rest des Abends auf Englisch…

Oder: Eine deutsche politische Stiftung veranstaltet einen internationalen Kongress in Madrid. Konferenzsprachen, zwischen denen simultan gedolmetscht wird, sind Spanisch, Englisch und Französisch. Im Verlauf der Diskussion bitten einige Teilnehmer aus Osteuropa, doch auch Deutsch zuzulassen und die entsprechende Dolmetscherkabine zu besetzen. Als dies geschehen ist, liefern sie fortan ihre Diskussionsbeiträge auf Deutsch. Die deutschen Teilnehmer aber reden weiter Englisch...

Oder: Ein europäisches Journalistentreffen in Prag. Am Mittagstisch sitzen die Deutschsprachigen zusammen und unterhalten sich in ihrer Muttersprache. Der tschechische Kellner fragt sie im schönsten Prager Deutsch, was die Herren denn möchten. Die Herren geben ihre Bestellung in Englisch auf, trotz Rückfragen des Kellners in Deutsch. Er wirkt irritiert: Haben die Gäste nicht eben untereinander noch Deutsch gesprochen?...

Ein letztes Beispiel: In einer europäischen Gemeinschaftssendung aus Finnland werden Bürgerinitiativen aus verschiedenen Ländern für ihre Aktionen gegen Fremdenfeindlichkeit und Rassismus prämiert. Auch die Initiatoren der deutschen ‚Lichterkette' sind darunter. Alle Vertreter stellen ihre Aktion in ihrer Muttersprache vor, selbst wenn sie wenig gebräuchlich ist wie Slowenisch, Ungarisch oder Norwegisch – für eine simultane Übersetzung ist ja gesorgt. Nur die deutsche Vertreterin scheint zu glauben, dass sie es der europäischen Zuschauerschaft schuldig ist, ihren Beitrag nicht in der eigenen Sprache, sondern in Englisch zu präsentieren...

Von solchen Beobachtungen ließe sich noch seitenlang berichten. Es verblüfft viele Gesprächspartner immer wieder – vor allem im östlichen Europa, wo Deutsch eine lange Tradition als Kultur- und Verkehrssprache besitzt – wie eilfertig deutsche Eliten ihre eigene Sprache preisgeben. „Ja, es befremdet mich oft richtig, weil sie uns spüren lassen, für wie rückständig sie uns Russen halten, wenn wir mit ihnen nicht Englisch, sondern Deutsch sprechen", sagt etwa Anatoli Domaschnew, Direktor der Sprachwissenschaft an der Akademie der Wissenschaften in Sankt Petersburg. (Professor Anatoli Domaschnew ist am 17. 2. 2001 verstorben.)

Aber dieses Verstecken der eigenen Sprache – oder soll man gar sagen: diese Gleichgültigkeit ihr gegenüber – kann man selbst im eigenen Land beobachten. Nur ein Beispiel noch: Da veranstaltet eine westdeutsche Universität einen Kongress für Soziolinguisten und lässt von vornherein nur Englisch als Arbeitssprache zu. Gewiss, es sind auch Wissenschaftler aus dem Ausland dabei, und Englisch ist heutzutage weit mehr als Deutsch die internationale Sprache der Wissenschaft. Aber für die Wahl der Konferenzsprache zählen doch auch die Herkunft der Mehrheit der Teilnehmer und der Ort der Veranstaltung. Nachher beim Abendessen unterhält sich der russische Teilnehmer mit seinem ungarischen Kollegen auf Deutsch, ein Slowene schließt sich an, und plötzlich zeigt sich, dass selbst die amerikanische Linguistin und die frankophone Schweizerin keinerlei Mühe gehabt hätten, dem Fachkongress an dieser deutschen Universität auch in deutscher Sprache zu folgen…

Diese kritische Aufzählung soll nun keineswegs ein Plädoyer für penetrantes Beharren auf der eigenen Sprache vorbereiten. Der Autor ist kein Verfechter der Ansicht, dass man die internationale Stellung der eigenen Sprache auch dadurch erhalten und stärken soll, indem man möglichst selten eine andere verwendet. Ebenso wenig bewundert er die lässig-saloppe Einstellung vieler Anglophoner: „Everybody speaks English anyhow" – wozu da noch andere Sprachen lernen?

Im Gegenteil: Man kann darauf sogar ein bisschen stolz sein, dass Deutsche und Österreicher angesichts ihrer jüngsten Geschichte anderen Völkern auch sprachlich sensibel gegenübertreten wollen. Immerhin hatte schon die wilhelminische Herrschaftskaste die Welt ‚am deutschen Wesen genesen' lassen wollen. Und die Verbrechen des nationalsozialistischen Deutschland und Österreich verbieten es erst recht, Völker, die damals Opfer waren, jetzt – mit der deutschen Wirtschaftsmacht im Rücken – sprachlich anstatt militärisch zu ‚überrollen'. Zudem sind Erwerb und Gebrauch von Fremdsprachen ein Zeichen der Offenheit gegenüber anderen Völkern und Kulturen. Goethe hat es in ‚Maximen und Reflexionen' auf die knappe Formel gebracht: „Wer fremde Sprachen nicht kennt, weiß nichts von seiner eigenen."

Aber das alles verlangt nicht, dass man die eigene Sprache immer und überall preisgibt und damit gewollt oder ungewollt ihre Geringschätzung demonstriert. Angesichts der Diskrepanz zwischen deutschem Sprachbewusstsein und deutschem Sprecherpotential in Europa (über 90 Millionen Mutter- und Zweitsprachsprecher und über 50 Millionen Fremdsprachensprecher, vergleiche Teil VII) braucht es nicht zu verwundern, dass die seriöse Londoner ‚Times' schon vor Jahren den Nachkriegsdeutschen „linguistic submissivenes" („sprachliche Unterwürfigkeit") bescheinigte. Das mag überspitzt sein. Aber ziemlich sicher ist, dass es anderen Nationen keineswegs als ‚weltläufig', sondern eher als ‚kulturlos' erscheint, wenn eine bedeutende Sprachgemeinschaft so wenig Wert auf das zentrale Ausdrucksmittel der eigenen Kultur legt.

Der internationale Bedeutungsverlust des Deutschen (wie auch anderer europäischer Sprachen) ist natürlich von der globalen Ausstrahlung der USA und – in ihrem Gefolge –

dem unaufhaltsamen Aufstieg des Englischen nicht zu trennen. Gegen diese sprachliche Konkurrenz ist, salopp gesprochen, kein Kraut gewachsen. Aber dazu, dass der Bedeutungsschwund von Deutsch als Verkehrs- und Bildungssprache so rapid und so großflächig erfolgte, haben auch die Deutschsprachigen selbst beigetragen. Es war und ist die mangelnde Loyalität gegenüber der eigenen Sprache von Vertretern der Bildungsschicht, die sie international kaum noch gebrauchen; von Politikern und leitenden Beamten, die die Position dieser Sprache in den europäischen Institutionen nicht verteidigen; von elektronischen Medien im deutschen Sprachraum, deren Verantwortliche in den ersten Jahren nach der Wende in Osteuropa nicht für die Empfangbarkeit ihrer Programme dort gesorgt haben.

Gerade was den Nebeneffekt der Sprachförderung durch Verbreitung von Fernsehprogrammen angeht, haben die großen Rundfunkanstalten ihre Möglichkeiten bis heute nicht genutzt. Auf vielen Reisen in die Länder Osteuropas habe ich immer wieder festgestellt, wie viele englischsprachige Programme dort seit der Wende zu empfangen sind, während man deutschsprachige nur wenige findet.

Ein solches für Deutschland und Österreich typisches Abseitsstehen in der ‚sprachpolitischen' Konkurrenz kann auch nicht damit gerechtfertigt werden, dass etwa auf Grund ihrer jüngsten politischen Vergangenheit andere europäische Länder die deutsche Sprache moralisch ächten würden. Das kommt zwar im Einzelfall vor, etwa bei Angehörigen von Opfern des Nationalsozialismus. Aber generell hat eine solche Tendenz nie – und schon gar nicht in Osteuropa – bestanden. Vielmehr war die internationale Stellung von Deutsch in Wissenschaft und

Geistesleben, aber auch zum Beispiel in den Institutionen der Europäischen Gemeinschaft in den fünfziger und sechziger Jahren noch relativ stark, stärker jedenfalls als heute. Und in der damaligen Sowjetunion, die zu den Ländern gehörte, die am meisten unter der deutschen Kriegsaggression gelitten haben, war Deutsch bis 1961 sogar die einzige Fremdsprache, die an den Schulen gelehrt wurde. Erst dann erfolgte – keineswegs aus Gründen der Ächtung – eine Umorientierung auf Englisch als Fremdsprache Nummer eins. Aber auch danach behielt Deutsch einen guten zweiten Platz.

Es ist also, bei aller Stärke und Ausstrahlung des Englischen, nicht primär eine Folge der Konkurrenz, dass das Deutsche seit den siebziger Jahren an internationalem Stellenwert verloren hat, sondern ein Zusammenspiel von mehreren Faktoren, unter denen die von vielen Deutschen demonstrierte Gleichgültigkeit gegenüber der Zukunft ihrer Sprache nicht unwesentlich ist.

Nun kann sich ein aufgeklärter Deutscher, Österreicher oder Deutschschweizer am Ende des 20. Jahrhunderts freilich fragen, ob angesichts der unaufhaltsamen Globalisierung unserer Zivilisation, der weltweiten Kommunikation, aber auch der Probleme auf unserem Planeten eine ‚nationale' Orientierung des Denkens überhaupt noch vertretbar ist. Würde eine Politik, die sich zu sehr an den Interessen des eigenen Landes orientiert, nicht das Ganze, die ‚Eine Welt' gefährden?

Tatsächlich herrscht in den supranationalen Organisationen noch immer viel regionaler und nationaler Egoismus vor. Die globale Bedrohung, die alle Kontinente übergreifenden Probleme und Herausforderungen machen längst eine ‚Erdpolitik' (Ernst Ulrich von Weizsäcker) erforderlich. Wozu sich da noch ‚kleinkariert' auf die eigene Sprache und Kultur fixieren, wenn es längst um viel mehr geht? Sind da nicht jene Deutschen, die auch sprachlich-kulturell keine nationale Identität mehr brauchen, in Wahrheit viel ‚moderner' und ‚kosmopolitischer' als ihre europäischen Nachbarn, die immer noch an ihrer nationalen kulturellen Identität hängen?

Eine solche Argumentation bringt zwei verschiedene Dinge durcheinander. Globale politische und ökologische Verantwortung sowie ein kosmopolitisch-humanitäres Bewusstsein sind eine Sache, der Wert gewachsener Kulturen und großer Kultursprachen eine andere. Das erste setzt nicht die Preisgabe des zweiten voraus! Im Gegenteil: Gerade die zunehmende Globalisierung und Uniformierung vieler Lebensbereiche machen kulturelle Selbstbestimmung und die Erhaltung der Vielfalt der Kulturen noch wichtiger. Es sind doch nicht der ‚Daten-Highway', die Konsumprodukte multinationaler Konzerne oder US-Unterhaltungsserien mit den immer gleichen stereotypen Charakteren, die den Menschen verschiedener Kultur- und Sprachräume geistige Heimat und Identität vermitteln können.

Schön und gut, mag man da erwidern, aber bedeutet nicht diese starke Betonung des Werts der eigenen Sprache einen Rückfall in längst überwundenes nationalistisches Denken? Zeigt sich der wiedererstandene Nationalismus nicht gerade auch darin, dass viele Kleinstaaten (etwa die aus der Hinterlassenschaft der früheren Sowjetunion) ihre bislang wenig gebrauchten Volkssprachen zur alleinigen Nationalsprache erheben und die Staatsbürgerschaft für die anderssprachigen Minderheiten vom Beherrschen dieser Sprachen abhängig machen? Kann der Nationalismus nicht auch im sprachlichen Gewand daherkommen?

Er kann das sicherlich, auch wenn das Vorgehen dieser jungen, noch unsicheren Nationen als historischer Nachholbedarf erklärbar ist. Aber für die Deutschsprachigen treffen diese Bedingungen nicht zu! Sie leben in Deutschland und Österreich (die Schweiz ist ein Sonderfall) in einsprachigen und gefestigten Nationalstaaten und bedürfen des Nationalismus als eines politischen Bindemittels nicht. Deshalb kann eine stärkere Besinnung auf den Wert ihrer eigenen Sprache auch nicht in Nationalismus münden. Die rechtsextremen und ausländerfeindlichen Ausbrüche, die insbesondere Deutschland nach der Wiedervereinigung erschüttert haben, waren und sind schändliche und verbrecherische Aktivitäten von Außenseitern, aber kein Indiz für eine Re-Nationalisierung der deutschen Gesellschaft.

Man muss die Einstellung zur eigenen Sprache trennen von der Furcht vor einem Rückfall in nationalistisches Denken. Eine gelassene, selbstsichere kulturelle Identität, die auch die Identität der anderen Völker als gleichwertig respektiert, hat nichts mit Nationalismus zu tun. Sie bietet vielleicht sogar den besten Schutz dagegen.

Auch wer diesen Gedankengang akzeptiert, kann freilich immer noch fragen: Wozu die eigene Kultur und Sprache betonen, wenn durch den Zustrom der Immigranten der letzten Jahrzehnte die europäischen Gesellschaften immer stärker ‚multikulturelle' Zusammensetzungen aufweisen? Ist nicht die Bereicherung der Gesamtkultur eines Landes, die dabei entsteht, viel mehr als es die eigene Kultur und Tradition allein sein können?

Auch hierzu ein Ja! Aber: Wer ‚Multikultur' wünscht, muss auch seinen eigenen Beitrag zu dieser Vielfalt leisten. Er darf nicht nur das Angebot anderer Kulturen konsumieren oder (mehr oder weniger gekonnt) nachahmen.

Schon gar nicht eine von den großen Medienkonzernen vermittelte globale ‚Einheitskultur'. Deren Etikettierung als ‚international' ist häufig nichts anderes als der Wunsch nach einer möglichst breiten und kostengünstigen Vermarktung. Wer zugunsten eines wohlfeilen ‚internationalen' Angebots darauf verzichtet, auch einen eigenen Beitrag zur Vielfalt der Kulturen zu leisten, trägt nicht nur zum Verschwinden der eigenen Kultur bei, sondern baut auch die Vielfalt mit ab. Das gilt auch, ja ganz besonders, für das Kulturmedium Sprache.

In der Zeit von 1995 bis 2002 habe ich die Fernsehsendung ‚Café Europa' moderiert. Eine Sendung, die jeweils in einer europäischen (Haupt-)Stadt unter Deutschsprechenden aufgezeichnet wurde. Von Madrid bis nach Bergen, von Moskau bis Neapel, von Tallin bis Paris, von Reykjavik bis Nikosia. Es fanden sich überall Deutschsprechende, die etwas Wichtiges zu sagen hatten – und bei allen, wirklich allen, fiel die Klage über eine viel zu schwache Präsenz der deutschen Sprache in Europa auf!

Betrachten wir doch die eigene *Sprache* einmal mit geschärften Sinnen! Machen wir uns ihre Vorzüge und Stärken bewusst – dann entdecken wir, was wir verlieren würden, wenn wir sie immer mehr preisgeben.

2
Loblied auf eine verkannte Schöne

Nicht wenige von uns haben zur eigenen Sprache eine Beziehung wie zu einem langjährigen Arbeitskollegen, den wir nicht näher kennen. Man erinnert sich, dass er immer schon da war, in all den Jahren unauffällig und korrekt seine Arbeit erledigte, aber nie durch eine Besonderheit auffiel. Eine ‚graue Maus'. Man arbeitet mit ihm zusammen, aber interessant findet man ihn nicht. Ihm fehlt das Originelle oder Anziehende, das wir an manchen anderen Menschen zu entdecken glauben...

Ähnlich mag es uns mit der eigenen Sprache gehen. Die Eleganz des Italienischen, das Melodische des Französischen, das Modern-Weltläufige des Englischen oder die Musikalität des Russischen vermögen wir am eigenen Idiom nicht zu entdecken. Die eigene Sprache – man verwendet sie eben, macht wie selbstverständlich von ihrer Präzision und ihrem Wortreichtum, von ihrer Bildhaftigkeit und Kreativität Gebrauch, ohne dabei groß über sie nachzudenken. Auch die Frage, welchen Beitrag sie vielleicht zur europäischen Kultur geleistet hat, stellt man sich kaum.

Dieses Buch will um Sympathie und Respekt für die deutsche Sprache werben, will Interessantes und Spannendes von ihr berichten und den wenig bekannten Einfluss ihres Wortschatzes auf andere Sprachen herausstellen. Weil viele Deutschsprachige eher zum Gegenteil neigen, wird ganz bewusst und ohne Scheu vor den übrigen großen europäischen Kultursprachen das Loblied auf sie als einer ‚verkannten Schönen' gesungen. Wer sich nur nahe genug mit dieser ‚Schönen' einlässt, wer mehr über ihre faszinierende ‚Biographie' erfährt, der wird sie nicht mehr hinter anderen ‚verstecken' wollen.

Deutsch ist, wie schon gesagt, die älteste lebende Schrift- und Literatursprache auf dem europäischen Festland. Für den Oxforder Sprachgeschichtler Christopher J. Wells ist sie eine „der ehrwürdigsten und schönsten Kultursprachen, die es überhaupt gibt". Und der ungarische Linguist Csaba Földes fügt hinzu: „Mitteleuropäische Geistesgeschichte ist ohne den Anteil der deutschen Sprache so gut wie unvorstellbar."

Deutsch besitzt dank seiner kreativen Möglichkeiten der Wortbildung durch einfaches, direktes Zusammenfügen schon vorhandener und vertrauter Wörter über einen potentiell unbegrenzten Wortschatz. Zusammensetzungen wie ‚Sehn-sucht', ‚Heim-weh' oder ‚Herzens-lust' belegen zugleich, wie sehr diese Wortbildungstechnik auch zu einer starken Bildhaftigkeit und Emotionalität des Deutschen hat beitragen können.

Daneben bietet die relativ freie Wortstellung im deutschen Satz die Möglichkeit, eine Aussage besonders zu nuancieren. Zugleich ist diese Sprache sehr ‚genau'. Weil zum Beispiel das Possessivpronomen sowohl das Geschlecht des ‚Besitzers' wie des ‚Besitzes' markiert (sein Vater / seine Mutter und ihr Vater / ihre Mutter), lässt sich die Frage ‚wer mit wem?' sofort eindeutig beantworten. Das Französische dagegen unterrichtet mit ‚son / sa' nur über den ‚Besitz', aber nicht darüber, ob der ‚Besitzer' ein Mann oder eine Frau ist. Im Spanischen existiert gar nur eine einzige Form (‚su').

Deutsch besitzt für viele Substantive auch weibliche Formen. Wo wir ganz selbstverständlich Minister*in*, Manager*in* oder Chef*in* sagen, müssen sich deren Geschlechtsgenossinnen in England oder Frankreich mit der maskulinen Bezeichnung zufrieden geben. Eine ‚chiefess' im Englischen oder eine ‚chef*euse*' im Französischen gibt es nicht. Die englische Ärztin kann nur als ‚lady doctor' und die Lehrerinnen in Frankreich können nur durch den Zusatz ‚professeurs femmes' kenntlich gemacht werden. Ob ein Engländer mit ‚friend' seinen Freund oder seine Freundin meint, ist ebenfalls nur durch einen Zusatz oder aus dem Kontext erschließbar. Und noch verwirrender wird es, wenn er von ‚the friend of my friend' redet.

Daneben fehlen im Englischen und Französischen manche Begriffe, die im Deutschen ganz selbstverständlich sind. Zum Beispiel der Begriff ‚Geschwister'. Er kann dort nur durch Aufzählung wiedergegeben werden. Englisch ‚brother and sister' (das künstlich gebildete ‚sibling' hat sich nicht durchgesetzt) bzw. französisch ‚frère et soeur'. Auch das Russische – das sonst eine so ausgeprägte Geschlechterdifferenzierung in verschiedenen Wortformen besitzt – kennt hier nur ‚brat i sestra'. Und im Italienischen sind gar die ‚Geschwister' ohne Rücksicht auf ihr Geschlecht ‚Gebrüder' (‚fratelli').

Der deutsche Wortschatz ist ferner, vergleicht man ihn wieder mit dem des Englischen und Französischen ‚klassenloser'. Er ermöglicht auch Menschen mit geringerer formaler Bildung mehr Gleichberechtigung im gesellschaftlichen Kommunikationsprozess. Denn Deutsch besitzt neben den (aus griechisch-lateinischen Wurzeln gebildeten) Fachwörtern für technisch-zivilisatorische und wissenschaftliche Begriffe in vielen Fällen auch eigene, aus dem heimischen Sprachmaterial gebildete Wörter. Zum Beispiel bei den Bezeichnungen der Krankheiten. Wenn ein deutscher Patient dem Arzt berichtet, dass er Schmerzen in der Gegend eines bestimmten Halswirbels hat, kann dies sein englischer Leidensgenosse nur dann präzise ausdrücken, wenn er das Fremdwort ‚cervical vertebra' kennt. Der französische Patient findet im Telefonbuch keine romanische Entsprechung des deutschen Hals-, Nasen- und Ohrenarztes, sondern nur den griechisch-gelehrten Ausdruck ‚oto-rhino-laryngologiste'.

Ähnlich verhält es sich mit vielen anderen wissenschaftlichen Termini, für die im Englischen und Französischen nur griechisch-lateinische Fachwörter existieren. Wer keinerlei Kenntnisse der klassischen Sprachen erworben hat, für den ist die Bedeutung der Wortwurzeln in diesen Neubildungen nicht durchsichtig, und er muss die Wörter schlicht auswendig lernen. Wenn es viele sind, ist das zweifellos anstrengender, als wenn er die Bedeutung der Zusammensetzung aus der Bedeutung der Glieder erkennen kann.

Natürlich kann auch ein Deutscher – ähnlich wie ein Anglo- oder Frankophoner – von ‚Oxygenium' und ‚Hydrogenium' sprechen, aber wieviel einfacher und für jedermann verständlich ist es doch, schlicht ‚Sauerstoff' und ‚Wasserstoff' zu sagen. Das Deutsche steht mit dieser Eigenart der muttersprachlichen Begriffsbildung den slawischen Sprachen näher. So gibt etwa auch das Russische die genannten Begriffe mit ‚kisloród' (von kísly = sauer) und ‚vodoród' (von vodá = Wasser) wieder.

Das gesprochene Deutsch besitzt auch einen Vorzug darin, dass es lautlich besonders leicht und eindeutig zu verstehen ist. Es leidet nämlich weniger als das Englische oder das Französische unter dem Gleichlaut von Wörtern für verschiedene Dinge (Homophonie). Im Französischen etwa kann das, was wie ‚wär' klingt, fünferlei bedeuten: ‚Glas', ‚grün', ‚nach', ‚Vers' oder ‚Wurm'.

Aber auch das geschriebene Deutsch kommt dem Ideal der phonetisch eindeutigen Schreibung zumindest näher als die beiden westlichen Nachbarsprachen. Gewiss, Vokalquantitäten werden nicht nur durch Längenzeichen, sondern meist durch nachfolgende Konsonantenbuchstaben markiert, die Auslautverhärtung wird überhaupt nicht sichtbar gemacht und es gibt auch anderes ‚Unphonetisches' am Deutschen. Aber mit solchen Extremen wie im Englischen, wo zum Beispiel ‚-ough' sechs verschiedene Laute bezeichnen oder der Laut ‚š' durch nicht weniger als 14 verschiedene Schreibungen wiedergegeben werden kann, muss sich der Deutschlernende nicht herumplagen.

Die Aufzählung solcher Unterschiede bedeutet natürlich nicht, dass andere Sprachen nicht auch Vorzüge gegenüber dem Deutschen bzw. das Deutsche auch gravierende Nachteile besäße. So ist zum Beispiel der deutsche ‚Klammersatz' in dem die eigentliche Aussage erst am Ende folgt, eine ausgesprochene Plage beim Simultandolmetschen. Auf der anderen Seite weiß es jeder Englischlernende zu schätzen, dass in dieser Sprache das grammatische Geschlecht weggefallen ist und die Deklinations- und Konjugationsendungen im Laufe der Sprachentwicklung abgebaut wurden. Auch die ausgeprägte Eigenart des Englischen, komplizierte technische Begriffe mit bildhaft-saloppen Ausdrücken wiederzugeben, die, weil sie oft noch einsilbig sind, bequem die Bildung weiterer Ableitungen und Zusammensetzungen erlauben, ist ebenfalls ein dem Deutschen überlegener Zug dieser Sprache. Nur sollen darüber die Stärken des Deutschen in anderen Bereichen nicht übersehen werden.

Obwohl in unserer Sprache, wie oben dargelegt, im Verlauf ihrer Entwicklung für die Bildung neuer Wörter vorwiegend auf heimisches, schon vertrautes Sprachmaterial zurückgegriffen wurde, ist das, was sie wiedergibt, doch europäisch. Denn ungezählte Begriffe und Ideen, die seit dem Mittelalter aus dem Süden und Westen hierher gelangten, sind nicht ‚irgendwie' wiedergegeben, sondern lehnübersetzt oder lehnübertragen. Das heißt, der Inhalt, die Vorstellung hinter diesen Begriffen wurde übernommen, nur eben mit eigenem Sprachmaterial nachgebildet. Deshalb ist das heutige Deutsch das Produkt einer Verschmelzung abendländisch-christlichen Denkens mit dem Wortmaterial einer urwüchsig-bildhaften germanischen Bauernsprache. (Dazu mehr im Teil III.) Von beidem hat Deutsch profitiert: Es verbindet Knappheit, Klarheit, und Horizont des ersten mit der Bildhaftigkeit und Emotionalität des zweiten.

Und: Das deutsche Vokabular ist nicht nur selbst ein Produkt Europas, es hat auch auf andere Sprachen Europas zum Teil erheblich ausgestrahlt. In den östlichen Nachbarsprachen, etwa im Polnischen, Tschechischen, Slowenischen und Kroatischen, wie auch in den nördlichen, zum Beispiel im Dänischen, Norwegischen und Schwedischen, finden sich jeweils Tausende von Wörtern, die aus dem Deutschen entlehnt wurden; ebenso Lehnübersetzungen, die dem deutschen Ausdruck bzw. der dahinter stehenden gedanklichen Vorstellung getreu nachgebildet sind.

Auch in den Sprachen des Baltikums, im Finnischen und im Ungarischen sind auf Grund bestimmter geschichtlicher Ereignisse und Konstellationen Entlehnungen aus dem Deutschen zahlreich. Selbst der Wortschatz des geographisch weit entfernten Russischen weist eine beträchtliche Anzahl deutscher Wörter auf. So fällt es nicht schwer, in russ. ‚buchgalter', ‚jefreitor' oder ‚kartofel' die deutsche Herkunft zu entdecken, ebenso wenig wie in poln. ‚kunszt', in tschech. ‚šroub' oder in kroat. ‚mechaničar'. Wenn im Dänischen bzw. Schwedischen jemand Ausdrücke wie ‚arbejde', ‚erinra', ‚fönster' oder ‚skadefro' gebraucht, erkennen wir darin die entlehnten deutschen Ausdrücke ‚Arbeit', ‚erinnern', ‚Fenster' und ‚schadenfroh' wieder. An der gegenüberliegenden Küste der Ostsee stoßen wir in lit. ‚kurbas', lett. ‚kurvis' oder estn. ‚korv' auf unser Wort ‚Korb'. Und im ungarischen Wohnzimmer finden wir ebenso wie in einem deutschen ein ‚szófa', eine ‚kommód' und einen ‚firhang'.

Aus dem deutschen Sprachraum sind aber nicht nur ungezählte einheimische Wörter nach Osten und Norden gelangt, er bildete – dank seiner zentralen Lage – jahrhundertelang auch eine kulturelle Brücke, über die neue Sachen, Ideen und Moden aus dem Süden und Westen Europas mitsamt ihren lateinischen, italienischen oder französischen Bezeichnungen dorthin vermittelt wurden.

Diese kontinuierliche Ausstrahlung des deutschen Wortschatzes auf die Nachbarsprachen ging in Nordeuropa nach dem Ersten Weltkrieg und in Osteuropa nach dem Zweiten Weltkrieg praktisch zu Ende (wiewohl Deutsch im Osten weiter eine bevorzugte Fremd- und Verkehrssprache blieb). Doch war in den vorausgegangenen Jahrhunderten ein so großer Vorrat an deutschen Entlehnungen angesammelt worden, dass der Wortschatz dieser Nachbarsprachen auch heute noch kräftige Spuren davon aufweist.

Schaut man dagegen nach dem Westen oder Süden Europas, dann findet man, etwa im Englischen, Französischen oder Italienischen, auf den ersten Blick kaum deutsche Lehnausdrücke. Erst bei näherer Betrachtung werden die Spuren deutlicher. Man entdeckt sie in bestimmten spezialisierten Gebieten: in Technik und Naturwissenschaften, in der Philosophie und Psychologie, im Universitäts- und Bildungswesen. Die Zahl der Entlehnungen im Englischen erhöht sich noch (und erfasst auch die Alltagssprache), wenn man die amerikanische Sprachvariante betrachtet, weil der große Strom der deutschen Einwanderer zusätzliche Spuren hinterlassen hat.

So finden wir im Englischen oder Amerikanischen nicht nur Lehnübersetzungen deutscher Ausdrücke wie ‚chainsmoker' (‚Kettenraucher'), ‚folk-song' (‚Volkslied') und ‚homesickness' (‚Heimweh'), sondern etwa auch ‚bretzel', ‚noodle' und ‚delicatessen'.

Im Französischen und Italienischen fällt sogar im alltäglichen Wortschatz eine Anzahl von Wörtern auf, die den deutschen Entsprechungen stark ähneln. Etwa frz. ‚halle' und dt. ‚Halle', frz. ‚jardin' und dt. ‚Garten', frz. ‚rôtir' und dt. ‚rösten'. Oder ital. ‚balcone' und dt. ‚Balken', ital. ‚banca' und dt. ‚(Sitz-)Bank', ital. ‚stucco' und dt. ‚Stück'. Tatsächlich sind die romanischen Ausdrücke enge Verwandte der deutschen Wörter, doch gelangten sie schon aus dem Vordeutschen mit den germanischen Franken und Langobarden dorthin. Viele der germanischen Ausdrücke, die damals ins Romanische aufgenommen wurden, kehrten später als französische oder italienische Wörter in veränderter Bedeutung zu uns zurück. Solche ‚Rückwanderer' aus dem Französischen sind etwa ‚chic', ‚galant', ‚Robe', ‚Tampon', ‚Toupet', ‚Trottoir'. Oder aus dem Italienischen ‚Balkon', ‚Loggia' und ‚Stuck'.

Und noch etwas erinnert heute an diesen frühmittelalterlichen Sprachkontakt: die rund 1.000 Personennamen im Französischen und die rund 500 im Italienischen, die germanischer Herkunft sind. Etwa ‚Charles' / ‚Carlo'

(‚Karl'), ‚Louis' / ‚Luigi' (‚Ludwig'), ‚Gautier' / ‚Gualterio' (‚Walter') oder ‚Henri' / ‚Enrico' (‚Heinrich').

In den folgenden Jahrhunderten verlief freilich die Wortwanderung fast ausschließlich in die entgegengesetzte Richtung, also aus dem Französischen und Italienischen ins Deutsche. Sie wird in diesem Buch nur gestreift, da sie allgemein bekannt und in jedem einschlägigen Lehrwerk zu finden ist. Der deutsche Worttransfer in die Nachbarsprachen ist dagegen weit weniger bewusst, deshalb wird auf diese Seite des Sprachkontakts das Hauptaugenmerk gerichtet. Diese Sprachkontakte werden im Teil VI ausführlich nachgezeichnet.

Der Blick auf Lehnbeziehungen zwischen Sprachen ist deshalb so interessant, weil er auch Aufschluss über den zeitlichen und geographischen Verlauf von Kulturströmungen gibt und von der gegenseitigen Beeinflussung der Völker zeugt. Wenn man es mit aller Vorsicht tut, lässt sich aus den sprachlichen Beziehungen auch ein Stück europäischer Kulturgeschichte herauslesen sowie – und für unser Thema – welchen Beitrag der deutschsprachige Raum dazu leisten konnte. Diese Ausstrahlung zu bestimmten Zeiten in bestimmten Räumen Europas darzustellen, ist das eine Anliegen des Buches. Das andere ist der Blick ‚nach innen', der Blick darauf, was wir an dieser ‚Sprache mit Vergangenheit' für uns selbst entdecken können. Eine Sprache ist ja auch ein „Spiegel der Sprachträger, der Menschen, die sie gestern gesprochen haben und heute sprechen" (Astrid Stedje). Deshalb ist Sprachgeschichte immer auch Kulturgeschichte und – bis zu einem gewissen Grad – sogar politische Geschichte.

Sichtbar wird die geschichtliche Entwicklung der Sprache im Sprachwandel. Wir sprechen heute anders als unsere Eltern vor 30 oder 40 Jahren, und das Deutsch dieses

Jahrhunderts ist sehr verschieden von dem des Mittelalters. Der Sprachwandel betrifft freilich nicht nur den Bestand des Wortschatzes (lexikalische Ebene) oder die Bedeutungsänderung einzelner Wörter (semantische Ebene), sondern das ganze Sprachsystem. Auch die Aussprache (phonologische Ebene), die Deklinations- und Konjugationsendungen sowie die Wortbildung (morphologische Ebene) und Satzbau und Wortstellung (syntaktische Ebene).

Diese vielen Fachausdrücke brauchen den Leser jedoch nicht zu erschrecken, weil sie im Buch kaum vorkommen, und weil überhaupt die komplizierte Materie der Änderungen im Sprachsystem kaum angesprochen wird. Worum es hier nur geht, das sind der Wortschatz und sprach(en)politische Aspekte: die nationale und internationale Stellung von Deutsch und die historisch-politischen Grundlagen dafür. Vor allem aber die Bedeutung kulturgeschichtlich wichtiger Wörter, ihr Entstehen und ihr Verschwinden, ihre Herkunft aus und ihr Weiterwandern in andere Sprachen.

Wollte man noch weitere Sektoren der Sprache einbeziehen, etwa literarische Erzeugnisse oder Sprachhandlungskontexte, dann wäre dies ein zu weit gesteckter Rahmen. Schon die Konzentration auf die Wörter ist faszinierend genug.

3
Was ein Wort erzählen kann

Eine linguistische Spurensuche nach der ursprünglichen Bedeutung von Wörtern kann so spannend sein und zu so verblüffenden Entdeckungen führen wie die Suche nach Täter und Motiv in einem Kriminalroman.

Nehmen wir zum Beispiel das Wort ‚Messer'. Heute ist es einfach eine Bezeichnung, ein scheinbar nicht weiter zerlegbarer Name für einen Gegenstand. Die Vorstellung, die diesem Wort zugrunde liegt, nämlich die eines Speiseschwerts, ist im Laufe der Jahrhunderte so stark verblasst, dass sie niemandem mehr präsent ist, wenn er das Wort gebraucht – anders als bei zusammengesetzten Ausdrücken wie ‚Fern-gespräch' oder ‚Lenk-rad', bei denen sich aus der Bedeutung der Einzelglieder die Bedeutung des ganzen Begriffs ergibt.

Aber auch ‚Messer' war ursprünglich ein zusammengesetzter Begriff, der im Verlauf der historischen Entwicklung der deutschen Sprache zu einem einzigen verschmolzen ist. Man kann seine älteren Schichten ausgraben und stößt dabei, wie bei vielen anderen Wörtern, auf erstaunliche kulturgeschichtliche Einsichten und sprachliche Verwandtschaften sowohl innerhalb des Deutschen wie auch mit anderen europäischen Sprachen.

Gehen wir etwa 1200 Jahre zurück, als das Deutsche gerade im Entstehen war, dann tritt uns das Wort in der Form ‚mezzisahs' (gesprochen ‚messisachs') entgegen. Noch einmal 500 Jahre früher, auf der sogenannten gemeingermanischen Sprachstufe muss es *mati-sahsa gelautet haben. Das Sternchen besagt, dass diese Wortform schriftlich nicht belegt, sondern sprachwissenschaftlich rekonstruiert ist. Der erste Bestandteil *mati- bedeutet im

Gemeingermanischen ‚Speise', besonders die ‚Fleischspeise'; der zweite ‚sahsa', bezeichnete ein ‚kurzes Schwert'. Mit dem Wort ‚Messer' bezeichnete man also ursprünglich ein ‚kurzes Schwert zur Zubereitung einer Fleischspeise'.

Den altertümlichen Ausdruck ‚Sachs' kennt der eine oder andere noch aus dem Geschichtsunterricht, von dem auch der Name der Sachsen abgeleitet ist. Das Wort *mati- dagegen sagt uns auf den ersten Blick gar nichts; es ist als selbständige Bezeichnung im Deutschen untergegangen. Im Englischen allerdings lebt es weiter, als meat = (zubereitetes) Fleisch.

Aber ein paar Spuren hat das alte germanische Wort auch in unserer Sprache hinterlassen. Es steckt nämlich nicht nur in ‚Messer', sondern auch in ‚mästen', in ‚Mettwurst' und in ‚(Schiffs-)Maat'. Der Maat ist eigentlich der ‚Speisegenosse auf dem Schiff'. Ja, es verbirgt sich sogar in ‚Maßliebchen', einer Blume, von der man annahm, dass sie den Appetit steigert, also ‚Essliebe' erzeugt.

Doch selbst bei einer Wortgrabung bis in die Sprachschicht des Germanischen fördert man noch nicht die früheste und ursprüngliche Bedeutung des Wortes ‚Messer' zutage. Sie lässt sich erst auf einer Sprachstufe finden, die noch einmal rund zweitausend Jahre älter ist. Aus diesem frühen Sprachzustand, den man Indogermanisch oder Indoeuropäisch nennt, haben sich Germanisch, Latein, Griechisch und die meisten europäischen Sprachen, ja sogar geographisch so weit entfernte Idiome wie Altpersisch und Altindisch (Sanskrit) entwickelt. Deshalb sind sowohl beachtliche Teile des Wortschatzes wie der grammatischen Strukturen in diesen indogermanischen Sprachen urverwandt.

Man kann daher nach Verwandten des deutschen Wortes Messer auch in anderen indogermanischen Sprachen suchen. Allerdings entdeckt man sie nur dann, wenn man mit den historischen Lautentwicklungen der betreffenden Sprachen vertraut ist. Wir vereinfachen die Sache hier etwas und betrachten nur das Lateinische; außerdem gehen wir nur dem Ausdruck ‚sahsa' nach.

Im urverwandten Latein existiert ein Wort ‚saxum', das ‚Stein' bedeutet. Wenn es sich um dasselbe Wort handelt (was der Fall ist), müssten die Klingen der Messer und Schwerter der alten Germanen zum Zeitpunkt der Namensgebung noch aus Stein gewesen sein. Sie waren es auch, in einer frühen Zeit, als den Germanen weder Eisen noch Bronze bekannt waren. So lagen neben dem ‚Similaun-Mann', der im Herbst 1991 im Tiroler Gletschereis gefunden wurde, sowohl ein Beil mit einer Kupferklinge wie ein steinerner Dolch zum Zerlegen des Wildbrets. Der Gletschermann hatte um 3300 vor Christus gelebt, also in der auslaufenden Jungsteinzeit, als die Menschen in Mitteleuropa gerade gelernt hatten, Kupfer zu schmelzen, aber die härtere Bronzelegierung noch nicht kannten.

Vor dem Beginn der ‚Metallzeit' war den Menschen gar nichts anderes übrig geblieben, als Werkzeuge und Waffen aus dem härtesten damals verfügbaren Material, eben aus (Feuer-)Stein, zu fertigen. Das war auch bei den Italikern, den Vorläufern der Römer, nicht anders. Deshalb bedeutete ‚saxum' im älteren Latein noch das ‚Kantige, das Schneidende'. Es bezeichnete den Stein, der zum Werkzeug zurechtgeschliffen wurde.

Vergleicht man nun die vorhandenen Wortformen und ihre früheste Bedeutung in den verschiedenen indogermanischen Sprachen, dann lässt sich eine gemeinsame Wurzel *sek- erschließen, die ‚schneiden' bedeutet haben muss. Sie erscheint in lat. ‚secare' = ‚schneiden' oder auch in deutsch ‚Säge'. Die älteste Bedeutung des Wortes ‚Messer' wäre demnach: ‚ein zum Schneiden zurechtgeschliffener Stein, mit dem man das Fleisch zum Essen vorbereitet'. Aber auch die spätere germanische Bedeutung ‚Speiseschwert' ist schon recht illustrativ.

Es stecken also oft unerwartete und kulturgeschichtlich recht erhellende Bilder in den zusammengesetzten Begriffen. Aber auch in vielen einfachen Wörtern leben Vorstellungen fort, die uns heute nicht mehr bewusst sind. So ist das Zeitwort ‚deuten' eine Ableitung aus dem alten Ausdruck für ‚Volk' (diot) und bedeutete ursprünglich, etwas dem (versammelten) Volk erklären. Auch das Adjektiv ‚deutsch' kommt daher und bezeichnet die ‚Sprache des Volkes' – im Gegensatz zum gelehrten Latein.

Die Sprachwissenschaft nennt das, was mit diesen Wörtern geschehen ist *Bedeutungsverdunkelung*. Aber auch da, wo der Bau eines Wortes es noch erlaubt, seine Zusammensetzung aus zwei Ausdrücken zu erkennen, ist den Benützern meist nicht mehr bewusst, was ein darin enthaltenes Wortglied ursprünglich bedeutet hat. Zum Beispiel bei ‚Weihnachten' oder ‚Karfreitag'. Im ersten Wort steckt das alte Adjektiv wih = heilig, in Karfreitag das untergegangene Substantiv kara = Wehklage, Trauer, Sorge, das uns auch noch in dem verwandten englischen Wort ‚care' begegnet.

Noch versteckter als bei den Bedeutungsverdunkelungen ist der ursprüngliche Wortsinn bei den *Sprachversteinerungen*. Das sind ehemals selbständige sprachliche Ausdrücke, die sich zu bloßen Vor- und Nachsilben ohne eigenständige Bedeutung entwickelt haben oder gar nur noch als einzige Buchstaben in Erscheinung treten. So verbirgt sich zum Beispiel in den Zahlwörtern ‚elf' und ‚zwölf' die Versteinerung eines früher selbständigen Wortes. Die frühdeutschen Formen ‚ein-lif' und ‚zwe-lif' lassen dieses Wort ‚lif' noch erkennen. Es bedeutete ‚übriglassen' (so wie heute noch in engl. ‚leave'). Die Bedeutung von elf und zwölf ist also ‚eins übrig-(ge)lassen' bzw. ‚zwei übrig-(ge)lassen', wenn man bis zehn gezählt hat.

Wörter dienen also nicht nur der Beschreibung geschichtlicher Vorgänge, sondern sie sind auch *Geschichtsquelle*. Sie können etwas darüber erzählen, wie unsere Vorfahren gedacht haben: Was für Vorstellungen sie mit einer Sache verbunden haben, wie sie ihr gegenüber eingestellt waren. Denn wenn zu irgendeiner Zeit etwas neu zu benennen war, hat man (von Lautmalerei abgesehen) an etwas bereits Vorhandenes und Benanntes angeknüpft und das Neue dazu in Beziehung gesetzt. Die neue Bezeichnung war der Versuch, eine bisher fremde Sache in ihrem Zusammenhang mit den bereits bekannten Dingen zu begreifen und so in die eigene Sicht der Welt einzuordnen.

Der Wortschatz ist deshalb so etwas wie das Gedächtnis der Völker. Wir alle zehren, wie der Schriftsteller Wolf Schneider (1976) sagt, „von der Phantasie unserer Vorfahren; ihre Ängste und Freuden hat die Sprache gespeichert." Es ist freilich kein ausschließlich sinnvoller Erfahrungsschatz, den wir beim Erlernen einer Sprache mitgeliefert bekommen. Es sind auch manche „Widersprüche und Torheiten in der Sprache versteinert, unaufgeklärte Reste längst abgestorbener Gedanken" (Wandruska 1969).

Natürlich ist uns nur bei einem kleinen Teil der Wörter, die wir verwenden, ihr ursprünglicher Bedeutungsgehalt bewusst. Viele Wörter gebrauchen wir sozusagen gedankenlos, einfach wie ein Werkzeug. Aber auch dann kann das Aufspüren ihrer ursprünglichen Bedeutung eine faszinierende Entdeckung bedeuten.

4
Identität durch Sprache

Die Erfahrung, wohin Nationalismus und Rassismus ihr Volk im letzten Jahrhundert führten, hat bei vielen Deutschen eine Abwendung von allem ‚Nationalen' bewirkt. Das ist verständlich und nachvollziehbar. Problematischer ist es, wenn damit auch eine Abwendung von der eigenen Geschichte als Ganzes verbunden ist, obwohl die Erinnerung an sie unerlässliche Voraussetzung für das innere Zusammenwachsen der vereinigten Deutschen ist; wenn vielfach die Notwendigkeit einer ‚deutschen' Identität überhaupt bestritten und ein vage bleibendes ‚europäisches' oder allgemein-weltbürgerliches Selbstverständnis an ihre Stelle gesetzt wird. Ein Kontext, in dem dann auch die Loyalität gegenüber der eigenen Sprache keine große Rolle mehr spielt.

Wir haben den Zusammenhang von Sprache und Identität schon einmal gestreift und müssen ihn jetzt noch etwas näher betrachten. Dabei wird aber versucht, um die leidige deutsche Debatte über Wert oder Unwert der ‚Nation', die seit einigen Jahren in den Feuilletons der deutschen Zeitungen ausgetragen wird, einen Bogen zu machen. Leidig ist sie deshalb, weil man den Eindruck gewinnt, dass es einem Teil der Diskutanten gar nicht um den redlichen Versuch der Klärung eines in der Tat problembeladenen Begriffs geht. Vielmehr erscheint so manche apodiktische Feststellung wie eine Projektion persönlicher Negativhaltungen auf das eigene Land und seine Menschen. Ja, wie ein verzweifelter Versuch, eine an der Erfahrung der Vergangenheit geläuterte, aber nun für die Gegenwart und Zukunft gelassen-positive Einstellung zu beidem um jeden Preis zu verhindern.

‚Nation' ist ein vieldeutiger und in den verschiedenen Sprachen mit unterschiedlichem Inhalt und bestimmten Wertvorstellungen aufgeladener Begriff, der zudem im Verlauf der europäischen Geschichte auch noch Wandlungen durchgemacht hat. Hier nur ein paar abgrenzende Bemerkungen dazu, was *nicht* gemeint ist, wenn der Autor von einem Zusammenhang zwischen Sprache und Identität ausgeht:

- Wir brauchen dem in Deutschland und Österreich belasteten Begriff der Nation nicht nachzutrauern, soweit er auf ‚Abstammung' oder gar ‚blutsmäßige' Verwandtschaft gestützt ist. Erstens trägt ein solches Verständnis immer die Gefahr des Rassismus in sich. Zweitens lassen sich ‚Deutsch-Sein' oder ‚Österreichisch-Sein' damit auch gar nicht begründen, denn diese Völker in der Mitte Europas sind im Lauf ihrer Geschichte aus mehreren ethnischen Bestandteilen zusammengewachsen. Für Österreich macht dies schon ein Blick ins Wiener Telefonbuch mit seinen vielen tschechischen, kroatischen, ungarischen oder italienischen Namen deutlich.

Aber auch ‚Deutsch-Sein' lässt sich ethnisch nicht definieren – geht man nur weit genug zurück. Im Mittelalter waren ja mindestens vier ‚Groß-Ethnien' an der Entstehung des Deutschen beteiligt: Menschen germanischer, keltischer, romanischer und slawischer Herkunft, je nach Landschaft die eine oder andere Ethnie mehr. Was dabei oft unterschätzt wird, ist der große slawische Anteil in der Osthälfte des historischen Deutschlands.

- Die Stämme auf dem Boden Deutschlands, Österreichs, der alemannischen Schweiz und einiger angrenzender Räume waren seit dem Mittelalter zu einer Sprach- und Kulturgemeinschaft zusammengewachsen, die bestimmte geschichtliche Erfahrungen machte, bestimmte Traditionen und Verhaltensmuster entwickelte und einen gemeinsamen Kulturbesitz erwarb. Zur Nation im Sinne einer politischen Willensgemeinschaft wurden die Deutschen (einschließlich der heutigen Österreicher) aber erst spät. Die alemannischen Schweizer dagegen begannen nach ihrem Ausscheiden aus dem Heiligen Römischen Reich ein eigenes politisches Nationalbewusstsein zu entwickeln, das im 19. Jahrhundert Teil der Idee einer multiethnischen Schweizer Staatsnation wurde.

- Die Deutschen (einschließlich der heutigen Österreicher) hatten es zu der in Europa ‚richtigen Zeit' – zwischen dem 16. und 18. Jahrhundert – versäumt, einen Nationalstaat herauszubilden, weil bei ihnen damals noch die dynastischen und konfessionellen Loyalitäten überwogen. Ein entscheidendes Hindernis bildete vor allem die dauerhafte konfessionelle Spaltung. Und ihre Herrscher, vom Kaiser bis zu den kleinsten Partikularfürsten, hielten aus Eigeninteresse an der Idee des Reichs fest, obwohl sie zu dieser Zeit schon überholt war.

- Diese ‚Verspätung' der politischen Nation und des Nationalstaats war vermutlich die Hauptursache dafür, dass es den Deutschen und Österreichern nicht gelang, von der brisanten Idee der ‚Nation' einen maßvollen Gebrauch zu machen, während andere Völker, wie etwa Engländer, Franzosen oder Schweden den Umgang damit in einem lange währenden Prozess eingeübt hatten.

- Gleichwohl bestehen auch bei Deutschen und Österreichern kollektive Identitäten: das Bewusstsein der Geschichte des Raums, in dem sie leben, das Bewusstsein ihres eigenen Kulturbesitzes und vor allem die eigene deutsche Sprache. Die Abkehr von dem misslungenen Nationalen zwingt nicht dazu, aus der Geschichte auszusteigen. An das, was bleibt, kann man sich vielleicht auch heute noch mit dem Begriff annähern, den der Historiker Friedrich Meinecke 1907 eingeführt hatte: den der Kulturnation. Auch sie kann einer Großgruppe die Identität vermitteln, die ihr eine gelassen-selbstsichere Teilnahme am interkulturellen Austausch ermöglicht.

- Die ‚Kulturnation' schließt im Gegensatz zur ‚Abstammungsnation' niemanden aus, der ihr angehören will. Jeder einzelne, woher er oder seine Vorfahren auch stammen mögen, kann sich durch bewusste Identifizierung mit dem Land, seiner Geschichte, Kultur und der Sprache integrieren. Dies zeigen die Beispiele der französischen Hugenotten in Preußen, der polnischen Einwanderer im Ruhrgebiet oder der Zuwanderer aus allen Räumen der k.u.k.-Monarchie in Wien.

Angesichts der kurzen und im 20. Jahrhundert so sehr beschädigten staatlich-politischen Traditionen Deutschlands und Österreichs müssen seine Bewohner im besonderen Maße auf das Konzept der *Kulturnation* zurückgreifen. Und ein zentraler Bestandteil (wenn auch nicht das einzige Element) dieser nationalkulturellen Identität ist die deutsche Sprache.

Auf dieser Annahme beruht die Darstellung des Auf und Ab im ‚Lebensweg' dieser Sprache, der hier nacherzählt werden soll. Die Annahme Wilhelm von Humboldts (1836), daß „die Sprache gleichsam die äußere Erscheinung des Geistes der Völker (ist)", erscheint zu pauschal. Erst recht ist die noch weitergehende Ansicht von Benjamin L. Whorfs (1956/63) abzulehnen. Während Humboldt die Entscheidung noch offen ließ, ob es das Denken ist, das die Sprache determiniert oder umgekehrt die Sprache das Denken, legte Whorf sich auf Grund seiner Studien von Indianersprachen darauf fest, dass es die Strukturen der jeweiligen Sprache seien, die das Denken formen. Das ist aber sicher falsch. Richtig ist, dass unsere Sprache keineswegs festlegt, „was in einer Sprache ausgedrückt zu werden *vermag*", sondern nur, was sie normalerweise bestimmt, aber durchaus auch anders umschreiben kann (Deutscher 2010).

Jede Sprache ist zunächst einmal ein Instrument zur Vermittlung von Gedanken und Vorstellungen, die für keine bestimmte Kultur spezifisch sind. Wo es sich um Begriffe handelt, die sich auf die konkrete Welt beziehen, lassen sich diese auch in anderen Sprachen äquivalent wiedergeben. Dass bestimmte Dinge in den einzelnen Kulturen einen unterschiedlich hohen Stellenwert besitzen mögen, tut der prinzipiellen Vermittelbarkeit keinen Abbruch. Ferner gibt es universelle Wahrnehmungen und Denkprozesse, die ohnedies nichts mit den spezifischen Zügen einer bestimmten Sprachgemeinschaft zu tun haben, etwa die ‚Arbeitsprinzipien' des Bewusstseins für die Wahrnehmung grammatischer Strukturen (Zimmer 1986). In diesen Bereichen kann es kaum einen spezifischen Zusammenhang von Sprache und Weltbild geben.

Etwas anderes ist es jedoch, wenn es um abstrakte Begriffe und um bildhafte Ausdrucksweisen geht. Hier geht es nicht um die bloße gedankliche Repräsentation von Wahrnehmungen, sondern um deren Interpretation im Rahmen unserer kulturellen Prägung. Der Inhalt von Begriffen wie ‚rational', ‚aufgeklärt', ‚gerecht' oder auch des spezifisch deutschen Ausdrucks ‚gemütlich' ist kulturabhängig. Mit diesen Begriffen sind Wertvorstellungen und Gefühle verbunden, die es erschweren, sie in jeder beliebigen Sprache adäquat wiederzugeben.

Das gleiche gilt für viele bildhafte Ausdrucksweisen. Sie entstehen in den einzelnen Sprachen dadurch, dass etwas Neues in Beziehung zu etwas schon Bekanntem gesetzt wird; dass schon vorhandene Bedeutungen ganz oder teilweise übertragen werden.

In den abstrakten Begriffen und bildhaften Redeweisen sind also spezifische Erfahrungen, Sichtweisen und Einstellungen von Menschen eines bestimmten Kulturraums gespeichert. Und weil die Eltern beim Spracherwerb ihrer Kinder darauf achten, dass Übereinstimmung im beiderseitigen Wortgebrauch herrscht, verwenden wir – trotz des kontinuierlichen Sprachwandels – sehr viele Wörter genauso wie unsere Eltern, die ihrerseits diesen Wortgebrauch wieder von ihren Eltern übernommen haben und so fort. In die kulturellen Muster, die sich eine Generation formt, spielen deshalb auch die in ihrer Sprache aufbewahrten kollektiven Erinnerungen hinein. Deshalb schafft eine (Mutter-)Sprache auch ein unsichtbares Band der Gemeinsamkeit unter ihren Sprechern und macht die Mitglieder der Sprachgemeinschaft untereinander mental ‚verwandter'. Dieses Erbe in ihrer Sprache stiftet für sie ein wesentliches Stück gemeinsamer Identität.

Gleichzeitig lässt sich eine solche einzelsprachliche Identität in eine größere europäische Identität einpassen. „Beispielsweise kann ein selbstbewusster Deutscher ein guter Europäer werden, aber jemand, der sich seiner sprachlich-kulturellen Verwurzelung nicht bewusst ist, kann dies nicht . . . Die nationalsprachliche Identität (ist ein) Schlüssel für ein selbstbewusstes interkulturelles Handeln" (Haarmann 1993).

Freilich scheint bei einer so starken Gleichsetzung von deutscher Sprache und Identität noch der folgende Widerspruch zu bestehen: Auch für Österreicher und Südtiroler, alemannische Schweizer und Liechtensteiner ist Deutsch die Muttersprache, aber sie sind (heute) keine Deutschen (mehr)! Der scheinbare Widerspruch entsteht dadurch, dass Deutschland den Sprachnamen auch in der Staatsbezeichnung trägt. Hätte es diesen Namen nicht für sich besetzt, wäre es etwa nach einem seiner alten Stämme benannt oder hieße es ‚Nordsee-Alpen-Land', dann könnte man auch alemannische Schweizer oder Österreicher als ‚Deutsche' bezeichnen.

Was trotz der gemeinsamen Sprache doch gewisse Differenzierungen in der Identität bedingt, ist die Tatsache, dass Staatsnation und historische Kulturraumzugehörigkeit sich nicht (mehr) decken. Was trennt, sind nicht Sprache oder Mentalität. Denn die grenznahen Bewohner der drei Staaten ähneln in Dialekt und Mentalität ihren direkten Nachbarn oft mehr als den Bewohnern im Innern des eigenen Landes. Man denke nur an Südbadener und Nordschweizer oder an Altbayern und Oberösterreicher. Was die Identitäten doch bis zu einem gewissen Grad unterscheidet, sind bestimmte Erfahrungen der jeweiligen Territorialgeschichte.

Für die Identität der Österreicher wird aber – neben den geschichtlichen Ereignissen im Habsburger Reich – auch das lange multikulturelle Neben- und Miteinander auf diesem Territorium eine Rolle spielen. Dadurch war trotz des Fundaments der deutschen Sprache ein eigenes kulturelles Areal entstanden, das sich von dem in der Mitte und im Norden des deutschsprachigen Raums unterscheidet. Zu den territorialspezifischen Zügen der österreichischen Geschichte gehört auch der einheitliche Katholizismus Habsburgs gegenüber dem konfessionell gespaltenen Deutschland.

Eindeutiger ist die Situation in der Deutschschweiz. Sie hatte sich schon früh aus dem Heiligen Römischen Reich herausgelöst (1499 / 1648). Mit der Umwandlung in eine Konföderation aus Bevölkerungsteilen mit vier verschiedenen Sprachen im 19. Jahrhundert, die gemeinsam das ‚Schweizervolk' bilden, ist eine neue Nation entstanden, die nur noch mit ihrem deutschsprachigen Territorium als Teil eines größeren deutschen Kulturraums anzusehen ist.

Gleichwohl bleibt Deutsch die Muttersprache nicht nur des Landes, das den Namen dieser Sprache in der Staatsbezeichnung führt, sondern auch der Österreicher, Südtiroler, Liechtensteiner und – als Schriftsprache – der Deutschschweizer. Sie alle haben die deutsche Sprache historisch hervorgebracht. Die Geburtsstätten unserer Schriftsprache: St. Gallen und die Reichenau, Salzburg und Regensburg, Fulda und Köln – um nur die wichtigsten zu nennen – erstrecken sich über alle genannten Gebiete. Der Alemanne Notker, der um das Jahr 1000 als erster seine Sprache als Deutsch bezeichnete war ‚Schweizer'. Hoch- und spätmittelalterliche Dichter wie Oswald von Wolkenstein, der Kürenberger und (sehr wahrscheinlich) auch Walter von der Vogelweide waren ‚Österreicher'.

Diese Verbundenheit des Sprachraums dürfte als Konstante auch dann bleiben, wenn die heutigen deutschsprachigen Staaten einmal Teil eines europäischen Bundesstaats sein sollten. Auch dieser Bundesstaat wäre wohl eher ein Europa der Sprachräume; schon heute bilden die Sprachräume die Zone der stärksten wirtschaftlichen Verflechtung. Und diese Sprachräume werden auch weiter wirtschaftlich und kulturell in einem Wettbewerb miteinander stehen.

Dieser Wettbewerb aber bedeutet auch Konkurrenz der großen Sprachen Europas. Es liegt auf der Hand, dass selbst in einem dereinst kompletten europäischen Haus nicht mehr als drei oder vier große Sprachen die überregional benützten Kommunikationsmittel sein können.

Berücksichtigt man die Sprecherzahlen der einzelnen Muttersprachen wie auch deren Verbreitung als Fremdsprachen in Europa, dann sind Englisch, Französisch, Deutsch und Russisch die ‚großen Vier'. (Dazu mehr in Teil VII.)

Eine aktive Sprachenpolitik anstatt scheuer Defensive, eine engagierte und selbstbewusste Teilnahme im europäischen Sprachenwettstreit anstatt sich zu verstecken, sind deshalb für die deutschsprachigen Länder nicht weniger wichtig als alle anderen Politikbereiche.

Teil II

Stippvisite im deutschen ‚Sprachmuseum'

1
Ein Helm, ein Horn und eine Bibel

Nicht nur Menschen oder Gegenstände, auch Sprachen und Wörter besitzen eine Geschichte. Stellen wir uns einmal vor, es gäbe ein ‚Sprachmuseum' des deutschen Wortschatzes und wir machten einen Rundgang dort. Die ‚Exponate' wären optisch natürlich weit weniger eindrucksvoll als die anderer Sammlungen. Tonaufzeichnungen zum Beispiel könnten nicht weiter als ins 19. Jahrhundert zurückreichen. Aber es gibt immerhin recht alte Schriftdenkmäler auf Pergament oder in kunstvoll verzierten handgeschriebenen Büchern. Und einige noch ältere Sprachzeugnisse zieren als Inschriften oder Eingravierungen ein Schmuckstück, einen Helm oder eine Waffe. Aber die Masse der Wortzeugnisse dieses fiktiven Museums fände sich, ganz unspektakulär auf Karteikarten oder Mikrofiches, auf denen die ‚Lebensläufe' dargestellt sind. Solche Wortbiographien können allerdings, wie wir vorhin am Beispiel des Ausdrucks ‚Messer' gesehen haben, bis in die sprachliche Morgendämmerung Europas zurückreichen.

Die Stammbäume einzelner Wörter müssen rekonstruiert werden, weil schon die unmittelbare Vorläufersprache des Deutschen, das Germanische, noch schriftlos war. Das erste germanische Sprachzeugnis, das unser Museum anbieten könnte, wäre die Inschrift auf dem ‚Helm von Negau', benannt nach seinem Fundort (heute Ženjak) in Slowenien. Die Archäologie datiert diesen bronzenen Helm in das 1. Jahrhundert nach Christus. Seine Inschrift ist im nordetruskischen Alphabet aufgezeichnet (aus dem sich später das germanische Runenalphabet entwickelt haben soll) und setzt sich aus mehreren, ohne Zwischenräume geschriebenen Wörtern zusammen: „HARIXASTITEIVA///IP".

Die Lesart der Inschrift ist umstritten. Es könnte sich um eine Zusammenrückung der Wörter ‚hari' = Heer, ‚gasti' = Gast und des Namens des germanischen Kriegsgottes ‚Teiva' = Ziu handeln. Die Inschrift würde dann eine Anrufung des Kriegsgottes als ‚Gast des Heeres' darstellen. Eine andere Deutung, die auch die völlig unklaren Zeichen am Ende des Wortes berücksichtigt, besagt, ‚Heergast' sei einfach der Name des Helmträgers, nämlich der eines germanischen Söldners im römischen Heer. Er wäre dann der Sohn des ‚Teus' gewesen und hätte in der ‚dritten illyrischen Abteilung' gedient. (Zu den verschiedenen Deutungen vergl. Keller 1986.)

Klarer ist der Inhalt des nächstältesten germanischen Schriftzeugnisses, eine Inschrift in Runenzeichen auf einem goldenen Horn mit abgebrochener Spitze. Es ist das ‚Horn von Gallehus' in Dänemark, gefertigt um 400 nach Christus. Die Inschrift lautet (hier in lateinischen Buchstaben wiedergegeben): ‚Ek hlewagastiz holtijaz horna tawido' = ‚Ich, Leugast aus Holt (bzw. ‚Sohn des Holt') fertigte das Horn'. Falls ‚holtijaz' eine Orts- und keine Personenbezeichnung ist, könnte die Landschaft ‚Holstein' gemeint sein.

Auch die Runen waren noch nicht Vorläufer einer richtigen Schrift, sondern magische Zeichen, die für kurze Widmungen oder Namenseinritzungen verwendet wurden. ‚Runa' bedeutet in der germanischen Sprache ‚Geheimnis'; diese Wortwurzel steckt auch im deutschen Verb ‚raunen'. Ein Beispiel einer Widmung in Runenzeichen bietet etwa die Bügelfibel von Freilaubersheim:

‚Boso wraet runa, thik dalena golida' = ‚Boso ritzte die Runen, dich, Dalena, hat der (damit) gegrüßt'.

Wieder ein Stück weiter im ‚Sprachmuseum' findet der Besucher schließlich das erste ‚Buch' in einer germanischen Sprache. Es ist die Kopie einer prachtvollen Handschrift, die heute in der Universitätsbibliothek von Uppsala aufbewahrt wird. 187 Blätter purpurrot gefärbtes Pergament mit silberner Schrift und goldenen Anfangswörtern, eine Übersetzung der Bibel in die gotische Sprache. Der westgotische Bischof Wulfila hatte sie im 4. Jahrhundert angefertigt, um seinen Priestern die Missionsarbeit unter den meist noch heidnischen Germanen zu erleichtern.

Die heute erhaltene Handschrift stammt aus einem norditalienischen Kloster, wo sie um das Jahr 500 ein ostgotischer Mönch kopiert hatte. Die alte gotische Sprache ist längst untergegangen, und nicht nur der Wortschatz in diesem Text, auch die Schrift wirken noch reichlich fremd. Kein Wunder, Bischof Wulfila hatte sie aus griechischen und lateinischen Buchstaben sowie aus germanischen Runenzeichen erst schaffen müssen, bevor er seine Übersetzung ‚zu Pergament' bringen (lassen) konnte.

Die Kenntnisse des alten germanischen Sprachzustands, der dem Deutschen vorausging, wären dürftig, wenn nicht noch andere Quellen für seine Erschließung existierten. Zum Beispiel die Überlieferung germanischer Wörter in lateinischer Form bei römischen Schriftstellern. So findet man bei Caesar, Plinius oder Tacitus Wörter wie die folgenden (in Klammern die heutige deutsche Form des germanischen Ausdrucks): ‚alces' (‚Elche'), ‚ganta' (‚Gans'), ‚glaesum' (‚Glas'), ‚sapo' ('Seife') oder ‚urus' (‚Ur-ochse').

Aber auch die slawischen und baltischen Sprachen, ja sogar das nicht-indogermanische Finnisch besitzen germanische Wörter, die zum Teil schon vor rund zweitausend Jahren entlehnt worden sein müssen. Das Finnische hat sie nämlich in einer so altertümlichen Form bewahrt, wie sie später in den germanischen Schriftzeugnissen gar nicht mehr erscheint. Zum Beispiel finn. ‚kuningas' (< germ. ‚*kuningaz' = ‚König') und finn. ‚kaunis' (< germ. ‚*skauniz').

Doch auch nach einer ‚Wortgrabung' bis in die Sprachschicht des ersten Jahrtausends vor Christus sind wir noch nicht bei den vorgeschichtlichen Wurzeln der deutschen Sprache angelangt. Wollen wir diese aufdecken, so müssen wir noch einmal zwei Jahrtausende ‚tiefer graben'. Dabei stoßen wir auf Wortgleichungen auch mit geographisch sehr weit entfernten Sprachen. Zum Beispiel entdecken wir, dass die Bezeichnungen für ‚Nase' nicht nur im Englischen (‚nose'), sondern auch im Russischen (‚nos') oder im Litauischen (‚nosis') sehr ähnlich sind. Oder dass dt. ‚Mutter' die gleiche Herkunft besitzt wie frz. ‚mère', russ. ‚mat' oder lett. ‚māte'. Oder dass das Zahlwort ‚drei' engl. ‚three', ital. ‚tre' oder russ. ‚tri' lautet. Diese Urverwandtschaft der germanischen, romanischen, slawischen, baltischen und noch einiger anderer Sprachen tritt beim Vergleich mit dem nicht verwandten Ungarisch noch deutlicher hervor. Dort lauten die eben erwähnten Ausdrücke völlig anders, nämlich ‚orr', ‚anya' und ‚három'.

Die Urverwandtschaft erstreckt sich sogar über Europa hinaus auf Sprachen in Vorderasien, etwa auf das Persische und das indische Sanskrit. Wegen dieser geographischen Verbreitung der Wortgleichungen spricht man von der indogermanischen (idg.) oder indoeuropäischen

Sprachfamilie. Ihr gehören alle europäischen Sprachen außer der finno-ugrischen Gruppe und dem Baskischen an.

Dieser Zusammenhang bestand freilich nicht von Anfang an. In ‚grauer Vorzeit' wurden in den unterschiedlichen Räumen Europas auch unterschiedliche Sprachen gesprochen, über die man jedoch nichts weiß. Wie kam es aber zu dieser indogermanischen oder indoeuropäischen Verwandtschaft?

2
Die indoeuropäische Vorgeschichte

Irgendwann vor vielleicht fünf- oder sechstausend Jahren wurden die in Europa existierenden Sprachen von einem neuen Idiom überlagert und durchdrungen. Aus dieser neuen Sprache stammen die heutigen Gemeinsamkeiten sowohl des Wortschatzes wie auch der grammatischen Strukturen.

Wie die neue Sprache zu ihnen gelangt ist, ob im Zuge einer Eroberung oder durch allmähliche Zuwanderung, ist nicht abschließend erklärt. Auch nicht genau, zu welcher Zeit und aus welchem Raum sie kam (Vorderasien, östlichstes Europa?). Ebenso wenig weiß man, ob die ursprünglichen Träger dieser neuen Sprache ein einheitliches Volk oder eine Gruppe von Völkern bildeten. Und schließlich auch nicht, ob es sich überhaupt um eine einheitliche Grundsprache oder schon um in Dialekte aufgespaltene Töchter einer noch älteren Vorläuferin handelte. (Zum Stand der Forschung vergl. die Literaturhinweise zu Teil II.)

Trotzdem ist es gelungen, ihren Wortschatz, oder genauer die Wortwurzeln dieser Sprache zu rekonstruieren. Es sind die berühmten ‚Sternchenwörter', die uns schon begegnet sind. Selbst der grammatische Bau dieser Sprache ist (wenn auch weniger verlässlich) erschlossen worden. Weil die Ergebnisse in jedem einschlägigen Lehrbuch zu finden sind, brauchen wir hier nicht näher darauf einzugehen. Es sei nur erwähnt, dass zum Beispiel die Deklinations- und Konjugationsendungen des Deutschen ebenso idg. Erbe sind wie das grammatische Geschlecht oder der sogenannte Ablaut. Beim Geschlecht (Genus) handelt es sich um eine bloße grammatische Kategorie, die weit zurückreichende (und nicht mehr erklärbare) Wurzeln hat. Wenn wir im Deutschen ‚der Hund', ‚die Katze' und ‚das Pferd' sagen, ist damit ja keineswegs die Vorstellung eines natürlichen Geschlechts verbunden. Auch das Russische besitzt diese drei grammatischen Geschlechter noch, das Französische hat sie immerhin auf zwei reduziert, während das Englische (bis auf ganz wenige Ausnahmen) nur noch ein natürliches Geschlecht kennt.

Eine andere alte Eigentümlichkeit, die das Deutsche weiterführt (und sogar noch erweitert hat) ist der sogenannte Ablaut. Es ist dies ein regelmäßig eintretender Vokalwechsel, mit dem die Bedeutung von Wörtern variiert wird, die aus derselben Wurzel stammen. Etwa wenn das in einem Wort Ausgedrückte von der Gegenwart in die Vergangenheit verlegt werden soll (binde, band, gebunden) oder wenn aus einem vorhandenen Verb oder Substantiv eine andere Wortart gebildet wird (können, Kunst; stellen, Stall).

Aber noch beeindruckender ist, wieviel im deutschen Wortschatz auf indogermanisches Erbe zurückgeht. Auch heute noch erfassen wir die elementaren Dinge unseres Lebens und der uns umgebenden Welt mit Ausdrücken, die vor vielen Tausenden von Jahren geprägt wurden. Wörter aus dieser Vorzeit stellen zum Beispiel die Verwandtschaftsbezeichnungen dar. Vergleichen wir etwa – neben dem schon erwähnten Wort ‚Mutter' – noch die deutschen Bezeichnungen ‚Bruder', ‚Schwester', ‚Sohn' und ‚Tochter' mit den russischen, fällt uns sofort die Ähnlichkeit auf: ‚brat', ‚sestrá', ‚syn' und ‚dotsch'.

Auch die Wörter ‚Mann' und ‚Frau' im Deutschen sind idg. Herkunft. ‚Mann' bezeichnete ursprünglich den Menschen allgemein, bevor sich später die Bedeutung

geschlechtsspezifisch einengte. Es geht auf idg. ‚*men-'
= ‚überlegen, denken' zurück, eine Wortwurzel, die auch
in lat. ‚mens' = ‚Verstand' steckt. Der Mensch ist also
das ‚denkende (Wesen)'. Die biologische Bezeichnung
‚Weib' ist ebenfalls ein idg. Erbwort, doch ist dessen
Bedeutung unsicher. Die Etymologie bietet drei mögliche
Interpretationen an, je nachdem, an welche von drei in
Frage kommenden Wurzeln man anknüpfen will. So
kann das Wort entweder ‚Mutterschoß' oder ‚die sich
emsig hin und her Bewegende' oder ‚das (mit Kleidung)
umhüllte Wesen' bedeuten – letzteres im Gegensatz zum
Mann, der mit nacktem Oberkörper arbeitet.

Weil die idg. Erbwörter sich vor allem auf das Unmittelbare und Nächstliegende beziehen, gehören die meisten Bezeichnungen der Körperteile und Organe dazu, ebenso Ausdrücke für elementare Gefühle und Bedürfnisse wie ‚Angst, Durst, Hunger, Gier, Lust, Neid, Schmach, Wut, Zweifel'; nicht jedoch ‚Eifersucht' und ‚Freude'. Idg. Erbwörter sind auch die Bezeichnungen der wichtigsten Eigenschaften des Menschen und der ihn umgebenden Dinge, etwa ‚blind, dick, dünn, dumm, dürr, eng, frech, froh, fromm, geil, heiß, kalt, schön, stark, wild, zahm'.

Auch im Wortschatz der Landwirtschaft stößt man auf eine Anzahl idg. Bezeichnungen, die auch heute noch auf einem deutschen Bauernhof in Gebrauch sind. Greifen wir als ein Beispiel die Sammelbezeichnung ‚Vieh' heraus. Ihre idg. Herkunft drückt sich in der Wortgleichung aus, die sie auch mit lat. ‚pecus' oder engl. ‚fee' bildet. Auch diese Wörter in den beiden anderen Sprachen bedeuten ursprünglich ‚Viehbesitz'. Und da die Größe der Viehherde früher der Maßstab für den Reichtum war, konnte sich aus diesem Grundwort im Lateinischen die

Bezeichnung des Geldes (‚pecunia') und im Englischen die des Honorars (‚fee') entwickeln.

Die Benennung der Kulturpflanzen und der Tätigkeiten auf dem Feld weisen im Deutschen in vielen Fällen ebenfalls auf diese Zeit zurück. Dagegen sind die meisten Obst- und Gemüsebezeichnungen keine idg. Erbwörter, sondern stammen offensichtlich aus der Sprache einer Vorbevölkerung in Europa.

Unzweifelhaft idg. Ursprungs sind dagegen wieder die meisten Bezeichnungen für Naturerscheinungen. So etwa die Namen von ‚Sonne' und ‚Mond'. Der erste geht auf eine Verbalwurzel mit der Bedeutung ‚schwelen, brennen' zurück. Weniger direkt lässt sich die Bedeutung von ‚Mond' erschließen. Idg. ‚*menot' bedeutete ursprünglich sowohl das Gestirn selbst als auch die Zeitspanne zwischen der Wiederkehr der Mondphasen Vollmond und Neumond. In diesem Wort steckt eine Verbalwurzel, die ‚messen, abschreiten, wandern' bedeutet. Der Mond wäre demnach entweder der ‚Zeitmesser' oder der ‚Wanderer (am Himmel)'.

Eng mit den Naturerscheinungen verbunden sind die Ausdrücke der Zeiteinteilung, die in unserer Sprache auf die idg. Periode zurückgehen. So neben dem ‚Monat' auch ‚Nacht' und die Jahreszeiten ‚Sommer' und ‚Winter'. Anders als die Bezeichnung ‚Tag' ist das Wort ‚Nacht' in allen idg. Einzelsprachen vorhanden. Das weist darauf hin, dass in der alten Zeitrechnung die Nacht eine größere Bedeutung als der Tag besessen haben muss. Auch heute noch bezeichnen ja unsere Wörter ‚Weihnachten' und ‚Fastnacht' die Nacht, die dem eigentlichen Anlass vorausgeht. Und der englische Ausdruck ‚fortnight' (‚vierzehn Tage') lässt die Bedeutung der Nacht für die alte Zeitrechnung ebenfalls noch spüren.

Weiter zurück reicht schließlich auch die Ausbildung unserer Zahlwörter. Die Träger der idg. Sprache müssen schon vor Tausenden von Jahren ein bis hundert ausgebildetes Zahlensystem besessen haben. Für die Zahlwörter von ‚eins' bis ‚zehn' und für ‚hundert' existieren sogar Wortgleichungen in fast allen idg. Sprachen. Die heutige deutsche Bezeichnung ‚hundert' wird allerdings erst im Mittelalter allgemein üblich. Bis dahin gab es analog zur Bildung von ‚vierzig' und ‚fünfzig' auch den Ausdruck ‚zehn-zig'.

Aber es ist nicht nur das Zahlensystem, das eine geistige Entwicklungshöhe der ‚Indogermanen' anzeigt, die weit über die eines Naturvolkes hinausgeht. Auch die Tatsache, dass sie schon viele unserer Abstrakta für Seelisches, Geistiges oder ethische Qualitäten besaßen, unterstreicht das. Etwa ‚Ehre, Friede, Leumund, Mühe, Mut, Qual, Scham, Sinn, Sorge, Trost, Wesen, Wille, Zeit'.

Was eine solche ‚Grabung' bis in die untersten Schichten unseres Wortschatzes zutage fördern kann, sind „weite Blicke in längst vergangene Zeiten . . . über die die Geschichte sonst schweigt." Sie ermöglicht einen Einblick in den Werdegang unserer Zivilisation und Kultur, denn „Wortgeschichte ist zugleich Sach- und Kulturgeschichte, Sprachgeschichte ist Menschheitsgeschichte." (Wasserzieher 1974, Vorwort zur 1. Auflage.)

3
Die germanische Vorgeschichte

Eine jüngere, aber immer noch die Vorgeschichte betreffende Abteilung unseres ‚Sprachmuseums' betreten wir, wenn wir den Wortschatz des Germanischen betrachten. Dieser Wortschatz belegt, dass die Germanen aus mindestens zwei Ethnien zusammengewachsen sein müssen, denn er enthält zu einem Drittel Wörter, die nicht aus den rekonstruierten indogermanischen Wurzeln hergeleitet werden können. Zu ihnen zählen viele Ausdrücke der Seefahrt und des Fischfangs. Man sieht diesen Teil des Wortschatzes gemeinhin als Substrat der Sprache einer Vorbevölkerung an, die vielleicht im Küstensaum von Nord- und Ostsee ansässig war, bevor sie von den Trägern der indogermanischen Sprache überschichtet wurde und daraufhin einen Sprachwechsel vollzog. So dürfte es sich bei der Ethnogenese der Germanen um eine allmähliche kulturelle und sprachliche Angleichung neben- und miteinander lebender ethnischer Gruppen in der Nordhälfte Deutschlands und am Südrand Skandinaviens gehandelt haben.

Die heutige Vorgeschichtsforschung sieht den Beginn des Germanentums in der eisenzeitlichen Jastorf-Kultur, die sich um etwa 600 vor Christus herausgebildet hat. Benannt ist sie nach dem Fundort Jastorf bei Uelzen in Niedersachsen. Der Siedlungsraum der Bevölkerung der Jastorf-Kultur im weiteren Sinn reichte von der Weser bis über die Oder hinauf nach Pommern sowie vom südlichen Sachsen bis Nordjütland. Die inseldänischen und südschwedischen Fundplätze lassen nur noch eine weitläufige Verbindung zum Jastorf-Formenschatz erkennen (Die Germanen, Band 1, 1986).

In diesem Raum der Jastorf-Kultur ist, so nimmt man heute an, die Herausbildung der germanischen Stämme und des sog. Gemeingermanisch (auch Protogermanisch) erfolgt. Wichtigstes Kennzeichen für das endgültige Heraustreten aus der indogermanischen Sprachstufe ist die ‚Erste Lautverschiebung'. Bei ihr erweichen sich die bisher stimmlosen Verschlusslaute ‚p', ‚t' und ‚k' im Anlaut zu den stimmlosen Reibelauten ‚f', ‚th' (gesprochen wie in engl. ‚think') und ‚h' (gesprochen wie in deutsch ‚-ch'). Seither besitzen die gleichen Wörder idg. Herkunft, zum Beispiel im Lateinischen andere Anlaute als in den germanischen Sprachen. So stehen sich etwa lat. ‚*p*iscis' und engl. ‚*f*ish' bzw. dt. ‚*F*isch' gegenüber; oder lat. ‚*t*res' und engl. ‚*th*ree' bzw. dt. ‚drei'; oder schließlich lat. ‚*c*ornu' und engl. und dt. ‚*H*orn'. Nur wenn diese Verschlusslaute in einer Verbindung mit ‚s' stehen (‚sp', ‚st', ‚sk') bleiben sie unverschoben.

Die Mehrzahl der Sprachgeschichtler geht davon aus, dass alle Erscheinungen der ‚Ersten Lautverschiebung' in den letzten Jahrhunderten vor der Zeitwende abgeschlossen waren. Somit würde der Zeitraum, in den die Jastorf-Kultur einzuordnen ist, mit der Ausgliederung des Germanischen zusammenfallen.

Während sich im Norden Deutschlands die Ethnogenese der Germanen vollzieht, sind zu diesem Zeitpunkt ganz Süddeutschland und der Raum entlang des Rheins keltisches Siedlungsgebiet. Im 1. Jahrhundert vor Christus kommt es jedoch zu einer Ausbreitung elbgermanischer Stämme in südwestlicher Richtung. Bei diesem Zuzug in bisher keltisches Gebiet wird die eingesessene Bevölkerung weder ausgerottet noch vertrieben. Die Bewahrung einer Vielzahl keltischer Fluss-, Orts- und Bergnamen im Deutschen (Krahe 1954) belegt das Fortdauern eines keltischen Bevölkerungselements, das freilich überschichtet wird.

In den Quellen wird das Germanische von Anfang an nur in der Form von Regional- bzw. Stammessprachen fassbar. Am Beginn unserer Zeitrechnung, also noch bevor die Völkerwanderung einsetzt, lassen sich diese Dialekte nach ihrer geographischen Verbreitung als ‚nord'-, ‚ost'- und ‚westgermanisch' charakterisieren. Die nordgermanischen Stämme in Skandinavien bleiben während der Völkerwanderung in ihrem angestammten Gebiet. Die ostgermanischen Völker, vor allem Goten, Wandalen und Burgunder, entfalten während der Völkerwanderungszeit einen beträchtlichen Aktionsradius und gründen am Ende kurzlebige germanische Reiche auf dem Boden des zerfallenen römischen Imperiums in Italien, Südfrankreich, Spanien und sogar Nordafrika. Dabei hinterlassen sie auch Spuren im Wortschatz der aus dem Vulgärlatein hervorgehenden romanischen Sprachen. Nur die Wandalen, die nach einer Wanderung durch ganz Europa zeitweilig in Spanien lebten, bevor sie nach Nordafrika übersetzten, sind spurlos verschwunden, als ob es sie nie gegeben hätte. Das einzige Wort, das noch an sie erinnert, ist der Name der Landschaft, in der sie kurzzeitig gesiedelt hatten: ‚Andalusien' = ‚Wandalusien'. Auch die Sprachen der ostgermanischen Völker bleiben – wie die der nordgermanischen – ohne Einfluss auf die Entstehung der deutschen Sprache. Die Stammessprachen, die bei der Genese des Deutschen zusammenwirken, sind allesamt westgermanisch. Dieser Begriff ist vor allem ein geographischer, obwohl auch gewisse gemeinsame sprachliche Merkmale die westgermanischen Dialekte untereinander enger verwandt machen. Auf Grund ihrer Kultgemeinschaften und anderer archäologisch fassbarer Merkmale unterteilt man den westgermanischen Zweig am Beginn der Zeitrechnung in folgende drei Gruppen:

1. die Elbgermanen an der mittleren und unteren Elbe mit teilweiser Ausdehnung bis zur Oder. Zu ihnen gehören zum Beispiel die ‚Sweben' und ‚Langobarden',

2. die Weser-Rhein-Germanen, aus denen u. a. die ‚Franken' hervorgehen. Ein Teil der Franken wandert in den folgenden Jahrhunderten ins südliche Holland, nach Belgien und nach Nordfrankreich,

3. die Nordseegermanen entlang des Küstenstreifens von Jütland bis Holland. Zu ihnen zählen die Angeln, die Sachsen und die Friesen. Die Angeln und ein Teil der Sachsen setzen um die Mitte des 5. Jahrhunderts nach England über. Der zurückbleibende Teil bildet den Kern der ‚(Alt-)Sachsen', der heutigen Niedersachsen.

Aus den Stammessprachen dieser drei westgermanischen Gruppen geht die *deutsche* Sprache hervor. Das Hochdeutsche stellt dabei eine Verbindung des Elbgermanischen mit dem Weser-Rhein-Germanischen dar, während zwei nordseegermanische Sprachen, das Altsächsische und das Friesische, die Grundlage für das Niederdeutsche abgeben. Die ursprüngliche nordseegermanische Sprachgemeinschaft entlang der Küste mit ihrem Hinterland ist der Grund dafür, dass das Niederdeutsche (Plattdeutsche) dem Englischen und Niederländischen näher steht als dem Hochdeutschen.

4
Was der germanische Wortschatz verrät

Weil wir nicht allzu lange bei der Vorgeschichte verweilen wollen, beschränken wir uns nur auf einige Beispiele dafür, was sich von der germanischen Lebenswirklichkeit noch heute im deutschen Wortschatz widerspiegelt.

Betrachten wir zum Beispiel den Bezeichnungskreis des Hauses und des Wohnens, dann stoßen wir auf ‚*salaz', unseren heutigen ‚Saal'. Im germanischen Haus war dies zugleich der Wohn-, Arbeits- und Schlafraum. Davon abgeleitet ist auch unser Wort ‚Geselle', ursprünglich der, ‚der mit jemandem den Saal teilt'. Die ‚Wand', im heutigen Deutsch eine Außen- oder Zwischenmauer aus Stein, Beton oder Brettern bezeichnet damals ein mit Lehm verschmiertes Flechtwerk. Das Wort kommt von ‚*wandu' = ‚Gewundenes, Verflochtenes', eine Substantivbildung zum Zeitwort ‚winden'. Im Gegensatz zum geschlossenen Saal hieß der halboffene Raum, der nur durch ein pfostentragendes Dach vor Regen oder auch Sonne geschützt wurde, ‚halla', unser heutiges ‚Halle'. Das Wort ist eine Substantivbildung zu ‚hehlen', was ursprünglich ‚(ver-)hüllen, bergen' bedeutete.

Besaß der Hauseingang einen überdachten Vorbau, dann nannten die Germanen ihn ‚*laubjon', das heißt ‚Laubwerk', benannt nach dem Laub, mit dem das Vordach gedeckt war. Erst in altdeutscher Zeit nahm das Wort ‚Laube' dann die heutige Bedeutung an.

Fenster im heutigen Sinn besaß das germanische Haus noch nicht, aber wohl schlitzartige bzw. kleine runde oder eckige Öffnungen, die Licht und Luft hereinließen. Die Öffnungen hießen bei den Germanen ‚Augen-Tor' (‚*auga-dura') oder ‚Windauge' (daraus engl. ‚window').

Das Wort ‚Fenster' ist erst später aus dem Lateinischen entlehnt worden.

Welche Bauelemente und Grundausstattungen sonst noch zum germanischen Haus gehörten, belegen folgende Wörter, die allesamt im indogermanischen Wortschatz noch nicht vorhanden sind, sondern germanische Neubildungen darstellen: ‚Bank, Bett, Bohle, Brett, Esse, Schwelle, Span, Sparren'.

Zahlreiche Neubildungen weist auch der Bereich der Seefahrt auf. Nur ganz wenige Wörter der germanischen Seeterminologie bilden Wortgleichungen mit Ausdrücken in anderen idg. Sprachen, d. h. sind mit Ausdrücken dort urverwandt. Ganz offensichtlich stammen die meisten nicht-idg. Wörter von einer Vorbevölkerung an den Küsten Mittel- und Nordeuropas. Dazu gehören – neben der Bezeichnung einzelner Schiffsteile – auch ‚Klippe, leck, Lee, Strand, Sturm, Ufer, Woge, Wrack'. Auch das Wort ‚Schiff' selbst ist eine Neubildung. Weil germ. ‚*skipa-' zugleich die Bedeutung ‚Gefäß' besaß, scheint die Vorstellung eines schützenden Gefäßes, in dem man auf dem Wasser schwimmen kann, das Benennungsmotiv gewesen zu sein.

Das gemeingermanische Wort ‚See', das wir im Deutschen (mit weiblichem Geschlecht) synonym für ‚Meer' verwenden, gehört ebenfalls zu den Neubildungen unbekannter Herkunft. Vielleicht war es die Doppeldeutigkeit des idg. Wortes ‚Meer', die das Vordringen von ‚See' begünstigte. Wie groß die Unsicherheit in der Verwendung beider Wörter in germanischer Zeit gewesen sein muss, belegt das Beispiel des Gotischen. Dort wurden zur Bezeichnung des Meeres einfach beide Wörter zusammengefügt zu ‚mari-saiws', wörtlich also ‚Meer-See'.

Auch die Bezeichnungen der Himmelsrichtungen sind erst von den seefahrenden Germanen gebildet worden (wenn auch zum Teil unter Verwendung idg. Wurzeln). Während die Ableitung von ‚Nord' völlig unklar bleibt, könnte man ‚Süd' (germ. ‚*sunth-') auf die idg. Wurzel ‚*sun-' = ‚Sonne' zurückführen. Der Süden wäre also die ‚Sonnenrichtung'. ‚Ost' (germ. ‚*austa-') leitet sich wie lat. ‚aurora' von einem idg. Wort mit der Bedeutung ‚Morgenröte' her; der Osten ist die ‚Richtung der Morgenröte'. ‚West' schließlich ist urverwandt mit lat. ‚vesper' = ‚Abend' und von einer idg. Wurzel mit der Bedeutung ‚herab' ableitbar. Es bezeichnet die Himmelsrichtung, in der am Abend die Sonne ‚herabsteigt'.

Ein umfangreicher germanischer Sachwortbezirk betrifft die soziale Organisation. Die kleinste Organisationseinheit bildete die ‚Sippe' (germ. ‚*sibja' = ‚eigene Art', d.h. blutsverwandt). Familien, die zu einer Sippe gehörten, siedelten nicht nur beieinander, sondern kämpften auch im Krieg gemeinsam. Aus den Sippen baute sich der Stamm auf, der einen Namen und ein eigenes Siedlungsgebiet besaß, den ‚Gau'. Das Wort, abgeleitet von germ. ‚*ga-awja' = ‚Zusammensein am Wasser', bezeichnete ursprünglich ein Landstück, das – dank des Wasservorkommens – zum Siedeln geeignet war.

Die Stämme besaßen zwei Arten von Führern. Der zivile Führer war der schon erwähnte ‚*kuning(az)', der ‚König', eine Bezeichnung, die sich von ‚*kunja-' = ‚edles Geschlecht' ableitet, weil dieser Amtsinhaber immer einer vornehmen Familie entstammte. Der andere und – in der Frühzeit – wichtigere Mann war der militärische Führer für die Zeit eines Feldzugs. Er hieß ‚*harjatugon', der, ‚der das Heer zieht', unser heutiges Wort ‚Herzog'. Bei ihm spielte die soziale Abkunft keinerlei Rolle; er wurde ausschließlich nach persönlichen Fähigkeiten und Tapferkeit ausgesucht. Als Zeichen seiner Wahl wurde er von der Kriegsversammlung auf den Schild gehoben. Erst später, in der Völkerwanderungszeit, fielen beide Funktionen, König und Herzog, in der Institution des ‚Heerkönigs' zusammen.

In Friedenszeiten lag die eigentliche Macht bei der Volksversammlung. Von ihr wurden alle das Gemeinwohl betreffenden Fragen beraten und entschieden. Es war die Versammlung der freien waffenfähigen Männer, die in regelmäßigen Abständen stattfand und ‚*thengas', ‚Thing', genannt wurde. Das Wort geht auf eine idg. Wurzel zurück und bedeutet ‚festgesetzte Zeit'. Später hat sich daraus unser Wort ‚Ding' in seinem allgemeinen Sinn entwickelt. Ein Abbild dieser Versammlung der freien und waffentragenden Männer stellte noch in jüngster Zeit die alte Schweizer ‚Landsgemeinde' dar. Man hat diese gesellschaftliche Organisation der frühen Germanen recht treffend als ‚bäuerliche Militärdemokratie' bezeichnet. (Vergl.: Die Germanen, Band 1, 1986.)

Besonders umfangreich ist der germanische Wortschatz, der sich auf Kampf und Krieg bezog. Den Krieg bezeichneten die Germanen mit den Wörtern ‚*urleugh-' und ‚werra'. Das erste bedeutet ‚Heraus(treten) aus dem Vertragszustand' (‚*leugh-' = ‚Vertrag', urverwandt mit lat. ‚lex' = ‚Gesetz'). Im Deutschen ist das alte Wort untergegangen, im Niederländischen lebt es jedoch als ‚oorlog' = ‚Krieg' noch weiter. Das zweite Wort ist von ‚werran' = ‚(ver-)wirren, durcheinander bringen' abgeleitet. Kriege sind also eigentlich ‚Wirren'.

Als selbständige Wörter ebenfalls nicht mehr vorhanden sind vier weitere germanische Ausdrücke, die alle ‚Kampf' bedeuteten. Sie existieren jedoch als Sprachversteinerungen noch in unseren Vornamen, bemerkenswerterweise auch in weiblichen. So steckt germ. ‚*guntho' in ‚Günther' oder ‚Gudrun', ‚hathuz' in ‚Hedwig' sowie in dem abgeleiteten Substantiv ‚Hader', ‚*hildjo' in ‚Hildebrand' oder ‚Hildegard' und ‚*wigaz' in ‚Wiegand' oder ‚Ludwig'.

Die Verherrlichung des Kampfes bei den Germanen lässt sich auch aus der Bedeutung der neugeschaffenen Bezeichnungen des Mannes ablesen, die ihn allesamt als Kämpfer charakterisieren. So war der ‚Kerl' (germ. ‚*kar[i]laz') der einfache, ‚nichtadlige Krieger' im Gegensatz zum ‚*erlaz', dem ‚Helden vornehmer Abkunft'. Diese Bezeichnung ist noch in engl. ‚earl' erhalten und – versteinert – in deutschen Personennamen wie ‚Erlfried' oder ‚Erl(e)mann'. Aus germ. ‚*haluth' ist unser Wort ‚Held' entstanden, während ‚*baro' von einer Wurzel abgeleitet ist, die auch in ‚bohren' steckt und ‚(mit spitzer Waffe) schlagen, töten' bedeutet haben muss. Die Franken gaben es an die romanische Bevölkerung in der Bedeutung ‚freier Mann, Lehensherr' weiter, woraus sich die Adelsbezeichnung ‚Baron' entwickelte. Schließlich kannten die Germanen noch den (im Deutschen untergegangenen) Ausdruck ‚sec' bzw. ‚seq' mit der Bedeutung ‚Gefolgsmann', ein Wort, das mit lat. ‚sequi' = ‚folgen' urverwandt ist.

Zum Umkreis von Krieg und Kampf gehören noch weitere Wörter, die heute ihren militärischen Sinn verloren haben. So war die ‚Reise' ursprünglich der ‚Aufbruch zum Kriegszug' oder auch der ‚Kriegszug' selbst. In veralteten Ausdrücken wie ‚Reisige' und ‚Reisläufer' scheint diese Bedeutung noch durch.

Auch eine Anzahl Zeitwörter, insbesondere solche, in denen die germanische Wurzel ‚*war-' = ‚wachsam sein, beobachten' steckt, beziehen sich auf Kampf und Krieg. Dazu gehören unsere heutigen Ausdrücke ‚wahren', ‚Warte', ‚wahrnehmen', ‚gewahr sein', ferner ‚warnen' und ‚wehren'. Das äußerlich so ähnliche englische Wort ‚war' = ‚Krieg' hängt damit jedoch nicht zusammen, sondern leitet sich von dem schon erwähnten ‚werra' = ‚Wirren' ab.

Unter den vielen Waffenbezeichnungen ist der Name des ‚ger' = ‚Speer' in den Namen ‚Gerhard' oder ‚Rüdiger' erhalten. Die Spitze eines Pfeils, eines Speers oder einer anderen Waffe, nannten die Germanen ‚ort', abgeleitet von der allgemeinen Bedeutung ‚äußerstes Ende'. Der alte Wortsinn scheint noch durch in Ortsnamen, die eine Landzunge oder das am weitesten ins Wasser hinausragende Landstück bezeichneten (‚Darßer Ort', ‚Ruhrort'). In der Bergmannssprache bezeichnet der ‚Ort' das Ende einer ‚Strecke', einer Abbaustelle. Dort arbeitet man ‚vor Ort'. Schließlich steckt die Bezeichnung auch in Vornamen wie ‚Ortwin' oder ‚Ortlieb'.

Zur militärischen Sphäre gehörte schließlich auch unser Wort ‚Treue'. Ursprünglich bedeutete ‚triuwa' noch ‚Waffenstillstand, Friede, Bündnis'. Das zugrunde liegende Adjektiv ‚treu' hängt mit der germanischen Bezeichnung des Baums oder der Eiche ‚*treo' (> engl. ‚tree') zusammen. Die Eigenschaft ‚treu' meinte also ‚stark, fest wie ein Baum'.

Das Ethos des germanischen Kriegertums findet seinen Niederschlag in der zunächst nur mündlich tradierten Dichtung. Es sind kleine balladenhafte Helden- und Preislieder, in denen an Fürstenhöfen der Völkerwanderungszeit Helden und ihre Taten besungen wurden. Wie Tacitus überliefert, wurde schon der ‚Freiheitsheld' Arminius in Liedern gefeiert.

Schöpfer und Träger dieser frühen germanischen Kunstform waren Berufsdichter und Sänger, die man ‚skop', ‚Schöpfer', nannte (von germ. ‚skapjan' = ‚(er-)schaffen, gestalten'). Da war von der ‚wewurt', dem unerbittlichen Schicksal die Rede, von Helden, die ihren Idealen treu blieben, auch wenn dies den Tod bedeutet. Die im Kreis der Kriegerschar vorgetragenen Lieder sollten die Zuhörer erheben, aber auch erschüttern. Die metrische Form des Verses, der Stabreim, verlieh ihnen eine schwere, wuchtige Sprachmelodie.

Die Sprache des ‚skop' war keine Volks-, sondern eine Dichtersprache, die sich eigener Stilmittel bediente. Dazu gehörte insbesondere die sog. ‚Kenning', eine zwei- oder mehrgliedrige Umschreibung alltäglicher, zu wenig poetischer Begriffe. So wurden aus Schiffen ‚Meereshengste', der See ist eine ‚Schwanenstraße', die Wunde ist ‚billes biti', des ‚Schwertes Biss'; der Tod ist der ‚ferweg', der ‚Weg in die Ferne'; der Himmel ist die ‚Sternenstraße' und die Lüfte sind die ‚Wolkenwege'.

Doch diese Metaphern und Synonyme – vor allem für Bezeichnungen des Kampfes, der Ehre, der Waffen und des männlichen Helden – werden in der Sprache des Volkes kaum verwendet und bleiben auf die Sprache der Dichtung beschränkt. Deshalb sterben sie auch mit deren Untergang vielfach aus.

Die meisten der germanischen Wandervölker sind nach einem kurzen dramatischen Zwischenspiel aus der europäischen Geschichte wieder verschwunden. Burgunder, Westgoten und Langobarden blieben zwar etwas länger auf dieser Bühne, aber auch sie wurden schließlich von der romanischen Bevölkerungsmehrheit, unter der sie lebten, aufgesogen. Einzig die binnengermanischen Stämme sind diesem Schicksal entgangen. Der Hauptgrund dafür war, dass diese Stämme sich auch in der Völkerwanderungszeit nicht allzu weit von ihrem ursprünglichen Siedlungsgebiet entfernten. Wenn sie auch da und dort ein Stück weit in fremdes Land vorstießen, etwa in das keltische Süddeutschland, so blieb doch immer eine Verbindung zum Altsiedel- und Sprachgebiet bestehen. Franken und Alemannen, Bayern und (Alt-) Sachsen – um die Namen der später sprachbildenden deutschen Stämme schon einmal zu nennen – sind auf ihren Binnenwanderungen nie vollständig aus dem germanischen Sprachgebiet herausgetreten.

Der zweite wichtige Grund, warum die auf heutigem deutsch-österreichisch-schweizerischem Gebiet lebenden Germanen nicht romanisiert wurden, liegt in der katastrophalen Niederlage Roms im Jahre 9 nach Christus. Den Ort dieser Schlacht hatten die Humanisten im Teutoburger Wald lokalisiert, doch lag er – nach dem Ergebnis jüngster Ausgrabungen – höchstwahrscheinlich nördlich von Osnabrück, am Rande des Wiehengebirges. Zumindest war dort einer von mehreren Schauplätzen des Kampfes.

Diese Schlacht besaß historische Bedeutung für die europäische Sprachenkarte. Auf Grund ihres Ausgangs wurden die um diese Zeit in Mitteleuropa bestehenden romanischen und germanischen Sprachzonen im Prinzip festgeschrieben, weil Rom danach den Plan aufgab, seine Grenzen bis an die Elbe vorzuverlegen. Damit blieb auch für die slawischen Sprachen die Möglichkeit bestehen, sich später weiter nach Westen, nach Mitteleuropa auszudehnen.

Die Kehrseite dieser Entwicklung war freilich, dass sich die Rezeption der abendländisch-christlichen Kultur durch die Germanen um Jahrhunderte verzögert. Aber sie wurde nicht verhindert. Trotz des Zusammenbruchs des Weströmischen Reiches und der Errichtung germanischer Königreiche auf seinem Territorium gingen dessen administrative, zivilisatorische und geistige Errungenschaften (einschließlich des Christentums) nicht unter. Vielmehr wurden sie Zug um Zug integriert. Das Englische, Deutsche und die anderen germanischen Sprachen belegen sehr überzeugend, dass es seinen Sprechern möglich war, sich das abendländisch-christliche Weltbild im Medium der eigenen Sprache vollständig anzueignen. Ja, dass gerade diese eigenständige Rezeption die geistig-kulturelle Vielfalt Europas erzeugen half, die es heute auszeichnet.

Im Ostteil des fränkischen Merowingerreiches verwandelte dieser abendländische Einfluss die germanischen Franken (wörtlich ‚die Kühnen'), die Alemannen (‚alle Menschen [des Stammesverbands]') und später auch die Bayern (‚Baiwari' = ‚Leute aus Böhmen') in die gleichnamigen deutschen Volksstämme. Etwas später erfahren auch die (Alt-)Sachsen diese geistig-zivilisatorische Transformation.

Der provinzialrömische Einfluss auf die germanisch-deutschen Stämme macht sich nicht nur in der Übernahme verbesserter Techniken im Handwerk, im Hausbau (aus Stein) sowie im Obst- und Gartenbau und in der Steigerung von Handel und Verkehr bemerkbar, sondern auch in der Übernahme der entsprechenden Sachbezeichnungen aus der lateinischen Sprache. Mit dieser ersten Entlehnungswelle kommen etwa 500 lateinische Lehnwörter in die werdende deutsche Sprache. Sie finden sich freilich nicht nur im Deutschen, sondern auch im Niederländischen und Englischen. Die Angelsachsen hatten die neuen Wörter bereits in ihre Sprache aufgenommen, als sie um die Mitte des 5. Jahrhunderts nach England übersetzten.

Diese erste lateinische Lehnwortwelle, die den germanischen Wortschatz erweiterte und veränderte (weil auch bisher übliche heimische Ausdrücke verdrängt wurden), ist in den gängigen Lehrbüchern der Germanistik zu finden. Es handelte sich, um nur einen Bezeichnungskreis anzuführen, um Ausdrücke des römischen Hausbaus wie ‚Ziegel' (< lat. ‚tegula'), ‚Mauer' (< lat. ‚murus') oder ‚Fenster' (< lat. ‚fenestra'). Da Ziegeldächer für Germanen überhaupt etwas Neues waren, blieb dieses Wort ohne einen konkurrierenden heimischen Ausdruck erhalten. Das Wort ‚Mauer' dagegen traf auf den vorhandenen Ausdruck ‚Wand' (= ‚Geflochtenes', also Flechtwerk). Hier kam es zu einer Bedeutungsdifferenzierung. Die Mauer ist das, was das Haus nach außen abschließt, die Wand dagegen unterteilt die Räume innerhalb des Hauses (obwohl wir zuweilen auch ‚Hauswand' sagen, nie aber ‚Zimmermauer'). Beim Fenster war es so, dass die schon existierenden Ausdrücke ‚Augentor' oder ‚Windauge' verdrängt wurden und im Deutschen (anders als im Englischen, vergl. ‚window') ausstarben.

Diese erste Welle der Entlehnung aus dem Lateinischen hatte freilich Denken und Vorstellung der Germanen noch nicht verändert. Es handelte sich nur um die Übernahme neuer Sachen und Techniken mit ihren lateinischen Bezeichnungen.

5
Die ersten deutschen Texte

Alle bisherigen Zeugnisse betreffen noch nicht das Deutsche, sondern eine germanische Vorstufe, die es mit anderen Sprachen gemeinsam hat. Diese ‚Wortexponate' könnte man ebenso gut in einem englischen, niederländischen oder skandinavischen ‚Sprachmuseum' finden. Jede dieser Sprachen kann sie für ihre Geschichte in Anspruch nehmen.

Doch seit etwa 500 nach Christus beginnen sich auf dem Boden des deutschen Sprachgebietes zwei Varianten herauszubilden: eine südliche, das spätere Hochdeutsch, und eine nördliche, das spätere Niederdeutsch. Über die Ursachen und den Verlauf der sog. Hochdeutschen oder Zweiten Lautverschiebung herrscht heute Uneinigkeit unter den Linguisten. Die frühere Erklärung der Lautverschiebung (die auf Jacob Grimm zurückgeht) ist spätestens seit den Untersuchungen Th. Vennemanns (1984) aufgegeben worden. Im Kern besagt Vennemanns Erklärungsversuch, dass Althochdeutsch nicht die Weiterentwicklung einer vorausgegangenen germanischen Sprachstufe darstellt (auf der das Niederdeutsche oder Englische sozusagen ‚stehen geblieben' wären), sondern dass beide Varianten ‚Verzweigungen' des Urgermanischen sind. Als vorwiegend kulturgeschichtlich interessierte Besucher des ‚Sprachmuseums' brauchen wir uns mit dieser Diskussion nicht zu beschäftigen.

Das *wichtigste* Ergebnis dieser Vorgänge ist jedenfalls, dass sich, wie schon bei der Ersten (oder ‚Germanischen') Lautverschiebung, im Hochdeutschen die (inzwischen neu entstandenen) Konsonanten p, t, k verändern, während sie etwa im Englischen erhalten bleiben. Je nach ihrer Stellung und dem lautlichen Umfeld innerhalb des Wortes im (Hoch-)Deutschen zeigt sich:

> Germ. ‚p' wird zu deutsch ‚pf' (engl. ‚*p*lough' / dt. ‚*Pf*lug') oder ‚ff' bzw. ‚f' (‚o*p*en' / ‚o*ff*en');
> Germ. ‚t' wird zu deutsch ‚z' (‚*t*en' / ‚*z*ehn') oder ‚ss' (‚ea*t*' / ‚e*ss*en') bzw. ‚s' (‚wha*t*' / ‚wa*s*');
> Germ. ‚k' wird zu dt. ‚ch' (‚ma*k*e' / ‚ma*ch*en').

Etwas später erfolgt auch noch die Verschiebung des germanischen Reibelauts ‚th' zum deutschen ‚d' (‚bro-*th*er' / ‚Bru*d*er').

Doch diese Lautverschiebung einiger Konsonanten ist ein eher äußerliches, ‚technisches' Kriterium, mit dem das frühe Deutsch vom jüngeren Germanisch unterschieden wird. Etwa zur gleichen Zeit, in der sich diese Konsonantenveränderung vollzieht, etwa vom 6. bis zum 9. Jahrhundert, geschieht etwas viel Tiefgreifenderes: Das Denken und die Vorstellungswelt der germanischen Völker werden durch das Christentum und die abendländische Zivilisation so transformiert, dass sich auch ihre germanischen Stammessprachen – zuerst auf den britischen Inseln und im späteren Deutschland – in *Schrift-* und *Kultursprachen* verwandeln.

Mit diesem Vorgang setzt die Frühgeschichte der deutschen Sprache ein. Historisch parallel dazu verläuft die Machtausweitung des Frankenreiches, das seinen Einfluss bald auf die Alemannen und Bayern und später auf die Sachsen ausdehnt und damit die territorialen Voraussetzungen für die Herausbildung des deutschen Volkes und seiner Sprache schafft. Für weitere zwei Jahrhunderte, von ca. 500 bis ca. 750, befindet sich die entstehende deutsche Sprache jedoch noch in der vorliterarischen Phase, das heißt, sie wird noch nicht geschrieben. Was es gibt, sind einzelne, isoliert vorkommende frühdeutsche

Wörter, meist Rechtsausdrücke oder erläuternde Glossen in lateinischen Texten sowie Orts- und Personennamen in Urkunden.

Der älteste Beleg mit hochdeutschem Lautstand, der sich in unserem ‚Sprachmuseum' entdecken lässt, ist eine Runeninschrift auf einer Lanzenspitze aus der Zeit um 600 nach Christus. Sie wurde in Wurmlingen bei Tübingen gefunden. Auf dieser Lanzenspitze ist der Name ‚Idorih' eingraviert. Die Lautverschiebung des germanischen ‚k' zum deutschen ‚h' (gesprochen wie ‚ch') ist dort bereits vollzogen. Nicht viel später, im Jahre 643, wird eine Anzahl frühdeutscher Rechtswörter in dem lateinisch verfassten ‚Edictum Rothari', dem Gesetzbuch der Langobarden erwähnt. Wir stoßen dort auf Wörter wie ‚faihida' (‚Fehde'), ‚grab', ‚morth', ‚raub' und ‚sculdhais' (‚Schultheiß').

Aus der Zeit um 710 stammt eine Handvoll deutscher Glossen im ‚Maihinger Evangeliar' aus Echternach. Weit umfangreichere Glossare sind der sog. ‚Abrogans' (entstanden um 765 im Kloster Freising) oder das ‚St. Gallener Vokabular' (ebenfalls noch aus dem 8. Jahrhundert). Man kann sie als frühe lateinisch-deutsche Wörterbücher betrachten. Der ‚Abrogans' gilt auch als das älteste Buch in deutscher Sprache.

Zwischen 750 und 800 wird Deutsch zur Schriftsprache. Zwar ist die Zahl der überlieferten altdeutschen Schriftdenkmäler noch recht gering, wenn man sie mit der Zahl der lateinisch geschriebenen Texte vergleicht. Aber es ist doch der Anfang gemacht. Das meiste davon ist religiöse Gebrauchsliteratur, die in den Skriptorien, den Schreibschulen der Klöster, aus dem Lateinischen in die Sprache der Alemannen, Bayern und Franken, später auch der Altsachsen (Niedersachsen) übertragen wird. Dagegen gilt die um 790 / 800 entstandene Übersetzung Isidors 'De fide catholica' bereits als meisterliche althochdeutsche Prosa. Die Unterschiede zwischen den frühen Stammessprachen sind zwar nicht übermäßig groß, aber sie existierten damals ebenso wie heute in den deutschen Dialekten. Was es damals noch lange nicht gab, war eine für alle Landschaften verbindliche Hochsprache, ein Standarddeutsch, wenn auch die politisch führenden Franken bzw. das Ostfränkische eine gewisse Vorrangstellung besaßen. Ebenso wenig existierte schon die Vorstellung eines die einzelnen Stämme überwölbenden 'deutschen' Volkes.

Es waren aber nicht nur religiöse Texte, die vor und um 800 in deutscher Sprache entstanden. Es gab auch schon weltlich-heidnische Literatur. Des Schreibens mächtig waren damals zwar nur die Kleriker. Aber der eine oder andere von ihnen scheute sich nicht, auf dem Vorsatzblatt oder am Rand eines religiösen Buches auch heidnische Verse oder Prosa zu notieren, wenn ihn irgendetwas daran faszinierte. Ein gutes Beispiel dafür sind die 'Merseburger Zaubersprüche', die vom Stoff und von der sprachlichen Form her auf eine Entstehungszeit noch vor 750 zurückweisen (aber nur als Abschrift aus dem 10. Jahrhundert erhalten sind). In den Zaubersprüchen wird das schon einmal erfolgreiche Eingreifen eines Gottes und seiner Helferinnen beschrieben und dann durch eine Spruchformel erneut beschworen.

Zum weltlichen Bereich gehörten auch 'Fachwörterbücher' wie die 'Körperteilglossen' des Mönchs Walahfried. Dort findet man Ausdrücke wie 'nasa, mund, zeni (Zähne), seha (Pupille), chini, hals, rippi, lungun'. Selbst vor der Aufzeichnung derber volkssprachlicher Ausdrücke schreckt Walahfried nicht zurück, etwa wenn er lat. ‚anus' mit ‚arsloch' wiedergibt.

Diese Bezeichnungen der Körperteile bringen uns enger mit der gesprochenen Sprache, mit dem umgangssprachlichen Althochdeutsch in Berührung als die eher akademischen Übersetzungen christlicher lateinischer Texte. Leider sind nicht viele Zeugnisse dieser Umgangssprache erhalten. Dazu rechnen kann man etwa das ‚Kasseler und das Pariser Gesprächsbüchlein' aus dem 9. bzw. 10. Jahrhundert. Sie führen lateinische Redewendungen mit althochdeutschen Übersetzungen auf. Im Kasseler Exemplar stehen zum Beispiel Wendungen wie ‚Skir minan part!' = ‚Rasieren bitte!' (wörtlich ‚Scher meinen Bart!') oder ‚Firnimis? Ih firnimu.' = ‚Verstehst du? Ich verstehe.' (wörtlich ‚Vernimmst du? Ich vernehme.').

Das Kasseler Büchlein enthält auch ein frühes Beispiel von ‚Ausländerfeindlichkeit'. Da der Dialekt des Textes Altbairisch ist, wird wohl auch sein Verfasser Bayer gewesen sein. Er stellt den folgenden unfreundlichen Vergleich zwischen seinem Volk und den Romanen (‚Walchen') an: Unter den Walchen, so schreibt er, „mera hapent tolaheiti denne spahi ... tole sint Walha, spahe sint Peigira." In heutigem Deutsch: „Mehr (unter den Walchen) kennzeichnet Dummheit als Klugheit ... dumm sind die Walchen, klug sind die Bayern."

Offenbar waren die beiden Gesprächsbüchlein als ‚Reisesprachführer' gedacht. Das Pariser Exemplar ist von einem Romanen für Romanen verfasst, die die fränkische Sprache nicht (mehr) beherrschen. (In der Merowinger- und Karolingerzeit war das Fränkische in Nordfrankreich weit verbreitet.) Auch hier werden ahd. Wendungen durch lateinische erklärt, wobei das Pariser Büchlein auch etliche obszöne Ausdrücke enthält. Etwa wenn dem

Gesprächspartner ‚ein Hunderarsch auf die Nase' oder sehr direkt ‚Latz mer serte' (‚serten' = ‚koitieren') gewünscht wird.

Bemerkenswert ist, dass dieser Sprachführer aus Paris als Ausgangssprache Latein und nicht Altfranzösisch verwendet. Der Grund ist, dass das frühe Französisch – anders als das frühe Deutsch – zu diesem Zeitpunkt noch nicht zur Schriftsprache geworden war.

Die literarische Produktion im Deutschen setzt um 770 / 790 mit dem ‚Wessobrunner Schöpfungsgedicht' ein, das leider nur als Fragment überliefert ist. Es schildert in wuchtigem Stabreim und in einer plastischen klangvollen Sprache die Erschaffung der Welt aus dem Nichts. In modernes Deutsch übertragen hört sich das so an:

„Das erkannte ich unter den Menschen als der Wunder größtes: dass die Erde nicht war noch oben der Himmel; dass es weder Baum noch Berge gab; dass weder die Sonne schien, noch der Mond leuchtete, noch das schimmernde Meer (existierte); als es da noch nichts gab an allen Enden und Grenzen, da war doch schon der eine allmächtige Gott . . ."

Neben poetischen Denkmälern aus der Sphäre des Glaubens wurden aber auch heidnische Heldenlieder und epische Erzählungen aufgezeichnet. Soweit es um weltliche Sprachdenkmäler geht, reichen ihre Stoffe oft bis in die Völkerwanderungszeit zurück. Zugrunde liegen häufig Stoffe, die der ‚Skop', der germanische Liedermacher, am Fürstenhofe vortrug. In deutscher Sprache ist davon – anders als im Altnordischen oder im Altenglischen – nicht viel überliefert. Eines der bewegendsten altdeutscher Literaturdenkmäler, das Hildebrandslied, ist jedoch erhalten geblieben. Niedergeschrieben um 810 / 820, schildert es den tragischen Zweikampf eines nach dreißig

Jahren heimkehrenden Vaters mit dem Sohn, der den Vater nicht mehr erkennt. Der Sohn fordert den Vater zum Zweikampf auf, zeiht ihn der Tücke und Feigheit, bis diesem zur Wahrung seiner Ehre keine andere Wahl bleibt, als den Kampf anzunehmen und der Tragödie ihren Lauf zu lassen: „Welaga nu, waltant got, wewurt skihit . . ." = „Wohlan denn, waltender Gott, Unheil geschieht . . ." Der Schluss des Liedes in dieser ältesten Fassung ist verloren gegangen. Aus jüngeren Darstellungen weiß man, dass der Sohn in diesem Kampf wahrscheinlich sein Leben verliert.

6
Karl der Große als Sprachpfleger

Ein Sprachmuseum würde aber nicht nur Sprachdenkmäler präsentieren, sondern auch historische Berichte, in denen Informationen über Gebrauch und Zustand der deutschen Sprache eines bestimmten Zeitabschnitts zu finden sind. So hat zum Beispiel ein führendes Mitglied der ‚Hofakademie' Karls des Großen in Aachen, der fränkische Gelehrte Einhardt, eine Biographie des Kaisers verfasst, in der auch einiges über Bemühungen Karls um seine fränkische Muttersprache zu finden ist. Dabei wird zugleich das ‚sprach(en)politische' Verdienst Karls für den frühen Aufstieg des Deutschen zur Schrift- und Kultursprache deutlich.

Der Herrscher eines multiethnischen Reiches, das die späteren Deutschen, Franzosen, Italiener – und in loser Abhängigkeit auch slawische Völker – umfasste, besaß zwar lateinische Sprachkenntnisse und konnte das Griechische zumindest verstehen (Richter 1982), aber im persönlichen Umgang sprach er Fränkisch. Ob er auch die romanische Volkssprache verstand, ist nicht überliefert. In seiner Kleidung und in seinem ganzen (einfachen) Lebensstil hielt er an der germanischen Tradition fest. Karl war auch besorgt (wie der anonyme Biograph ‚Astronomus' berichtet), dass der lange Aufenthalt seines Sohnes und Nachfolgers Ludwig des Frommen im lateinisch-romanischen Milieu Aquitaniens eine so starke Bindung Ludwigs an das Romanische bewirken könnte, dass sie später nicht mehr rückgängig zu machen sei.

Ferner ließ er, wie Einhardt überliefert, eine Sammlung der alten germanischen Heldenlieder anlegen, die leider wieder verloren ging (möglicherweise auf Betreiben seines frommen Sohnes) und er gab eine Grammatik seiner Muttersprache in Auftrag (die nicht zustande kam). Schließlich wurde während der Amtszeit Karls in der Hofkanzlei auch die Sammelbezeichnung ‚theodisce' für die Dialekte der germanischen Bewohner des Reiches verbindlich.

Darüber hinaus gab Karl den Auftrag, für die Monate und Winde neben den üblichen lateinischen Namen auch einheimische Bezeichnungen festzulegen. Seine ‚Hofgermanisten' griffen dabei auf alte, in der fränkischen Volkssprache vorhandene Ausdrücke zurück. So nannten sie den Februar, der nur 28 Tage hat, ‚hornung', was ‚der zu kurz gekommene (Monat)' bedeuten könnte. Der März, der ‚lentzin-manoth', enthält in ‚Lenz' das alte germanische Wort für ‚lang' und ist demnach als der Monat mit ‚den länger werdenden (Tagen)' zu verstehen. Der Mai als ‚wunni-manoth' ist eigentlich der ‚Weidemonat', doch in der volkstümlichen Deutung wurde das Wortglied ‚wunni-' mit einem gleichlautenden ahd. Ausdruck verwechselt, der ‚Wonne' bedeutet.

Der Monat der Heuernte, der Juli, wird in manchen Gegenden Süddeutschlands auch heute noch ‚Heumonat' oder ‚Heumond' (so bei Hermann Hesse) genannt – nicht anders als vom ‚Sprachpfleger' Karls des Großen. Der September schließlich, der ‚witu-manoth' war der ‚Monat zum Holzsammeln'. Das Wort ‚witu' bedeutete ‚Holz, Wald' und kehrt noch in ‚Wiedehopf' oder – noch deutlicher – im engl. ‚wood' wieder.

Karls ‚sprachpolitischer' Mühe war freilich auch hier kein dauerhafter Erfolg beschieden. So wie seine Liedersammlung unterging und die Grammatik nicht zustande kam, kehrten die Nachfahren seiner ‚deutschen' Untertanen später wieder zu den lateinischen Monatsbezeichnungen zurück.

Ein Sprachmuseum würde schließlich nicht nur die Frühformen der Wörter dokumentieren, die in der Gegenwartssprache weiterleben, sondern auch solche, die im Prozess des Herauswachsens der Kultursprache Deutsch aus heidnisch-bäuerlichen germanischen Dialekten untergegangen sind. Die Gründe für dieses Absterben von Wörtern sind vielfältig, sie werden später ausführlich dargestellt. Beim ersten Rundgang durch das Sprachmuseum genügt ein Blick auf die Sammlung solcher untergegangener Wörter, die heute noch in der Schwestersprache Englisch weiterleben.

So existiert im frühen Deutsch etwa das Wort ‚quena', das eine ‚vornehme Frau' oder die ‚Ehefrau' bezeichnete, aber heute aus unserer Sprache verschwunden ist. Im Englischen entwickelte sich daraus ‚queen' = ‚Königin'. Oder: Die linke Hand wurde im alten Deutsch dadurch charakterisiert, dass man sie als die ‚schlechtere Hand', als die ‚wirsa hant' kennzeichnete. Im Englischen ist der Komparativ ‚worse' = ‚schlechter' bewahrt worden.

Wir können durch einen Blick auf die Liste untergegangener Wörter zum Beispiel auch erfahren, dass der Himmel in der Vorstellung der Germanen offenbar zwei ‚Stockwerke' besaß. Der Himmel unterhalb der Wolkendecke hieß im Altsächsischen ‚skio', der oberhalb der Wolken ‚(hoh) himil'. Im Deutschen hat nur das zweite Wort überlebt, im englischen Ausdruck ‚sky' findet man auch das erste noch vor.

Nach dem Tod Karls des Großen zerfällt im 9. Jahrhundert das multinationale Karolingerreich. Aus seiner ‚Konkursmasse' wuchsen die heutigen Staaten mit den Nationalsprachen Deutsch und Niederländisch heraus, während Französisch und Italienisch ihr lateinisches Erbe fortführen. Der deutsche Sprachraum liegt dabei im Osten dieses alten ‚Kerneuropas' und wird nun für Jahrhunderte zur Brücke und auch Quelle eines vielfältigen Transfers westlich-abendländischer Errungenschaften, Begriffe und Bezeichnungen. Dieser Prozess wird vor allem im Teil VI dieses Buches ausführlich nachgezeichnet.

Mit dem Eintritt in die Frühgeschichte des Deutschen wollen wir unsere Stippvisite im ‚Sprachmuseum' beenden. Vielleicht hat die Fülle dessen, was es dort schon für die früheste Zeit zu entdecken gab, den ‚Besucher' neugierig gemacht, dass er sich nun mit dem weiteren ‚Lebenslauf' seiner Sprache noch ausführlicher beschäftigen möchte. Die nun folgenden Teile des Buches bieten ihm dafür die Möglichkeit.

Teil III

Lehrjahre einer Kultursprache

1
Der Wortschatz – Neubau auf altem Fundament

Die germanischen Dialekte des frühen Mittelalters waren urwüchsige, bildhafte und klangvolle Sprachen von Bauern und Kriegern. Wo sie zur Dichtung benützt wurden, zeigt das Überlieferte nicht nur kraftvollen Ausdruck, sondern auch herbe, verhaltene Schönheit und Poesie. Etwa in dem schon erwähnten Stilmittel der ‚Kenning', der bildhaft-poetischen Umschreibung alltäglicher Dinge nach dem Muster ‚Tod' = ‚der Weg in die Ferne' oder ‚Wunde' = ‚des Schwertes Biss'.

Trotzdem wäre es im Wortschatz jener germanischen Sprachen, auf die das Deutsche, Englische oder Skandinavische zurückgehen, nicht möglich gewesen, die Zivilisation, das Wissen und die Hochkultur der Mittelmeerwelt oder die christlichen Glaubensinhalte auszudrücken. Das germanische Weltbild war nicht nur anders, es war auch enger, begrenzter. In den Stammessprachen der Franken, Alemannen und Bayern, aus denen später das Hochdeutsche hervorgehen sollte, fehlten dafür einfach die Begriffe. Wie aber konnte man die neuen Ideen, die ja nur im Medium der lateinischen Sprache vorlagen, den Menschen näher bringen?

In den romanisierten Gebieten wie Gallien oder Spanien war das einfacher. Da konnte man auf die vorhandene lateinische Volkssprache, das ‚Vulgärlatein' zurückgreifen und auch das Neue in einem vertrauten Sprachmedium verständlich machen. Aber im germanischen Sprachgebiet wären die lateinischen Ausdrücke nicht verstanden worden.

Es blieb deshalb denen, die lateinische Begriffe oder christliche Glaubensvorstellungen vermitteln wollten, nichts anderes übrig, als neue Ausdrücke mit einheimischem, vertrauten Sprachmaterial zu schaffen. Das konnte zum Beispiel durch Zusammensetzung vorhandener Einzelwörter geschehen oder dadurch, dass man vorhandenen Ausdrücken beim Gebrauch einen neuen Sinn unterlegte. Es war dieser gewaltige, Jahrhunderte dauernde Prozess eines Wortschatzumbaus, der die Stammesdialekte der Franken und Alemannen, der Bayern und Sachsen in ein frühes Deutsch transformierte.

Betrachtet man die Veränderungen im Wortschatz, dann sind natürlich die fremden, aus einer anderen Sprache entlehnten Ausdrücke am auffälligsten. Werden sie in ihrer äußeren Form und in der Aussprache dem heimischen Idiom angepasst, spricht man von einem Lehnwort. Ein Beispiel dafür ist das deutsche Wort ‚Kloster', das auf das lat. ‚claustrum' zurückgeht. Lehnwörter sind in der Regel Bezeichnungen für eine fremde Sache oder Einrichtung, die mitsamt ihrem Namen übernommen werden. Weil sie für die meisten Benutzer in ihrer (etymologischen) Bedeutung nicht durchsichtig sind, müssen sie quasi auswendig gelernt werden.

Im Althochdeutschen hat die Aufnahme von Lehnwörtern keine große Rolle gespielt. Sein Wortschatz enthält nur etwa drei Prozent solcher direkter Entlehnungen (nach Betz 1974). Und davon war bereits gut die Hälfte mit der schon erwähnten ersten lateinischen ‚Lehnwortwelle' zwischen dem 2. und 5. Jahrhundert in alle westgermanischen Sprachen gelangt. Sie sind daran erkennbar, dass sie (wegen ihres frühen Eindringens) noch die zweite Lautverschiebung mitgemacht haben.

Stärker auf Vorstellungen und Bewusstsein der Aufnehmenden wirken zwei andere Entlehnungsvorgänge. Der eine ist die Nachbildung eines fremden Begriffs mit eigenem Sprachmaterial, also eine Lehnübersetzung. So entstand zum Beispiel aus lat. ‚regnum coelorum' ahd. ‚himil rihhi' (‚Himmelreich'), aus lat. ‚com-mun-io' ahd. ‚gi-mein-ida' (‚Gemeinde'). Solche Lehnbildungen im eigenen Sprachmaterial müssen aber nicht so wörtlich als Glied-für-Glied-Übersetzung geschehen wie in diesen Beispielen. Auch freiere Übertragungen wie das ahd. ‚horsami' (‚Gehorsam') aus lat. ‚oboedientia' sind zu finden. Man kann sie zur Unterscheidung als ‚Lehnübertragungen' bezeichnen, doch soll hier nicht mit der Verwendung zu vieler Ausdrücke Verwirrung gestiftet werden.

Die andere Möglichkeit ist die Entlehnung einer fremden Bedeutung (ohne den fremden Ausdruck selbst) und ihre Übertragung auf ein eigenes Wort. Das heißt, dem schon vorhandenen Wort wird ein neuer Sinn unterlegt, es wird umgedeutet. Man spricht dann von ‚Lehnbedeutung'. Ein Beispiel dafür ist die Übertragung eines christlichen Sinns auf das germanische Erbwort ‚Sünde'. Bei den Germanen hatte ‚Sünde' noch die juristische Täterschaft (wörtlich: ‚es gewesen sein') bedeutet.

Diese beiden Entlehnungskategorien, die geistigen Einfluss ausüben können, machen einen deutlich höheren Anteil am althochdeutschen Wortschatz als die Lehnwörter aus. Bei der ersten Kategorie sind es rund 20 Prozent, bei der zweiten rund 10 Prozent. Das heißt, die Herauslösung des frühen Deutsch aus den germanischen Stammesmesssprachen war allein schon wegen der Entlehnungen mit dem ‚Umbau' eines Drittels des Wortschatzes verbunden gewesen. (Vergl. Betz 1974, Splett 1984.)

In der Gesamtbilanz war die Veränderung aber noch umfangreicher, weil auch althochdeutsche Ausdrücke ohne fremdes Vorbild aus eigenem Sprachmaterial neu geschaffen wurden, vor allem im weltlichen Wortschatzbereich. Am häufigsten geschah das durch Komposition oder durch Ableitung mit Hilfe von Suffixen (wie ‚-heit', ‚-schaft' und ‚-bar'). Beispiele für neu gebildete ahd. Komposita sind etwa ‚abentchuoli' (‚Abendkühle') und ‚glanzlieht'.

Es war übrigens ein für das Deutsche (zumindest bis zur Mitte des 20. Jahrhunderts) besonders charakteristischer Zug, neue Begriffe möglichst durch Zusammensetzung oder Ableitung aus eigenem Sprachmaterial zu formen. Das Französische und das (neuere) Englisch zum Beispiel haben stattdessen in großem Umfang griechische oder lateinische Wörter entlehnt oder aus Wurzeln dieser beiden klassischen Sprachen neu gebildet.

Im Französischen und den anderen romanischen Sprachen hängt diese Wortbildungstechnik damit zusammen, dass sie spät verschriftlicht wurden. Als es zwischen dem 11. und 13. Jahrhundert zur Verschriftlichung kam, war der Wortschatz der gesprochenen romanischen Volkssprachen durch ihre jahrhundertelange Trennung vom geschriebenen Latein so verarmt, dass erst einmal viele Wörter aus dem gelehrten Latein entlehnt werden mussten (Lüdtke 1984).

Im alten Englisch dagegen war zunächst noch – wie im Deutschen – die Technik der Kompositabildung aus eigenem Sprachmaterial üblich gewesen. Sie stellt ja ein altes germanisches Erbe dar, das nur noch ausgebaut wurde. Aber mit der massenhaften Einwanderung und Herrschaft Altnordisch sprechender Wikinger im 10. und 11. Jahrhundert und – erst recht – durch die Eroberung Englands durch die (französischsprachig gewordenen) Normannen im Jahre 1066 veränderte sich das Englische ganz erheblich. Die normannisch-französische Sprachdominanz in der Oberschicht über zwei Jahrhunderte hinweg machte nun auch die romanische Wortbildungstechnik im Englischen heimisch. Später, und besonders im 20. Jahrhundert, kam sie im Englischen sogar noch stärker zum Tragen.

Die alte germanische Technik der Wortschatzerweiterung stellte im Deutschen zumindest in der Vergangenheit einen Vorzug dar. Sie hat den Wortschatz dieser Sprache besonders volksnah und ‚klassenlos' gemacht. Denn Fremd- und Lehnwörter, deren Bestandteile in ihrer Bedeutung für den heimischen Sprecher semantisch nicht durchsichtig sind, müssen, wie schon einmal gesagt wurde, auswendig gelernt werden. Neugebildete Wörter aus eigenem Sprachmaterial sind dagegen aus sich heraus und für jeden verständlich. Deshalb erlaubt es ein solcherart erweitertes Vokabular auch dem Sprecher, der keine höhere Schulbildung genossen hat, über einen relativ großen und differenzierten Wortschatz zu verfügen.

Heutzutage, da unser Leben durch eine weltweite elektronische Kommunikation und durch die internationale Vernetzung vieler Lebensbereiche gekennzeichnet ist, hat jedoch die Bildung von Kunstwörtern unter Benützung griechisch-lateinischer Wurzeln Vorteile gegenüber der alten deutschen Technik. Denn die so geschaffenen Ausdrücke sind international verwendbar und erleichtern die weltweite Kommunikation.

Die lange Jahrhunderte bevorzugte Erweiterung des Wortschatzes durch Rückgriffe auf das einheimische Sprachmaterial hatte aber die deutsche Sprache nicht etwa auf eine ‚deutsche Sicht' der Welt eingeengt, weil ja viele der neuen Ideen und Begriffe, die in Worte gefasst wurden, von außen kamen. Mit den Instrumenten der Lehnübersetzungen und Lehnbedeutungen konnte das gesamte abendländische Bildungsgut aufgenommen und der deutsche Wortschatz ‚europäisiert' werden, ohne dass auf eine Vielzahl gelehrter lateinischer Wörter zurückgegriffen werden musste. Gleichwohl stehen dem Gebildeten auch diese zur Verfügung und erlauben ihm eine stilistische Variation in der Wortwahl, die in diesem Ausmaß im Englischen oder Französischen vielleicht nicht möglich ist.

2
‚Operation Glaubenswörter' –
die Kirche als Geburtshelferin des Deutschen

Das frühdeutsche Schrifttum beginnt mit religiöser Gebrauchsliteratur, die in den Klosterschreibstuben entsteht. Meist anonym bleibende Kleriker übersetzen lateinische Texte ins Althochdeutsche (bzw. dessen Dialekte) und ins Altniederdeutsche oder verfassen hie und da selbst eine belehrende oder erbauliche Schrift. Unter den überlieferten Schriftzeugnissen sind auch viele Glossen, deutsche Übersetzungen einzelner lateinischer Wörter oder Wendungen, die an den Rand geschrieben oder fortlaufend zwischen den Zeilen eingefügt werden. Adressaten dieser Übersetzungen sind die Geistlichen vor Ort, damit sie für ihre Seelsorge sprachlich zuverlässige Vorlagen in der Hand haben. Dennoch wird bei der Vermittlung christlicher Vorstellungen in der Volkssprache viel experimentiert, bevor sich einzelne Ausdrücke als allgemeingültig durchsetzen.

Die Christianisierung der germanischen Bevölkerung nördlich der Alpen – und damit auch die Christianisierung ihres Wortschatzes – vollziehen sich in mehreren Etappen. Es lassen sich deshalb auch verschiedene zeitliche Schichten in der althochdeutschen Kirchensprache herauslösen. Die älteste Schicht sind lateinische Lehnwörter aus dem provinzialrömischen Christentum in den fränkischen Siedlungsgebieten an Rhein und Mosel. Auf Grund der engen Berührung beider Zivilisationen dort gelangen schon im 4. Jahrhundert die Wörter ‚Almosen', ‚Bischof' und ‚Kirche' aus dem Latein (das sie seinerseits aus dem Griechischen entlehnt hat) in die Sprache der Franken.

Etwas jünger ist die gallisch-fränkische Lehnwortschicht, die sich – nach der Bekehrung Chlodwigs und des merowingischen Adels – im 6. Jahrhundert ausbildet. Dazu gehören Wörter wie ‚Kloster, Mönch, Münster, Pfründe, Probst, segnen'. Da auch dieser Wortschatz auf deutschem Boden zunächst am Rhein in Erscheinung tritt, kann man hier von einer rheinisch-fränkischen Kirchensprache reden.

Wenig später entsteht südlich der Donaulinie eine süddeutsche Kirchensprache mit zum Teil griechisch-gotischen Lehnwörtern. Wie sie in die Sprache der Bajuwaren (Bayern) und Alemannen gelangten, ist ungeklärt. Möglicherweise waren gotische Volksteile an der Stammesbildung der Bayern beteiligt. Zu ihr gehören die Ausdrücke ‚Christ, Engel, Pfaffe, Teufel'. Auch der Wochentagsname ‚Samstag' geht auf die Goten zurück, die hebräisch ‚sabbat' vulgärgriechisch aussprachen.

Das Gotische lieferte aber auch Kirchenwörter aus germanischem Sprachmaterial, etwa ‚taufen' (wörtlich ‚tief machen', also ‚untertauchen'), ‚fasten' (von ‚fest') und ‚wih' = ‚heilig'. Das letzte Wort, das später von ‚heilig' verdrängt wurde, steckt in Zusammensetzungen wie ‚Weihrauch' und ‚Weihnacht'.

Übrigens war bei den oberdeutschen Stämmen seit dem 7. Jahrhundert auch die irische Mission tätig, doch ist ihr sprachlicher Niederschlag kaum feststellbar. Das einzige Lehnwort, das die deutsche Sprache dieser Mission verdankt, ist die Bezeichnung ‚Glocke' (aus altir. ‚clocc'). So nannten die irischen Wandermönche die Handglocke, die sie für die Abhaltung von Gottesdiensten bei sich trugen.

Eine dritte Kirchensprache, die auf die angelsächsische Mission zurückgeht, entwickelte sich vorwiegend im

Norden Deutschlands. Was sie besonders auszeichnete, war ihr Versuch, von Anfang an den Menschen nicht nur das Rituelle und die äußere Organisation des Glaubenslebens, sondern vor allem den inneren Gehalt des Evangeliums nahezubringen. Um dieses Ziel zu erreichen, bedient sie sich verstärkt der Volkssprache, wenn sie neue Wörter bildet oder vorhandene Begriffe mit neuem Inhalt füllt.

Dabei kam der angelsächsischen Mission zugute, dass sich Altenglisch und Altsächsisch (= Altniederdeutsch), ja selbst Althochdeutsch noch sehr ähnlich waren. So wurden bis zur Mitte des 8. Jahrhunderts bei der Glossierung lateinischer Texte nebeneinander altenglische und altdeutsche Ausdrücke verwendet (zum Beispiel im Maihinger Evangeliar von 710). Insel- und Festlandgermanien wurden damals offensichtlich noch als ein sprachlich-kultureller Raum betrachtet (das Adjektiv ‚theodisce' = ‚volkssprachlich' bezeichnete anfangs noch beide Sprachen). Auch enthält keine der Quellen über das Wirken des ‚Apostels der Deutschen', des Angelsachsen Bonifatius (gestorben 754) einen Hinweis darauf, dass er irgendwo sprachliche Verständigungsprobleme gehabt hätte.

Auf die angelsächsische Mission gehen zum Beispiel die Glaubenswörter ‚Heiland', ‚heilig', ‚Geist' und ‚Ostern' zurück. Die anfängliche Bezeichnung des Evangeliums als ‚gotspel' im Althochdeutschen ist ebenfalls aus dem Altenglischen entlehnt (vergl. das heutige engl. ‚gospel') und war mit seiner Bedeutung ‚gute Kunde', ‚gute Rede' die wörtliche Übersetzung des griechisch-lateinischen Ausdrucks. Später setzte sich dann doch der Ausdruck ‚Evangelium' durch. Auch die Bezeichnung des christlichen Fests ‚Ostern' stammt aus der angelsächsischen Kirchenterminologie und geht auf den Namen eines vorchristlichen germanischen Frühlingsfestes zurück, das der Lichtgöttin ‚*Austro' geweiht war.

Das Fest der Auferstehung des Herrn mit dem heidnischen Frühlingsfest in Verbindung zu bringen, erscheint als sehr fragwürdig, trotzdem konnte sich der Begriff halten. Der Ausdruck ‚gute Kunde' (‚gotspel') für Evangelium dagegen war eine ausgesprochen gelungene Wortschöpfung und verschwand dennoch wieder aus der deutschen Sprache. Offensichtlich ein Zufallsergebnis der Rivalität der drei Kirchensprachen. Später kommt es dann immer mehr zum Ausgleich dieser Varianten, doch wollen wir diesen Prozess hier nicht verfolgen.

Die Spracharbeit in den Klosterschreibstuben, in denen die wichtigsten lateinischen Glaubensbegriffe in ein frühes Deutsch umgeprägt wurden, war oft von beeindruckender Kreativität. So sind die zwei zentralen Begriffe ‚Gott' und ‚Herr' nicht einfach als lateinische Lehnwörter (‚deus' und ‚dominus') übernommen worden, sondern sie wurden aus einheimischem Sprachmaterial neu geformt. Dabei setzte man den Christengott nicht etwa mit dem obersten eigenen Gott gleich, sondern füllte den vorhandenen germanischen Ausdruck ‚*gudam' bzw. althochdeutsch ‚got' mit neuem, christlichen Inhalt. Die Etymologie des germanischen Wortes ist nicht eindeutig, es lässt sich an mehrere idg. Wurzeln mit unterschiedlichen Bedeutungen anknüpfen. Eine ist die Ableitung von einer Verbalwurzel, die ‚*gudam' als ‚das durch ein Zauberwort angerufene Wesen' erklären lässt. Ein Wesen, das unfassbar und unnennbar ist und dessen Bezeichnung – anders als die Namen der bekannten germanischen Götter und Göttinnen – ein sächliches Geschlecht besaß. ‚Das Gott' war also etwas, was noch hinter oder über den vertrauten eigenen, mit ihren Namen anrufbaren Göttern stand. Dieses Wort wählte man zur Bezeichnung des neuen Christengottes.

Als dann die Berührung mit dem Christentum intensiver wurde, rückte auch die Vorstellung eines persönlichen Gottes und Herrn der Schöpfung näher. Jetzt wandelte sich das ursprüngliche Neutrum in den germanischen Sprachen zum männlichen Substantiv. Sein Gegenpol aber, der Götze oder Heidengott, ‚das abgot', behielt im Althochdeutschen weiter sein sächliches Geschlecht (nach Eggers 1986, Band 1).

Zur Wiedergabe von ‚dominus' = ‚Herr' standen im frühen Deutsch mehrere Wörter zur Verfügung. Zunächst erscheint dafür ahd. ‚fro', was einfach ‚Herr' im weltlichen Sinne bedeutet (vergl. ‚Frondienst'). Der Versuch, dem Wort eine christliche Bedeutung zu verleihen, lebt noch in der Bezeichnung ‚Fronleichnam'. Doch anscheinend wird diese recht neutrale Bezeichnung auf Dauer nicht als passend empfunden. Das Wort, das sich später durchsetzt, ist ‚herro'. Es taucht seit dem 7. Jahrhundert im Frankenreich auf und war offenbar die Nachahmung einer romanischen Sprachmode, bei der die alte lateinische Anrede ‚dominus' durch die Anrede ‚senior' = ‚Älterer' ersetzt wurde. Die Franken bildeten analog zum romanischen Vorbild die Steigerungsform von ‚her' = ‚erhaben, hehr', nämlich ‚herro'. Daraus entwickelte sich dann die moderne Form ‚Herr', zunächst im religiösen, später auch im weltlichen Sinn.

Während Bezeichnungen des Ritus und der Kirchenorganisation häufig dem Lateinischen oder Griechischen entnommen werden, ist dies bei den das Innerliche, also die Glaubensvorstellungen betreffenden nicht der Fall. Diese werden durch einheimische Ausdrücke wiedergegeben, die man inhaltlich umdeutet. Das wird sich in der Praxis so vollzogen haben, dass der Missionar oder der Priester den heimischen Wortschatz nach einem Ausdruck durchforstete, der einer bestimmten Glaubensaussage am nächsten kam. Durch den fortan festen Gebrauch dieses Wortes im neuen Zusammenhang schliff sich schließlich die christliche Bedeutung ein.

So entwickelten sich aus germanischem Wortmaterial christliche Begriffe wie ‚Beichte', ‚Buße', ‚Gebet', ‚Gnade', ‚Huld', ‚Reue' und ‚Schuld'. Das Wort ‚Schuld' zum Beispiel leitet sich von ‚sculan' = ‚sollen' ab und bezeichnet das, ‚was man hätte tun sollen'. Das ‚Gebet', als religiöse Handlung den Germanen unbekannt, bedeutete ursprünglich einfach ‚Bitte'. Wir sagen heute noch, jemanden ‚ins Gebet nehmen', wenn wir ihn mit Nachdruck zu etwas bringen wollen. Die ‚Beichte' ist ursprünglich die ‚feierliche Aussage vor Gericht', ein Ausdruck, der zusammengezogen ist aus ‚jehan' = ‚sprechen' und dem Suffix ‚bi-' = ‚hin zu'. Die ‚Reue' schließlich ist abgeleitet von einem Verb, das ursprünglich nur ‚schmerzen' bedeutet hatte.

3
Kein Platz mehr für Helden und Heiden – Wörter sterben aus

Die Ausbreitung des christlichen Glaubens führte nicht nur zur Neubildung von Wörtern und zur Umdeutung bestehender Begriffe, sie wurde auch von einer Reinigung des Erbwortschatzes von alten heidnischen Begriffen begleitet. Davon waren aber nicht nur Wörter der religiösen Sphäre betroffen, sondern auch weltliche Ausdrücke, wenn sie so stark mit heidnischven Vorstellungen aufgeladen waren, dass sie für das christliche Denken als nicht mehr tragbar erschienen.

Ein zweiter Hauptgrund für die umfangreichen Wortverluste im Althochdeutschen liegt darin, dass auf Grund der Änderung von Wertvorstellungen und des Lebensgefühls des frühmittelalterlichen Menschen mancher alte Begriff schlicht überflüssig wurde.

Besonders stark sind die Wortverluste im Bereich der Dichtersprache. Da der germanische Stabreim im 9. Jahrhundert vom lateinischen Endreim verdrängt wird, entfällt auch die Notwendigkeit, die alte Vielfalt an stabenden Synonymen und bildhaften Umschreibungen (Kenningar) beizubehalten.

Der Zeitpunkt dieses Bruchs mit der germanischen Vergangenheit auch in der Dichtkunst ist die Mitte des 9. Jahrhunderts. Die zwei großen Epen dieses Jahrhunderts markieren die beiden Epochen. Der um 810 / 820 vom Bairischen ins Altsächsische umgeschriebene ‚Heliand' steht mit seinem Stabreim literarisch noch ganz in der germanischen Tradition. Otfrieds ‚Evangelienbuch' von 863 / 870 bevorzugt bereits den Endreim. Dass Otfried trotz der Preisgabe der alten Formen noch einige schöne

Kenningar verwendet (der Himmel als ‚Sonnenpfad', als ‚Sternenstraße' oder als ‚Wolkenweg') ist nur ein letzter Nachklang.

Es war wohl der ganze *Wandel im Weltbild* des frühmittelalterlichen Menschen, die Hinwendung zu den sanfteren Idealen des Christentums anstelle der heidnischheldischen der Germanen, was viele ererbte Wörter überflüssig machte. So zum Beispiel die zahlreichen Bezeichnungen des Mannes als Kämpfer. Aus dem Germanischen sind zehn Ausdrücke für den Mann überliefert, von denen ihn, wie schon dargestellt, allein sieben als Kämpfer charakterisieren. Streng genommen bleibt davon nur ein einziger ohne Bedeutungsveränderung bis in die heutige Zeit erhalten: das alte (schon idg.) Wort ‚Mann'. Die Bezeichnungen ‚Kerl' und ‚Held' erfahren dagegen eine Bedeutungsspezialisierung, der Ausdruck ‚Baron' ist in neuer Bedeutung aus dem Französischen rückentlehnt worden, in das er noch in seiner germanischen Bedeutung eingedrungen war. Der ‚Degen' hat nur in einer historisierenden Dichtersprache überlebt und war im Althochdeutschen auch nur deshalb erhalten geblieben, weil er als ‚Degen Gottes' zum Gefolgsmann Christi umgedeutet worden war. ‚Gomo' hält sich noch für kurze Zeit, verschwindet dann aber ebenso wie ‚fro', ‚wer' und ‚erl', die heute nur noch als Wortversteinerungen auftauchen (‚Bräuti-gam', ‚Fron-dienst', ‚Wer-wolf', Personennamen wie ‚Erl-wein'). Die Bezeichnung ‚sec' geht unter, ohne irgendeine Spur zu hinterlassen.

Dieser ‚Imageverlust' des germanischen Kämpfers erstreckt sich auf den ganzen Bereich, der mit Kampf, Krieg und Waffen zusammenhängt. Die geradezu redundante Vielfalt der Ausdrücke dafür wird ebenfalls abgebaut. Weder ‚hiltja' noch ‚gund' weder ‚hadu' noch

‚wig', die alle ‚Kampf' bedeuten, leben weiter – außer als Sprachversteinerungen in Vornamen (‚Hildegard', ‚Gunther', ‚Hedwig', ‚Ludwig').

Geringer sind die Wortverluste bei den Bezeichnungen der Frau, von denen es freilich von vornherein schon weniger gab. So kennt das Althochdeutsche anfangs noch folgende Ausdrücke: Die allgemeine biologische Bezeichnung der Frau ist ‚wib'. Die ‚frouwa' ist die vornehme Frau, die Herrin, während ‚diu' die Magd, die Dienerin bezeichnet. Das Wort ‚itis' wiederum besitzt einen heidnisch-religiösen Sinn und bedeutet soviel wie ‚überirdische Frau'.

Ein weiteres Wortpaar bezog sich auf die Art der Verbindung zwischen einer Frau und einem Mann: ‚quena' (vergl. engl. ‚queen') bezeichnete die Ehefrau, während die ‚kebisa' die nicht angetraute Nebenfrau war. Das Wort ist aus lateinisch ‚cavea' = ‚Verschlag, Käfig, Höhle' entlehnt, das auch in den deutschen Wörtern ‚Kaue', ‚Koje' und ‚Käfig' steckt. Die ‚Kebse' ist also die Frau, die mit dem Mann die Kaue bzw. die Koje teilt. Die Kinder aus einer Verbindung mit einer ‚Kebse' bzw. einem ‚Kebsweib' wie man im älteren Deutsch sagte, nannte man übrigens ‚Kegel'. Von daher rührt unsere Wendung ‚mit Kind und Kegel'.

Die unverheiratete Frau war die ‚magad', die junge Frau die ‚diorna', wobei ‚Dirne' damals noch einen moralisch neutralen Sinn besaß (wie zum Beispiel heute noch im bayrischen Dialektwort ‚Dirndl').

Von den genannten Bezeichnungen der Frau ist ‚itis' vollständig untergegangen. Während ‚quena' sich im Mittelhochdeutschen als ‚kone' noch eine Weile hielt, aber ebenso bereits als veraltet empfunden wurde wie ‚diu', das bald durch ‚Magd' ersetzt wird. Die anderen

Bezeichnungen machen zum Teil eine Bedeutungsveränderung durch. So rückt die ‚Kebse' in dem von der christlichen Ethik geprägten Mittelalter in die Nähe von ‚Hure', bevor es überhaupt aus dem Wortschatz verschwindet. Mittelhochdeutsch ‚vrouwe' und ‚vrouwelin' behalten noch das ganze Mittelalter hindurch ihren hohen sozialen Status, bevor sie – wie heute – statusunabhängig einfach ‚Frau und ‚Fräulein' bedeuten.

Während diese Bezeichnungsänderungen auf einen Wandel der gesellschaftlichen und moralischen Vorstellungen zurückführbar sind, gehen ‚itis' (bzw. ‚idis') und ‚quena' offensichtlich wegen ihrer als heidnisch empfundenen Bezeichnungen unter. ‚Idis' taucht zum Beispiel in den heidnischen ‚Merseburger Zaubersprüchen' auf.

Auch in anderen Bezeichnungskreisen sterben germanische Wörter aus oder sind nur noch verfremdet oder versteinert in abgeleiteten Ausdrücken zu entdecken. So war zum Beispiel die Bezeichnung des heidnischen Opfertieres, ‚zebar', mit dem christlichen Denken nicht mehr vereinbar. Es ging unter, ist aber als Versteinerung in ‚Unge-ziefer' noch zu finden. Auch ‚wewurt', das unerbittliche Schicksal, hat in einem christlich geprägten Wortschatz keinen Platz mehr. Aus dem gleichen Grund verschwindet der ‚holdo', der ‚gute Geist'. Das Adjektiv ‚hold' sowie der negative Begriff ‚Unhold' bleiben jedoch erhalten. Versteckt taucht das alte Wort auch in der Märchengestalt der ‚Frau Holle' auf.

In diese Säuberung der Sprache von heidnischen Begriffen wird auch die germanische Kosmogonie einbezogen. Für die Germanen war die Erde der ‚mittilgart', der ‚mittlere Bezirk' zwischen der Unterwelt und dem Reich der Götter. An die Stelle dieser Bezeichnung treten im Althochdeutschen zunehmend ‚erda' oder ‚ero'. Beide meinten zunächst ‚Erde' als Stoff oder Erdboden. Doch dann entwickelte ‚Erde' sich zum begrifflichen Gegenpol von ‚Himmel'. Auch in der Bezeichnung des Himmels ergibt sich, wie wir bei unserem Spaziergang durch das ‚Sprachmuseum' bereits gesehen hatten, eine Veränderung. Im altsächsischen ‚Heliand', einer dichterischen Nacherzählung des Lebens Jesu, wird erkennbar, dass der Himmel in der Vorstellung der Germanen zwei ‚Etagen' besaß. Die untere Ebene, der ‚Wolkenhimmel' wurde ‚skio' genannt (altsächsisch ‚skio' = ‚Wolke, Schatten'), die obere Ebene ‚hoh himil'. Das Wort ‚Himmel' kommt von der gleichen Wurzel wie ‚Hemd', so dass seine ursprüngliche Bedeutung als ‚Decke' oder ‚Hülle der Erde' interpretiert werden kann.

Als nun im frühen Deutsch eine Bezeichnung für den biblischen Himmel gefunden werden musste, kam dafür nur das Wort für die obere, jenseits des Wolkenhimmels gelegene Ebene in Frage. Später wurde sie dann auch auf den natürlichen Himmel übertragen und ‚skio' starb aus; im englischen ‚sky' lebt es jedoch weiter.

Eine andere Bezeichnung aus der heidnischen Religion der Germanen, die im christlichen Mittelalter nicht mehr gebraucht wurde, war ‚loh', die Bezeichnung eines lichten Waldes, der als heiliger Hain diente. Doch da, wo es bereits Bestandteil eines Orts- oder Flurnamens geworden war, blieb es bis heute erhalten: ‚Hohen-lohe', ‚Iserlohn', ‚Os-lo', ‚Water-loo', ‚Moos-lohe'.

Ein drittes Motiv für die Preisgabe alter Wörter, das allerdings nichts mit weltanschaulichen Überlegungen zu tun hat, war der Versuch, Homonyme zu vermeiden. Zum Beispiel kann das deutsche Wort ‚Bremse' sowohl die Bremse in einem Fahrzeug wie auch eine Insektenart bezeichnen. Auch ‚Ton' ist entweder ein Laut oder die

Bezeichnung der Tonerde. Klingen zwei Ausdrücke nur gleich, werden aber wenigstens unterschiedlich geschrieben, spricht man von ‚Homophonen' (Beispiel: ‚Lied' / ‚Lid').

Beides, wenn möglich zu vermeiden, scheint eine Tendenz zu sein, die allen Kultursprachen innewohnt. Auch diese Absicht der Vermeidung von Doppeldeutigkeit dürfte eine Ursache für das Ausmerzen ererbter Wörter gewesen sein. Als sich zum Beispiel im späten Althochdeutsch der bestimmte Artikel herausbildete, war seine weibliche Form (‚diu') mit dem alten Wort ‚diu' = ‚Magd, Dienerin' zu verwechseln, das daraufhin aufgegeben wurde. Das gleiche geschah mit dem ‚botah' = ‚Körperrumpf' (vergl. englisch ‚body'), das mit der alten Form von ‚Bottich' (althochdeutsch ‚botah') identisch war.

Auch die Ersetzung der Bezeichnung der Himmelsrichtung Süd, althochdeutsch ‚sunt', durch das niederländische Lehnwort ‚sud' scheint in der Gefahr der Verwechslung mit ‚sunta' = ‚Sünde' begründet gewesen zu sein. Nur in Orts- und Landschaftsnamen blieb das alte Wort erhalten (‚Sonthofen', ‚Sundgau').

4
Recht und Seelisch-Geistiges

Länger als die Ausdrücke der Religiosität, des Kampfes oder der germanischen Dichtersprache, hielten sich im frühen Deutsch die germanischen Rechtsbegriffe. Ihre Kenntnis verdankt man vor allem der schriftlichen Aufzeichnung der Stammesrechte, den ‚Leges Barbarorum'. Diese Leges sind zwar lateinisch abgefasst, doch werden die Straftatbestände und andere wichtige Rechtsbegriffe in der Volkssprache aufgeführt. So werden die unterschiedlichen Arten der Körperverletzung mit Begriffen wie den folgenden gekennzeichnet: ‚puli-slac' = ‚ein Schlag, der eine Beule verursacht'; ‚palc-prust' = ‚Bersten des Balgs', das heißt ein ‚Hautriss'; ‚plod-runs' = ‚Blutrinnen, Blutfluss'. Ein durch Verletzung gelähmtes Bein wird zum ‚Tau-Zieher' (althochdeutsch ‚tau-dragil'), weil es beim Nachziehen den Tau vom Rasen streift. ‚Kepol-sceini', wörtlich ‚Erscheinen der Schädeldecke' (von althochdeutsch ‚gebal' = ‚Schädel', urverwandt mit griechisch ‚kephalé') beschreibt das Resultat eines Axthiebes auf den Kopf. Die unsittliche Berührung einer Frau schließlich wird als ‚hor-crift' = ‚Hurengriff' oder ‚ana-grif' = ‚Anfassen' bezeichnet.

Das germanische Rechtsdenken weicht erst nach und nach dem römischen Recht. Die Sprache vollzieht diese Änderungen nur mit Verzögerung nach. Zunächst werden die alten Rechtsbegriffe beibehalten, aber mit neuen Inhalten gefüllt. Seit dem 13. Jahrhundert ändert sich dann auch die Rechtssprache. Doch erst mit der ‚Kammergerichtsverordnung' von 1495 zieht das Corpus Juris vollständig ins deutsche Rechtsleben ein – und mit ihm eine Flut von Juristenlatein.

Bestimmte Ausdrücke der frühdeutschen Rechtsterminologie verwenden wir aber auch heute noch, sei es als Rechtsbegriff, sei es ohne Bezug zur Rechtssphäre. So bedeutet der Ausdruck ‚verteidigen' ursprünglich, seine Sache vor dem ‚Tag-Thing' vertreten. Die Thingversammlungen fanden in germanischer Zeit zwar in der Regel in Neu- oder Vollmondnächten statt. Zur Klärung von einzelnen Streitigkeiten scheinen sich dann aber auch Zusammenkünfte am Tage eingebürgert zu haben. Von althochdeutsch ‚taga-ding' ist dann ein Verb abgeleitet, das über die Formen ‚tagedingen', ‚teidigen' die heutige Form ‚verteidigen' angenommen hat. Auf die altdeutsche Thingversammlung geht, wie schon früher erwähnt, auch unser Wort ‚Ding' mit seiner weitgefassten Bedeutung von ‚Gegenstand, Sache' zurück. Mit dem Untergang dieser Form der germanischen Rechtssprechung verliert auch der Ausdruck bald seinen Charakter als Rechtswort und wird zur Bezeichnung einer allgemeinen Angelegenheit. Der alte Rechtssinn schimmert jedoch noch durch beim Ausdruck ‚sich verdingen', d. h. ‚sich durch Vertrag zu einer bestimmten Tätigkeit verpflichten'. Ebenso in ‚dingfest machen', einem Gegenbegriff zu althochdeutsch ‚dincfluhhtic' sein, d. h. ‚sich dem Gericht entziehen'. Den Tagungscharakter des ‚Tag-Things' geben auch Ausdrücke wie ‚tagen', ‚vertagen' oder ‚Bundestag' wieder.

Eine bemerkenswerte Bedeutungsveränderung hat auch das alte Rechtswort ‚Umstand' bzw. ‚Umstände' erfahren. Während wir heute damit die besonderen Verhältnisse für ein Handeln oder für ein Geschehen charakterisieren, wurden im frühen Deutsch damit die bei einer Gerichtsverhandlung ‚Herumstehenden', also die Zuhörer bezeichnet. Die Gesamtheit der Versammelten auf dem Thing bildete den ‚Umstand'.

Alte germanische Rechtswörter stecken schließlich auch in den heutigen Ausdrücken ‚Vormund' und (dem umgangssprachlichen) ‚einlochen' = ‚(ins Gefängnis) einsperren'. Im Althochdeutschen bedeutete ‚munt' noch ‚Schutz'. Wohl weil es der Bezeichnung des Körperorgans ‚Mund' zu ähnlich war, verschwand es allmählich. In den früh gebildeten Zusammensetzungen wie ‚Vormund', ‚Mündel' bzw. ‚mündelsicher' ist es jedoch erhalten geblieben. Das Wort ‚einlochen' wiederum hat nichts mit dem ‚Loch' zu tun – auch wenn heute, sekundär vom Verb abgeleitet, der umgangssprachliche Ausdruck ‚Loch = Gefängnis' existiert. Es kommt vielmehr von dem untergegangenen althochdeutschen Verb ‚luchan' = ‚schließen'. Im englischen ‚to lock' hat es sich erhalten, ja es steckt sogar in französisch ‚loquet' = ‚Türschloss', das eine alte Entlehnung aus der Sprache der germanischen Franken darstellt.

Auch für die Ausdrücke, die Seelisches bezeichnen, besteht vielfach Kontinuität, die vom Germanischen über das Altdeutsche bis in die Gegenwartssprache reicht. Einen Teil dieses Wortschatzes hat das Christentum ohne Schwierigkeiten übernommen, insbesondere diejenigen Wörter, die schon im Germanischen negative Charaktereigenschaften bezeichneten. Dazu gehören alte Ausdrücke wie ‚böse, feige, Hass, übel, Unhold'. Christlich umgedeutete germanische Wörter für Seelisches wurden bereits vorgestellt, etwa ‚leiden, Reue, Seele, Trost'. Später, in mittelhochdeutscher Zeit, wurde ihnen wieder zusätzlich ein weltlicher Sinn beigelegt. Zu den Ausdrücken für seelisches Verhalten und Empfinden, die (zum Teil mit veränderter Bedeutung) von vornherein im weltlichen

Wortschatz weiterleben, gehören zum Beispiel ‚bald, geil, keck, Minne, Mut, quälen, sehr, Wut'.

Das Adjektiv ‚bald' bedeutete früher ‚kühn' (wie in engl. ‚bold'). Später veränderte sich seine Bedeutung zu ‚schnell, eilig', bis es schließlich den heutigen Sinn annahm. Das Wort wurde früher auch als Namenselement verwendet (‚Theo-bald', ‚Leo-pold'), ebenso als Suffix für scheltende Bezeichnungen wie ‚Raufbold' oder ‚Trunkenbold'.

Im Althochdeutschen bedeutete ‚quic, quec' noch ‚lebendig, lebhaft', ein Wortsinn, der uns heute noch in engl. ‚quick' begegnet. Die moderne deutsche Form ‚keck' mit dem k-Anlaut entstand als Nebenform, während die andere Form unterging. Sie erscheint jedoch noch in abgeleiteten Wörtern wie ‚erquicken'.

Auch die heutige engere Form von ‚Mut' ist erst später entstanden. Früher war damit ‚Gemütszustand' gemeint (wie noch in engl. ‚mood'), daneben auch ‚Seele, Geist, Sinn'. Die einzelnen Gemütszustände wurden durch Zusammensetzungen charakterisiert: ‚Sanftmut, Hochmut, wohlgemut, Wehmut, Unmut'. Das Adverb ‚sehr', mit dem wir ausdrücken, dass eine Eigenschaft in hohem Maße gegeben ist, war in althochdeutscher Zeit noch ein Adjektiv mit der Bedeutung ‚wund, verwundet, schmerzhaft'. Diese alte Bedeutung ist noch in ‚(un)versehrt' erhalten. Auch ‚geil' war damals noch nicht auf die Bedeutung ‚sexuell erregt' eingeengt, sondern meinte ‚kraftvoll, üppig, fröhlich, lustig'.

Der Ausdruck ‚Wut' besaß früher ebenfalls noch eine weitere Bedeutung, nämlich ‚erregt, inspiriert, besessen' (vergl. ‚Arbeitswut'). Erst später engte sich der Sinn des Wortes ein. Das Zeitwort ‚quälen', das eine Wortgleichung mit engl. ‚kill' bildet, besaß möglicherweise auch schon im Germanischen den Nebensinn ‚töten', den es im Englischen besitzt.

Interessant ist auch, welche Bedeutung ursprünglich die Ausdrücke ‚Elend' bzw. sich ‚elend' fühlen besaßen. Althochdeutsch ‚eli-lende' meinte ‚außerhalb des Landes (sein müssen)', also vertrieben oder verbannt sein. Dahinter stand die Vorstellung, dass der außer Landes Getriebene aus der Rechtsgemeinschaft des eigenen Volkes ausgeschlossen war. Ein weniger schlimmes Los war es ‚außerhalb' des zentralen Siedlungsgebietes des eigenen Stammes ‚ansässig' zu sein, wie das bei den ‚eli-sazari', den alemannischen ‚Elsässern' der Fall war.

Ein schon vorchristlich-germanischer Begriff, der auch im frühen Deutsch neben dem neu angenommenen christlichen einen weltlichen Sinn behält ist ‚Geist'. Das Wort geht auf eine indogermanische Wurzel zurück, die ‚erregt, außer sich sein' bedeutet. Der ‚Geist' ist also die ‚Quelle der inneren Bewegung oder Erregung'. Während der Begriff ‚Mut' (in seiner frühdeutschen Bedeutung) mehr die Stimmungsseite des Seelischen bezeichnete, drückte ‚Geist' schon damals mehr die intellektuelle Seite aus. Trotzdem war sein Bezug noch stärker als heute ein psychologischer, was auch darin zum Ausdruck kommt, dass sich aus der Nebenbedeutung ‚Erschrecken' auch der Begriff ‚Geist' = ‚Gespenst, überirdisches Wesen' entwickelt hat.

Eine einzigartige Leistung für die deutsche Sprachgeschichte ist der Versuch des St. Gallener Mönchs Notker, trotz der absoluten Dominanz des Lateins auf diesem Feld schon um das Jahr 1000 eine deutsche Wissenschaftsterminologie zu schaffen. Notker tut dies vor allem (aber nicht nur) im Zusammenhang mit seiner deutschen Übersetzung des Philosophen Boethius. Beispiel für seine Wissenschaftstermini sind etwa ‚engste Begrenzung' für den Begriff der ‚Definition', ‚äußerer Sinn' für lateinisch ‚sensus' und ‚Glaublich(keit)' für ‚Argument'. Besonders reich ist die Begriffsdifferenzierung Notkers, wo es ihm um die ‚Willensfreiheit' geht. Dabei ist er auch zum Schöpfer unseres Wortes ‚Freiheit' geworden.

Doch Notkers Leistung geriet wieder in Vergessenheit. Nach ihm triumphierte im geistigen Leben erneut das Latein, so dass später zum zweiten Mal eine deutsche Wissenschaftsterminologie aufgebaut werden muss.

5
Kreative Wortschöpfung

Die mühelose Kompositabildung durch einfaches Zusammenrücken zweier selbständiger Wörter, die für das Deutsche so typisch ist, stellt zwar ein altes germanisches, ja sogar indogermanisches Erbe dar. Aber das Deutsche hat diese Technik doch besonders ausgebaut. Eine Zusammensetzung vermittelt meist eine bildhaftere und präzisere Vorstellung von etwas als ein einfaches Wort, wie Fritz Tschirch (1983) betont: „Von jedem der beiden Kompositionsglieder spinnen sich unwillkürlich-assoziativ Verständnisfäden zu allen den Wörtern und Formen hinüber, in denen sie uns auch sonst begegnen." Ein einfaches Wort dagegen, dessen Bedeutung nicht ohne weiteres aus sich heraus erkennbar ist, muss „als neue Vokabel gelernt und behalten werden."

Zwei Beispiele: Das Althochdeutsche entlehnt zunächst nicht die lateinische Bezeichnung des Gefäßes für die Asche des Toten (‚urna'), sondern bildet den zweigliedrigen Ausdruck ‚loz-faz' (‚z' gesprochen wie stimmhaftes ‚s'). Es bezeichnet also das ‚Gefäß', in das (als Asche) zu kommen das ‚Los' des Menschen ist. Später wurde dann freilich das lateinische Wort doch entlehnt. Ein anderes Beispiel einer kreativen Lehnbildung des frühen Deutsch, die sich ebenfalls nicht durchsetzen konnte, ist die Wiedergabe des lateinischen ‚philosophus' mit althochdeutsch ‚unmezwizzo', also 'Unmäßig(viel)wisser'. Sie findet sich übrigens im ‚Abrogans', dem ersten lateinisch-deutschen ‚Wörterbuch', das um 765 entstanden ist.

Es sind die Umgestaltung der Lebensverhältnisse und neues Denken im Verlauf des frühen Mittelalters, die eine Differenzierung der Ausdrucksmöglichkeiten und eine Erweiterung des deutschen Wortschatzes notwendig machen. So entsteht in althochdeutscher Zeit eine Fülle neuer Ausdrücke, die entweder durch Zusammensetzung von Substantiven untereinander oder von Substantiven mit Adjektiven oder (seltener) mit Verben gebildet werden. Im Folgenden eine kleine Auswahl von Komposita, die im Althochdeutschen neu gebildet wurden (nach Krahe / Meid 1969). Wiedergegeben sind sie in der heutigen Lautform:

‚Abendkühle, Amtmann, barfuß, Bauland, Bräutigam (= der Brautmann), Bruderliebe, Freiheit, Geburtstag, Glanzlicht, gottesfürchtig, Gotteshaus, halbtot, handgewirkt, hochherzig, hohnlachen, Höllenpforte, Königshof, langlebig, liebkosen, ahd. manaheit (= Menschheit), Mutwille, Nachtigall, Neuland, Notdurft, Ohrring, Siegeslohn, Sonnenlicht, Tageszeit, ahd. tagosterno (= Morgenstern), wahrnehmen, weintrinken, weissagen, Zuversicht'.

Diese Komposita sind aussagekräftige, bildhafte und meist auch mit einem Gefühlswert versehene Wörter, die jeder sofort versteht, der die Bedeutung der Einzelglieder kennt.

Umfangreicher noch ist die Zahl der neuen Wörter, die durch Ableitung aus vorhandenen Wörtern oder Wortstämmen gewonnen werden. Die wichtigste Wortbildungstechnik ist dabei das Anfügen von Vorsilben (Präfixen) oder Nachsilben (Suffixen), die dem Ausgangswort eine neue Bedeutung verleihen oder seine Bedeutung differenzieren. Beispiele für Ableitung durch Präfixe sind etwa ‚be-raten', ‚er-raten', und ‚ver-raten', für die Ableitung durch Suffixe ‚Schön-heit', ‚Freund-schaft', ‚häss-lich', ‚arbeit-sam'. Außerdem werden aus starken

Verben (zum Beispiel ‚trinken') durch Nutzung des Ablauts neue Wörter gewonnen (‚Trank', ‚Trunk').

Manche der Ableitungssuffixe, die heute unselbständige Silben darstellen, waren in germanischer oder althochdeutscher Zeit noch selbständige Wörter mit eigener Bedeutung. So geht das Suffix ‚-lich' auf das althochdeutsche Substantiv ‚lih' = ‚Körper, Gestalt' zurück. Als Eigenschaftsbezeichnung bedeutet ‚-lich' also ursprünglich ‚die Gestalt haben von'. Versteckt erhalten ist dieses Suffix übrigens auch in ‚gleich' (althochdeutsch ‚gi-lih' = ‚dieselbe Gestalt') und in ‚solch' (althochdeutsch ‚so-lich' = ‚so gestaltet').

Das Suffix ‚-schaft', mit dem Abstrakta gebildet werden (‚Mannschaft', ‚Kundschaft') hat als selbständiges althochdeutsches Wort ‚scaf' die Bedeutung ‚Beschaffenheit' und ist vom Verb ‚schaffen' abgeleitet. Auch ‚-tum' ist ursprünglich ein Substantiv, althochdeutsch ‚tuom', das ‚Zustand, Besitz, Macht, Urteil' bedeutet. Das Suffix ‚-heit' kommt von althochdeutsch ‚heit' = ‚Art und Weise, Beschaffenheit, Wesen', im Suffix ‚-bar' steckt das althochdeutsche Verb ‚beran' = ‚tragen' (vergl. ‚gebären' oder englisch ‚bear').

Eines der wichtigsten Suffixe der frühdeutschen Sprachperiode stellt ‚-er' (althochdeutsch ‚-ari') dar. Es bezeichnet den Träger einer Handlung, zum Beispiel ‚Bettler', ‚Helfer', ‚Redner' oder ‚Zauberer'. Ganz besonders produktiv wurde es zur Bezeichnung der Berufsperson, etwa ‚Bäcker', ‚Metzger' oder ‚Schreiner'. Dieses Suffix ist aus dem Lateinischen (‚-arius') entlehnt und löst die ältere germanisch-althochdeutsche Kennzeichnung des Trägers einer Handlung durch das Suffix ‚-o' ab, wie sie in der ursprünglichen Wortform ahd. ‚becko' = ‚Bäcker' (vergl. bairisch ‚Beck'), ‚boto' = ‚Bote' oder ‚skankio' = ‚(Mund-)Schenk' vorlagen.

Als letztes Beispiel eines Wortbildungsmittels sei die Vorsilbe ‚ge-' (althochdeutsch ‚ga-' bzw. ‚gi-') genannt. Sie ist aus einer germanischen Präposition hervorgegangen, die soviel wie ‚zusammen, gemeinsam mit' bedeutet hatte. Das frühe Deutsch machte von diesem Präfix regen Gebrauch. So bedeutet das Wort ‚Ge-nosse' eigentlich ‚der, mit dem man gemeinsam Nutzen hat' oder älter: ‚der, mit dem man sein Vieh auf derselben Weide hat', denn in ‚Nutzen' steckt das germanische Wort ‚*nauta-' = ‚(Nutz-)Vieh'. Der ‚Ge-selle' ist ‚der, mit dem man den Saal (Wohnraum) teilt', und mit einem ‚Ge-fährten' geht man ‚gemeinsam auf die Fahrt'.

Auch der große althochdeutsche Sprachschöpfer Notker machte von diesem Präfix Gebrauch, als er den lateinischen Ausdruck ‚con-scientia' mit dem Ausdruck ‚Gewissen' nachbildete. Notker bezeichnete damit ein inneres Wissen um Gut und Böse, einen Zeugen, der in uns anwesend ist, sozusagen den ‚Mitwisser' für unser Tun und Lassen. Die Bildung des Ausdrucks ‚Gewissen' ist eines der vielen Beispiele für die kreative und einfühlsame Wortschöpfung, mit der sich das frühe Deutsch die abendländisch-christliche Gedankenwelt vollständig zu eigen machen konnte.

6
Die Bezeichnung der Deutschen

Betrachtet man die Namen der europäischen Völker und Sprachen, dann fällt auf, dass die Bezeichnung der Deutschen in auffallender Weise von der Regel abweicht. Und zwar sowohl bei dem Namen, den sie sich selbst gegeben haben, wie auch bei der Bezeichnung durch andere.

Betrachten wir zunächst die Fremdbezeichnungen. Alle größeren Völker Europas tragen in fast allen Sprachen den gleichen Namen. So heißen zum Beispiel die Franzosen auf italienisch ‚Francesi', auf englisch ‚French' und auf russisch ‚francusy'. Die Engländer sind italienisch die ‚Inglesi', französisch die ‚Anglais' und russisch die ‚angličany' Und von den Namen sind auch die ähnlich lautenden Bezeichnungen der Sprachen dieser Völker abgeleitet.

Bei den Deutschen ist das jedoch anders. Sie werden von den meistern ihrer europäischen Nachbarn mit unterschiedlichen Namen belegt, und oft wird dabei auch noch zwischen dem Volk und seiner Sprache unterschieden. Sie sind für die Engländer ‚Germans', seit sich die ursprüngliche Bezeichnung ‚Dutch' im 17. Jahrhundert auf die Niederländer eingeengt hat. Die Russen unterscheiden zwischen dem Land (‚Germanija') einerseits und dem Volk und seiner Sprache andererseits (‚nemcy', ‚nemecki'). In anderen slawischen Sprachen wiederum wird auch das Land nach dem Volk und seiner Sprache bezeichnet, zum Beispiel im Tschechischen mit ‚Německo' und im Kroatischen und Serbischen mit ‚Njemačka'. Die slawischen Volks- und Sprachbezeichnungen der Deutschen sollen von dem urslawischen Adjektiv abgeleitet sein, das ‚stumm' bedeutete. Das slawische Benennungsmotiv wäre dann die Beobachtung gewesen, dass die Germanen oder frühen Deutschen im Kontakt mit den Slawen stumm bleiben mussten, weil sie deren Sprache nicht verstanden.

Für die Franzosen wiederum sind die Deutschen ‚Alemannen'. Eine Bezeichnung, die auf den germanischen Stamm zurückgeht, der für die Romanen Frankreichs der nächste Nachbar war. Eigentlich waren das zwar die Franken, die sogar mitten unter ihnen siedelten und sie anfangs sogar beherrschten. Doch deren Namen haben die Franzosen dann für sich selbst übernommen. Als in Frankreich im 12. Jahrhundert der Ausdruck ‚allemand' (älter ‚aleman') üblich wurde, entlehnten auch die Spanier und Portugiesen diese Bezeichnung. Die Italiener jedoch, die mit den Deutschen im mittelalterlichen Reich verbunden waren, trennen wieder zwischen dem Land (‚Germania') und dem Volk und seiner Sprache (‚tedeschi' bzw. ‚tedesco'). Der zweite Ausdruck ist von der mittellateinischen Form ‚theodiscus' = ‚deutsch(sprachig)' abgeleitet.

Die Dänen, Norweger und Schweden dagegen haben als einzige für Sprache, Land und Leute die Eigenbezeichnung der Deutschen übernommen: ‚Tysk' = ‚deutsch' war im 11. / 12. Jahrhundert in der niederdeutschen Lautgestalt entlehnt worden. Vorher nannten sie die Deutschen nach den benachbarten Altsachsen und ihrem Land (‚Saxar' bzw. ‚Saxland'). Bevor sich die neue Bezeichnung einbürgerte, war die alte schon an die Finnen und Esten weitergegeben worden, die ihn bis heute bewahrt haben (finn. ‚Saksa', ‚saksalainen'). Woher schließlich die baltischen Bezeichnungen: litauisch ‚vokietis', lettisch ‚vacietis' = ‚Deutscher' bzw. litauisch ‚Vokia', lettisch ‚Vaca' = Deutschland rühren, ist ungeklärt.

Die ungewöhnliche Vielfalt der Bezeichnungen und die Uneinheitlichkeit des Benennungsmotivs für die Deutschen spiegeln sehr augenfällig zwei Besonderheiten der deutschen Geschichte wider. Erstens, dass den Deutschen eine eindeutige gentile Grundlage fehlt. Sie gehen weder auf einen einzelnen Stamm zurück, noch gab es im Verlauf ihrer Ethnogenese einen einzelnen Stamm, der dauerhaft dominiert hätte. Zweitens waren die Grenzen dessen, was ‚Deutschland' sein sollte, nie klar; jedenfalls nicht vor dem 19. Jahrhundert. So stellt zum Beispiel der Humanist Sebastian Münster noch 1544 in seiner ‚Kosmographie' etwas hilflos fest: „ . . . wir nennen Deutschland alles, das sich der deutschen Sprache gebraucht."

Die Deutschen bildeten zwar den Kern und die Mehrheitsbevölkerung im Heiligen Römischen Reich, aber es gab eben auch Italiener, Franzosen, Niederländer, Dänen, Polen, Tschechen und Slowenen in diesem Reich. Und nicht wenige Deutsche lebten seit dem Hochmittelalter bis zu ihrer Flucht und Vertreibung 1945 auch außerhalb der Grenzen Deutschlands und Österreichs. Die Deutschen im Reich empfanden sich zwar, wie ihre Selbstbezeichnung ausweist (dazu gleich mehr), spätestens seit etwa 1100 als ein Volk. Aber der schon früh einsetzende Widerstand der Stammesherzöge und Territorialherren gegen eine königliche oder kaiserliche Zentralgewalt ließ kein politisch-gesamtdeutsches Bewusstsein aufkommen. Bis weit in die Neuzeit hinein bildete die jeweilige Landesherrschaft das ‚Vaterland' derjenigen Deutschen, die dort lebten, nicht etwa das Heilige Römische Reich oder der deutsche Sprachraum. So ist es nicht verwunderlich, dass ‚die Deutschen' von ihren Nachbarn eher als eine Art Stammesbündnis denn als einheitliches Volk wahrgenommen wurden.

Der ‚deutsche Sonderweg' in der staatlichen Entwicklung hatte schon früh eingesetzt. Das multinationale Reich Karls des Großen war auf Grund seiner Organisation in Grafschaften, die unter der Aufsicht königlicher Beamter standen, noch verhältnismäßig zentral verwaltet gewesen. Unter den Enkeln Karls wurde es im 9. Jahrhundert in ein vorwiegend romanisches West- und in ein vorwiegend germanisches Ostfrankenreich aufgeteilt. Als Idee bestand die Reichseinheit zwar weiter, doch de facto ruhte das christlich-abendländische Kaisertum, bis es im 10. Jahrhundert – unter Otto dem Großen – mit dem ostfränkisch-deutschen Königtum verbunden wurde. Aus dem Ostteil wurde das ‚übernationale' ‚(Heilige) Römische Reich', seit dem 15. Jahrhundert auch mit dem Zusatz ‚deutscher Nation'.

In dem der Konkurrenz unterlegenen Westteil des alten Karolingerreichs bahnte sich stattdessen ein nationales französisches Königtum an – was dem Land auf lange Sicht eine gradlinigere und glücklichere politische Geschichte bescherte. Dem römisch-deutschen Kaiserreich in der Mitte Europas aber wuchsen abendländisch-universelle Aufgaben zu und brachten es in ständige machtpolitische Auseinandersetzungen mit Italien, dem Papst und dem französischen Königtum, denen es auf Grund seiner ‚föderalen' Struktur und der innerdeutschen Rivalitäten auf Dauer nicht gewachsen sein konnte. Es waren ja nicht mehr der König oder der Kaiser, sondern die Herzöge, die den Heerbann aufboten, die hohe Gerichtsbarkeit ausübten, die Bistümer besetzten und sogar eine selbständige Außenpolitik betrieben. Macht im Reich besaß ein König oder Kaiser nur, wenn er zugleich ein starkes Herzogtum innehatte.

Damit bestand bei der Gründung des ersten deutschen Staates eine Konstellation, die die Entwicklung eines starken Königtums und die Herausbildung einer politischen Nation der Deutschen blockierte. Von den Sachsenkönigen Heinrich I. und Otto I. bis zu den Stauferkaisern (Barbarossa) war die Stellung der Herrscher zwar noch relativ stark, aber mit dem Sturz dieser Dynastie im 13. Jahrhundert schwand die vorletzte Gelegenheit, auch Deutschland zu einem europäischen Nationalstaat zu entwickeln. Die letzte Gelegenheit verbauten die Glaubensspaltung im 16. Jahrhundert und der nachfolgende Dreißigjährige Krieg. Es waren diese geschichtlichen Tatsachen, die die großartige Option eines übernationalen Staatswesens in der Konkurrenz mit der in Europa ‚normalen' Nationalstaatenentwicklung zunichte machte. Und das Versagen der politischen Akteure im Deutschland der frühen Neuzeit lag darin, dass sie den Geist der Zeit nicht erkannten oder ihm aus Eigensucht nicht folgen wollten.

Die durch solche Entwicklung behinderte Ausprägung einer nationalen Identität drückt sich aber nicht nur in dem Wirrwarr der Fremdbezeichnungen der Deutschen aus, sondern auch in ihrer Eigenbezeichnung. Fast alle Völker Europas leiten ihren Namen von einem älteren Stammesnamen oder einer geographischen Bezeichnung ab: ‚Engländer', ‚Dänen' oder ‚Tschechen' sind ursprünglich Namen von Stämmen, ‚Spanier', ‚Italiener' oder ‚Niederländer' sind die Namen der Bewohner eines bestimmten historischen Territoriums. Die Bezeichnung ihrer Muttersprache ist erst sekundär davon abgeleitet. Bei den Deutschen jedoch ist es umgekehrt. ‚Deutsch' ist zunächst ein reines Sprachadjektiv und bezeichnet erst danach die Menschen, die diese Sprache gemeinsam haben, und das Territorium, auf dem sie leben.

Was meint die Sprachbezeichnung ‚deutsch'? Wörtlich bedeutet sie lediglich ‚zum Volk gehörig'. Die etymologische Ableitung des Wortes ist eindeutig. Es ist eine Adjektivbildung ‚diutisk' zu dem althochdeutschen Substantiv ‚diot' = ‚Volk'. Doch eigenartigerweise ist dieses Adjektiv vor dem 9. Jahrhundert in der deutschen Sprache selbst nicht belegt, sondern zunächst nur in mittellateinischer Form (‚theodisce').

Das mittellateinische Wort taucht zum ersten Mal 786 in der Regierungszeit Karls des Großen auf und meint (in einem Bericht von einer Synode in England) dabei offensichtlich das Altenglische. Zwei Jahre später – und von da an fast immer – erscheint ‚theodisce' zur Bezeichnung der Volkssprache auf dem später deutschen Boden. Die Fränkischen Reichsannalen vermerken für das Jahr 788 die Verurteilung und Absetzung des bayrischen Herzogs Tassilo, weil er sich während eines Feldzugs des Reichsheeres mit seinem Heeresteil eigenmächtig abgesetzt hatte. Der Vorwurf lautete auf ‚harisliz' (‚Heerschliß' = ‚Heerspaltung'). Die Nennung dieses Ausdrucks erfolgt mit dem Zusatz ‚. . . quod theodisca lingua ‚harisliz' dicitur', also: ‚. . . was in der Volkssprache ‚harisliz' genannt wird'. Zugleich zählt dieser Bericht vom Hochverratsprozess gegen Tassilo die Vertreter der anwesenden Stämme auf, deren Sprache die ‚theodisca lingua' ist: Franken, Bayern, Langobarden und Sachsen. Im Jahr 801 warnt Karl der Große auf langobardischem Boden noch einmal vor dem Verbrechen, ‚das wir in der Volkssprache ‚herisliz' nennen' (‚quod nos teudisca lingua dicimus ‚herisliz')'.

Die ‚lingua theodisca' bezeichnet also noch um 800 die Sprachen der germanischen Stämme im Frankenreich. Warum aber taucht sie noch ein halbes Jahrhundert lang nur in lateinischer Form auf und nicht auch in der althochdeutschen Form ‚diutisk'? Die Antwort kann nur lauten: Die lateinische Form war als gelehrtes Wort für den amtlichen Gebrauch geprägt worden, während der volkssprachliche Ausdruck ‚diutisk' zu diesem Zeitpunkt noch keine Sprachbezeichnung darstellte.

Offensichtlich eilte also das Sprachbewusstsein Karls des Großen und seiner Kanzlei dem in den germanischen Stammesgebieten seines Reiches noch voraus. Denn selbst der Anfang dieses Buchs erwähnte Mönch Otfried, der so leidenschaftlich für die Verwendung der Volkssprache in der Literatur plädiert, verwendet in seinen lateinischen Schriften zwar den Ausdruck ‚theodisce', in den deutschen Texten jedoch ‚frenkisg' und nicht ‚*diutisg'.

Hinter der Prägung und konsequenten Verwendung des Ausdrucks ‚theodisca (lingua)' am Ende des 8. Jahrhunderts scheint ein bewusstes (sprachen-)politisches Programm Karls des Großen gestanden zu haben (vergl. Eggers 1963, Richter 1982). Karl hatte ja seinen Herrschaftsbereich noch beträchtlich um germanische Gebietsteile erweitert: durch Annexion des norditalienischen Langobardenreiches 774, die Eroberung Niedersachsens von 782 bis 804 und die Aufhebung des selbständigen Herzogtums Bayern 788. Diesen germanischen ‚Vettern' sollte vielleicht verdeutlicht werden, dass ihr Gebiet dem Frankenreich nicht einfach einverleibt wurde, sondern dass sie ‚dazugehörten', weil sie – sprachlich – in einem engen Verwandtschaftsverhältnis zu den herrschenden

Franken standen. Die romanische Volkssprache in Karls Reich wurde niemals als ‚theodisca lingua' bezeichnet.

Wann aber bezeichnet nun ‚deutsch' die heutige Sprache? Wann empfinden Alemannen, Bayern, Franken oder Sachsen, dass ihre Stammesdialekte von etwas Gemeinsamem ‚überdacht' werden, das man ‚Deutsch' nennt? Ein wichtiges Indiz dafür, dass ein Volk sich seiner gemeinsamen Sprache bewusst geworden ist, stellt, wie der Schweizer Linguist Stefan Sonderegger (1979) ausführt, die Tatsache dar, dass es sie eben auch in der eigenen Sprache benennt. Wann erscheint also die Bezeichnung ‚deutsch' in der eigenen Sprache und nicht mehr nur in Latein?

Die ersten Belege dafür stammen aus der Mitte des 9. Jahrhunderts, allerdings zunächst nur mit dem volkssprachlichen Stammsilbendiphtong ‚iu' (‚thiutisce' und ähnliche Formen), aber noch mit lateinischer Endung. Lateinisches Deklinieren volkssprachlicher Wörter ist allerdings in dieser Zeit noch allgemein üblich.

Für das 9. Jahrhundert ist dieses volkssprachliche Adjektiv mit lateinischer Endung achtmal belegt (Hüpper 1987). Vier Belege stammen aus dem altsächsischen (altniederdeutschen) Sprachgebiet. Ein besonders interessanter ist der aus dem Kalender des ‚Essener Sakramentars D1', das um 875 entstanden ist. Dort ist den lateinischen Monatsnamen jeweils eine Notiz hinzugefügt, die angibt, wie andere Völker diese Monate bezeichne: „Bei Hebräern . . ., Ägyptern . . ., Griechen . . . und ‚apud Thiudiscos' . . .", also bei den ‚Deutschen' oder ‚Deutschsprechenden'. Ob der Verfasser die Deutschen schon als ein Volk oder nur als Sprachgemeinschaft bezeichnen wollte, muss offen bleiben.

Aber auch wenn man den Essener Beleg von 875 in der vorsichtigen Interpretation nimmt, ist er sensationell genug: Die Altsachsen, die viel länger als die oberdeutschen Stämme ihre germanische Identität bewahrten und ein von den Franken wenig beeinflusstes Eigenleben führten, bezeichnen ihre Sprachgemeinschaft nur rund 80 Jahre nach ihrer Unterwerfung durch Karl den Großen nicht mehr mit ihrem Stammesnamen, sondern verstehen sich als ‚Deutschsprechende'.

Trotzdem dauert es noch gut ein Jahrhundert, bis die lateinische Endung verschwindet und der Name dieser Sprache vollständig in Deutsch erscheint. Erst um das Jahr 1000 bezeichnet Notker von St. Gallen seine alemannische Muttersprache als ‚Deutsch'. Sechsmal verwendet er die althochdeutsche Wendung ‚in diutiscun' = ‚auf deutsch'. Aber erst noch einmal acht Jahrzehnte später erscheint um 1080 im ‚Annolied' aus dem Kloster Siegburg das Wort ‚deutsch' in seiner ganzen Bedeutungsbreite: für die Sprache, das Land und die Leute. Ganz unbefangen und selbstverständlich tauchen dort Wendungen auf wie ‚diutischin sprechin', ‚diutischi liute' (= Leute) und Köln wird als die schönste Stadt ‚in diutschemi lande' bezeichnet.

Noch breiter ist schließlich die Verwendung vor allem des Volksnamens in der ‚Kaiserchronik' (1112 / 1113) aus Regensburg. Dort finden sich regelmäßig Ausdrücke wie ‚daz Diutiske volch', ‚alle Diutiske man' oder direkt als Substantiv, wenn der Chronist von einer Schlacht berichtet: ‚der diutisken wart do vil erslagen' = ‚von den Deutschen wurden dabei viele getötet'.

‚Deutsch' ist also um 1100 die Selbstbezeichnung des Volkes, seines Landes und seiner Sprache geworden. Spätestens jetzt sind sich die Bewohner Deutschlands ihrer selbst als sprachlich-ethnische Einheit, als ein Volk bewusst geworden. Sprachgeschichtlich betrachtet ist es der Anfang der mittelhochdeutschen Sprachperiode, die dem Deutschen auch eine erste literarische Blüte bringen wird. Zu den Sprechern, die damals noch als Teil des deutschen Sprachraums empfunden und bezeichnet wurden, gehörten auch noch die Niederländer und Lothringer. So war der Begründer des mittelhochdeutschen höfischen Romans, Heinrich von Veldecke, Niederländer. Gottfried von Straßburg rühmte, Heinrich habe als erster hohe Dichtung ‚in tiuscher zungen' geschaffen. Und Wolfram von Eschenbach berichtet zu Beginn des 13. Jahrhunderts von einem Fest in Frankreich: „Da was von tiuschen lande Flaeminge und Brabande und der herzoge von Lohrein" („Aus Deutschland waren dort Flamen und Brabanter und der Herzog von Lothringen").

Aber: Heinrich von Veldecke schrieb nur während seines Aufenthalts im Inneren des Reichgebiets Deutsch, nicht ‚zu Hause' im niederländischen Gebiet. Seit dem 13. Jahrhundert entwickelt sich nämlich die dort gesprochene Volkssprache zu einer eigenständigen Verkehrs- und Literatursprache weiter, dem sogenannten ‚Mittelniederländischen'. Die Grundlagen dafür bildeten die blühende Stadtkultur in Flandern und Brabant und der Einfluss der höfischen Kultur Nordfrankreichs. Später verlagerte sich die Entwicklungsdynamik der niederländischen Sprache mehr nach Norden, nach Holland. Die Frage, wann die niederländische Sprachgemeinschaft ihr Idiom nicht mehr als eine Varietät des (Nieder-)Deutschen empfand, ist schwierig zu entscheiden. Denn zunächst blieben die Sprachbezeichnungen ‚dietsch', ‚duutsc', ‚duutsch' durchaus noch im Gebrauch. Auch mit dem geographischen Zusatz ‚needer duutsch' wurde offensichtlich eher der Gegensatz zum ‚hogh duutsch' (= Hochdeutsch) – und damit zum Deutschen generell – ausgedrückt.

Selbst im frühneuzeitlichen Deutsch, zum Beispiel bei Luther, bezeichnete ‚Niderlendisch' noch ganz allgemein den Gegensatz zu ‚Oberlendisch' (= Hochdeutsch). Andererseits existieren neben der Selbstbezeichnung genug andere Indizien dafür, dass in den Niederlanden „das Bewusstsein der Zugehörigkeit zur deutschen Sprachgemeinschaft . . . bereits im Spätmittelalter geschwunden (war)" (Polenz 1991; vergleiche auch de Smet 1984). Mit dem Eintritt in die Neuzeit und der vom Reich unabhängigen Eigenentwicklung der Niederlande wuchs dort immer stärker das Bewusstsein, eine eigene Nation zu sein, bevor 1648 nach dem Dreißigjährigen Krieg auch die staatliche Trennung vom Reich erfolgte. Trotz dieser Abgrenzung, die man vom Spätmittelalter an zwischen ‚Mittelniederländisch' und ‚Mittelniederdeutsch' vornehmen muss, besteht noch heute mit keiner anderen Sprache – außer dem Jiddischen – eine so große Ähnlichkeit.

Teil IV

Vom Minnesang zur Lutherbibel

1
Erster Anlauf zur gemeinsamen Hochsprache

Im 11. und 12. Jahrhundert kommt es in Deutschland (wie im übrigen Europa) zu gesellschaftlichen Veränderungen, die auch den sprachlichen Kommunikationsprozess beeinflussen. Es ist die zunehmende Arbeitsteilung, durch die sich die Struktur der hochmittelalterlichen Gesellschaft differenziert. So bildet sich eine Arbeitsteilung zwischen Landwirtschaft und Handwerk und zwischen produzierendem Gewerbe und Handel heraus. Außerdem tritt neben den bisherigen Geburtsadel die neue Schicht eines niederen Dienstadels (‚Ministeriale'), der seinen Besitz und seine gesellschaftliche Stellung durch Dienstleistung für den König und durch persönliche Tüchtigkeit erwerben kann.

Mit den genannten Schichten bilden sich neben Adel, Klerus und unfreien Bauern auch neue Kommunikationsgemeinschaften – und damit neue Träger der Sprachentwicklung. Anders als der am Latein haftende Klerus und anders als die noch analphabetische Landbevölkerung verwenden die nun entstehenden städtischen Bevölkerungsschichten sowie der niedere Dienstadel das Deutsche auch als geschriebene Sprache. Mehr noch: Das hochmittelalterliche Rittertum, das sich immer stärker aus dieser neuen Schicht des Dienstadels rekrutiert, produziert auf Grund seiner eigenen kulturellen Bedürfnisse auch eine umfangreiche Literatur in mittelhochdeutscher Sprache. Diese Sprachperiode, die gegenüber dem Althochdeutschen von zahlreichen Veränderungen gekennzeichnet ist (dazu nachher mehr), hatte etwa in der Mitte des 11. Jahrhundert eingesetzt.

Der Aufstieg des Rittertums in Europa ist vor allem ein Ergebnis der Kreuzzüge, die am Ende des 11. Jahrhunderts beginnen. Sie werden zunächst vorwiegend von den romanischen Ländern (Italien, Frankreich) getragen, später haben auch Deutschland und England einen größeren Anteil. Im dritten Kreuzzug (1189 – 1192) übernimmt Kaiser Barbarossa als der eigentliche Herrscher des Abendlandes ganz selbstverständlich die Führung. Doch nach seinem Tod in der Türkei, wo er beim Baden in einem Fluss ertrinkt, geht die Führung erneut auf den französischen und englischen König über.

Die mit den Kreuzzügen verbundenen internationalen Kontakte und die Begegnung mit anderen Kulturen tragen zur Änderung des Standes- und Lebensgefühls des niederen Adels und der Ministerialen im ganzen römisch-christlichen Europa bei. Sie entwickeln einen eigenen Lebensstil, und zu diesem Stil gehört auch die Entwicklung einer höfischen Dichtung in der Muttersprache.

Diese Dichtung schöpft ihre Stoffe aus dem antiken, dem orientalischen und dem keltischen Sagenkreis und dient dem ritterlichen Selbstausdruck. Am frühesten entwickeln sich der neue Lebensstil und die höfische Dichtung in der Provence und in Nordfrankreich. Von dort werden sie durch flämisch-niederländische Ritter auch nach Deutschland vermittelt. Zwar waren die altfranzösischen Dialekte erst später als die althochdeutschen verschriftlicht worden, doch entwickelten sie sich in dem stärker zentralisierten französischen Königreich rascher zu weltlichen Literatursprachen weiter.

In Deutschland war der gesellschaftliche Aufstieg des Rittertums noch durch eine besondere Konstellation begünstigt worden. Unter den salischen Kaisern war das ‚ottonische' Bündnis von Kaiser und Papst zerbrochen.

Um zu verhindern, dass die Herzöge und die übrigen Territorialherren den nun entbrennenden Machtkampf mit dem Papst zur Stärkung ihrer Macht auf Kosten des Kaisers ausnutzen können, suchte der Kaiser einen neuen Verbündeten im Reich. Er fand ihn im niederen Adel und in der Schicht der königlichen ‚Dienstmannen', die, wie schon erwähnt, immer mehr in den Ritterstand hineinwuchsen.

Die Begegnung mit den anderen Nationen während der Kreuzzüge hatte den deutschen Rittern auch ihre eigene Volks- und Sprachzugehörigkeit bewusster gemacht. Die Kreuzfahrerheere waren in ihrer Gesamtheit zwar ‚multinational' zusammengesetzt, aber nach ‚gentes' bzw. ‚nationes' gegliedert. Die Erfahrung des ausgeprägten Nationalbewusstseins, mit dem ihnen etwa die französischen Ritter gegenübertraten, weckt das Sprachbewusstsein auch in der deutschen Ritterschaft. Sie pflegt und fördert nun den literarischen Gebrauch der Muttersprache, und es entsteht eine vom Adel getragene Sprachkultur. Die neue Aristokratie definiert sich weniger über Standesprivilegien als über eine „geistig begründete Ethik" (Polenz 1978).

Das Vorbild des französisch-provenzalischen Rittertums kommt auch in den Lehnwörtern zum Ausdruck, die in die ritterliche Standessprache eindringen. Heute lebt noch ein kleiner Teil davon fort. Beispiele dafür sind ‚Abenteuer, Juwel, Lanze, Posaune, Preis, Reigen, Stiefel, Tanz, Turnier'. Auch Lehnprägungen wie ‚dienen', ‚hübsch' (eigentlich ‚höfisch'), ‚Großmutter' und ‚Großvater' gelangten schon damals ins Deutsche. Dazu kamen Wortbildungsmittel, die noch heute im Deutschen produktiv sind. Etwa die Infinitivendung ‚-ei' (mittelhochdeutsch ‚-ie') und das Suffix ‚-lei' in Ausdrücken wie

‚mancherlei', ‚allerlei' usw. (abgeleitet von altfranzösisch ‚loi' = ‚Art'). Außerdem geht die förmliche Anrede ‚Ihr' anstatt des bis dahin auch im Adel üblichen ‚Duzens' auf französischen Einfluss zurück. Das heutige ‚Siezen' kommt allerdings erst im 16. Jahrhundert auf.

Die französischen Lehnwörter sind zum Teil über das Flämisch-Niederländische in das höfische Mittelhochdeutsch gelangt. Die höfische Kultur Nordfrankreichs hatte sich ja zunächst in den reichen flandrischen Städten entfaltet, bevor sie von dort aus ins Reich vermittelt wurde. Ein Beispiel dafür ist das bereits erwähnte Adjektiv ‚hübsch'. Es geht auf mittelniederländisch ‚hovesch' zurück, das seinerseits eine Lehnübersetzung von französisch ‚courtois' ist. Daneben gelangen auch niederländische Eigenbezeichnungen ins Mittelhochdeutsche, zum Beispiel (in neuhochdeutscher Form zitiert) ‚klug', ‚Wappen' und ‚Tölpel'; letzteres leitet sich vom niederländischen Ausdruck für ‚Dörfler' ab.

Der Wandel im Weltbild des Rittertums und der höfischen Personen drückt sich aber nicht nur in Wortentlehnungen, sondern auch in Neubildungen in der eigenen Sprache aus. Zentrale Werte und Tugenden sind die ‚maze' (‚Maßhalten', ‚Selbstbeherrschung'), ‚staete' (‚Stetigkeit', ‚Beständigkeit'), ‚triuwe' (‚Treue'), ‚zuht' (‚Zucht' im Sinne von ‚Gesittung, Wohlerzogenheit').

Der charakteristischste Begriff dieser Zeit aber ist ‚minne'. Das Wort ist verwandt mit ‚meinen' und bedeutete ursprünglich ‚denken an etwas', ‚Gedenken', woraus sich dann ‚liebendes Gedenken' und schließlich ‚Liebe' entwickelte. Das breite Bedeutungsspektrum von althochdeutsch ‚minna' = ‚Zuneigung, Gefallen, Liebe, Lust' engte sich im ritterlichen Mittelhochdeutsch dann auf die anbetende Verehrung einer (meist verheirateten und nicht erreichbaren) vornehmen ‚frouwe' ein. Präzisierend sprach man auch von ‚hoher Minne', im Unterschied zur fordernden, auf körperliche Befriedigung gerichteten ‚niederen Minne'. Der Ausdruck wird so beliebt, dass im Mittelhochdeutschen nicht weniger als 90 Wortzusammensetzungen mit ‚Minne-' entstehen.

In der höfischen Lyrik ist der Minnesang die vorherrschende Kunstform – und das beliebteste Gesellschaftsspiel. „Diese Liebesdichtungen werden in öffentlicher Gesellschaft vorgetragen, richten sich aber an die nichtgenannte geliebte Frau, die im Kreise anwesend ist. Aus dem Spannungsverhältnis zwischen intimem Gespräch und der öffentlichen Zuhörerschaft, die die ‚in heimlicher Minne' Verehrte nicht erkennen darf, ziehen diese Lieder ihren höchsten Reiz" (Hans Eggers).

Neben Wortneubildungen werden auch alte Erbwörter, die im Althochdeutschen einen ausschließlich religiösen Sinn angenommen hatten, wieder verweltlicht, zum Beispiel das Wort ‚Geist'. Auch erhalten verschiedene Begriffe, die bislang nur Äußerliches oder einen sozialen Status bezeichneten, eine neue seelische Dimension. Etwa das Adjektiv ‚edel'. Bis dahin meinte es nur den ‚Adel' der Abkunft eines Menschen, jetzt kennt der Dichter Gottfried von Straßburg auch einen „Seelenadel" (Schirmer 1960).

Der erste große höfische Dichter mittelhochdeutscher Sprache war der Niederländer Heinrich von Veldecke, der jedoch, wie schon erwähnt, Hochdeutsch nur außerhalb der Niederlande schreibt. Die niederdeutschen Dichter verwenden Hochdeutsch jedoch auch in ihrem eigenen Sprachgebiet, und einer entschuldigt sich gar für eventuelle unreine Lautformen damit, dass er niederdeutscher Herkunft sei. Die größten Gestalten der mittelhochdeutschen höfischen Dichtung sind neben Heinrich von Veldecke die Alemannen Gottfried von Straßburg und Hartmann von Aue, der Franke Wolfram von Eschenbach und der Bayer Walther von der Vogelweide. Obwohl sie aus unterschiedlichen Dialektregionen stammten, lässt sich aus ihren Texten die landsmannschaftliche Herkunft nicht oder kaum erkennen. Auch nicht die des unbekannten Dichters, der kurz vor 1200 das gewaltige Epos des ‚Nibelungenlieds' geschaffen hat.

Die Existenz dieser höfischen Dichtung bedeutet aber nicht zwangsläufig, dass alle Angehörigen des Ritterstandes schon Lesen und Schreiben konnten. Sie war auch eher zum Vortrag als zum Selbstlesen für jedermann bestimmt, und die Minnelieder wurden ohnedies vorgesungen. Hartmann von Aue findet es bei der Charakterisierung einer seiner Gestalten immerhin wichtig, darauf hinzuweisen, dass sie „gelehrt" war und „in den Büchern las" („Ein ritter so geleret was daz er an den buochen las ...").

Die Form des Vortrags (anstatt stillen Lesens) unterstützte auch die zweite Zielsetzung neben der Erbauung, nämlich die ethische Beeinflussung und Erziehung. Viele der Aussagen, vor allem die Walthers von der Vogelweide, zeigen die bildende und erzieherische Absicht. Am Ende seines Lebens spricht jedoch auch Resignation aus Walthers Liedern, weil die hehren Ziele der ritterlichen Ethik nicht allgemein erreicht werden konnten. So in seiner bekannten Elegie: „Owe, war (= wohin) sint verswunden alliu miniu jar ...".

Der Sprache und den Gebräuchen der Ritterzeit verdankt das heutige Deutsch nicht nur eine Anzahl neuer Wörter, sondern auch eine ganze Reihe noch gebräuchlicher bildhafter Wendungen. So nimmt zum Beispiel die Wendung

‚jemanden in seine Schranken weisen' Bezug auf die Schranken, die den Kampfplatz abgrenzten. Noch deutlicher ist der Bezug in der Wendung ‚aus dem Sattel heben'. Wenn in einem mittelalterlichen Turnier ein Ritter am Boden lag, hielt der Kampfrichter eine Stange über ihn, um ihn vor einem weiteren Angriff zu schützen. Von daher rührt die Wendung ‚jemandem die Stange halten'. Ebenso konnte man für jemanden ‚eine Lanze brechen' und so für ihn eintreten.

Auch Wendungen wie ‚in Harnisch bringen' (also ‚kampfbereit machen') oder ‚den Fehdehandschuh hinwerfen' gehören in diesen Kontext. Etwas ‚aus dem Stegreif' tun, geht auf die damalige Bezeichnung des Steigbügels zurück. Wenn man etwas aus dem Stegreif tat, dann geschah dies ohne Vorbereitung, das heißt ohne erst vom Pferd abzusitzen. Schließlich stammt auch die Wendung ‚jemandem einen Korb geben' aus der Rittersprache. Ursprünglich ist damit ein Korb mit schadhaftem Boden gemeint. Eine Illustration in der ‚Manessischen Liederhandschrift' aus dem 14. Jahrhundert zeigt, wie ein adliges Fräulein einen jungen Ritter in einem Korb auf ihren Balkon hochzieht. War der Anbeter jedoch unwillkommen, wurde er nicht platt abgewiesen, sondern er bekam einen Korb mit schadhaftem Boden, so dass die Aktion des Hochziehens nicht gelingen konnte. (Beispiele nach Stedje 1989 und Duden-Wortgeschichte 1987.)

Der Wandel vom Alt- zum Mittelhochdeutschen drückt sich aber nicht nur in einer Veränderung und Erweiterung des Wortschatzes aus, sondern auch in Veränderungen im Lautsystem und im Sprachbau. Die Einzelheiten dazu sind in den einschlägigen Lehrbüchern zu finden (siehe Literaturverzeichnis im Anhang). Hier nur einige Anmerkungen.

Schon während der althochdeutschen Periode kommt es zum sogenannten ‚i-Umlaut'. Weil das Aussprechen eines ‚i' oder ‚j' in der Endsilbe eines Wortes den Lautcharakter von ‚a', ‚o' und ‚u' in der vorausgehenden Stammsilbe sich dem Lautcharakter des ‚j' annähert, entstehen die Umlaute ‚ä' (bzw. ‚e'), ‚ö' und ‚ü'. Geschrieben wurden sie allerdings erst später so (noch im Spätmittelalter ist es üblich, bei Kurzvokalen ein ‚e' oder ‚i' über das ‚a', ‚o' und ‚u' zu setzen und bei langem ‚a' und ‚o' den Umlaut durch Ligatur und bei langem ‚u' durch Schreibung von ‚iu' zu kennzeichnen). Beispiele für eine solche Umlautung (von Kurzvokalen) sind althochdeutsch ‚mahtig' > mittelhochdeutsch ‚mähtec' (neuhochdeutsch ‚mächtig'), ‚lochir' > ‚löcher', ‚turi' > ‚tür'.

Diese Entwicklung der Umlautung der Vokale verläuft nicht, wie die Konsonantenverschiebung (zweite Lautverschiebung) von Süd nach Nord, sondern in umgekehrter Richtung. Aber ebenso wie bei dieser nimmt die Kraft dieses Lautwandels auf seinem Weg durch das deutsche Sprachgebiet immer mehr ab. Deshalb existieren in Norddeutschland ‚Osnabrück' und im Süden ‚Innsbruck'. Auch regionale Wortdoubletten wie ‚drücken' und ‚drucken' oder ‚Rücken' und ‚Rucksack' gehen darauf zurück.

Veränderungen im Mittelhochdeutschen vollziehen sich auch in der Aussprache, zum Beispiel vom ‚s'. Im Althochdeutschen wurde noch unterschieden ob ein ‚s' aus dem Germanischen ererbt (‚ist', ‚See', ‚las') oder durch Lautverschiebung aus germanisch ‚t' entstanden war (‚saß', ‚essen' oder ‚was'). Das erste, in mittelhochdeutschen Handschriften auch mit dem Zeichen ‚s' wiedergegeben, wurde fast wie ‚sch' gesprochen; das zweite, meist ‚z' oder ‚zz' geschrieben, wurde als reines ‚s' artikuliert.

Der Unterschied in der Aussprache muss jedoch in späthöfischer Zeit geschwunden sein, wie Reimbindungen von ‚las / saz' und ‚los / groz' zeigen. Folgte jedoch dem alten ‚s' ein Konsonant, dann wurde es im Süden des Sprachgebiets endgültig zum ‚sch', sei es nun orthographisch markiert (wie in ‚schön') oder nicht (wie in ‚Stein' und ‚spitz).

Das norddeutsche Sprachgebiet hat diesem Wandel der Aussprache im zweiten Fall jedoch widerstanden. Deshalb kann dort ein ‚S-tein' auch ‚s-pitz' sein. Umgekehrt hat im Süden das Alemannische die Aussprache von ‚st' und ‚sp' als ‚scht' und ‚schp' sogar im Inlaut konsequent durchgeführt (Beispiel: ‚koschten'). Das Bairische wiederum tut dies nur zum Teil (Beispiele: ‚Durscht', ‚Wurscht').

Betrachten wir die Sprachgestalt (Morphologie und Syntax), dann zeigt sich, dass die im Althochdeutschen noch stark differenzierten Endungen im Mittelhochdeutschen weitgehend abgeschwächt sind. Das Althochdeutsche besaß noch keine Artikel und Pronomen, so dass Kasus, Genus und Person allein in den Endungen ausgedrückt wurden. So wie es auch im klassischen Latein geschieht. Das bedeutet, dass das Althochdeutsche noch einen vorwiegend synthetischen Sprachbau besaß.

Mit dem Schwinden dieser differenzierten Endungen (was mit der germanisch-deutschen Stammsilbenbetonung zu tun hatte) entstand nun der Zwang, für Deklination und Konjugation den Artikel bzw. das Pronomen auszubilden. Der Artikel entwickelte sich aus dem Demonstrativpronomen ‚der, diu, daz'. Seine Setzung beim Hauptwort war seit dem Ende des 10. Jahrhunderts allgemein üblich. Wenn aber nun ein bestimmter Artikel vorhanden war, benötigte man als Gegenstück auch den unbestimmten. Dafür griff das frühe Deutsch (wie es viele Sprachen tun) auf das alte Zahlwort ‚eins' zurück. Seit dieser Zeit lässt sich im Deutschen zwischen ‚Frau', ‚die Frau' und ‚eine Frau' unterscheiden.

Der Endsilbenverfall ließ aber auch die Konjugationsendungen schrumpfen. Deshalb wird jetzt auch ein Personalpronomen erforderlich. Seine Ausbildung begann schon um 800, doch ist zwei Jahrhunderte lang noch ein Nebeneinander von Formen mit und ohne Personalpronomen zu beobachten. Erst im Mittelhochdeutschen wird es durchgängig verwendet.

Mit diesen Veränderungen entwickelt sich Deutsch allmählich zu einer überwiegend analytischen Sprache. Sie drückt die Informationen über Kasus, Genus und Person durch Kombination von Satzelementen aus: durch Substantiv plus Artikel bzw. Verb plus Personalpronomen. Streng genommen wären deshalb Deklinations- und Konjugationsendungen im Deutschen gar nicht mehr erforderlich, doch schleppt es sie als historische Reminiszenz noch mit sich herum.

Eine Erweiterung gegenüber dem Althochdeutschen erfährt das Mittelhochdeutsche und frühe Neuhochdeutsche auch bei den Zeitformen: Perfekt, Plusquamperfekt und Futur kommen neu hinzu. Außerdem bildet sich das Passiv aus – in beiden Fällen durch Verwendung der Hilfszeitwörter ‚sein' und ‚haben'.

Was schließlich die Syntax angeht, so standen im Althochdeutschen die Sätze meistens noch unverbunden nebeneinander (Hauptsätze), auch wenn ihr Inhalt fest aufeinander bezogen war. Die Über- oder Unterordnung von Satzteilen, wie wir sie heute gewohnt sind, also die Ausbildung von Nebensätzen, vollzog sich erst richtig im Mittelhochdeutschen. Doch in der Dichtung und im Volkslied wird die alte Hauptsatz-Reihung noch lange beibehalten. Nicht zuletzt darauf beruht, wie Fritz Tschirch (1983) betont, „die verhaltene Schönheit . . . vieler altdeutscher Wortkunstwerke". Er belegt diese Einschätzung sehr eindrucksvoll am Beispiel des Lieds von den ‚Zwei Königskindern', indem er der originalen Hauptsatz-Reihung die moderne syntaktische Fügung gegenüberstellt:

„Es waren zwei Königskinder /
die hatten einander so lieb /
Sie konnten zusammen nicht kommen /
das Wasser war viel zu tief."

In einem modernen deutschen Satzgefüge mit Über- und Unterordnung würde man diese Aussage etwa so wiedergeben:

„Obwohl zwei Königskinder sich sehr lieb hatten, konnten sie doch nicht zusammenkommen, weil das Wasser viel zu tief war."

Doch nach diesem flüchtigen Blick ins Germanistik-Lehrbuch noch einmal zurück zur Gesellschaft und zur politischen Konstellation, in der die mittelhochdeutsche Dichtersprache blühen konnte, aber schließlich auch wieder untergehen musste.

Sie war eine überregionale Standessprache, die sich im Ritterstand und in der höfischen Schicht im 12. und 13. Jahrhundert herausgebildet hatte. Die vielfältigen Kontakte der Ritter bei Hoffesten und Turnieren, auf Reichstagen und Kriegszügen, erleichterten diese Entwicklung, und viele fürstliche Mäzene dieser Zeit holten Dichter und Minnesänger an ihren Hof. Nicht nur die Staufer von Barbarossa bis Konradin, sondern auch die Welfen, die Babenberger in Wien oder der Landgraf von Thüringen auf der Wartburg. Kaiser Heinrich VI. und sein Enkel Konrad IV. haben sogar selbst Minnelieder geschrieben. Damals hatte die deutsche Sprache, drei Jahrhunderte nachdem sie zur Schrift- und Kultursprache geworden war, zum ersten Mal einen europäischen Rang erreicht. Aber er war nicht von Dauer.

Anders als in Frankreich und später auch in England entwickelt sich in Deutschland die Standessprache des Hofs und des Adels nicht kontinuierlich zur Hoch- und Nationalsprache weiter. Hier sind erst – im Abstand von jeweils dreihundert Jahren – zwei weitere Anläufe nötig (Luthers Bibelübersetzung und die Literatur der Klassik), bevor auch in Deutschland dieser Zustand erreicht ist.

Die Entwicklung war in der zweiten Hälfte des 13. Jahrhunderts wieder abgebrochen, weil die politische Situation im Reich dem Zug zur Spracheinheit entgegenstand. Nach dem Untergang des machtvollen Stauferreichs hatten sich die partikularen Kräfte in Deutschland durchgesetzt. Es entstand eine Vielzahl von Landesherrschaften mit kleinen Zentren provinziellen Zuschnitts, von denen keine sprachliche Ausstrahlung auf das Gesamtterritorium ausgehen konnte.

Die Würfel gegen die Entwicklung eines einheitlichen deutschen Staates mit einer Zentralmacht und einer glänzenden Hauptstadt, wie Paris und London bald werden, waren eigentlich schon 1197 gefallen. Der staufische Kaiser Heinrich VI., der machtbewusste Nachfolger Barbarossas, hatte dem Papst und den oppositionellen deutschen Fürsten widerstanden und den englischen König Richard Löwenherz zum Lehenseid zwingen können. Als er den Fürsten des Reiches schließlich anbot, dass alle ihre Lehen für immer erblich bleiben sollten, wenn sie zustimmten, dass das Kaisertum des Römisch-Deutschen Reiches in seinem Haus erblich werde, da „schwankte für einen kurzen historischen Moment lang das künftige Schicksal Deutschlands auf seinem höchsten Punkt" (Michael Salewski). Doch der plötzliche Tod des erst 32-jährigen Kaisers machte dem genialen Plan, der den Glanz des Reiches und den Frieden in seinem Innern hätte sichern können, zunichte. Es war „eine wahrhafte Wende, und schon trauerten Dichter der verblichenen Größe des Heiligen Reichs nach" (Salewski 1993).

Die Sprachkunst der höfischen Epiker und Minnesänger hörte nicht schlagartig auf, sondern lief langsam aus. Nach und nach war das ‚Publikum' verschwunden, weil der Ritterstand immer mehr an Bedeutung verlor. Weil im ‚Interregnum' auch die Kaisermacht als zentrale Instanz für eine kontinuierliche Sprachentwicklung im Reich ausfiel und das Bürgertum sich erst allmählich herausbildete, war zunächst wieder allein der Stand der Kleriker für Sprache und Kultur ‚zuständig'. Die Amtskirche benützt jedoch weiterhin ausschließlich Latein. Ihr geistiges Leben wird im Hochmittelalter von der Scholastik beherrscht, die die christliche Offenbarung verstandesmäßig zu erfassen und die Dogmen der Kirche mit Hilfe der antiken Philosophie logisch zu begründen versucht. Auch die endlosen Dispute der scholastischen Gelehrten darüber finden ausschließlich in lateinischer Sprache statt. Immerhin fallen für den deutschen Fachwortschatz der Philosophie davon Ausdrücke wie ‚Materie', ‚Metaphysik' oder ‚Universalien' ab.

Doch gegen diesen Intellektualismus der Theologen und die ausschließliche Benutzung des Latein durch die Kirchenhierarchie erwachsen auch zwei Gegenbewegungen: die ‚deutsche Predigt' der Bettelmönche und der Versuch der Mystiker, ihr inneres religiöses Erleben in der Muttersprache auszudrücken.

Die Bettelorden der Franziskaner und der Dominikaner, beide in Deutschland seit etwa 1220 vertreten, kommen im Gegensatz zu den ‚abgehobenen' und wohlhabenden Klerikern der Kirchenhierarchie in wirklichen Kontakt mit den einfachsten und ärmsten Schichten des Volkes, die in dieser Zeit noch fast ausschließlich auf dem Land leben. Von einigen alten Römerstädten und Bischofssitzen abgesehen, beginnen sich jetzt erst neue Städte zu entwickeln. Die Ideale der Bedürfnislosigkeit und des Verzichts auf materiellen Besitz sind es, die die Bettelmönche so populär machen und ihren Predigten in deutscher Sprache gewaltigen Zulauf verschaffen.

Der größte und machtvollste dieser volkssprachlichen Prediger ist der Franziskanermönch Bertold von Regensburg. Seit 1250 durchzieht er auf weiten Predigtfahrten das südliche und westliche Deutschland, später auch Mähren, Böhmen und Schlesien. Seine, aber auch die Predigten anderer Bettelmönche, werden von Zuhörern, die des Schreibens kundig sind, mitgeschrieben, kopiert und weitergegeben. Eine Anzahl dieser Nachschriften ist überliefert und belegt so die tatsächlich gesprochene deutsche Sprache dieser Zeit (Eggers 1986, Band 2).

Aber auch im mehr geistigen Bereich des religiösen Lebens gibt es im Hoch- und Spätmittelalter eine deutschsprachige Gegenströmung. Es sind die religiös ergriffenen Mystiker – unter ihnen auch viele Frauen – die sich in der Muttersprache und nicht mehr in Latein ausdrücken und zu einer begrifflichen Verfeinerung und Vergeistigung der deutschen Sprache beitragen. Die Mystiker wollen „aus dem Erleben heraus die Gottheit erfassen, nicht mit dem trockenen Verstand . . . (Deshalb) gehen die Mystiker zum Gebrauch der Muttersprache über. Die Unmittelbarkeit ihres Gefühlslebens musste das Lateinische als fremd und hemmend empfinden" (Bach 1970). Ihr Schreiben kreist um das Problem dessen, was schon im Mittelhochdeutschen als die ‚unbegrifelichkeit' Gottes bezeichnet wird. Sie wollen durch immer neues Anderssagen und Umschreiben das ausdrücken, was eigentlich (mhd.) ‚unuzsprechelich' ist und ‚wortelos' erscheint. Das Ergebnis dieses Ringens einer Mechthild von Magdeburg, eines Meister Eckharts oder seines Schülers Johannes Tauler „war die Bereicherung der deutschen Sprache um eine so große Anzahl von neuen Wörtern und Wendungen, dass es uns noch heute kaum möglich ist, über Gegenstände der Philosophie oder Psychologie zu sprechen, ohne Ausdrücke mystischen Ursprungs zu sprechen" (Polenz 1978).

Dazu gehören (neuhochdeutsch wiedergegebene) Begriffe wie ‚Anschauung', ‚innig', ‚Unwissenheit', ‚Vereinigung', ‚wesentlich'. Zu dem Grundstock an deutschen philosophischen Ausdrücken, der damals entstanden ist, (oder richtiger: wiedererstanden ist, weil der von Notker schon um das Jahr 1000 geschaffene Wortschatz im nachfolgenden ‚lateinischen Jahrhundert' wieder in Vergessenheit geraten war), gehören auch substantivierte Infinitive wie ‚das Sein', ‚das Wesen', ‚das Nicht(s)'. Wenn es wohl auch keine direkte Verbindung der deutschen Philosophie des 18. und 19. Jahrhunderts zur Literatur der Mystiker gibt, so haben ihre neugeschaffenen Begriffe „über die Predigt und die Bibelübersetzung bis auf Luther und damit auf die neuhochdeutsche Schriftsprache gewirkt". Luther sagte selbst, dass er „aus einer von ihm bearbeiteten und herausgegebenen mystischen Schrift . . . mehr gelernt hat als aus irgendeinem anderen Buch, mit Ausnahme der Bibel und der Schriften Augustins" (Polenz 1978).

Wenn auch die Mystik die philosophische Fachsprache bereichert und die deutsche Predigt der Bettelmönche die volkstümliche Sprache aufgewertet hat, so reichte ihr Einfluss doch nicht aus, eine Vereinheitlichung der Sprache im deutschen Raum zu fördern. Hierfür fehlten, wie schon ausgeführt wurde, die politisch-staatlichen Rahmenbedingungen.

Trotz dieses Abreißens der Entwicklung im Reichsgebiet kam es aber zu einer Ausdehnung des deutschen Sprachraums nach Osten. Diese Ausbreitung des Deutschen war kein Ergebnis einer kaiserlichen Expansion, sondern einer Expansion starker Territorialfürsten. Sie führte zwischen Elbe und Oder zur Bildung deutscher ‚Neustämme' mit neuen Mundarten: der Thüringer, Sachsen, Schlesier, Deutschböhmen, Brandenburger und Mecklenburger.

In diesem Raum entwickelte sich später eine ostmitteldeutsche Ausgleichssprache, die bei der Herausbildung der neuhochdeutschen Schriftsprache eine große Rolle spielen wird. Zugleich bildete dieses neue Territorium zwar nicht den einzigen, aber den wichtigsten Ausgangspunkt für die hoch- und spätmittelalterliche deutsche Ostsiedlung. (Dazu mehr in Teil VI, Kapitel 5.)

2
Jüdischdeutsch

Im Hochmittelalter hatte sich neben den regionalen Dialekten des gesprochenen Deutsch und den eben beschriebenen Ansätzen eines überregionalen Deutsch noch etwas Drittes herausgebildet: die Sprache der in Deutschland lebenden ‚aschkenasischen' *Juden* (von hebräisch ‚aschkenas' = ‚Deutschland'). Sie wurde seit Beginn ihrer schriftlichen Überlieferung im 13. Jahrhundert allerdings meist in hebräischen Buchstaben geschrieben. Da sich das Jüdischdeutsche aber schon zu Beginn des 19. Jahrhunderts immer stärker an das ‚normale' Deutsch angeglichen hatte – und damit aufgegeben wurde, verschwand auch fast seine Bezeichnung. Der literarisch-kulturelle Schwerpunkt des aschkenasischen Judentums hatte sich schon seit etwa 1750 nach Osteuropa verlagert und war von dort mit einem breiten Emigrationsstrom im 19. Jahrhundert auch in die USA gelangt. Dort bildete sich dann die Selbstbezeichnung ‚Jiddisch' heraus. Das nicht lautgerechte doppelte ‚dd' geht auf die amerikanische Form ‚Yiddisch' zurück (es war – ebenso wie das ‚y' – als Aussprachehinweis notwendig, damit Anglophone das Wort nicht wie ‚dscheidisch' aussprachen).

Diese neue Bezeichnung (mitsamt dem falschen 'dd') erscheint 1908 erstmals auch in Deutschland in der Wendung ‚Jüdisch-Deutsch' oder ‚Jiddisch'. Danach wird der Ausdruck ‚Jiddisch' von dem Linguisten Salomon Birnbaum auch im deutschen Sprachraum konsequent verankert (vergleiche Simon 1993). Weil sich aber die Sprache des Ostjudentums von der der deutschen Juden schon seit Jahrhunderten bis zu einem gewissen Grad unterschied, musste die Linguistik nun zwischen ‚Ostjiddisch' und

‚Westjiddisch' differenzieren. Der Sammelname ‚Jiddisch' bezeichnet seither rückwirkend alle Varianten des jüdischen Deutsch seit dessen Anfängen. Bis zu dieser Bezeichnungsänderung galt diese Sprache auch in der nichtjüdischen Bevölkerung als Deutsch, wenn auch meist als ein schlechtes oder ‚verderbtes', das mit einer Anzahl fremder Ausdrücke angereichert war. (Von diesen Ausdrücken hat die deutsche Umgangssprache bekanntlich eine beträchtliche Zahl übernommen; dazu später mehr.) Lange Zeit scheint – sieht man von der Schreibung in hebräischen Buchstaben ab – ein Unterschied überhaupt nicht bemerkt worden zu sein. Noch 1544 wird eine Übersetzung der fünf Bücher Moses aus dem Hebräischen ins Jiddische wie folgt übertitelt: „ . . . nach der jetzigen Juden art inn die Teutsch Sprach gebracht, unn doch mit hebräischen Buchstaben getruckt".

Der älteste Beleg dafür, dass die Existenz eines spezifisch jüdischen Deutsch überhaupt wahrgenommen wird, stammt von 1592. Es ist der Hinweis eines christlichen Straßburger Geistlichen, dass „ihr Deutsch", also das der Juden, Besonderheiten aufweist. So müsse man wissen, „dass sie fast allesamt auf nürnbergische oder fränkische Art die Vokale grob aussprechen, sonderlich das ‚a' fast wie ein ‚o'". Bis zum Beginn des 20. Jahrhunderts waren Bezeichnungen wie ‚Jüdisch-Deutsch' oder (oft abwertend) ‚Judendeutsch' und ‚Hebräisch-Deutsch' üblich.

Aber auch die Selbstbezeichnung dieser Sprache unter Juden hieß ‚teutsch' oder ‚jidisch teutsch'. So trägt zum Beispiel eine jiddische Ausgabe des Buches Samuel von 1543 / 1544 den Titel „Das buch Schmuel in teutscher sprach …". Daneben existierten die hebräischen Bezeichnungen ‚leschon' bzw. ‚loschn aschkenas' (‚Sprache von Deutschland') und – vor allem im Osten – ‚mameloschn' = ‚Muttersprache'.

Auch im Ostjudentum hielten die Nachfahren der im Hoch- und Spätmittelalter aus Deutschland emigrierten Juden an dieser Sprache und ihrer Bezeichnung fest. Sie nannten sie weiter ‚taitsch', ‚jidisch daitsch' oder (später) nur ‚jidisch'. Etwas in Jiddische übersetzen hieß und heißt noch heute ‚(far)taitschen'.

Die Bezugnahme auf Deutsch reflektierte die Entstehungsgeschichte dieser Sprache, auch wenn unter den Linguisten divergierende Auffassungen darüber bestehen, ob es sich beim Jiddischen um eine ‚Zweig- oder Nebensprache' des Deutschen oder nur eine ‚Fusionssprache' mit dominierendem deutschen Anteil handelt, der ein vordeutsches ‚Ur-Jiddisch' vorausgeht.

Dieser Auffassung, dass es bereits vor der Entstehung des Jüdisch-Deutschen ein ‚Ur-Jiddisch' gegeben haben muss (wie Salomon Birnbaum postuliert hatte) bzw. dass eine „vorjiddische Sprachgeschichte" des Jiddischen existiert (Ulrike Kiefer), stehen gewichtige historische und linguistische Gründe entgegen (die Bettina Simon erschöpfend darlegt). Diese Debatte kann hier nicht nachgezeichnet werden. Doch sollen wenigstens einige Gesichtspunkte erwähnt werden, die doch recht überzeugend dafür sprechen, dass das Jüdisch-Deutsch oder Jiddische erst auf mittelalterlich-deutscher Grundlage entstanden ist und eine ‚Neben- oder Nahsprache' des Deutschen darstellt. Ein Idiom, das dem Deutschen noch näher steht als das nächstnahe Niederländisch (Ronald Lötzsch in: Duden-JW 1992).

Da ist einmal die quantitative Tatsache, dass noch im heutigen Wortschatz des Jiddischen der Anteil von Wörtern deutscher Herkunft etwa 75 Prozent ausmacht (natürlich schwankend je nach ‚Textsorte'). Zweitens ist das ‚Sprachgerüst' des Jiddischen eindeutig deutsch. Dieses „Gerüst einer Sprache bilden Pronomina, Zahlwörter, Hilfs- und Modalverben, die ausnahmslos deutscher Herkunft sind ... Gleiches gilt für nahezu alle Substantive, Adjektive und Verben, die als Grundlage für zahlreiche Ableitungen dienen" (Duden-JW 1992). Ein dritter Gesichtspunkt, den besonders von Polenz (1991) betont, ist die Ähnlichkeit selbst noch des späteren Ostjiddisch mit alten deutschen Sprachzuständen, wie sie uns noch heute in den Dialekten entgegentreten. Auch dazu nachher mehr.

Entstanden ist diese Sprache unter den Juden Deutschlands vermutlich schon am Ende der althochdeutschen Periode. Sieht man von spätrömischen Judengemeinschaften in Deutschland ab (die älteste ist schon 321 nach Christus für die Stadt Köln belegt), scheint es seit der Karolinger Zeit im 9. Jahrhundert zur Neuansiedlung von Juden zunächst im Rheintal gekommen zu sein. Wahrscheinlich kamen sie aus Lothringen (was auch die geringfügigen romanischen Elemente im Jiddischen erklären könnte). Danach breitete sich die jüdische Siedlung auch in andere deutsche Gebiete aus. Seit dem 10. Jahrhundert ist auch mit einer jüdischen Zuwanderung aus Südosten nach Bayern und Württemberg im Zusammenhang mit dem Fernhandel auf der Donau zu rechnen.

Die jüdischen Bewohner des mittelalterlichen Deutschland gingen im alltäglichen Sprachgebrauch zu den deutschen Dialekten ihrer christlichen Nachbarn über, während sie das Hebräisch-Aramäische nur als religiöse Zweitsprache (‚Sakralsprache') beibehielten. Die mit der jüdischen Religion, zum Teil auch mit dem Handelsleben zusammenhängenden Begriffe der hebräisch-aramäischen

Sprache wurden jedoch nicht in die neue jüdisch-deutsche Umgangssprache übersetzt, sondern unmittelbar daraus übernommen. Dies ist ein Vorgang, wie er auch bei der Entstehung von Fachsprachen zu beobachten ist.

Erst die Auswanderungswelle nach Mittelost- und Osteuropa seit den Verfolgungen im 13. und 14. Jahrhundert (vor allem nach der Großen Pest 1347 – 1349) führte dort zu einer divergierenden Sprachentwicklung und Verselbständigung des Jüdisch-Deutschen zum Ostjiddischen. Bis Ende des 18. Jahrhunderts waren es Einflüsse aus dem polnischen, litauischen, ukrainischen und weißrussischen Wortschatz sowie der slawischen Wortbildungstechnik allgemein, die zur slawischen Komponente im jiddischen Vokabular beitrugen. Seit mit den polnischen Teilungen ostjüdische Siedlungsgebiete auch an Russland fielen, spielte auch russischer Einfluss eine größere Rolle.

Diese Divergenz des Ost- gegenüber dem Westjiddischen (Jüdischdeutschen) verlief aber nicht gradlinig, weil seit dem 17. Jahrhundert ein Rückstrom in den deutschen Sprachraum einsetzte und ostjiddische Neuerungen auch hierher vermittelt wurden (nach Simon 1993).

Auch was die Nähe des Jiddischen zu deutschen Dialekten angeht, seien einige Beispiele aufgeführt. Allgemein wird von den jiddischen Linguisten die Nähe zu den ostmitteldeutschen Dialekten (dem Sächsischen, Berlinischen, Schlesischen) hervorgehoben. Peter von Polenz (1991) führt als Illustration eine ostjiddische Zeugenaussage von 1614 in Russland an, also aus einer Zeit, als die erste große Auswanderungswelle aschkenasischer Juden nach Osteuropa schon über zwei Jahrhunderte zurücklag:

„... is der jid zurik gesprungen; asoi hot men im noch geschoßn ois den wald; hob ich gesén di lodunk stekn im am rikn; is er nider gefaln oif den sotl."

„... Der Jude sprang zurück; so schoss man ihm aus dem Wald nach. Ich sah die Ladung ihm im Rücken stecken, (dann) fiel er auf den Sattel nieder."

Die Unterschiede im Vergleich mit der heutigen deutschen Hochsprache (Satzbau, Wortstellung, Entrundung von ‚ö' und ‚ü', Verwendung des Perfekts anstelle des Präteritums) belegen nicht etwa eine Wegentwicklung des Jiddischen vom Deutschen, sondern spiegeln ziemlich getreu den älteren Zustand deutscher Mundarten wider.

Dies fällt auch bei anderen, nicht in diesem Text enthaltenen Eigentümlichkeiten auf und ist keineswegs nur auf ostmitteldeutsche Dialekte beschränkt. Zum Beispiel unterscheidet sich die Verkleinerungsform ‚haisl' (zu ‚hois' = ‚Haus') in nichts von dem entsprechenden bayrischen Ausdruck. Ebenso wenig die Verwendung der nicht gebeugten Form des Reflexivpronomens ‚sich' anstatt ‚uns' und die Verwendung von ‚mir' anstatt ‚wir' in der Wendung: „Mir waschn sich die hent." Auch im heutigen Bairisch drückt man das so aus. Auch die bayrischen Ausdrücke für ‚ihr', ‚euch' und ‚euer' (‚ets', ‚enk' und ‚enker') existieren im Westjiddischen.

Ferner: Dass der unbestimmte Artikel ‚einer / eine / eines' im Jiddischen kein Geschlecht aufweist, sondern einheitlich als ‚a' erscheint, hat es wieder mit dem Bairischen gemein. Dort sagt man zum Beispiel ‚a Hund', ‚a Katz', ‚a Viech', ohne Berücksichtigung des grammatischen Geschlechts der Wörter. Auch der Ausfall des ‚e' bei ‚Katz(e)' gehört zu dieser Parallelität. Oder ein letztes

Beispiel: Wie im Bairischen hat sich im Jiddischen der altertümliche Ausbau des Präfixes ‚er-' zur Form ‚der-' erhalten, wenn man ausdrücken will, dass eine Handlung zum Abschluss gekommen ist. In Bayern wird jemand nicht ‚erschlagen', sondern ‚derschlóng', im Jiddischen wird er ‚derschlógn'.

Viele der Unterschiede zwischen dem heutigen Deutsch und dem heutigen Jiddisch bestanden in der mittelhochdeutschen Periode offensichtlich noch nicht. Vielmehr scheint das Jiddische bis zu einem gewissen Grad die deutsche Umgangssprache des Spätmittelalters widerzuspiegeln. Der Grund dafür, warum das Jüdischdeutsche die schriftsprachlichen Veränderungen des Hochdeutschen seit etwa 1400 nicht mehr mitmachte, ist in außersprachlichen Faktoren zu suchen. Einmal in der Schriftbarriere selbst (Verwendung des hebräischen Alphabets), die zum Ausschluss aus der schriftsprachlichen Entwicklung des Neuhochdeutschen führte. Insbesondere von deren gelehrt-normativer Beeinflussung sowie ihrer Durchdringung mit lateinischen, italienischen und französischen Lehnwörtern. Dazu kamen soziale Faktoren wie die Ghettobildung, der Ausschluss der Juden von den meisten bürgerlichen Berufen, kulturelle Abschottung der Juden aus religiösen Motiven und eben die Abwanderung aschkenasischer Juden auf Grund der mittelalterlichen Verfolgung in Deutschland nach Osteuropa, später auch nach Norditalien und in die Niederlande.

All dies behinderte die lebendige Verbindung mit der sich weiterentwickelnden deutschen Hoch- und Schriftsprachlichkeit. Gerade deshalb stellt das Jiddische oder ‚Jüdischdeutsch' ein für die Forschung besonders interessantes ‚Kontrastmedium' zum heutigen Deutsch dar. Es lässt sich an ihm nämlich ablesen, wie die deutsche Sprache sich ohne die oben genannten Einflüsse hätte weiterentwickeln können (Polenz 1991).

Das in Deutschland gebräuchliche Westjiddisch ging mit der Judenemanzipation während der Aufklärungszeit und in der nachfolgenden kulturellen Assimilation der deutschen Juden stark zurück. Die geistesgeschichtlichen Wurzeln dieser Emanzipation reichen bis ins 16. Jahrhundert, als besonders der schwäbische Humanist Reuchlin und der Nürnberger Reformator Osiander erstmals ein positives Bild vom Judentum vermittelten und den geistigen Zusammenhang von Judentum, Antike und Christentum hervorhoben. Am Ende des 18. Jahrhunderts war es dann, im Zusammenhang mit den Ideen der Aufklärung und der Französischen Revolution das Judentum selbst, insbesondere der Kreis um Moses Mendelssohn, der sich an die Kultur und Gesellschaft seiner deutschen Umwelt anpassen und in ihr zugleich seine Identität erhalten wollte. Lessing hat Mendelssohn in der Gestalt ‚Nathans des Weisen' ein literarisches Denkmal gesetzt. Mendelssohn schätzte allerdings das damalige Jüdischdeutsch gering und gab das Alte Testament auf Hochdeutsch, jedoch in hebräischer Schrift heraus.

Ein wichtiges Element der jüdischen Emanzipation im deutschen Sprachraum war der Bildungsdrang. Er brachte im 19. Jahrhundert in den Städten rasch ein jüdisches Bildungs- und Besitzbürgertum hervor: Professoren, Ärzte, Rechtsanwälte, Bankiers und Unternehmer. Nach der Reichsgründung von 1871 konnten sie in den Adel aufsteigen und ins Offizierskorps eintreten. Die völlige rechtliche Gleichstellung im Kaiserreich bedeutete zwar nicht, dass es im deutschnationalen Bürgertum (wie fast überall in Europa) keinen latenten Antisemitismus mehr gegeben hätte. Beispielsweise schrieb 1879 der bekannte

Historiker Heinrich von Treitschke: „Es wird immer Juden geben, die nichts sind als deutschredende Orientalen." Trotzdem war unter den deutschen städtischen Juden die kulturelle Assimilation so eindeutig, dass sie zu einer immer stärkeren Distanz vom Judentum an sich führte.

Nur auf dem Land wo dieser Aufstieg ins Bildungsbürgertum kaum möglich war, und die Juden sich auch im 19. Jahrhundert noch benachteiligt und diskriminiert fühlten, blieb man der Tradition stärker verbunden. Nicht wenige wanderten aus, vorwiegend nach Nordamerika, und wurden dann dort allerdings bald assimiliert. Ein bekanntes Beispiel war die Familie des später berühmt gewordenen Jeans-Fabrikanten Levi Strauss aus Buttenheim bei Bamberg.

Die Sprache der Juden Deutschlands hat trotz ihrer geringen Beachtung durch die nichtjüdischen Deutschen und trotz ihres geringen Prestiges bei den emanzipierten Juden doch eine beträchtliche Zahl jiddisch-hebräischer Ausdrücke in der hochdeutschen Umgangssprache hinterlassen. Angesichts ihres noch heute gängigen Gebrauchs muss man von einer ausgesprochenen Bereicherung unserer Sprache sprechen. Allerdings, und das reflektiert doch wieder das geringe Prestige des Jüdischdeutschen, gelangte der größere Teil dieses Wortschatzes seit dem 18. Jahrhundert nicht durch direkte Entlehnung aus dem Jiddischen ins Deutsche, sondern auf Grund ihrer Vermittlung durch die Bettler- und Gaunersprache, das sogenannte ‚Rotwelsch'. Es lässt sich ebenfalls bis ins 13. Jahrhundert zurück belegen und war eine Art Geheimsprache, die besonders viele Anleihen im hebräischen Wortschatzteil des Jiddischen machte.

Zu diesem letztlich aus dem Jiddischen stammenden deutschen Vokabular gehören so gängige Ausdrücke wie ‚Bammel, flötengehen, Kassiber, Kittchen, Knast, malochen, Pleite, Schmiere stehen'; ferner die deutlicher als hebräisch erkennbaren Wörter 'koscher, meschugge, Schlamassel, schofel, Tinnef, Zores'. Nur scheinbar berlinerisch, in Wahrheit jiddisch sind auch ‚dufte' und ‚mies'.

Ebenso sind jiddisch-hebräischen Ursprungs ‚schachern', ‚schäkern', ‚Schmus' (= Schöntuerei, leeres Gerede), ‚beschummeln', ‚Stuss reden' sowie die jargonhafte Umschreibung des Geldes als ‚Mäuse', ‚Moos' oder ‚Pinke'. Ferner die Ausdrücke ‚ausbaldowern' für ‚auskundschaften', ‚ausknobeln' oder ‚Kluft' für ‚Kleidung'. Die Bezeichnung ‚Schickse(l)' war im Jiddischen zunächst die Bezeichnung des christlichen (Haus-)Mädchens, im Umgangsdeutsch wurde dann daraus eine abwertende Bezeichnung für eine Frau schlechthin.

Dies alles sind, wie gesagt, hebräische Wörter aus dem (West-)Jiddischen. Daneben gibt es im Deutschen noch andere hebräische Ausdrücke, zum Beispiel ‚Mammon', ‚Menetekel' oder ‚Moloch'. Doch dies sind direkte Entlehnungen aus dem Hebräischen, die mit den Bibelübersetzungen ins Deutsche gelangen.

Mit der Assimilation des deutschen Judentums war also zunächst die ‚westjiddische' Literatur und dann auch die gesprochene Sprache zugunsten des Hochdeutschen immer mehr zurückgegangen.

Deshalb hat das Ostjiddische seit dem 18. Jahrhundert immer mehr die kulturelle Führungsrolle übernommen und wurde nun zur eigentlichen Muttersprache (‚mameloschn') der Aschkenasim in Europa, den USA und anderen Teilen der Welt.

Nach den Millionen Toten des Holocaust und angesichts des kulturellen Assimilationsdrucks, der auf den Nachfahren der Emigranten und Überlebenden in Israel und in den USA lastet, ist heute jedoch schwer abschätzbar, welche Zukunft die Sprache der aschkenasischen Juden noch besitzt, die einst als jüdisches Deutsch im Mittelalter entstanden war.

3
Slawische Spuren auf deutschem Boden

Eine weitere Besonderheit der deutschen Sprachgeschichte des Mittelalters ist die Existenz einer Anzahl slawischer Sprachen im heutigen deutschen Sprachgebiet zwischen Elbe und Oder. Einen letzten Rest dieser einstmals großen slawischen Volksgruppe repräsentieren die noch etwa 60.000 Sprecher des Sorbischen in der Lausitz. Etwa 40.000 sprechen das dem Tschechischen nahestehende Obersorbisch, etwa 20.000 das eher dem Polnischen verwandte Niedersorbisch. Würden nicht zweisprachige Ortsschilder wie zum Beispiel ‚Bautzen / Budyšin' oder ‚Cottbus / Chośebuz' auf die Existenz dieser kleinen sorbischen Minderheit hinweisen, dann wäre sie heute wohl nur noch den wenigsten Deutschen bewusst.

Den Hintergrund für die Verbreitung slawischer Sprachen im mittelalterlichen Deutschland bilden die Westwanderung des 6. Jahrhunderts und die kirchlich-machtpolitische Expansion des frühen deutschen Staates seit dem 10. Jahrhundert. Dieser geschichtliche Hintergrund muss kurz dargestellt werden, bevor wir zum eigentlichen Sprachenaspekt kommen.

Ursprünglich waren die Gebiete zwischen Elbe und Oder, Böhmen, Mähren, die Slowakei und das östliche Österreich von germanischen Stämmen besiedelt. Als sie bis auf kleine Bevölkerungsreste um die Mitte des 6. Jahrhunderts dort überall abgezogen waren, rückten von Osten her slawische Stämme in die frei gewordenen Räume ein. Bodenfunde und slawische Ortsnamen belegen, dass sie bis zu einer Linie gelangten, die von der Kieler Bucht an die mittlere Elbe und dann die Saale entlang zum Fichtelgebirge verläuft. Von dort setzt sie sich nach Südosten fort, schließt das Obermaingebiet und die nördliche und östliche Oberpfalz ein, verläuft über den Kamm des Bayrischen Waldes bis an die Donau hinter Linz und von dort die Enns entlang nach Süden. Dies führte dazu, dass nahezu das gesamte Gebiet der früheren DDR slawisch besiedelt wurde und in Nordostbayern, Oberösterreich, Kärnten und der Steiermark beachtliche slawische Siedlungszonen entstanden.

Die slawischen Orts-, Gewässer- und Flurnamen, die dieses Vordringen nach Westen widerspiegeln, machen auf dem Gebiet der früheren DDR nicht weniger als 50 Prozent des heutigen topographischen Namensbestandes aus. Selbst die meisten größeren Städte dort tragen slawische Namen, etwa Berlin (von altslawisch ‚berl' = ‚Sumpfgebiet'), Rostock (von ‚rostok' = ‚Ort, wo das Wasser sich teilt'), Schwerin (von ‚zvěrin' = ‚Wildgehege'), Leipzig (von ‚lipsko' = ‚Ort, wo Linden wachsen'), Dresden (von ‚Drežhane' = ‚Siedler am Wald'), Plauen (von ‚plav' = ‚Schwemme', ‚Flößerstelle') oder Chemnitz (von ‚kamenica' = ‚steinerner Bach'). Aber auch in den anderen Gebieten östlich der beschriebenen Linie stößt man auf sie, in Österreich zum Beispiel im Namen von Graz (‚gradec' = ‚kleine Burg'). Auch Ortschaften und Dörfer, deren Namen auf ‚-itz', ‚-gast', ‚-in' und ‚-ow' enden weisen häufig auf slawische Ursprünge hin. Ortsnamen mit dem Zusatz ‚Windisch-' oder ‚-winden / wenden' gehen auf Benennungen der slawischen Siedlung durch deutsche Nachbarn zurück. Im frühen Deutsch waren die Slawen als ‚winida' = ‚Winden / Wenden' bezeichnet worden.

Zunächst hatte sich entlang der skizzierten Linie noch keine feste ethnische oder staatliche Grenze herausgebildet. Vielmehr bestand eine breite Berührungszone, in der Deutsche und Slawen auch nebeneinander siedelten. Der

Versuch einer machtpolitischen Erfassung der angrenzenden slawischen Gebiete durch die Merowinger war ebenso gescheitert, wie der einer dauerhaften Staatsbildung der Slawen selbst. Allerdings „gehörte" die westliche Gruppe der Sorben, wie der Chronist Fredegar berichtet, „schon seit alters" zum Merowingerreich. Und auch die (von den Awaren bedrohten) Slowenen hatten sich Mitte des 8. Jahrhunderts dem Schutz des bayrischen Herzogs unterstellt.

Es war Karl der Große, der um 800 weitere elbslawische Stämme unterwarf und böhmische Stämme tributpflichtig machte. Um die Eroberungen zwischen der Elbe-Saale-Linie und der Oder abzusichern, ordnet er im ‚Diedenhofer Capitulare' von 806 an, dass der Handel mit den Slawen nur über bestimmte Kontrollpunkte abzuwickeln sei und dass über diese Punkte hinaus keine Waffen und Rüstungen geliefert werden dürften. Diese Kontrollpunkte lagen allesamt in der oben beschriebenen Kontaktzone.

Karls herrschaftliche Erfassung der Slawengebiete innerhalb seines Universalreichs war jedoch noch sehr lose. Erst die militärisch-kirchliche Ostexpansion unter den Sachsenkönigen des 10. Jahrhunderts brachte die Einbeziehung weiterer Elbslawen in den mittlerweile entstandenen deutschen Staat. Den Anfang machte Heinrich I., der die Hauptburg der Heveller, die ‚Brennaburg' (das spätere Brandenburg) erobert und die elbslawischen Stämme bis auf ihre nördlichste Gruppe unterwarf. Zur Sicherung der Eroberung diente die Mark Meißen als militärisch befestigtes, mit Burgen gesichertes Vorland, und ihre kirchliche Organisation als Bistum.

Sein Sohn und Nachfolger Otto der Große führte die militärische und kirchliche Ostexpansion zwischen der Elbe-Saale-Linie und der Oder fort. Mit der Einrichtung weiterer Marken (Mark der Billunger, Nordmark, Mark Lausitz) und der Gründung weiterer Bistümer in Oldenburg / Holstein, Brandenburg, Havelberg, Magdeburg, Merseburg und Zeitz (später nach Naumburg verlegt) wurde die kirchliche Organisation in den eroberten Slawengebieten noch verdichtet.

Das eigentliche Zentrum der Slawenmission war Magdeburg, das 968 auf Betreiben Ottos zum Erzbistum erhoben und dem die eben genannten ‚Slawen-Bistümer' unterstellt wurden. Während Salzburg die Christianisierung im Südosten, in der bayrischen ‚Ostmark' (späteres Österreich) und bei den Slowenen vorantrieb, war Magdeburg das erste Erzbistum in Ostmitteleuropa. Auch König Otto, seit 968 als römisch-deutscher Kaiser der eigentliche Herrscher des christlichen Abendlandes, errichtete in Magdeburg seine Königspfalz. Im Dom dieser Stadt liegt er auch begraben.

Doch was Heinrich und Otto an herrschaftlicher und kirchlicher Infrastruktur im Slawenland ausgebaut hatten, ging im großen Slawenaufstand 983 erst noch einmal verloren. Nur die Mark Meißen, ein Stück der Lausitz und der westlich der Elbe gelegene Teil der Nordmark (die ‚Altmark') wurde mit Mühe gehalten. Es dauerte noch einmal fast zweihundert Jahre, bis alle Slawen Mecklenburgs, Vorpommerns, Brandenburgs und Sachsens erneut unterworfen, christianisiert und dem deutschen Staat dauerhaft einverleibt worden waren. Zeitweilig Verbündete, zeitweilig auch Rivalen bei dieser Wiedereroberung der elb- und ostseeslawischen Länder waren die – inzwischen christlich gewordenen – Herrscher Polens und Dänemarks. Auch ein Teil des slawischen Adels in dem umkämpften Gebiet selbst hatte sich mit den deutschen Eroberern verbündet.

Die eigentlichen Träger dieser erneuten Ostexpansion des 11. und 12. Jahrhunderts im heutigen deutschen Staatsgebiet wie auch des anschließenden Landesausbaus waren freilich nicht mehr die Herrscher des Reiches, sondern inzwischen erstarkte Territorialfürsten: die Askanier und Wettiner, die Welfen und Hohenzollern. Dazu kam im ursprünglich bayrischen Südosten, seit 996 als ‚Ostarrichi' = ‚Österreich' bezeichnet die Dynastie der Babenberger, bevor die Habsburger seit dem 13. Jahrhundert noch weit über das heute österreichische Staatsgebiet hinausgriffen. Besondere Bedeutung für den Ausbau der eroberten Gebiete, also für Rodung und Intensivierung der Landwirtschaft, hatten auch die zahlreichen neugegründeten Klöster der Zisterzienser, Prämonstratenser und Benediktiner.

Die deutsche Expansion nach Osten setzte sich auch im Hoch- und Spätmittelalter fort, doch war diese zweite Etappe von anderer Art. Während die erste Etappe eine kriegerische Expansion des römisch-deutschen Reiches zum Zweck der herrschaftlichen Erfassung und Christianisierung der angrenzenden Slawen bis etwa an die Oder darstellte, besaß die noch über die Oder hinausgreifende zweite Etappe überwiegend friedlichen Charakter. Abgesehen von der Eroberung Ostpreußens durch die deutschen Ordensritter bezweckte dieses Vordringen der Siedlung keine territoriale Erweiterung des Reiches. Man kann sie deshalb mit gutem Recht als Ostsiedlung – nicht mehr als Ostexpansion bezeichnen. (Dazu und zu ihren sprachlichen Wirkungen mehr in Teil VI, Kapitel 5.)

Die Verbindung der beiden Etappen besteht jedoch darin, dass die erste die Voraussetzung für die zweite bildete. Ohne die ‚Plattform' zwischen Elbe und Oder hätte die umfangreiche Siedlungsbewegung deutscher Bauern,

Handwerker, Bergleute und Kaufleute des Hoch- und Spätmittelalters kaum stattfinden können. Schon weil ein nicht geringer Teil der Kolonisten aus dem ‚Altkolonialland' zwischen Elbe und Oder stammte. Aber auch die unbezweifelbar kriegerische erste Expansionsphase besaß, wie etwa der Oxforder Historiker John Bowle in seiner ‚Geschichte Europas' (1993) hervorhebt, durchaus eine europäisch-christliche Dimension. Sie war, so Bowle, „für die dauerhafte Sicherung der Ostflanke der Christenheit wichtiger als die relativ kurzlebigen Kreuzzüge in der Levante". Und weiter: Das Christentum in Mitteleuropa „gedieh Anfang des zehnten Jahrhunderts unter dem Schutz der deutschen Militärmacht. . . Die Deutschen (nehmen) einen Platz im Zentrum der Geschichte des europäischen Mittelalters (ein) und bestimmen die kulturellen und religiösen Grenzen in Mitteleuropa im gleichen Maß wie die Byzantiner (im Osten Europas) . . ."

Diese erste Etappe der Ostexpansion, die Eroberung der ursprünglich slawischen Siedlungsgebiete zwischen Elbe, Saale und Oder, hatte darüber hinaus auch für die Herausbildung des deutschen Volkes und der neuhochdeutschen Sprache große Bedeutung. Streng genommen sind damit die Deutschen als ethnische Mischung aus Germanen, Romanen und Slawen erst als Resultat dieser Expansion entstanden. Wobei der große slawische Anteil an ihrer Ethnogenese oft unterschätzt wird. Die Slawen sind aus ihrer Entstehungsgeschichte ebenso wenig wegzudenken wie die Romanen (und romanisierten Kelten) am Rhein und südlich der Donau. Denn es war der ethnische Ausgleichsprozess zwischen den Einwanderern aus allen Teilen Deutschlands, aus den Niederlanden und Flandern, aus dem die Neustämme der (Ober-)Sachsen, Brandenburger, Mecklenburger und Pommern hervorgingen.

Weil diese Neustämme auch an der späteren Ostsiedlung über die Oder hinaus stark beteiligt waren, kann man sogar die Herausbildung der Schlesier und Ostpreußen noch in diesen Zusammenhang stellen.

Doch nicht nur die Menschen, auch die Sprachen mischen sich. In dem neuen Kolonisationsraum kam es zu einem Ausgleichsprozess zwischen den mitgebrachten Dialekten aus den deutschen Altsiedelgebieten sowie zu Einflüssen der dortigen slawischen Idiome auf den deutschen Wortschatz. Letzteres gilt allerdings stärker für den Mundartbereich als für die Hoch- und Schriftsprache. Und diese ostmitteldeutsche Ausgleichssprache, die zwischen Elbe, Saale und Oder entstand, bildete später die eigentliche Grundlage der neuhochdeutschen Standardsprache.

Es waren die große Zahl der Neusiedler, ihre ‚technologische' Fortschrittlichkeit, ihr soziales Prestige und ganz allgemein die politische Macht der deutschen Herrschaft, die die Elb- und Ostseeslawen nach und nach zum Sprachwechsel zwang. Bis auf die Reste des Sorbischen sind alle slawischen Idiome, die zwischen Elbe, Saale und Oder gesprochen wurden, untergegangen. Trotzdem sind ihre Spuren nicht ganz verwischt. Die Mundarten der deutschen Neustämme, der Pommern, Mecklenburger, Brandenburger, Sachsen oder Schlesier, enthalten an die 300 slawische Reliktwörter. Die ausführlichste Untersuchung dieser slawischen Überreste in den ostmitteldeutschen Mundarten stammt von Hans Holm Bielfeldt (1982). Die folgenden Beispiele, bei denen allerdings nicht nach Dialektgebieten unterschieden wird, sind seinen Arbeiten entnommen.

So heißen im ostmitteldeutschen Dialektgebiet etwa die Himbeere ‚Maline' und die Preiselbeere ‚Baroke'. Aber auch unsere hochsprachliche Bezeichnung ‚Preiselbeere' kommt vom sorbischen ‚bruslica'. Getrocknete Birnen oder Pflaumen sind ‚Pätzanken', wilde Birnen oder Äpfel ‚Plunschken'. ‚Kuscheln' hat nichts mit dem zärtlichen Aneinanderschmiegen zu tun, sondern bezeichnet kleine Kiefernbäume. Der ‚Kretscham' ist die Dorfschenke, und davon abgeleitet ist wiederum der häufige deutsche Familienname ‚Kretschmer', der ursprünglich den Schankwirt bezeichnete.

Weil die Slawen in den wasserreichen Gegenden Brandenburgs und Mecklenburgs den Fischfang und die Fischzucht besonders pflegten, stammen viele ostmitteldeutsche Dialektausdrücke auch aus diesem Bezeichnungskreis. Etwa ‚Schering' (ein Fischernetz) oder die Fischart ‚Plötze'. Wenn ein Berliner vom ‚Kiez' spricht, meint er eine ärmliche Gegend oder ein schlecht beleumundetes Viertel in der Stadt. Auch dieser Ausdruck ist wahrscheinlich ein slawisches Reliktwort und meinte früher eine ärmliche Fischersiedlung.

Zu diesen Entlehnungen in die ostmitteldeutsche Mundarten kam es deshalb, weil die Slawen trotz des Sprachwechsels ihre alten Namen für die landestypischen Früchte, Gewächse und Erzeugnisse beibehielten, die von den deutschen Neusiedlern dann übernommen wurden. Deshalb sind es vor allem Bezeichnungen von Bäumen, Sträuchern, Beeren und Pilzen oder Nahrungsmitteln, die dort in den heutigen Mundarten auf slawische Ausdrücke zurückgehen.

Einige sind auch in die Hochsprache gelangt, etwa die Pilzart ‚Reizker'. Unser Wort ‚Halunke' kommt ebenfalls aus dem Sorbischen und meint ursprünglich den ‚Heidebewohner'. Aus derselben Sprache stammt ‚Plauze', das früher ‚Lunge' bedeutete, heute aber auch in der Bedeutung ‚Gesicht' und ‚Magen' gebraucht wird (‚jemandem auf die Plauze hauen', ‚sich die Plauze vollschlagen'). Die ‚(Butter-)Bemme', wie der Berliner sein Butterbrot nennt, ist ebenfalls sorbischen Ursprungs.

Aus einer der slawischen Sprachen zwischen Elbe und Oder stammen auch die Wörter ‚Peitsche' und ‚Jauche'. Sie wurden übrigens von Martin Luther in die Hochsprache eingeführt, ebenso wie er es mit dem Wort ‚Grenze' tat. Es leitet sich von polnisch ‚granica' ab und bezeichnete ursprünglich die Grenze zwischen Polen und dem deutschen Ordensstaat. Dieses Wort (das den älteren deutschen Ausdruck ‚Mark' ersetzte), wanderte übrigens auch ins Niederländische (‚grens') und Dänische (‚grænse') weiter.

Wenn man die slawischen Reliktwörter in deutschen Mundarten betrachtet, müsste man konsequenterweise die österreichischen Dialektgebiete (einschließlich des sudetendeutschen bzw. böhmischen Deutsch) mit einbeziehen. Da in diesem Kapitel jedoch ein anderer geographischer Raum behandelt wird, begnügen wir uns mit wenigen Beispielen. So begegnen uns in Österreich oder in den sudetendeutschen Mundarten Ausdrücke wie ‚Buchteln' bzw. ‚Wuchteln' (Dampfnudeln), ‚Dobernik' (Steinpilz), ‚Liwanzen' (ein Gebäck), ‚Powidel' (Pflaumenmus), ‚Schanda' (Hosenträger), ‚Schischka' (Tannenzapfen), ‚Schmetten' (Rahm). Das ‚Tscharern', das wir in meiner Schulzeit von Kindern aus dem Sudetenland gelernt hatten, war ein Spiel, bei dem man mit einer Münze möglichst nah an einen Strich (= tschechisch ‚čára') werfen musste.

Ebenso nur streifen können wir in diesem Zusammenhang die Entlehnungen des Hochdeutschen aus den slawischen Nachbarsprachen. Ihre Zahl ist, verglichen mit dem, was aus dem Französischen, Italienischen und – heute – dem Englischen ins Deutsche gekommen ist, gering. Es dürfte sich insgesamt um etwa 100 Entlehnungen handeln, wobei russische und tschechische Wörter den größten Anteil haben. Entlehnungen aus dem Russischen sind beispielsweise ‚Droschke', ‚Grippe' (von russisch ‚chrip' = ‚Krächzen', ‚heiseres Geräusch'; ‚chripotá' = ‚Heiserkeit'), ‚Juchten', ‚Knute', ‚Pogrom', ‚Sole', ‚Steppe', ‚Taiga', ‚Troika', ‚Tundra' oder ‚Ukas'. Dazu kamen nach 1917 politische Termini des Sowjetsystems (wie ‚Bolschewik' oder ‚Kolchose'), spezifische ideologische Ausdrücke sowie Russismen im Umgangsdeutsch der früheren DDR (wie ‚Datsche').

Aus dem Tschechischen gelangten während der Hussitenkriege Waffenbezeichnungen wie ‚Haubitze', ‚Pistole' und ‚Trabant' ins Deutsche. Später kam noch die Bezeichnung ‚Tornister' hinzu. Auch ‚Dudelsack', ‚Kalesche' und ‚scharwenzeln' sind tschechische Lehnwörter. Das Wort ‚Polka', wörtlich ‚Polin' kommt im Tschechischen und Polnischen vor. Als Bezeichnung eines Tanzes stammt es jedoch aus der ersten Sprache. Tschechischen Ursprungs sind auch ‚Roboter' (von tschechisch ‚robota' = ‚Fronarbeit') sowie die Bezeichnungen einiger Singvögel, zum Beispiel ‚Zeisig'. Sie wurden dem Deutschen schon im Mittelalter von tschechischen Vogelhändlern vermittelt.

Polnische Lehnwörter sind, neben dem schon erwähnten ‚Grenze', auch ‚Gurke', der Tanz ‚Mazurka' und ‚Plunze' (‚Blutwurst' und ‚dicke Frau'). Zwei typische polnische Ausdrücke, die sich über Berlin verbreitet haben, sind ‚pomadig' und ‚dalli'. ‚Dolch' und ‚Peitsche' können polnischen oder tschechischen Ursprungs sein. ‚Säbel' ist zwar ein ungarisches Wort, wurde dem Deutschen aber durch das Polnische vermittelt, ebenso das türkische ‚Ulan'.

Bleiben noch die südslawischen Sprachen als mögliche Quelle slawischer Lehnwörter. Der Einfluss des Slowenischen erstreckte sich eher auf die benachbarten bayrisch-österreichischen Dialekte. So stammt der österreichische Ausdruck für eine Zwischenmahlzeit ‚Jause', aus dem Slowenischen, ebenso die bayrische Bezeichnung eines Tragegestells auf dem Rücken, die ‚Kraxn'. In die Hochsprache gelangten ‚Bilch(maus)' und ‚Stieglitz'. (Serbo-)Kroatischen Ursprungs wiederum sind ‚Vampir' und ‚Kukuruz', die österreichische Bezeichnung des ‚Mais' (eigentlich ein ungarisches Wort, aber über das Kroatische vermittelt), sowie österreichisch ‚Schinackel' (kleines Brot). Die Bezeichnung ‚Krawatte' schließlich, die wörtlich ‚die Kroatische' bedeutet, geht auf die Selbstbezeichnung der Kroaten zurück (‚Hrvat' = ‚Kroate'). Im Deutschen handelt es sich zwar um die Entlehnung des französischen Wortes ‚cravate', doch ist dieses wiederum von der deutschen Dialektform ‚Krawat' für ‚Kroate' abgeleitet.

4
Das Bürgertum als Träger der Sprachentwicklung

Auf dem provinzialrömischen Boden Deutschlands waren – anders als in Frankreich und natürlich Italien selbst – nur wenige Städte entstanden, etwa Köln, Mainz, Trier und Regensburg. Doch seit dem 12. Jahrhundert kommt es zu einer ausgesprochenen Welle von Städtegründungen, die bis ins 15. Jahrhundert anhält. Sie erfasst nicht nur das Altsiedelland, sondern greift im Zuge der hoch- und spätmittelalterlichen Ostsiedlung auch auf außerdeutsche Gebiete über und verbreitet dort das hiesige Stadtrecht und die deutsche Sprache. (Dazu später mehr.)

Freilich können sich diese neuen Städte am Ende des Mittelalters an Größe und Bedeutung nicht mit denen Italiens oder auch mit Paris messen. Schon um 1200 beherbergen Venedig, Genua und Mailand, etwas später auch Florenz 100.000 Menschen. Paris besitzt im Spätmittelalter 85.000 Einwohner, wächst aber dann, ebenso wie etwas später London geradezu stürmisch an. Die größte deutsche Stadt am Ausgang des Mittelalters, Köln, erreicht nur 40.000, Lübeck und Nürnberg die beiden nächstgrößten, zählen etwa 35.000 Einwohner. Selbst die niederländischen Handelsstädte Antwerpen und Gent sind größer und Brügge erreicht zu dieser Zeit immerhin die Einwohnerzahl Kölns.

Nach dem Untergang der Stauferherrschaft im 13. Jahrhundert hatte die territoriale Zersplitterung des Reichs eingesetzt. Weil es kein nationales Königstum und nur sehr wenig zentrale Staatlichkeit gab, konnte sich weder eine Hauptstadt, noch ein wirkliches kulturelles Zentrum herausbilden, von wo Impulse für die Entstehung einer einheitlichen Nationalsprache ausgegangen wären. Die deutschen Städte kommen noch für Jahrhunderte nicht aus ihrer ‚territorialen Gefangenschaft' heraus.

So ist es vor allem die Stadtlandschaft Italiens, von der im Hoch- und Spätmittelalter die großen geistigen und kulturellen Strömungen Europas ausgehen. Aus Italien kommen die Renaissance und der Humanismus, das römische Recht, das Geld- und Bankenwesen moderner Prägung. Nur die scholastische Philosophie und Theologie blühen auch in Deutschland, aber das eigentliche Zentrum dafür war die die Sorbonne in Paris.

Europäische Bedeutung erreicht der deutsche Sprachraum zu dieser Zeit ‚nur' im Bereich von Naturwissenschaft und Technik, besonders in der Astronomie (Kopernikus, Kepler, Regiomontanus) und im Bergbau. Hier ist Deutschland sogar absolut führend in Europa. Daneben sind die großen Reichsstädte, Nürnberg vor allem, eine Wiege bedeutsamer Erfindungen. Die größte von allen ist die Erfindung des Buchdrucks mit beweglichen Lettern in Mainz.

Doch die Deutschen des Spätmittelalters sind gelehrige Schüler ihrer romanischen Lehrmeister. In den Residenz- und Reichsstädten werden die neuen Kulturströmungen und wirtschaftlichen Ideen rasch aufgenommen, verarbeitet und zum Teil auch in einer spezifisch deutschen Variante (etwa bei der Ausformung des Stadtrechts, in der norddeutschen Backsteingotik oder mit der Humanismus-Rezeption) in den Norden und Osten Zentraleuropas weitervermittelt.

Das Aufkommen und die Entwicklung der spätmittelalterlichen Stadt hatten zu grundlegenden Veränderungen im sozialen Leben geführt, die zugleich beträchtliche Auswirkungen auf die weitere Entwicklung der deutschen Sprache ausübten. Die wichtigste Veränderung war die Entstehung eines neuen sozialen Standes, des Bürgertums, das neben die bisherigen Stände und öffentlichen Machtinstitutionen Kaiser, Kirche und Adel tritt und in der Gesellschaftshierarchie über der ländlichen Bevölkerung steht.

Keimzelle des neuen Bürgertums sind die bisher fahrenden Kaufleute, die sich fest niederlassen. Sie ziehen ihrerseits wieder Handwerker aus den ländlichen Räumen an. Handel und Gewerbe organisieren sich in ‚Gilden' und ‚Zünften' (süddeutsch auch ‚Zechen' genannt). Wer ‚Meister' werden will, muss eine bestimmte Ausbildung absolvieren und ein ‚Meisterstück' vorlegen. ‚Bürgermeister', ‚Rat' und ‚Rathaus' bezeichnen Institutionen, mit denen sich der neue Bürgerstand in den Städten Selbstverwaltung verschafft. Das Selbstbewusstsein der Bürger drückt sich darin aus, dass sie – nach dem Vorbild des Adels – einen zweiten Namen annehmen, der erblich wird und sich zum Familiennamen weiterentwickelt. Mit dem Bürgertum wächst eine gesellschaftliche Großgruppe heran, die bis zum Ende der Klassengesellschaft im 20. Jahrhundert die wichtigste kultur- und sprachtragende Schicht bleiben wird.

Das vielschichtige Wirtschafts- und Sozialleben in den Städten erfordert wiederum mehr Schriftlichkeit. Urkunden und Verträge sind abzufassen, in Streitfällen muss Recht gesprochen, überhaupt muss das komplexe Gemeinwesen der Stadt verwaltet werden. Deshalb tritt neben die Kaufleute und Handwerker bald auch die Schicht der städtischen Beamten. Während bislang das Bildungsmonopol beim Klerus gelegen hatte, kommen seit etwa dem Jahr 1200 in den Städten weltliche Schulen auf, in denen die Bürgersöhne lesen und schreiben lernen und damit die Grundlagen auch für eine Verwaltungstätigkeit erwerben können.

Die Unterrichtssprache ist zunächst noch das Latein; Deutsch dient nur als Hilfssprache für Erklärungen. Da aber für kaufmännische Buchführung, Verwaltung und Rechtsleben immer mehr deutsche Schriftlichkeit in den Städten notwendig ist, kommt es seit dem 14. / 15. Jahrhundert zur Differenzierung in ‚Lateinschulen' und ‚deutsche' bzw. ‚gemaine Schulen', auch ‚Klippschulen' genannt.

Die Absolventen dieser frühen städtischen Schulen bilden als Stadt- und Gerichtsschreiber zusammen mit den Lehrern eine kleine Gruppe weltlicher Intellektueller, die zwar meist (grund-)besitzlos und deshalb nicht im Rat der Stadt vertreten ist, aber doch kulturell einflussreich und sprachgeschichtlich bedeutsam wird. Ihre Nebentätigkeit als Briefsteller für Schreibunkundige, als Chronisten für Adels- und Patrizierfamilien, auch als Rechtskundige und Übersetzer, übt nicht weniger Einfluss auf die frühneuhochdeutsche Schriftsprachentwicklung aus als die oft zitierten kaiserlichen und landesfürstlichen Kanzleien.

Dank der neuen Schulbildung (und bald auch Universitätsbildung) entsteht eine bürgerlich-intellektuelle Schicht, die ihr Selbstbewusstsein, ihr Ansehen und ihren Einfluss nicht mehr aus adliger Abkunft oder auch dem Wohlstand und Besitz der Kaufleute ableitet, sondern aus ihrer Bildung. Auch Wissen wird Macht, und Bildung wird zum allgemein anerkannten Wert. Dank ihrer kann man sich aus dem Stand lösen, in den man hineingeboren wurde und eine gesellschaftliche Stellung erreichen, die von den eigenen Fähigkeiten und der eigenen Leistung abhängt. Damit waren die Grundlagen des neuzeitlichen Weltbildes entstanden.

Solch gesellschaftlicher Aufstieg war insbesondere über ein Studium an den neugegründeten Universitäten möglich. In Deutschland, dessen Universitätswesen später zum Vorbild vieler Länder wird und das seit dem 17. Jahrhundert in Europa die meisten Hochschulen besaß, waren die ersten Universitäten später entstanden als in Italien (um 1100) oder in Frankreich und England (um 1200). Bis zur Gründung der Universitäten Prag (1348) und Krakau (1364) – beide Städte besaßen damals ein überwiegend deutsches Bürgertum – studierte man in Bologna, Paris oder Oxford. Seit dem 14. Jahrhundert konnten junge Deutsche das nun in Prag, Krakau, Wien, Heidelberg, Köln und Erfurt tun. Und im nächsten Jahrhundert erweiterte sich die Palette um Leipzig, Rostock, Greifswald, Freiburg, Ingolstadt, Basel, Tübingen, Mainz und einige mehr.

Es sind aber nicht nur diese sozialen und institutionellen Veränderungen, die seit dem 14. Jahrhundert eine starke Zunahme der Schreib- und Lesefähigkeiten in den Städten ermöglichten, sondern auch technisch-instrumentelle Innovationen. So war bis dahin das alleinige Schreibmaterial, das Pergament aus Tierhäuten, sehr teuer. Nachdem Italien seit dem Ende des 13. Jahrhunderts als erstes europäisches Land Papier herstellte, entstand 1389 auch in Nürnberg die erste deutsche Papiermühle. Damit war jetzt ein Schreibmaterial verfügbar, das nur noch ein Zehntel des Pergaments kostete. Ebenfalls um 1400 (und wieder aus Italien kommend) wurde in Deutschland die Lesebrille eingeführt. Die deutsche Bezeichnung dieser Sehhilfe, ‚Brille', geht übrigens auf den schon früher verwendeten ‚Lesestein' aus Beryll zurück. Legte man dieses zurechtgeschliffene Mineral auf eine Textstelle, so konnte man sie damit vergrößern. In mittelhochdeutscher Lautform nannte man diesen Lesestein ‚berille'. Als dann um 1400 begonnen wurde, Linsen aus Glas zu schleifen und mit einer Fassung zu versehen, wurde der alte Name beibehalten.

Den eigentlichen technologischen Durchbruch aber brachte um 1440 die Erfindung des *Buchdrucks* mit beweglichen Lettern durch den Mainzer Johann Gensfleisch, genannt Gutenberg. Diese wahrlich weltverändernde Innovation kam zwar ebenso der Publikation in lateinischer Sprache zugute (die noch eine ganze Weile in den Druckerzeugnissen dominierte), aber sie bot doch auch der deutschen Schreibsprache die Chance zur weiteren überregionalen Verbreitung; insbesondere zur Zeit der Reformation (vergleiche nächstes Kapitel).

Der soziale und technische Wandel in der frühbürgerlichen Periode beeinflusste die deutsche Sprache in fast allen Bereichen und auf fast allen Ebenen. So trug die soziale und berufliche Differenzierung kräftig zum Ausbau von Fachsprachen bei. Greifen wir nur die Kaufmannssprache heraus. Sie bildete sich im Süden und Norden Deutschlands zunächst unterschiedlich aus. Die Handelsstädte Süddeutschlands standen in enger Verbindung mit Norditalien und entlehnten viel italienische Wirtschafts- und Banktermini. Zum Beispiel ‚brutto / netto, Kassa, Konto, Kredit, Muster, Pforte, Risiko, Skonto, Ultimo'.

Auch der eigentlich deutsche Ausdruck ‚Bank' stammt, soweit er das Geldinstitut meint, aus dem Italienischen. Die Romanen hatten das Wort ursprünglich in der Bedeutung ‚Sitzbank' von den Germanen kennengelernt. Später verwendeten sie es auch in der Kaufmannssprache als

Bezeichnung für das lange Brett, den Tisch des Geldwechslers. Daraus entwickelte sich dann die Bezeichnung des Geldinstituts. Neben solch direkten Wortentlehnungen gab es aber auch Lehnübersetzungen. So kommt unser Wort ‚Wechsel' von italienisch ‚cambio'.

Es sind aber nicht nur reine Wirtschaftstermini, die durch den Italienhandel ins Deutsche gelangen. Auch viele Warenbezeichnungen, vor allem die orientalischer Herkunft, werden über das Italienische (zum Teil auch das Französische) vermittelt. Beispielsweise ‚Ingwer, Muskat, Olive, Orange, Safran, Zimt, Zitrone'.

Während die süddeutsche Kaufmannssprache also viele Lehnwörter aufnahm, entwickeln die norddeutschen Kaufleute ihre Fachsprache stärker auf eigener (nieder-)deutscher Grundlage. Es ist vor allem der Handelsraum der Hanse, in dem sich ein Ausgleich zwischen lokalen niederdeutschen Dialekten zu einer einheitlichen Verkehrssprache vollzieht. Dieses Mittelniederdeutsch wird zur verbindlichen Geschäftssprache aller Hansekontore von Brügge über London bis Bergen und von Lübeck über Königsberg bis Riga. Nur in Nowgorod ist die Geschäftssprache Russisch. Diese Hanse-Sprache wirkt in erheblichem Maße auch auf die Sprachen der Länder, in denen diese Kontore liegen. (Dazu Teil VI.)

Dank der Verbindung zwischen den Hansestädten, die auch tief ins deutsche Hinterland reichen, beeinflusst das Mittelniederdeutsche sogar das Hochdeutsche. Kaufmannswörter, aber auch Ausdrücke der Seefahrt und des Deichbaus, die damals aus dem ‚Sassesch' (‚Sächsisch') ins Hochdeutsche gelangten, sind etwa ‚Ebbe, Deich, Fracht, Gerücht, Gilde, Hafen, liefern, schleppen, Stapel, Stockfisch, Strand'. Auch Wörter der Rechtssprache wurden aus dem Niederdeutschen entlehnt, so etwa ‚Gerücht', ‚Pranger' und ‚echt'. Außerdem ‚Zeitung' (< ‚tidinge'), ‚Zwist' (< ‚twist') und so gängige Ausdrücke wie ‚fühlen, Glück, hoffen'.

Zu dieser Zeit war das Mittelniederdeutsche kein ‚plattdeutscher' Dialekt, sondern die zweite deutsche Gemeinsprache. Zugleich war es eine der bedeutendsten nordeuropäischen Sprachen mit dem Rang einer Literatursprache. Eike von Repgow hat mit seinem ‚Sachsenspiegel' (um 1224) die deutsche juristische Prosa begründet. Die ‚Sächsische Weltchronik' gilt als das erste große historische Werk in deutscher Sprache. Auch nach der Erfindung des Buchdrucks wurden, vor allem in Lübeck, viele Bücher in niederdeutscher Sprache gedruckt. Besonders bekannt wurde Ende des 15. Jahrhunderts die Gesellschaftssatire ‚Reynke de Vos' (‚Reineke der Fuchs).

Es ist eine der Tragödien in der Geschichte der europäischen Sprachen (aber vielleicht ein Glück für die Einheit der deutschen Kulturnation), dass diese zweite deutsche Gemeinsprache als Schriftsprache dem Hochdeutschen im 16. Jahrhundert vollständig erlag. Die Hauptgründe dafür waren der Niedergang der Hanse, die Übernahme des römischen Rechts und die Reformation, die ihren Siegeszug in Norddeutschland in der Sprache Luthers antrat. Mittelniederdeutsch, das von der Hanse zum Teil mit massiver ‚Sprachenpolitik' im Ostseeraum verbreitet worden war, erlag schließlich einer „kulturellen Kolonialisierung im eigenen Land" (von Polenz 1991; vergleiche auch Stedje 1989).

5
Der Einfluss der Humanisten

Wenn man sich die Situation der deutschen Schreibsprache vor dem Erscheinen der Bibelübersetzung Luthers vergegenwärtigt, trifft man sowohl in den Kanzleien wie in den großen Druckorten auf eine Anzahl von Varianten. Sie unterscheiden sich im Wortschatz, in der Schreibung und in bestimmten Lauten. Zwei Entwicklungen beim Übergang von der mittelhochdeutschen zur neuhochdeutschen Sprachstufe sind besonders wichtig. Einmal die frühneuhochdeutsche Diphthongierung der drei langen Vokale ‚i', ‚u' und ‚ü' (geschrieben ‚iu') zu ‚ei', ‚au' und ‚eu'. Ein gern zitierter Merksatz dafür lautet: Aus mittelhochdeutsch ‚min niuwez hus' wird ‚mein neues Haus'. Zwei Räume in Deutschland nehmen jedoch an dieser Diphthongierung nicht teil: Niederdeutschland und das Alemannische der Schweiz und des Elsass. Also nicht nur das (später so genannte ‚Platt'), auch das Schwyzerdütsch und das Elsässer Dütsch behalten die alten Langvokale bei. Im Hochdeutschen dagegen fallen diese neugebildeten Diphthonge (zum Beispiel ‚fein' < mittelhochdeutsch ‚fin') mit älteren, schon ererbten Diphthongen (zum Beispiel ‚heim' < althochdeutsch ‚heim') zusammen.

Die kaiserliche Kanzlei Ludwigs des Bayern (1431 – 1447) in München ist die erste, die systematisch Deutsch urkundet. Der Stil ist allerdings noch stark an das Latein angelehnt, umständlich und formelhaft. Auch hält sie noch an den langen mittelhochdeutschen Vokalen ‚i', ‚u' und ‚iu' fest. Als aber nur zwei Jahrzehnte später die kaiserliche Kanzlei unter dem Luxemburger Karl IV. nach Prag verlegt wird, schreibt man dort bereits die neuhochdeutschen Diphthongierungen dieser Vokale: ‚ei', ‚au', ‚eu' (bzw. ‚äu'). Und ein ähnlicher Unterschied, wenn auch nicht ganz so eindeutig, wird bei der Monophthongierung von ‚ie', ‚uo' und ‚üe' sichtbar.

Nun ist sicher in den knapp 20 Jahren, die dazwischen liegen, kein so rapider Lautwandel eingetreten, dass damit die Veränderung der Schreibung erklärt werden könnte. Vielmehr ist es ein „Unterschied in der sprachlichen Haltung . . . (es wird) ein kulturpolitisches Programm sichtbar" (Hans Eggers). Der Stil der Prager Kanzlei weist eine Hinwendung zum überlandschaftlichen Ausgleich auf.

Allerdings ist diese Tendenz nicht in Prag geboren, sondern wahrscheinlich von den Stadtkanzleien Nürnberg und Eger übernommen worden, wo man diese Ausgleichstendenzen schon vorher finden kann. Immerhin stammte eine Anzahl der Prager Schreiber aus diesen beiden Städten.

Dank der italienischen und deutschen Humanisten am Hof Karls IV. (u. a. Petrarca und Johann von Neumarkt) kommt es in Prag zu einer ausgesprochenen Blüte der Sprachkultur. Zu den deutschböhmischen Humanisten zählt auch der erst nach Karls Tod wirkende Johann von Tepl (oder Saaz), dessen literarisches Streitgespräch ‚Der Ackermann aus Böhmen' (1400) als erste bedeutende Dichtung in frühneuhochdeutscher Sprache gilt. Darin schildert der Dichter unter dem Eindruck des Todes seiner Frau ein ergreifendes Gespräch zwischen einem Bauern als Ankläger und dem Tod als Beschuldigten, das sich mit dem Sinn von Leben und Sterben auseinandersetzt.

Der Einfluss des Humanismus auf das werdende Neuhochdeutsch ist beträchtlich. Zu seinen bedeutendsten

Vertretern in Deutschland gehören vor allem Johannes Reuchlin, Ulrich von Hutten und Philipp Melanchthon. Die Wirkung, die von dieser aus Italien kommenden Geistesströmung ausging, war eine doppelte. Einerseits stärkte der Humanismus durch das Interesse an der Antike und ihrer Philosophie und Literatur die Position des klassischen Lateins. Andererseits richtete sich das Interesse aber auch auf die eigene Vergangenheit und Sprache. Weil das Latein als Vorbild galt, wurde von den Humanisten die „schweche der Teutschen sprach" beklagt und versucht, möglichst viel Lateinisches, seien es syntaktische Elemente, seien es Wörter und Begriffe, in das Deutsche zu integrieren.

Durch Verwendung lateinischer Syntaxelemente und Wörter im deutschen Sprachkontext entstand eine eigenartige deutsch-lateinische Sprachmischung, die uns selbst noch in Luthers Tischgesprächen begegnet. Besonders gern werden lateinische Flexionsformen bei deutschen Wörtern benutzt. Auch Familiennamen werden mit lateinischer Endung versehen oder überhaupt übersetzt.

Groß ist die Zahl der lateinischen Lehnwörter, die mit dem Humanismus ins Deutsche gelangen, zum Beispiel ‚Edition', ‚Eloquenz', ‚Nation' und ‚zitieren'. Dabei sind auch Wortbildungssilben von ‚-ion', ‚-enz', ‚-ant' und ‚-ur' mitentlehnt worden. Die Humanisten schaffen auch gelungene Lehnprägungen wie ‚Seltenheit' für ‚raritas' oder ‚Zeitgenosse' für ‚synchronus'.

Bestimmte Begriffskreise, wie etwa die des Schul- und Universitätswesens wurden fast vollständig lateinisch bzw. griechisch-lateinisch geprägt. Die meisten der damals neu eingeführten Ausdrücke benutzen wir noch heute, etwa: ‚Abitur(ium), Auditorium, Examen, Fakultät, Grammatik, Gymnasium, Katheder, Klasse, Lektion, Magister, Opus, Professor, Rektor, Student, Universität'. Auf dieselbe Zeit geht auch die Einführung der Bezeichnung der Jahrgangsstufen bzw. Klassen von ‚Sexta' bis ‚Prima' zurück.

Zugleich war der Humanismus in Deutschland aber auch national ausgerichtet. Einen mächtigen Anstoß dafür hatte die Wiederentdeckung der ‚Germania' des römischen Schriftstellers Tacitus gespielt. Das Buch war 98 nach Christus geschrieben worden, hatte aber in Rom kein besonderes Echo gefunden und geriet im frühen Mittelalter in Vergessenheit. Erst 1455 wurde die Schrift aus dem Kloster Hersfeld der Kurie in Rom geschickt und dort 1457 / 1458 vom Kardinal Enea Silvio Piccolomini (dem späteren Papst Pius II.) abgeschrieben. 1473 wurde sie in Nürnberg gedruckt, aber kaum beachtet. Erst als 1496 ein erneuter Druck in Leipzig zustande kam, wurden die deutschen Humanisten auf das Werk aufmerksam. Allen voran Conrad Celtis, der das Buch zu einer Art ‚ethnischer Bibel' der Deutschen erhob, die hier aus unparteiisch römischem Mund bestätigt bekamen, welch großartige Vorfahren sie hatten. Und dieses Germanenbild des Tacitus, vom deutschen Humanismus wiederbelebt, sollte fortan das deutsche Selbstbild in weiten Teilen des Bildungsbürgertums prägen: War man als Deutscher nicht wirklich anders? Echter, ursprünglicher, ehrlicher, innerlicher als jene Nachfahren der ‚dekadenten' Römer im Süden und Westen Europas?! Eine verhängnisvolle Traditionslinie der Selbsteinschätzung, die erst nach 1945 wirklich abriss!

Ein dritter wichtiger Bereich in der Entwicklung des frühen Neuhochdeutsch sind die Druckersprachen. Anfangs benutzten auch die Drucker die lokale Sprache. Am Ende des 15. Jahrhunderts lassen ihre Erzeugnisse noch die

Herkunft aus einem bestimmten Druckort erkennen, sei es Wien, Augsburg, Nürnberg, Frankfurt, Köln, Wittenberg, Straßburg oder Basel. Doch da man überregional verkaufen will, kommt es auch bei den Drucken immer stärker zur Vereinheitlichung. Man lehnt sich an die Schreibsprache der großen Kanzleien an. Aus dem Zusammenwirken und der gegenseitigen Beeinflussung von Kanzleien und Druckereien kristallisieren sich um 1500 folgende größere Schreibsprachen heraus:

1. In Norddeutschland die mittelniederdeutsche Schreibsprache; 2. in Mitteldeutschland die Schreibsprache der Kursächsisch-Meißnischen Kanzlei; 3. in Bayern und Österreich das ‚Gemeine (= Allgemeine) Deutsch'; es ist auch die Schreibsprache der kaiserlichen Kanzlei der Habsburger; 4. eine südwestliche Schreibsprache in der Schweiz; 5. die Kölnisch-niederrheinische Schreibsprache, die erst nach 1550 zum Hochdeutschen übergeht und vorher dem Niederländischen nahestand.

Bis zur Reformation hatte es so ausgesehen, als ob sich am Ende das Gemeine Deutsch zum eigentlichen ‚Hochdeutsch' entwickeln könnte – eben auch, weil es die Kanzlei der von nun an ununterbrochen regierenden Habsburger benutzte. Doch mit der Ausbreitung der Reformation erwächst ihm in dem von Luther als ‚Leitsprache' benutzten Kursächsisch-Meißnischen ein massiver Rivale. Es breitet sich in den protestantisch gewordenen Gebieten immer mehr aus und wächst in einem noch über zwei Jahrhunderte dauernden Ausgleichsprozess mit dem Oberdeutschen schließlich zur neuhochdeutschen Schriftsprache heran. Neben konfessionellen Gründen war wohl auch das kulturelle Eigen- und Selbstbewusstsein verantwortlich.

Das Erwachen der städtischen Kultur und des Bürgertums und die Hinwendung zur eigenen Sprache hatte überall im westlichen Europa die Einheit des lateinischen Abendlandes gesprengt. Spätestens im 15. Jahrhundert waren sich die westeuropäischen Nationen ihrer selbst bewusst geworden. Und zu diesem Nationalgefühl gehörte auch eine möglichst einheitliche Sprache der Nation. Doch während in Frankreich und England auf Grund der zentralen Herrschaft und einer politisch und kulturell stark ausstrahlenden Hauptstadt eine der Regionalsprachen als vorbildlich zu dominieren begann bzw. (in Frankreich) von Staats wegen festgelegt wurde, war in Deutschland nur der mühselige Weg eines allmählichen Ausgleichs unter den vorhandenen Regionalsprachen möglich. Es bedurfte erst eines besonderen historischen Ereignisses und des Auftretens einer herausragenden Gestalt, um diesen Prozess anzustoßen.

6
Luthers sprachliche Großtat

Die Geschichte ist oft erzählt worden. Im Sommer 1505 befindet sich ein 22-jähriger Jurastudent gerade auf dem Rückweg vom Elternhaus an seinen Studienort Erfurt, als er bei Stotternheim in ein schweres Gewitter gerät. Ein schreckenerregender Blitzschlag, der ihm vorübergehend das Bewusstsein raubt, veranlasst ihn zu einer totalen inneren Umkehr. Der begabte Student Martin Luther, bereits Magister der Philosophie, wollte eigentlich auf Wunsch seines Vaters noch das Studium der Rechte absolvieren und eine höhere Beamtenlaufbahn einschlagen. Doch nach diesem Erlebnis von Stotternheim beschließt er, Mönch zu werden. Schon 14 Tage später tritt er in Erfurt in das Kloster der Augustiner-Eremiten ein.

In den nun folgenden jahrelangen inneren Kämpfen ringt Luther sich zu einem neuen Typus religiöser Haltung durch: Nicht durch gute Werke, die um des Lohnes willen unternommen werden, nicht durch diesseitige Gnadenmittel der Kirche, sondern allein durch den Glauben an die Gnade des jenseitigen Gottes kann der Mensch gerechtfertigt werden. Dafür besitzt er die Freiheit und Unbedingtheit seines Gewissens, das ihn mit Gott unmittelbar verbindet, ohne dass er der Zwischenschaltung einer hierarchischen Glaubensorganisation bedarf. Was das Papsttum angeht, so betont Luther dessen menschlich-geschichtliche Entstehung und bestreitet dessen Unfehlbarkeit.

Reformationsbemühungen hatte es zwar auch schon vorher gegeben, etwa von John Wicliff in Oxford oder Jan Hus in Prag. Aber den Unterschied sieht Luther (allzu vereinfachend) so: „Wycliff und Hus haben nur die Lebensweise des Papstes angefochten ... ich aber habe die Lehre angegriffen."

Seit 1507 studiert Luther Theologie und ergänzt seine Latein- und Griechischkenntnisse durch ein Studium des Hebräischen. 1512 promoviert er zum Doktor der Theologie (die Kosten dafür trägt der Kurfürst von Sachsen) und erhält die Professur für Bibelauslegung an der Universität Wittenberg.

Der endgültige Bruch mit der Amtskirche bahnt sich an, als er 1517 mit seinen 95 Thesen gegen den Ablasshandel protestiert. Dass er sie tatsächlich an die Tür der Wittenberger Schlosskirche angeschlagen hat, ist nicht gesichert. Aber die Thesen machen Furore im Reich. Schon vier Wochen später werden sie in Nürnberg, Leipzig und Basel gedruckt und verbreitet.

Das Bekehrungserlebnis Luthers von 1505 stellt aber nicht nur den Ausgangspunkt für die Entstehung der protestantischen Kirche dar, sondern bewirkt auch den Durchbruch zur überregionalen Sprache Deutsch. Ein ‚Jurist' Martin Luther hätte wohl kaum Grund gehabt die Bibel zu übersetzen, den Katechismus und reformatorische Flugschriften zu verfassen und das evangelische Gesangbuch herauszugeben (das auch 24 selbstverfasste Kirchenlieder enthält). Welche Wirkung diese publizistische Tätigkeit hatte, lässt sich daran ermessen, dass im Todesjahr Luthers – errechnet aus den Auflagen – in jedem zweiten bis dritten deutschen Haushalt (katholische eingerechnet) eine Lutherbibel vorhanden gewesen sein muss. Und: Sie bildete bis ins 18. Jahrhundert in den meisten Familien das einzige Buch, das sie besaßen.

Günstig für die große sprachliche Breitenwirkung des Reformators war auch dessen sprachgeographische Herkunft. Seine Lebensstationen Eisleben, Mansfeld, Magdeburg, Eisenach, Erfurt und Wittenberg liegen allesamt im hochdeutsch-niederdeutschen Grenzbereich. Luther war, was das Deutsche angeht ‚zweisprachig' und die geographische Mittelstellung war wichtig für die eigene Spracherfahrung und spätere Sprachwirkung. „Man darf nur einmal", schreibt Fritz Tschirch, „das Denkexperiment machen und Luther aus Kiel oder aus Konstanz kommen lassen, um den sprachhistorischen Glücksfall seiner Mittellage zu ermessen."

Luther ist jedoch nicht der ‚Schöpfer' der neuhochdeutschen Schriftsprache, wie zeitweise im protestantisch-konfessionellen Überschwang angenommen wurde. Aber er hat mit seiner „Sprachmächtigkeit und sozialgruppenübergreifenden Verständlichkeit die Entwicklung vorangetrieben wie kein anderer vor oder neben ihm." Enthusiastischer drückt es der Dichter Klopstock aus: „Niemand, der weiß, was eine Sprache ist, erscheint ohne Ehrfurcht vor Luther. Unter keinem Volk hat ein Mann so viel an seiner Sprache gebildet."

Das Luther-Deutsch, von dem später so viel zum sprachlichen Gemeingut der Deutschen wird – unabhängig von ihrer Konfession, entfaltet sich vor allem in seiner Übersetzungstätigkeit. 1522 erscheint das Neue Testament in Deutsch, 1534 ‚Die gantze Heilige Schrifft, Deudsch', also die Vollbibel. Beide sind aus dem Urtext, aus dem Griechischen und Hebräischen übersetzt, während alle vorherigen aus der lateinischen Vulgata übertragen waren, also Übersetzungen einer Übersetzung darstellten. Verdeutschungen der Vulgata gab es seit 1466, und bis zum Druck der Lutherbibel lagen insgesamt 14 in hochdeutscher und vier in niederdeutscher Sprache vor. Doch keine davon besitzt auch nur annähernd die sprachliche Ausdruckskraft des Luthertextes. Vielmehr lehnen sie sich meist ungelenk an die lateinische Vorlage an. Das macht eine Gegenüberstellung von Textstellen ganz deutlich (zum leichteren Lesen in heutiger Orthographie wiedergegeben):

Heißt es zum Beispiel in der Ausgabe von 1466 „Wann wir erkennen vom Teil und weissagen vom Teil ..." oder in der Ausgabe von 1518 „Wann wir erkennen unvollkommenlich, und weissagen unvollkommenlich ...", so sagt Luther: „Denn unser Wissen ist Stückwerk, und unser Weissagen ist Stückwerk ..."

Oder aus dem Psalm 23. Dort heißt es in der Ausgabe von 1518: „Der Herr regieret mich und mir geprist nichts, und an der Statt der Weide, da satzt er mich. Er hat mich geführet auf dem Wasser der Wiederbringung ..." Luther aber schreibt: „Der Herr ist mein Hirte, mir wird an nichts mangeln. Er weidet mich auf einer grünen Aue und führet mich zum frischen Wasser ..."

Luther hat nicht einfach wörtlich übersetzt, sondern den Inhalt der Heiligen Schrift in bildhaftem, aussagestarkem Deutsch ‚nachgedichtet'. Über sein Verständnis vom Übersetzen äußert er sich mehrfach. So zum Beispiel im ‚Sendbrief vom Dolmetschen': „Man muss nicht die Buchstaben in der lateinischen Sprache fragen, wie man soll Deutsch reden ... sondern man muss die Mutter im Haus, die Kinder auf den Gassen, den gemeinen Mann auf dem Markt darum fragen und denselbigen auf das Maul sehen, wie sie reden."

An einer anderen Stelle im ‚Sendbrief' erläutert er seine Vorliebe für das freie Übersetzen durch ein lateinisches Beispiel: „‚Ex abundantia cordis os loquitur' – wenn ich den Eseln soll folgen, die werden mir die Buchstaben vorlegen und dolmetschen: ‚Aus dem Überfluss des Herzens redet der Mund.' Sage mir: Ist das Deutsch geredet?

Welcher Deutsche versteht solches? Was ist ‚Überfluss des Herzens' für ein Ding? Stattdessen solle man sagen: ‚Wes das Herz voll ist, des gehet der Mund über.'" Und dann kommentiert er selbstbewusst seine Version: „*Das* heißt gut deutsch geredet!"

Luther hat sich um seine alltagsnahe, stark am mündlichen Ausdruck orientierte Übersetzung oft geradezu quälend bemüht. Zuweilen ringt er tagelang um die Übersetzung eines einzigen Wortes oder gar wochenlang um ein Bild, eine Metapher. Wie genau er es mit der Sprache nimmt, belegt die Episode, dass er sich einmal von einem Metzger fachgerecht ein Schaft zerlegen und dabei erklären ließ, wie die einzelnen Teile des Tieres in der beruflichen Fachsprache heißen.

Aber Luthers Sprache besitzt noch mehr als Volkstümlichkeit und ungewöhnliche Ausdruckskraft. Sie erreicht hohes literarisches Niveau – auch das trägt zu ihrer bleibenden Wirkung bei. Man betrachte nur die folgenden Textstellen aus dem 1. Korintherbrief und aus zwei Psalmen (wieder in der heutigen Orthographie): „Wenn ich mit Menschen- und mit Engel(s)zungen redete und hätte die Liebe nicht, so wäre ich ein dröhnendes Erz oder eine klingende Schelle." Oder: „Nähme ich die Flügel der Morgenröte und bliebe am äußersten Meer . . ." Oder: „Wie der Hirsch schreit nach den Wasserbächen, so schreit meine Seele, Gott, zu dir . . ."

Luther hat in seinen Übersetzungen eine Kunstprosa geschaffen, „die in Wortwahl und Satzbau, im Einsatz aller Stilmittel, im Fluss, Rhythmus und Klang der Sprache ohnegleichen ist. . . Zum ersten Mal wird (hier) die ganze Breite und Tiefe ermessen, deren diese Sprache fortan fähig bleibt" (Hans Eggers). Fast drei Jahrhunderte später werden Dichter des ‚Sturm und Drang' noch einmal ganz bewusst auf seine Sprache zurückgreifen.

Die deutlichste Spur aber hat die Spracharbeit Luthers in unserem Wortschatz hinterlassen. So sind etwa die folgenden plastischen und ausdrucksstarken Wortbildungen seine Neuschöpfung:

‚Denkzettel, Ebenbild, Feuereifer, friedfertig, Gewissensbiss, Herzenslust, kleingläubig, Langmut, Lästermaul, lichterloh, Lückenbüßer, Machtwort, Mördergrube, plappern, wetterwendisch, wiederkäuen'. Enger mit dem biblischen Sprachgebrauch verbunden sind Komposita wie ‚Kainszeichen, Linsengericht, Sündenbock' oder formelhafte Wendungen wie ‚das goldene Kalb', ‚der ungläubige Thomas', ‚der verlorene Sohn', ‚der barmherzige Samariter'.

Auch viele bildhafte Wendungen wurden durch Luthers Gebrauch in der Bibel erst volkstümlich. Etwa ‚(wie) Sand am Meer', ‚mit Blindheit geschlagen', ‚im Dunkeln tappen', ‚ein Dorn im Auge', ‚Stein des Anstoßes', ‚im Schweiße seines Angesichts', ‚sein Licht unter den Scheffel stellen', ‚sein Scherflein beitragen'.

„Luthers Wirkungen reichen aber noch tiefer. Durch die Anwendung bestimmter Leitwörter im Sinn seiner reformatorischen Auffassung hat er ihren weiteren Gebrauch in diese Richtung umgelenkt, hat er ihren Wortwert entschieden" (Fritz Tschirch). So hatte zum Beispiel ‚Beruf' vorher eher die Bedeutung von ‚Berufung, Befolgung eines Rufs'. Da Luther der Auffassung ist, dass jedes (rechte) Tun eines Christen Gottesdienst ist, weitet sich die Bedeutung des Wortes allgemein auf die menschliche Tätigkeit aus. Auch der Begriff ‚Arbeit' erfährt diese Umwertung. Im Mittelalter war damit noch ‚Mühsal', auch ‚Not' gemeint. Da auch schwere, mühselige Arbeit eine dem Menschen von Gott gesetzte sinnvolle Aufgabe sein kann (Luther: „ . . . und tue, was du schuldig bist zu tun in deinem Berufe") wird die Bedeutung dieses Begriffs dadurch aufgewertet.

Auch bei anderen schon vorhandenen Wörtern hat der spezifische Gebrauch bei Luther die Bedeutung erweitert oder eingeengt. So war ‚Ursache' vorher lediglich ein Rechtsterminus, jetzt nimmt das Wort die ganz allgemeine Bedeutung von ‚Grund, Anlass' an. Der ‚Sprengel' war ursprünglich das Gerät zum Versprühen des Weihwassers, seit Luther wird die Bedeutung auf den Bezirk eines Geistlichen ausgeweitet, in dem dieser Sprengel gebraucht wird und später sogar auf die bischöfliche Diözese.

Häufiger jedoch sind Bedeutungsverengungen. So wird das Substantiv ‚Mann' seit Luther grundsätzlich nicht mehr synonym mit ‚Mensch' gebraucht, sondern auf den Menschen männlichen Geschlechts eingeengt. Auch ‚Ehe' hat seit dieser Zeit nur noch die engere Bedeutung von heute, ebenso ‚Krieg' (ursprünglich ‚Anstrengung, Widerstand'). Bei den Verben bezeichnete ‚fahren' früher jede Art von Fortbewegung, auch Laufen und Reiten, seit Luther verengt sich das Wort auf die Fortbewegung mit Transportmitteln.

Eine weitere Wirkung der Luthersprache zeigt sich in der häufigen Verwendung von Modalwörtern wie ‚aber' oder ‚doch'. Sie fügen zwar der Sachinformation über ein äußeres Geschehen nichts hinzu, lassen aber die innere Einstellung des Sprechers zu dem Geschehen erkennen.

Luther hat außerdem eine Anzahl bislang nur ostmitteldeutscher Wörter im ganzen deutschen Sprachgebiet bekannt und schließlich heimisch gemacht. Etwa ‚Kleid' anstelle von ‚Gewand' und ‚Wat', ‚Heuchler' statt

‚Gleisner', ‚Auferstehung' statt ‚Urständ' (heute nur noch in der Wendung ‚fröhliche Urständ feiern'). Weitere mittel- und norddeutsche Wörter, die im Süddeutschen nicht oder nur wenig gebräuchlich waren, sich aber dann als neuhochdeutscher Standard durchsetzten, sind etwa ‚krank' (statt ‚siech'), ‚Lippe' (‚Lefze'), ‚Peitsche' (‚Geisel'), ‚Stufe' (‚Staffel'), ‚Topf' (‚Hafen'), und ‚Träne' (‚Zähre'). Anstelle der oberdeutschen Endung ‚-nuss' (zum Beispiel ‚empfängnuss') setzt Luther das heutige ‚-nis' durch. Und während das Oberdeutsche ein tonschwaches ‚-e' im Auslaut weglässt (‚Nam' statt ‚Name'), hält er daran fest.

Unter den in die deutsche Schriftsprache neu eingeführten Ausdrücken sind übrigens auch slawische Wörter seiner ostmitteldeutschen Mundart. So das bereits erwähnte ‚Peitsche', ferner ‚Grenze', ‚Jauche', ‚Trabant' (ursprünglich der hussitische Fußsoldat bei Luther im Sinne von ‚Läufer').

Insgesamt nimmt Luther in seiner Sprache aber durchaus eine Mittelstellung ein. Zwar wurzelt sie in der ostmitteldeutschen Überlieferung, er trägt aber auch der oberdeutschen Sprachtradition Rechnung. Wo er befürchtet, dass er im angrenzenden süddeutschen Raum nicht verstanden werden könnte, verzichtet er auf die eigene Form und entscheidet sich für die oberdeutsche.

Luthers sprachliche Wirkung beruht aber nicht nur auf seiner eigenen Leistung und der Wucht der Reformation, sondern auch auf bestimmten Voraussetzungen. Die vielleicht wichtigsten sind die um 1500 bereits relativ vorangeschrittene Einheitlichkeit und das hohe Ansehen der Sprache der kursächsisch-wettinischen Kanzlei, des ‚Meißner Deutsch'. Dazu kam die Bedeutung der Universität Wittenberg, an der Luther und Melanchthon lehrten. Sie war im 16. Jahrhundert die bedeutendste deutsche Universität und von Studenten aus allen (protestantischen) Ländern Europas besucht.

Luther charakterisierte seine Sprache selbst so: „Ich habe keine gewisse, sonderliche, eigene Sprache im Deutschen, sondern brauche der gemeinen deutschen Sprache, dass mich beide, Ober- und Niederländer (= Niederdeutsche) verstehen mögen. Ich rede nach der Sechsischen Cantzley, welcher nachfolgen alle Fürsten und Könige in Deutschland; alle Reichsstädte, Fürstenhöfe schreiben (danach) . . . darum ists auch die gemeinste deutsche Sprache. Kaiser Maximilian und Kurfürst Friedrich, Herzog von Sachsen etc., haben alle (deutschen) Sprachen in eine gezogen."

Mit dieser Feststellung überzeichnet Luther freilich die tatsächlichen Vorgänge. Solch sprachpolitische Aktivität von Kaiser und Fürsten hat es – leider – nicht gegeben, sonst wäre eine allgemeinverbindliche neuhochdeutsche Schriftsprache sicher früher entstanden. Ein wahrer Kern der Aussage besteht aber darin, dass es offensichtlich einen lebhaften Kontakt und Austausch zwischen dem Ostmitteldeutschen und dem Ostoberdeutschen, vor allem dem Ostfränkischen gegeben hat. Die wichtigste schreibsprachliche Vermittlungsrolle zwischen dem Süden und der Mitte Deutschlands hatte dabei die Stadtkanzlei Nürnbergs. Von dort sind vorher die kaiserlichen Kanzleien in Prag und Wien sowie die Meißner Kanzlei beeinflusst worden (vergleiche Eggers 1969, Polenz 1991).

Nürnberg war im 15. und 16. Jahrhundert das eigentliche politische, wirtschaftliche und kulturelle Zentrum, und seit Beginn der Reformation zugleich die ‚lutherischste' Großstadt im Reich. Der Reformator stellt selbst einmal fest: „Nürnberg leuchtet wahrlich in ganz Deutschland." Sein großer Bewunderer Albrecht Dürer hatte 1521 den vermeintlichen Tod des Reformators beweint, als nach Luthers ‚Entführung' auf die Wartburg das Gerücht umlief, er sei ermordet worden. Obwohl geographisch im Süden gelegen, war Nürnbergs „frühe nördliche Orientierung ... für den nationalsprachlichen Fortschritt mindestens ebenso entscheidend wie der kaiserliche Wirkungsbereich" (Peter von Polenz).

Wer den deutschen Reformator gesamtgeschichtlich bewertet, stößt freilich auch auf zwei dunkle Flecken außerhalb des nur sprachlichen Lutherbilds. Der eine ist sein Wandel vom Fürsprecher zum Feind der *Juden*. Das zweite ist das Im-Stichlassen der aufständischen *Bauern*. 1523 hatte er in seiner Schrift „Dass Jesus ein geborener Jude sei" ausgeführt, dass „der Jude ... ein Menschenbruder ist" und darin das „lügnerische Gerede" von angeblichen Ritualmorden und Hostienschändungen und die Verfolgungen scharf verurteilt. „Will man ihnen helfen, so muss man nicht des Papstes, sondern der christlichen Liebe Gesetz an ihnen üben und sie freundlich annehmen".

„Das waren neue Töne im Christentum", schreibt Nachum Gidal, „die zu einer Normalisierung im Zusammenleben von Christen und Juden hätten führen können. Aber Luther forderte dafür von jedem Juden einen Preis, die Verleugnung seines Glaubens ... (Doch) Luther unterschätzte die Glaubensstärke der Juden, (denen) Luthers christliche Nächstenliebe als religiöser Bestechungsversuch erschien" (1997: 82).

Luther hatte geglaubt, dass allein die grausamen Verfolgungen durch die Papstkirche der Grund dafür waren, dass sich so wenige Juden zum christlichen Glauben bekehrt hatten. Als nun auch sein Missionsversuch scheiterte, verwandelte sich seine Enttäuschung in kompromisslose Feindschaft und Hass. In seiner Schrift „Von den Juden und ihren Lügen" (1542) heißt es unter anderem: „Was wollen wir Christen nun tun mit diesem verworfenen, verdammten Volk der Juden? Rächen dürfen wir uns nicht. Aber ich will meinen treuen Rat geben: Dass man ihre Synagogen oder Schulen mit Feuer anstecke ... die Gebetbücher und den Talmud solle die Obrigkeit beschlagnahmen und den Rabbinern bei Todesstrafe das Lehren verbieten."

Der zweite dunkle Fleck im Lutherbild ist das Im-Stich-lassen der aufständischen *Bauern* und städtischen Unterprivilegierten, die sich in der Rechtfertigung ihrer Sozialrevolte gerade auf Luthers neue Glaubenstheologie und Auslegung des Evangeliums beriefen. Nach anfänglichem Verständnis für sie und dem Versuch, sie zu einem Ausgleich mit der Obrigkeit zu bringen, verfiel er in ähnlich hasserfüllte Aufrufe gegen sie wie gegen die Juden. In seiner Streitschrift „Wider die räuberischen und mörderischen Rotten der Bauern" empfahl er ihren Gegnern: „Steche, schlage. Würge, wer da kann ...".

Trotzdem müssen wir diese erschreckenden Verhaltensweisen Luthers außer Acht lassen, wenn wir die einzigartige persönliche Leistung und gewaltige sprachgeschichtliche Wirkung des Reformators beurteilen. Für das Niederdeutsche gilt dies zwar nicht. Aus seinem Wortschatz gelangt nur recht wenig ins Lutherdeutsch. Die Lutherbibel wird zunächst öfter ins ‚Sassische' (‚Sächsische') übersetzt. Doch mit der Zeit werden niederdeutsche Übersetzungen immer seltener und von 1621 an erscheinen in Norddeutschland nur noch hochdeutsche Bibeln. So beklagenswert der schriftsprachliche Untergang des Niederdeutschen ist, so war es doch die „wichtigste sprachgeschichtliche Folge der Reformation, ... (dass) der ganze weite niederdeutsche Norden für Luthers Sprache gewonnen wurde" (Hans Eggers).

Luthers Bibelverdeutschung und ihre enorme Breitenwirkung auf Grund ihrer volkstümlichen, jedermann verständlichen Sprache wird von seinen konfessionellen Gegnern mit großer Heftigkeit bekämpft. Umgehend werden katholische Konkurrenzübersetzungen geschaffen. Aber die beiden ersten ‚Schnellschüsse', die Bibeln Emsers und Dietensbergers, kopieren weitgehend den Text Luthers, der sich beklagt: „(Sie) stelen mir also meine sprache."

Was den Zug zur werdenden Spracheinheit zunächst bremst, ist die nachfolgende qualifizierte Übersetzung des Ingolstädter Theologen Johannes Eck, die der bayerische Herzog in Auftrag gibt. Eck scheut sich zwar nicht, gelungene Bilder und Wendungen Luthers zu übernehmen, aber er setzt den gesamten Text vollständig in die bayrische Sprachform um. Deshalb beseitigt er alle Wörter, die im Oberdeutschen nicht gebräuchlich sind und führt auch eine Reihe von lateinischen Fremdwörtern wieder ein, die Luther ausgemerzt hatte.

Ecks Bibel wurde im Südosten zum Sprachvorbild, und es kam zu einer Ideologisierung der Sprachvarianten. Diese Frontstellung zwischen dem ‚ketzerischen' Ostmitteldeutsch Luthers und dem ‚rechtgläubigen' Oberdeutsch der Gegenreformation blieb lange Zeit bestehen. Es waren aber, wie schon erwähnt, nicht nur konfessionelle Gründe, die eine sich schon anbahnende Spracheinheit verzögerten. Es war auch das kulturelle Selbstbewusstsein des Südens und Südostens, das eine Rolle spielte. Man lebte im Donauraum – ähnlich wie am

Rhein – in einer alten Kulturlandschaft und wollte sich nicht ohne weiteres den sprachlichen Ansprüchen eines Raumes (Ostmitteldeutschland) unterwerfen, der erst seit dem 10. Jahrhundert von diesem kulturtragenden Westen und Süden her christianisiert und ins Abendland einbezogen worden war.

Im übrigen Deutschland breitete sich jedoch das von Luther benutzte, inzwischen weiterentwickelte ‚Meißnische Deutsch' immer mehr aus. Im 18. Jahrhundert schließlich wurde es, nicht zuletzt unter dem Eindruck der literarischen Blüte der deutschen Klassik, auch im Süden akzeptiert. Jetzt hatte sich endgültig die Ansicht durchgesetzt, dass es durchaus möglich war, sich dieser Sprachform anzuschließen, ohne damit gleichzeitig die eigene, gewachsene religiöse und kulturelle Tradition preiszugeben.

Teil V

Der Weg in die Gegenwartssprache

1
Bedrohung und Verteidigung

Rund einhundert Jahre nach dem Erscheinen der Lutherbibel hatte der Prozess der Herausbildung einer einheitlichen Schriftsprache in Deutschland erst noch einmal einen schweren Rückschlag erlitten. Die sprachliche Situation hatte sich so sehr verschlechtert, dass ein anonymer Dichter im Jahr 1638 klagt:

„Ich teutscher Michel, versteh schier nichel (= nichts)
In meinem Vatterland, es ist ein schand . . ."

Der Autor wettert in seinem 55 Strophen langen ‚Klaglied wider alle Sprach-Verderber' gegen die wachsende Flut der lateinischen und französischen Fremdwörter, ja gegen den immer breiteren Gebrauch dieser Sprachen überhaupt durch eine Oberschicht, so dass der einfache Mann, der ‚teutsche Michel', nichts mehr verstehen kann. Diese Figur des Michel wurde später sowohl im eigenen Land wie im Ausland zum nationalen Stereotyp vom provinziellen und naiven Deutschen, mit dem man machen kann, was man will.

Diese sprachliche Entfremdung bleibt auch in den nächsten einhundert Jahren mehr oder weniger bestehen. Noch im Jahr 1750 kann Voltaire von seinem Aufenthalt am Hofe Friedrich des Großen in Potsdam an einen Freund berichten: „Ich befinde mich hier quasi in Frankreich; man spricht nur unsere Sprache. Das Deutsche ist nur für die Soldaten und für die Pferde. Man braucht es nur auf der Landstraße."

Dieses Vorherrschen französischer Wörter und Wendungen in der eigenen Sprache war zwar eine allgemein europäische Erscheinung dieser Zeit. Sie beruhte auf der politischen und militärischen Großmachtrolle Frankreichs und auf der Ausstrahlung des Hofs Ludwigs XIV., des ‚Sonnenkönigs'. Das Leben und Treiben am Versailler Hof, die Mode und die Umgangsformen der höfischen Gesellschaft dort, waren stilbildend für alle Fürstenhöfe. Und dazu gehörte auch die Verwendung der französischen Sprache. Die Nachahmung höfisch-französischer Sitten im Adel und gehobenen Bürgertum nannte man schon damals ‚Alamode-Wesen'.

In Deutschland war der Einfluss auch deshalb besonders stark, weil hier seit dem Dreißigjährigen Krieg eine Vielzahl oft kleiner und kleinster Fürstentümer (insgesamt 343!) existierte. Wo schon nach 50 oder 100 Kilometern Entfernung die nächste (französisch parlierende) Hofgesellschaft anzutreffen war, musste die Sprachstrahlung noch stärker sein als in einem großflächigen Territorium mit nur einem oder wenigen Zentren.

In Brandenburg-Preußen begünstigte auch die Aufnahme von etwa 20.000 Hugenottenflüchtlingen, die seit 1685 vor religiöser Verfolgung aus Frankreich geflohen waren, die Stellung der französischen Sprache dort. Viele der Hugenotten entstammten der höheren Bildungsschicht oder waren spezialisierte Handwerker. Diesen tüchtigen und loyalen Neubürgern verdankt Brandenburg-Preußen im Übrigen viel von seinem wirtschaftlichen, technischen und kulturellen Fortschritt.

Die Überanpassung an französische Sprache und Gewohnheiten in ganz Deutschland rief allerdings auch Proteste hervor. Eine beliebte Form der Kritik waren Spottgedichte, mit denen man die ‚alamodische' Sprachmischung lächerlich zu machen versuchte. Zum Beispiel dieses (zitiert nach Otto 1972):

„Ich bin nun deschargirt von dem maladen Leben ...
Wo Einfalt avanciert, und Unschuld mit raison,
die retrogarde hat, da ist die Sache bon.
Von mir wird mesprisiert das baise-les-mains in Städten,
der Achseln parlement, der Füß und Hut courbetten.
Mon coeur hegt Hundestreu, die mein delectament.
Ich bin ein frommer Sot, und niemals malcontent ...."

Lässt man den unsinnigen Inhalt dieser Verse außer Acht, dann spiegeln sie die damals übliche Sprachmischung in der Konversation der ‚besseren Kreise' sicher recht treffend wider. Doch solch abstruse Sprachmischung war es nicht allein, was die Zukunft der Kultursprache Deutsch bedrohte. Noch gefährlicher war die Tendenz, die bis hinein ins mittlere Bürgertum wirkte, Deutsch überhaupt nicht mehr zu verwenden, sondern Französisch miteinander zu sprechen. „Ein jeder Schneyer will jetzt der Sprach erfahren sein", beklagt der anonyme ‚Teutsche Michel'. Eltern halten sogar ihre Kinder an, mit ihnen und untereinander Französisch zu sprechen und den Gebrauch der Muttersprache auf das Hauspersonal zu beschränken (Polenz 1978).

Weil immer mehr Menschen, Gebildete und Scheingebildete, in einer Vielzahl von Situationen die eigene Sprache nicht mehr verwendeten, drohte sie im 17. Jahrhundert ihren Status als europäische Kultursprache einzubüßen und zu einer ‚Unterschichtsprache' abzusinken.

Die wichtigste Ursache dafür, dass das Ansehen der eigenen Sprache nicht nur im Adel, sondern auch im Bürgertum einen solchen Tiefstand erreicht hatte, war aber wohl der Dreißigjährige Krieg. Er kostete rund 40 Prozent der deutschen Land- und rund 33 Prozent der Stadtbevölkerung das Leben (Wells 1990). Neben den Toten und den katastrophalen Zerstörungen dürfen auch die seelischen Verwüstungen bei denen, die überlebt hatten nicht übersehen werden. Das Selbstbewusstsein vieler Menschen zerbrach, die Bindung an ihr zerstörtes und unglückliches Land lockerte sich, gerade im Bürgertum und in den gebildeten Schichten, die die wichtigsten Sprachträger waren. Diesen auch seelischen Zusammenbruch beklagt 1636 der erst 20-jährige schlesische Dichter Andreas Gryphius in seinem Gedicht ‚Tränen des Vaterlands' (Wiedergabe in heutiger Orthographie):

Wir sind doch nunmehr ganz /
ja mehr denn ganz verheert! . . .
Die Türme stehn in Glut / die Kirch ist umgekehrt.
Das Rathaus liegt im Graus / die Starken sind zerhaun.
Die Jungfraun sind geschänd't /
und wo wir hin nur schaun
ist Feuer, Pest und Tod, der Herz und Geist durchfährt.
Hier durch die Schanz und Stadt /
rinnt allzeit frisches Blut.
Dreimal sind schon sechs Jahr als unser Ströme Flut
von so viel Leichen schwer / sich langsam fortgedrungen.
Doch schweig ich noch von dem was ärger als der Tod
was grimmer denn die Pest / und Glut und Hungersnot
dass nun der Seelen Schatz / so vielen abgezwungen.

Will man die Einflüsse fremder Sprachen auf das Deutsche im 17. und frühen 18. Jahrhundert bewerten, so muss man zwischen ihnen Unterschiede machen.

Der italienische Einfluss im Gefolge der Renaissance und des Humanismus war um diese Zeit schon fast ausgelaufen. Er hatte ausschließlich den Wortschatz betroffen und dem Deutschen zahlreiche Ausdrücke des Handels, des Bankwesens, der Musik und der humanistischen Gelehrsamkeit vermittelt. Alle diese Entlehnungen stellten ohne

Einschränkung eine Bereicherung des deutschen Vokabulars dar.

Beim lang anhaltenden Einfluss des Lateinischen (der quantitativ noch größer als der französische ist) fällt die Bilanz uneinheitlich aus. Als Wissenschafts- und Bildungssprache wäre das Deutsche ohne die Tausende von lateinischen Begriffen, die seit dem frühen Mittelalter aufgenommen wurden, überhaupt nicht denkbar. Sie haben auch die Sprache keineswegs entfremdet. Häufig sind sie ohnedies ‚Internationalismen', die man in allen Kultursprachen antrifft und die heute den geistigen Zusammenhang der neuzeitlichen Welt gewährleisten. Außerdem hat das Deutsche viel stärker als etwa das Englische oder Französische zu diesen Termini einheimische Parallelbegriffe gebildet, so dass häufig zwei Begriffe für eine Sache zur Verfügung stehen und je nach Vorliebe, Bildungsgrad und Stilwünschen des Sprechers gebraucht werden können.

Im Fall des Französischen war es anders, weil es auch im alltäglichen Gespräch und von einer relativ großen Bevölkerungsschicht benutzt wurde. Der psychologische Druck auf die Gebildeten, Französisch zu sprechen und zu schreiben, wenn sie nicht provinziell erscheinen wollten, war sehr stark Selbst die größten Geister der Zeit gaben diesem Druck – oft gegen ihre Überzeugung – nach. Etwa der Philosoph und Mathematiker Leibniz. Er verfasst um 1697 die Schrift ‚Unvorgreifliche Gedanken, betreffend die Ausübung und Verbesserung der deutschen Sprache'. In ihr übt er Kritik an der Vernachlässigung der eigenen Sprache in Deutschland, erklärt, dass es selbst für die Wissenschaft besser sei, die Muttersprache zu verwenden und macht Vorschläge, in welchen Gebieten das Deutsche dafür terminologisch noch ausgebaut werden müsste. Aber: Leibniz, der seine übrigen Werke in Latein und Französisch abfasst, wagt es nicht, diese Schrift zu veröffentlichen! Sie erscheint erst 20 Jahre später, nach seinem Tod.

Es sind erst die Dichter und Philosophen des 18. Jahrhunderts, die das gebildete Deutschland für die Muttersprache zurückgewinnen. Dies macht den Unterschied etwa zu Frankreich und England aus: Während dort die ganze gebildete Oberschicht zur Entfaltung der Nationalsprache beitrug, war in Deutschland diese Schicht der eigenen Sprache für mehr als ein Jahrhundert verloren gegangen.

Diese sprachsoziologische Tatsache zu bedauern, heißt freilich nicht, die große Bereicherung des deutschen Wortschatzes durch das Französische im 17. und 18. Jahrhundert zu verkennen. Denn trotz der Gegenbewegung der Sprachgesellschaften und Sprachreiniger, von denen gleich die Rede sein wird, sind eine Vielzahl praktischer und treffender französischer Wörter im Deutschen heimisch geworden. Sie reichen von Ausdrücken der Mode (‚Kostüm, Perücke, Robe, Taille, Weste') über solche der Körperpflege (‚rasieren' und ‚Parfum') und des Gesellschaftslebens (‚Ball, Dame, galant, Kavalier, Manieren, nett') bis zu Verwandtschaftsbeziehungen (‚Cousin(e), Mama, Papa, Onkel, Tante').

Auch neue Arten der Speisezubereitung wurden samt ihrer Benennung aus Frankreich übernommen, etwa ‚Bouillon, Gelee, Kompott, Marinade, Omelette, Ragout, Sauce, Torte'. Besonders stark ist die französische Terminologie der Kriegsführung und militärischer Ränge und Strukturen, wie in vielen Sprachen, auch im Deutschen vertreten. Man denke nur an ‚Attacke, Bataillon,

Batterie, Leutnant, General, Regiment, Truppe, marschieren'.

Schließlich drückt sich der französische Einfluss auf das Deutsche auch in einer Vielzahl von Lehnübersetzungen und Lehnprägungen aus. Beispiele dafür sind ‚Nebenbuhler, Geschäftsmann, Redensart, Regenschirm, Schöngeist'. Insgesamt existieren im heutigen Deutsch über 2.000 Wörter, die im Lauf der Zeit aus Frankreich gekommen sind, die meisten davon im 17. und 18. Jahrhundert.

Aber während dieser Zeit des stärksten Einflusses, als Adel und gehobenes Bürgertum eine deutsch-französische Mischsprache oder überhaupt nur Französisch verwendeten, erwuchs auch eine Gegenbewegung. In vielen Teilen Deutschlands entstanden sogenannte ‚Sprachgesellschaften', die sich die Verteidigung und Pflege der eigenen Sprache zum Ziel setzten. Teils im Kontakt mit diesen Gesellschaften, teils auch selbständig machten sich ‚Grammatiker' daran, ein allgemein verbindliches Regelwerk für den Gebrauch der deutschen Sprache zu schaffen, die Sprache also zu ‚normieren'.

Wie schon das neue Lebensgefühl der Renaissance und die Geistesströmung des Humanismus waren auch diese Sprachgesellschaften in Italien entstanden. Sie sahen ihre Aufgabe darin, die Volkssprache zu verbessern, um sie für den Gebrauch der Wissenschaft und Literatur geeignet zu machen, und sie gleichzeitig von unnötigen Fremdwörtern zu reinigen. Als erste deutsche wurde im Jahr 1617 in Weimar die ‚Fruchtbringende Gesellschaft' gegründet. Ihr Oberhaupt, Fürst Ludwig von Anhalt-Köthen, war während einer Italienreise in die ‚Accademia della Crusca' aufgenommen worden, und die Weimarer Gesellschaft orientierte sich stark an diesem Vorbild. Bedeutende Dichter und Grammatiker wie Gryphius, Opitz, Harsdörffer und Schottel schlossen sich ihr an. Auch Grimmelshausen, der Autor des ‚Simplicissimus' bekannte sich zu dieser Bewegung.

Die ‚Fruchtbringende Gesellschaft', auch ‚Palmenorden' genannt, war nicht nur die erste, sondern auch die größte Sprachgesellschaft des Jahrhunderts. Auf ihrem Höhepunkt betrug ihr Mitgliederstand 890 Personen. Die meisten Mitglieder waren Adlige, aber es gehörten auch interessierte Bürgerliche der Gesellschaft an. Bei den anderen, später gegründeten Sprachgesellschaften stellten sie sogar die Überzahl.

Weitere Sprachgesellschaften, die der Weimarer folgten, waren etwa die ‚Aufrichtige Gesellschaft von den Tannen' (1633) in Straßburg, die ‚Deutschgesinnte Genossenschaft' in Hamburg und die ‚Pegnitzschäfer' (bzw. ‚Pegnesischer Blumenorden') in Nürnberg, gegründet von dem eben schon erwähnten Georg Philipp Harsdörffer. Die letztgenannte Gesellschaft existiert übrigens, wenn auch in geänderter Gestalt, noch heute.

Die einzelnen Gesellschaften hatten nicht völlig gleiche Ziele. Die einen setzten mehr auf Sprachreinigung und Verdeutschung von Fremdwörtern, andere mehr auf die Pflege des Stils und der Dichtung. Alle aber empfanden sich mehr oder weniger als patriotische Vereinigungen, die auch alte ‚teutsche Tugenden' wiederbeleben wollten. Ihre gesellschaftlichen Rituale und Zeremonien trugen oft skurrile Züge. Wurde ein Mitglied neu aufgenommen, erhielt es einen Gesellschaftsnamen wie ‚der Nährende', ‚der Rüstende', ‚der Unermüdete' usw. Die Bemühung der Sprachgesellschaften um ‚die Hebung' der deutschen Sprache bezeichnete Harsdörffer als ‚Spracharbeit', ein Terminus, der sich bis heute erhalten hat.

Die Reinigung der Sprache von Fremdwörtern und ihre Ersetzung durch neue deutsche Prägungen, haben stellenweise zu recht skurrilen und abwegigen Verdeutschungen geführt. Solche misslungenen Vorschläge waren etwa ‚Zitterweh' (für ‚Fieber'), ‚Gesichtserker' (für ‚Nase' – das irrtümlich für ein Fremdwort gehalten wurde), ‚Zeugemutter' (für ‚Natur') oder ‚Entknödelung' (für ‚Interpretation').

Aber auf der anderen Seite stehen doch eine Vielzahl gelungener Neuschöpfungen wie ‚Anschrift' (für ‚Adresse'), ‚Briefwechsel' (für ‚correspondance'), ‚Entwurf' (‚Projekt'), ‚Gesichtskreis' (‚Horizont'), ‚Irrgarten' (‚Labyrinth'), ‚Mundart' (‚Dialekt'), ‚Nachruf' (‚Nekrolog'), ‚Wahlspruch' (‚Devise').

Die Sprachgesellschaften wenden sich der deutschen Sprache nicht nur – wie die Humanisten – aus nationalem Stolz zu, sondern sie gehen auch ihrer Schönheit nach. So schwärmt der Grammatiker Schottel um 1640: „Seht eure schönste Sprach, ein Zeichen der Freiheiten, voll Pracht, voll Süßigkeit, voll der Glückseligkeiten . . ." Der Schlesier Martin Opitz wird mit seinem ‚Buch von der deutschen Poeterey' (1624) zum Begründer der neuhochdeutschen Literatursprache. Auf Harsdörffers Veröffentlichung ‚Poetischer Trichter' (1647), mit dem die Dicht- und Reimkunst angeblich „in 6 Stunden einzugießen" sei, geht der Ausdruck ‚Nürnberger Trichter' zurück.

Hauptverdienst der Grammatiker, die teils in Verbindung mit Sprachgesellschaften, teils unabhängig von ihnen wirkten, ist die Normierung der Sprache. Der Norddeutsche Justus Georg Schottel schreibt 1663 die erste große deutsche Grammatik mit fast 1.500 Seiten Umfang (‚Ausführliche Arbeit von der Teutschen Haubt Sprache'). Darin vertritt er die Ansicht, die deutsche Schriftsprache dürfe nicht an einen bestimmten Dialekt gebunden sein, auch nicht an den bereits dominierenden meißnischen. Und er betrachtet es als Aufgabe, den richtigen Sprachgebrauch zu lehren. Erst später, besonders bei Johann Christoph Gottsched, setzt sich der Gedanke durch, dass eine Grammatik den Sprachgebrauch nicht (von einem subjektiven Ideal her) vorschreiben, sondern dass sie den tatsächlichen Gebrauch beschreiben soll. Schottel verdanken wir übrigens auch die Verdeutschung grammatischer Ausdrücke, etwa ‚Einzahl, Mehrzahl, Sprachlehre, Zeitwort'.

Die Verdienste des Ostpreußen Gottsched um die Sprache wären um ein Haar nicht zustande gekommen. Nach seinem Studium an der Universität Königsberg wollten ihn die Soldatenwerber des Preußenkönigs wegen seiner körperlichen Größe in die Garde der ‚Langen Kerls' pressen. Nur durch die Flucht nach Leipzig entgeht er dieser, der Wissenschaft wenig nützlichen ‚Karriere'. In Leipzig dagegen kann er sich habilitieren, wird bald Professor, dann mehrmals auch Rektor der Universität. Mit einer Anzahl von Werken über Sprache, Dichtung und Theater wird er zum bedeutendsten Sprach- und Literaturwissenschaftler des 18. Jahrhunderts.

Gottscheds Wirken steht schon am Anfang des Zeitalters der Aufklärung, und in ihrem Sinn engagiert er sich auch für einen einfachen, klaren Stil im Gegensatz zum barocken Schwulst der vorausgehenden Jahrzehnte. Dabei stellt er die ostmitteldeutsche Sprachform als die beste hin. Sein wichtigstes Werk ist die ‚Grundlegung einer deutschen Sprachkunst' (1748). In ihr wird übrigens die bis heute im Deutschen übliche Großschreibung der ‚Hauptwörter' (Substantive) eingeführt. Dieses Werk begründet Gottscheds Autorität in allen sprachlichen Dingen und trägt dazu bei, dass sich die ostmitteldeutsche Sprachvariante auch im Süden rascher durchsetzt.

Außerdem wird Gottscheds Grammatik noch zu seinen Lebzeiten ins Französische und Russische übersetzt, nach seinem Tod auch ins Niederländische und Ungarische. Für In- und Ausländer wird sie zum führenden Lehrbuch der deutschen Sprache. Erst 43 Jahre später macht die ‚Deutsche Sprachlehre' des Pommern Johann Christoph Adelung Gottscheds Werk den Rang streitig. Adelungs Sprachlehre wird auch an den Schulen Österreichs eingeführt. Daneben gibt Adelung ein großes fünfbändiges Wörterbuch der deutschen Sprache heraus. Es ist nicht das erste: Schon im 16. Jahrhundert sind mindestens fünf andere erschienen. Aber es ist das bis dahin am sorgfältigsten erarbeitete und umfangreichste Wörterbuch.

Es ist bemerkenswert, dass fast alle bedeutenden Grammatiker des 17. und 18. Jahrhunderts aus dem Norden Deutschlands stammten und sich zur ostmitteldeutschen Sprachform bekannten. Dies hatte Konsequenzen für die Aussprache. Das niederdeutsche Sprachgebiet war schon durch die Reformation für das Hochdeutsch ostmitteldeutscher Prägung gewonnen worden. Weil es für die Bewohner dort eine Sprache war, die sie aus Büchern lernen mussten, artikulierten sie das Geschriebene so, wie es im Text steht, während die Bewohner der Mitte und des Südens den Text beim Lesen innerlich in ihre Mundart umsetzten. Für die Norddeutschen stand jedoch kein dafür geeigneter Dialekt zur Verfügung. Deshalb geriet ihnen das gesprochene Hochdeutsch dialektfrei und wird später das Vorbild für die Aussprache in ganz Deutschland.

So ist es schließlich nur noch ein Schritt, bis das Hochdeutsch auf ostmitteldeutscher Grundlage mit der Literatur der Klassik endgültig seinen Siegeszug antritt. Dabei war es besonders bedeutsam, dass auch die südwestdeutschen Dichter Wieland, Goethe, Schiller sich dieser Form der Schriftsprache angeschlossen hatten.

2
Dichter und Denker einen die Sprachnation

Das selbstgefällige Gerede vom ‚Volk der Dichter und Denker', mit dem eine nationalkonservative Bildungsschicht in Deutschland das eigene Volk überhöhte, ist nach der traumatischen Erfahrung der Nazi-Barbarei glücklicherweise verstummt. Trotzdem brauchen wir die Dichter und Denker, wenn wir beschreiben wollen, wie es nach tausend Jahren geschriebener deutscher Sprache am Ende des 18. Jahrhunderts schließlich zur Einheit der Hoch- und Schriftsprache kam. Denn es waren die Dichter des ‚Sturm und Drang', der Klassik und der Romantik, und es waren die philosophischen Denker der Aufklärung, die den Adel und das Bürgertum für das Deutsche als Bildungs- und Kultursprache zurück gewannen und gleichzeitig den immer noch in Nord und Süd gespaltenen deutschen Sprachraum einten.

Zwei Entwicklungsstränge waren seit der Mitte des 17. Jahrhunderts allmählich zusammengelaufen und hatten am Ende des 18. Jahrhunderts die einheitliche deutsche Hochsprache geformt. Den einen Strang bildete die Sprachnormierung der ‚Grammatiker', die angesichts der verwirrenden Vielfalt von Regionalsprachen einer unter ihnen, der ostmitteldeutschen, das Maß an Regelhaftigkeit verschafften, das sie zur Grundlage einer gesamtdeutschen Schriftsprache werden ließ. Gleichzeitig erweiterten und präzisierten die Philosophen der Aufklärung, Christian Wolff und Immanuel Kant vor allem, den Begriffsvorrat der deutschen Sprache in einer Weise, dass sie sich fortan zur Wiedergabe auch der differenziertesten Gedanken eignete.

Doch diese regelhafte und präzise Sprache der Grammatiker und Philosophen allein hätte noch nicht die gefühlsmäßigen und ästhetischen Ansprüche befriedigt, die an eine große europäische Kultursprache zu stellen sind. Die ästhetisch-emotionale Durchdringung dieser Sprache bildet den anderen Entwicklungsstrang. Es war der Beitrag der Dichter dieser Zeit: Klopstock, Herder, Wieland, Schiller, Goethe und einige Schweizer. Ihre Hinwendung zur ostmitteldeutschen Sprachform, auch wenn sie süddeutscher oder Schweizer Herkunft waren, formte bis um 1800 die allgemeinverbindliche Hochsprache.

Der sogenannte ‚Sturm und Drang' und die Romantik – beide Reaktionen auf die nüchterne, rationalistische Aufklärung des 18. Jahrhunderts – steuerten den emotionalen und expressiven Gehalt des Deutschen bei, während die ‚abgeklärte' und weltläufige Weimarer Klassik dieser Sprache den ‚letzten Schliff' verlieh. Die genannten und manche andere Dichter und Denker verliehen damit der deutschen Sprache das kulturelle Prestige, das ihr das eigene Bildungsbürgertum ein Jahrhundert nicht zugestanden hatte.

Wenden wir uns erst den Philosophen zu und greifen die eben erwähnten beispielhaft heraus. Der eine, Christian Wolff aus Breslau, lehrte seit 1706 als Professor in Halle. Seine Originalität als Denker erreichte zwar nicht die seines Vorgängers Leibniz, des ersten deutschen Aufklärungsphilosophen. Aber während Leibniz alle seine Werke noch in Latein und Französisch geschrieben hatte, verfasste Wolff die seinen fast durchweg in Deutsch. Weil er dafür eine Vielzahl philosophischer Termini erst bilden musste und weil seine Schüler, die ‚Wolffianer', nahezu alle Lehrstühle an den deutschen Universitäten besetzten, geht auf ihn der Grundstock der modernen philosophischen Terminologie im Deutschen zurück.

Wolffs Leistung für die deutsche Sprache bestand aber nicht nur in der Begriffsbildung, er lieferte auch ein Vorbild für den Stil wissenschaftlich-präziser und zugleich verständlicher Darstellung. Sein methodisches und sprachstilistisches Vorgehen beschreibt er selbst wie folgt: „(Ich) gebe einem jeden Wort seine abgemessene Bedeutung, bei der ich beständig verbleibe." Damit könne er, so Wolff weiter, „in einer beständigen Verknüpfung miteinander einen Satz aus dem anderen herleiten." Dazu gehört auch, „dass ich niemals mehr Worte gebrauche als die Sache erfordert, und mich aller verblümten und hochtrabenden Redensarten enthalten (habe)." Über Wolffs Wirkung urteilt der Germanist Hans Eggers: „Sein Nacheinander der Deduktion, der eindeutige Wortgebrauch und die klare Durchsichtigkeit des Satzbaus ... haben auch die Sprache (als solche) bereichert" (Eggers 1986, Band 2).

Die schrittweise Herleitung eines Gedankengangs mit knappen, aufeinander aufbauenden Sätzen als Denk- und Schreibstil zeigen auch viele Abhandlungen Immanuel Kants. Besonders deutlich etwa die Einleitung zu seiner Schrift ‚Was ist Aufklärung?' von 1784. Kant schreibt: „Aufklärung ist der Ausgang des Menschen aus seiner selbstverschuldeten Unmündigkeit. Unmündigkeit ist das Unvermögen, sich seines Verstandes ohne Leitung eines anderen zu bedienen. Selbst verschuldet ist diese Unmündigkeit, wenn die Ursache derselben nicht am mangel des Verstandes, sondern der Entschließung und des Mutes liegt, sich seiner ohne Leitung eines anderen zu bedienen. ‚Sapere aude! Habe Mut, dich deines eigenen

Verstandes zu bedienen!' ist also der Wahlspruch der Aufklärung."

Kant gilt vielen als der größte Philosoph der Neuzeit. Tatsächlich revolutionierten die ‚Kritik der reinen Vernunft' (1781) und die ‚Kritik der praktischen Vernunft' (1788) das bisherige Denken. Kants geistige Wirkung reicht aber noch über das philosophische Denken hinaus. Er ist der erste große ‚Friedensforscher', auf ihn geht die Idee des Völkerbundes und der Vereinten Nationen zurück. Er propagiert in seiner politischen Theorie ein republikanisch-demokratisches Staatsmodell. Und auch die Idee einer klassenlosen Gesellschaft (das ‚weltbürgerliche Ganze') taucht bei ihm bereits auf – nicht als ein tatsächlich wirkendes Gesetz (wie später bei Marx), sondern als ein von der menschlichen Vernunft gesetztes Ziel.

Als Kant 1804 stirbt, begleitet fast die ganze Einwohnerschaft Königsbergs den Trauerzug. Kant wird an der Nordseite des Doms beerdigt und seine Anhänger bringen eine Gedenktafel an, die den berühmten Satz aus der ‚Kritik der praktischen Vernunft' trägt: „Zwei Dinge erfüllen das Gemüt mit immer neuer und zunehmender Bewunderung und Ehrfurcht, je öfter und anhaltender sich das Nachdenken damit beschäftigt: der bestirnte Himmel über mir und das moralische Gesetz in mir."

Kants Wirkung erstreckt sich nicht nur auf die philosophische Fachsprache, sondern auch auf die Allgemeinsprache. Viele seiner Termini werden zu gängigen Ausdrücken im gebildeten Deutsch und – als Entlehnungen – auch in vielen anderen Sprachen. Etwa ‚Ding an sich', ‚a priori' und ‚kategorischer Imperativ'.

Die zweite Kraft, die im 18. Jahrhundert die Hochsprache formt, ist die Dichtung. Die Dichter dieses Jahrhunderts erkämpfen für die äußerlich geeinte Sprache nun auch die innere Freiheit und fügen der rationalen Dimension der Hochsprache die seelisch-emotionale Dimension hinzu (Eggers 1986, Band 2).

Bevor um die Mitte des 18. Jahrhunderts die Bewegung der ‚Empfindsamkeit' aufkommt, wirkt schon seit dem Ende des 17. Jahrhunderts die religiöse Bewegung des Pietismus auf die deutsche Sprache ein. Als Lebenspraxis ist der Pietismus die Abkehr vom äußeren Glanz der Dinge, von einer äußerlichen Kultur und dem barocken Schwulst der Zeit. Stattdessen wird das Innenleben betont, werden Stimmungen und Erlebnisse ausgedrückt, und das in natürlicher und gewollt schlichter Sprache. Weil für die Schilderung seelischer Zustände die entsprechenden Wörter nicht zur Verfügung stehen zeichnet sich die pietistische Bewegung auch durch zahlreiche Wortneubildungen, meist Zusammensetzungen aus. Etwa verbale Bildungen wie ‚einfließen', ‚hineinsenken', ‚durchdringen', Substantive wie ‚Eigensinn', ‚Herzensneigung', ‚Gelassenheit', ‚Selbstverleugnung', ‚Unempfindlichkeit' oder Adjektive wie ‚selbstgefällig' oder auch ‚gemütlich'. Selbst Phrasen wie ‚über etwas Aufschluss geben' scheinen auf pietistischen Spracheinfluss zurückzugehen. (Dazu Polenz 1977.)

Wieder einmal verdankt die deutsche Sprache einer religiösen Bewegung sehr viel. Es war vorher die frühmittelalterliche Christianisierung, die eine geschriebene deutsche Sprache entstehen ließ, es war die mittelhochdeutsche Mystik, die ihr eine zusätzliche Dimension der Innerlichkeit verlieh und es war die Sprachkunst des Reformators Luther, ohne die unser heutiges Deutsch, so wie es ist, nicht denkbar wäre. Überhaupt: Keine familiäre Herkunft, kein Berufsstand ist unter den deutschen

Dichtern und Philosophen so stark vertreten wie das Pfarrhaus und der Beruf des Pfarrers. So ist auch der Pietismus ein Vorläufer der Strömung der Empfindsamkeit. Deren sprachmächtigster Exponent, der aus Quedlinburg stammende Friedrich Gottlieb Klopstock, betont den prinzipiellen Unterschied zwischen der Sprache der Prosa und der Sprache der Poesie. Klopstock setzt sowohl der Trockenheit des Rationalismus wie der oberflächlichen Verspieltheit des Rokoko die Kraft der Empfindung und Leidenschaftlichkeit des Ausdrucks entgegen. Der Dichter müsse, anders als andere Prosaschreiber „edle Wörter von ausgemachter Stärke" verwenden. Zu diesen „starken Wörtern", die Klopstock immer wieder gebraucht, gehören Ausdrücke wie ‚strömen', ‚jauchzen', ‚donnern', ‚zärtlich', ‚brünstig', ‚ätherisch' und eine Vielzahl bisher ungebräuchlicher Zusammensetzungen.

Auch die Syntax, die Wortfügung, die gerade erst von Grammatikern wie Gottsched verbindlich festgelegt worden ist, muss der Dichter verändern dürfen wenn „die Leidenschaften, die in einem guten Gedicht herrschen sollen" dies erfordern. Klopstock scheut auch nicht den Vergleich mit anderen Sprachen. Er räumt ein, dass die Franzosen Prosa „mit der meisten Feinheit und vielleicht am besten in Europa schreiben". Aber er kritisiert, dass sich die Sprache ihrer Poesie kaum von jener der Prosa unterscheidet. Er wirft Gottsched vor, diesem unzulänglichen Ideal gefolgt zu sein und seiner ‚Deutschen Sprachkunst' eine „völlig kalte Prosa" zugrunde gelegt zu haben. Dagegen bewundert Klopstock die poetische Sprache der Engländer, insbesondere die Miltons.

Klopstocks Bedeutung für die neuhochdeutsche Schriftsprache liegt auch darin, dass er „im gesamten deutschen Sprachgebiet gelesen und anerkannt wurde". Der ‚Messias', sein großes religiöses Epos, „fand auch im katholischen Deutschland hohen Beifall, und auf seinen Spuren verbreiteten die Jesuiten . . . mit den neuen poetischen Formen zugleich auch Kenntnis und Gebrauch der hochdeutschen Schriftsprache in den habsburgischen Landen" (Eggers 1986, Band 2).

Ein Kämpfer gegen den nüchternen Realismus der Aufklärung war auch der Ostpreuße Johann Gottfried Herder. Die Philosophen dürften ‚Zergliederer', die Dichter aber müssten ‚Schöpfer' sein. Herder betont die Erlebnistiefe, die Verbundenheit mit der Natur und er glaubt an das Wirken einer ‚Volksseele', die vor allem in den „Liedern des ungebildeten, sinnlichen Volks" zum Ausdruck kommt. Die Volkslieder tragen noch etwas von der ‚Urpoesie' der frühen Menschheit in sich, als sie anfing, die Sprache zu bilden. Erst mit der stetigen Entwicklung des Intellekts sei immer mehr von dieser urtümlichen Poesie verloren gegangen, sei aus der Sprache der Leidenschaft eine Sprache des Verstandes geworden. Herder glaubt ‚Lebensalter' in den Sprachen gefunden zu haben und meint, die Dichtersprache müsse sich besonders an den frühen, urtümlichen Stufen orientieren.

Herder gehört noch nicht zur deutschen Romantik aber er hat ihr doch die Grundlage geliefert. Der junge Goethe bewundert ihn noch. Später in Weimar, wohin Goethe ihn als Hofprediger vermittelt hatte, distanziert der Dichterfürst sich jedoch immer mehr von ihm und Schiller behandelte Herder gar mit ausgesprochener Verachtung. Herder ist eine jener Gestalten der Geistesgeschichte, deren (nicht immer verständlich ausgedrückte) Gedanken oft missverstanden wurden. Wenn er ‚Volkspoesie' und ‚Volkslied' so hoch schätzt und die Verwurzelung im ‚Volkstum' einen zentralen Stellenwert in seinem Denken einnimmt, hat dies bei ihm doch nichts Nationalistisches oder Deutschtümelndes an sich. Er will damit nicht etwa das eigene Volk über andere erheben. Seine romantische Sicht gilt für jedes Volk und sie hat zum Beispiel die slawischen Völker zur Besinnung auf ihre lange unterdrückte Identität angeregt.

Die Dichtung der eigentlichen Romantik fördert den Gebrauch emotional aufgeladener, Stimmungen beschreibender, Assoziationen weckender Ausdrücke im Deutschen – sei es durch Neubildungen, sei es durch bevorzugte Verwendung. ‚Romantiker' wie Schlegel, Novalis, Brentano und Eichendorff oder in ihrer Sprache romantisch beeinflusste Dichter wie Hölderlin und Jean Paul machen mit Vorliebe Gebrauch von stimmungsmäßig aufgeladenen und klangvollen Wörtern, pflegen die Naturmetaphorik und streben einen musikalischen Klang in ihrer Sprache an. Den Romantikern verdankt die deutsche Gegenwartssprache die Bildung oder den selbstverständlichen Gebrauch von Ausdrücken wie ‚Ahnung', ‚Grauen', ‚Schauer', ‚Schicksal', ‚Sehnsucht', ‚Traum', ‚Verhängnis', ‚wunderbar'.

Das Sinnbild der romantischen Dichtung ist Novalis' ‚blaue Blume'. Das unbestimmte, tiefreichende Fühlen, die Sprachfülle, die Musikalität des Ausdrucks stehen höher als der gedankliche Ausdruck oder die Ordnung des Satzbaus. Der Romantiker Tieck hat das Ziel dieser Dichtung in die rhetorische Frage gekleidet: „Wie? Es wäre nicht erlaubt und möglich in Tönen zu denken und in Worten und Gedanken zu musizieren?" (Zitat nach Bach 1970.)

Als Vorläufer der Romantik kann man auch die Bewegung des ‚Sturm und Drang' betrachten. Der Ausdruck wurde nach dem gleichnamigen Drama von Friedrich

Maximilian Klinger geprägt, der seit 1780 als Berater und hoher Offizier am Zarenhof in St. Petersburg diente und später Kurator der Universität Dorpat wurde. Vorher hatte ihn eine Jugendfreundschaft mit Goethe verbunden, und auch der junge Schiller war von ihm beeinflusst. Überschäumende, ekstatische, ungeordnete Sprache ist das Kennzeichen dieser literarischen Epoche. Die beiden ‚Klassiker' machen sich jedoch von diesem ‚gewaltsamen' Dichterstil ebenso frei wie von der romantischen Verengung des Blickwinkels auf Volkstum oder Naturmetaphorik. Goethes und Schillers Ideal werden die Kunst und das Menschenbild des alten Griechenland, für die Johann Joachim Winckelmann aus Stendal, der Begründer der Archäologie, die Bildungsschicht in ganz Europa empfänglich gemacht hatte. (Der französische Romancier Marie-Henri Beyle, bekannter als ‚Stendhal', wählt aus Verehrung für Winckelmann sogar den Namen von dessen Geburtsstadt als Pseudonym.) Die Weimarer Klassiker vertreten die Ansicht, dass weder spröde Intellektualität noch romantisch-irrationaler Überschwang die Sprache der Dichtung beherrschen dürfen. Die Gesamtpersönlichkeit, der ganze Mensch muss von ihr ergriffen werden, Wärme des Gefühls, aber zugleich geläuterte Empfindungen sollen die Dichtung durchziehen. Nicht das rein subjektive Erleben drückt sich in der Klassik aus, sondern das Allgemeingültige.

Die Wirkung Goethes und Schillers auf die deutsche Hochsprache zeigt sich weniger in echten Neubildungen im Wortschatz (wie ‚Weltkind' oder ‚Wahlverwandtschaften' bei Goethe bzw. ‚Gedankenfreiheit' bei Schiller) als in eigenwilligen Zusammensetzungen oder Zusammenrückungen vorhandener Elemente (‚fernabdonnernd', ‚silberprangend', ‚nachtbedeckt', ‚neidgetroffen' usw.). Eine für Goethe typische Wortbildung ist es, „dass der erste verbale Teil angibt, was der zweite tut: ‚Glitzertand', ‚Lächelmund', ‚Flatterhaare'" (vergleiche Bach 1970).

Zur sprachlichen Nachwirkung der beiden Klassiker gehört auch, dass der bevorzugte Gebrauch bestimmter Ausdrücke diese im Bildungsbürgertum aufwertete. Bei Goethe sind das häufig ethisch oder ästhetisch wertende Adjektive wie ‚edel', ‚gut', ‚würdig', ‚tüchtig', ‚heiter'. Außerdem verwenden Goethe und Schiller häufig sentenzartige Redeweisen, die im 19. Jahrhundert zu geläufigen Zitaten werden (zum Beispiel Goethe: „In der Beschränkung zeigt sich erst der Meister"; Schiller: „Mit der Dummheit kämpfen Götter selbst vergebens"). Auch Stilmittel wie die Stellung des Adjektivs mit wiederholtem Artikel hinter dem Substantiv („die Tränen, die unendlichen") beeinflussen die poetische und gehobene Sprache. Schiller vor allem hat auch eine Anzahl Fremdwörter durch deutsche Neuprägungen ersetzt, „aber nicht pedantisch und verschroben wie die Puristen, sondern mit glücklichem Spürsinn für schlichte Sprachschönheit, zum Beispiel ‚inhaltsschwer' für ‚prägnant', ‚Fehlschlag' für ‚faux-coup', ‚schlagfertig' für ‚prompt'..." (Polenz 1978).

Ein Unterschied zwischen Schiller und Goethe bestand darin, dass Schiller noch stärker für den gehobenen Sprachgebrauch der Gebildeten Pate stand. „Das Festkleid der deutschen Sprache, das dann im ganzen 19. Jahrhundert und weiterhin bei allen möglichen Anlässen gern zur Schau getragen wurde, war weit mehr aus Schillerschem Stoff geschneidert" (Polenz 1978). Sein Anteil am gemeindeutschen Sprachgut drückt sich besonders in Sentenzen und Sprachformeln aus, etwa „die Bretter, die

die Welt bedeuten", „der Dritte im Bunde", „der langen Rede kurzer Sinn". Auch bereichert Schiller mit dem Wortschatz seiner historischen Schriften die Wissenschaftssprache der Historiker und Politologen. Beispiele dafür sind Ausdrücke wie ‚Beistandsversprechen', ‚wechselseitige Hilfeleistung', ‚Selbsthilfe', ‚Staatsinteresse', ‚Machtgleichheit' (nach Schmidt 1984).

Es sind dies keineswegs erschöpfende Belege dafür, in welchem Maße die Weimarer Klassik zur ‚Abrundung' und ‚Endformung' der deutschen Hoch- und Bildungssprache beigetragen hat. Aber ihre Wirkung kann man vielleicht so zusammenfassen: Der klassisch-weltbürgerliche Geist dieser Dichtung und die vollendete Ausdrucksfähigkeit dieser Sprache in Wortwahl, Wortbildung, Satzbau und Rhythmus haben der neuhochdeutschen Schriftsprache dauerhaft das Prestige einer großen europäischen Kultursprache verliehen.

So ist um 1800 mit der Sprache der Klassik und einem gewissen Einschlag des gefühlsbetonten Wortschatzes der Romantik „die höchste Form einer allgemein verwendbaren Hochsprache, die nicht mehr nur Sondersprache der Dichter bleiben wollte, erreicht" (Polenz 1978). Was nun, im 19. Jahrhundert im Vordergrund stehen wird, ist die nationalpolitische Rolle, die die geeinte Sprache spielt. Nach dem Erlöschen des Heiligen Römischen Reiches im Jahre 1806 begnügen sich viele Bürger, Studenten und Literaten nicht mehr mit dem Bewusstsein, über Ländergrenzen hinweg einer deutschen Kulturnation anzugehören, sondern ihr Gefühl der gemeinsamen sprachlich-kulturellen Identität drängt nun auch nach politisch-staatlicher Einigung.

Dies war ein Bewusstseinsprozess, der in den westeuropäischen Nationalstaaten, etwa in Frankreich und England, schon Jahrhunderte vorher eingesetzt hatte. Die deutschen Kaiser und Territorialfürsten hatten jedoch den rechtzeitigen Absprung von der überholten Idee eines Universalreichs in der Mitte Europas nicht gefunden. Den Habsburgern war die eigene Hausmachtpolitik und den über 300 Territorialfürsten waren ihre partikularistischen Eigeninteressen wichtiger als die Entwicklungsmöglichkeiten von Deutschland als Ganzem. „Die deutschen Machthaber (dieser Zeit)", so das harsche Urteil des spanischen Historikers und Publizisten Heleno Saña, „erwiesen sich als unfähig, ihren provinziellen Absolutismus zu überwinden und einen Gesamtorganismus zu schaffen. Ihre Engstirnigkeit und ihr totaler Mangel an geschichtlicher Verantwortung standen immer wieder dem Aufbau eines leistungsfähigen nationalen Staates im Wege" (Saña 1989).

Das Fehlen eines modernen „politischen Großkonzepts" (Saña) hatte sich auch im Desinteresse an der Stellung und Geltung der deutschen Sprache in einer sensiblen Phase der europäischen Geschichte niedergeschlagen.

3
Versäumte deutsche Sprachenpolitik

Es gibt viele Faktoren, die bei der Verbreitung einer Nationalsprache über ihr angestammtes Gebiet hinaus eine Rolle spielen. Zu den wirksamsten Faktoren gehört die bewusste Absicht einer Gesellschaft oder einer Staatsmacht, die eigene Sprache international zu verbreiten – sei es indirekt durch kulturpolitische Fördermaßnahmen, sei es direkt durch außenpolitische Einflussnahme. Die regionale oder gar weltweite Verbreitung einer Sprache erhöht das internationale Prestige des Sprachmutterlandes und hilft ihm, sich wirtschaftliche und politische Vorteile zu sichern.

Wegen dieser außersprachlich-politischen Effekte herrscht in den Beziehungen zwischen Staaten oder in internationalen Institutionen eine Konkurrenz der Sprachen. Größere Nationen, die auf Grund ihrer Sprecherzahl und ihres politischen oder ökonomischen Gewichts eine Chance dafür sehen, bemühen sich deshalb, ihrer eigenen Sprache eine möglichst breite Verwendung zu sichern und sie in internationalen Organisationen zu verankern.

Die Linguisten, die sich mit Sprachverbreitungspolitik beschäftigen, lehnen dies auch nicht grundsätzlich ab. So konzediert beispielsweise Ulrich Ammon (1991): „ . . . Jede Sprachgemeinschaft (hat) ein gewissermaßen natürliches Interesse an einer möglichst starken internationalen Stellung der eigenen Sprache." Er schränkt jedoch auch ein: „Wohl aber sollte . . . Sprachenpolitik nur mit Rücksicht auf die Interessen auch der anderen Sprachgemeinschaften" betrieben werden. Kurz: Sie sollte „faire Sprachenpolitik" sein.

Welche Mittel und Maßnahmen im sprachenpolitischen Wettbewerb als ‚fair' gelten können, lässt sich freilich nicht ohne weiteres festlegen. Außerdem wird der ‚Verteidiger', der von einer bereits erreichten Position verdrängt werden soll, wirksame sprachpolitische Maßnahmen nicht allein dem ‚Angreifer' überlassen wollen.

Definieren lässt sich Sprachenpolitik als „zielgerichtete Folge von Eingriffen in Sprachenverhältnisse durch die Staatsmacht oder organisierte gesellschaftliche Machtgruppen" (Helmut Glück). Das Ziel ist die Einflussnahme darauf, „wer welche Sprache wann mit wem" verwendet (Joshua Fishman). Es geht dabei also nicht um eine quasi ‚natürliche' Ausstrahlung eines Sprachraums auf Grund seines zivilisatorischen Vorsprungs, seiner kulturellen Attraktivität, seines ökonomischen oder politischen Gewichts, sondern um den bewussten Einsatz politischer Machtmittel, Instrumente und Organisationen, um die eigene Sprache im Verhältnis zu anderen zu begünstigen. Gleichzeitig kann die solcherart begünstigte Sprache wieder für einen Ausbau der eigenen politischen oder ökonomischen Machtstellung benutzt werden.

Es ist klar, dass die ‚natürliche' Ausstrahlung und die ‚künstlich' herbeigeführte Sprachverbreitung nicht leicht voneinander abzugrenzen sind. Häufig geht auch das eine mit dem anderen einher. Aber als grobes Raster für die Beurteilung sprachlicher Beeinflussungen mögen diese Kategorien doch dienen.

Motive, die hinter einer bewussten Politik der Verbreitung der eigenen Sprache in anderen Sprachräumen stehen, können neben den schon genannten macht- oder handelspolitische Interessen aber auch ‚kulturmissionarische' Überzeugungen von der Höherwertigkeit der eigenen Kultur bilden. Das letzte Motiv geht fast immer mit einer allgemein nationalistischen Einstellung des Sprachverbreiters einher. Für eine theoretische Erörterung des Konzepts der Sprachenpolitik und der politischen, ökonomischen und gesellschaftlichen Bedingungen, von denen sie abhängt, sei auf die grundlegende Darstellung bei Glück 1979, Ammon 1991 und Maas 1989 verwiesen.

Bevor wir die sprachenpolitische Haltung des Heiligen Römischen Reichs beurteilen, ist der Blick auf einige historische Beispiele lehrreich.

Im antiken Römischen Reich gehörte es zu den politischen Prinzipien der Verwaltung eroberter Gebiete, dort ausschließlich das Lateinische als Amtssprache zu verwenden; selbst in den Gegenden, in denen man Griechisch sprach – die einzige Sprache, der die Römer neben ihrer eigenen den Status einer Kultursprache zubilligten. Das Verhalten der römischen Verwaltung in Griechenland und dem griechisch sprechenden Kleinasien zeigt, dass man sich bei der Absicht der Verbreitung der eigenen Sprache nicht allein auf die natürliche Ausstrahlung der eigenen Zivilisation oder seiner Wirtschaftskraft verlassen wollte, sondern mit politischen Mitteln ‚nachhalf'. Antike Autoren wie Valerius Maximus beschreiben diese Sprachstrategie ganz unzweideutig. So lobt Valerius im Jahr 39 nach Christus die römischen Beamten in Griechenland und Kleinasien dafür, dass sie „auf des römischen Volkes Würde bedacht waren . . . und den Griechen auch nicht ein einziges Mal anders als auf lateinisch antworteten. Ja, sie zwangen diese sogar, auf ihre sprachliche Geläufigkeit . . . zu verzichten und sich eines Dolmetschers zu bedienen . . . damit auf diese Weise Ehre und Ansehen der lateinischen Sprache über alle Völker verbreitet würden" (zitiert nach Weinrich 1988).

Sprachenpolitik betrieb auch Karl der Große – allerdings mit einer ‚fairen' Zielsetzung. Er hatte angeordnet, dass kirchliche und staatliche Texte zum besseren Verständnis bei der Bevölkerung im germanischen Reichsteil nicht nur in Latein, sondern auch in den germanischen Volkssprachen verbreitet werden sollen. Damit förderte er zugleich die frühe Verschriftlichung der ‚theodisca lingua', der althochdeutschen Sprache. Gleichzeitig ließ er aber auch das schon stark veränderte Latein wieder an das klassische Vorbild annähern. Die romanische Bevölkerung des Westteils konnte um 800 das Latein offenbar noch halbwegs verstehen (Richter 1982), so dass eine Verschriftlichung auch der romanischen Volkssprache noch nicht erforderlich schien.

Um eine quasi ‚natürliche' Sprachverbreitung, nicht um Sprachenpolitik, handelte es sich bei dem, was im Zuge der hochmittelalterlichen deutschen Ostsiedlung geschah. Mit den deutschen Einwanderern in die unabhängigen Königreiche Polen und Ungarn, in das zum Reich gehörende Böhmen und in die (ungarisch beherrschten) Territorien Slowakei, Kroatien und Siebenbürgen wurde auch die deutsche Sprache dorthin verpflanzt. In den baltischen Ländern und in Ostpreußen ging der deutschen Siedlung zwar eine gewaltsame Eroberung und Staatsbildung des Deutschen Ordens voraus, aber auch dahinter stand keine Sprachverbreitungsabsicht. Es ging viel direkter darum, den ‚Kreuzzug' gleichzeitig für die Gewinnung eines Territoriums für den Orden zu nutzen.

In Böhmen wiederum kam es zu Anfang des 15. Jahrhunderts zu einer heftigen tschechischen Abwehrreaktion gegen die Dominanz der deutschen Sprache. Die eingewanderte deutsche Bevölkerung Böhmens machte zwar nur ein knappes Drittel aus, doch in den Städten war sie in der Mehrheit und besaß zugleich einen privilegierten gesellschaftlichen Status. Auch am Königshof der Przemysliden herrschte ein deutsch geprägtes höfisches Leben. Gegen diese Überfremdung kam es schon früh zu einer sprachenpolitischen Gegenreaktion im tschechischen Landadel und in der Prager Intelligenz. So musste sich Johann von Luxemburg bei seiner Wahl zum böhmischen König verpflichten, keinem Ausländer ein Amt zu übertragen. Der tschechische Adel beharrte auf der Einsprachigkeit des Landes, die freilich schon seit etwa eineinhalb Jahrhunderten nicht mehr bestand (Skála 1976). Vor diesem Hintergrund verband Anfang des 15. Jahrhunderts der tschechische Reformator Jan Hus seine religiös-soziale Protestbewegung mit einem erfolgreichen sprachnationalen Kampf gegen das Deutsche (vergleiche dazu Teil VI, Kapitel 7).

Handelte es sich hier um eine sprachenpolitische Abwehr, so war die Hanse die erste Machtorganisation in Mitteleuropa, die eine offensive Sprachenpolitik betrieb. Dahinter standen allerdings keine nationalen, sondern handelspolitische Motive. Dieser Bund norddeutscher Handelsstädte mit seinem Zentrum Lübeck hatte vom 13. bis zum 15. Jahrhundert fast den gesamten Ostsee- und einen Teil des Nordseehandels an sich gebracht, und ein Instrument zur Herstellung und Sicherung dieses Monopols war die bewusst betriebene Verankerung des Mittelniederdeutschen als alleinige Geschäftssprache in allen auswärtigen Kontoren. Sei es im norwegischen Bergen, im schwedischen Stockholm oder in Riga und Reval. „Wer die Sprache hat, hat den Handel" – mit diesem Credo lassen sich die auf mehreren Hansetagen gefassten sprachpolitischen Beschlüsse zusammenfassen.

Nur in einem Hansekontor gelang die Verankerung des Niederdeutschen als alleiniger Geschäftssprache nicht: im Handelskontor von Nowgorod; dort blieb man beim Russischen. Aber auch aus diesem ‚Njet' vermochten die norddeutschen Kaufleute noch etwas zu machen: Sie sicherten sich das deutsch-russische Dolmetschermonopol. Im Jahr 1423 verboten es die Hansestädte auf einer Sitzung in Lübeck bei Strafe, dass ein Hanseangehöriger seine Konkurrenten, vor allem holländische Kaufleute, „up de sprake bringe" („auf die Sprache bringe"). Das hieß, sie Russisch zu lehren. Doch mit der Verlagerung der großen Handelsströme aus der Ostsee an die Atlantikküste begann der Niedergang der Hanse und damit auch ihrer Sprache.

Nach der Entdeckung Amerikas setzten dann im 16. Jahrhundert die kolonialen Besitzergreifungen Portugals, Spaniens, Frankreichs, Englands und der Niederlande ein. Dies führte auch zur Verpflanzung ihrer Nationalsprachen nach Übersee. Die damit erworbene ‚Weltgeltung' dieser Sprachen hatte zwei Konsequenzen: Erstens wandten sich diese Länder rascher als andere vom bisher allgemein üblichen Latein ab; und zweitens begannen sie nun auch in Europa sprachlich miteinander zu rivalisieren. Dabei spielten dann allerdings nicht mehr nur Handelsinteressen, sondern auch Hegemoniestreben eine Rolle. In den romanischen Ländern, besonders in Frankreich, kam noch ein starkes ‚kulturmissionarisches' Bewusstsein hinzu.

Das Pariser Königtum war schon seit dem Spätmittelalter bemüht gewesen, in dem damals noch vielsprachigen Frankreich den Dialekt der ‚Île des France', seines Machtzentrums im Pariser Becken, als verbindlich für das ganze Königreich durchzusetzen. Zwar trug auch eine blühende Literatur zur Verbreitung der Pariser Sprache bei, aber im Jahr 1539 erzwang König Franz I. mit der ‚Ordonnance de Villers-Cotterêts' deren politische Durchsetzung. Diese Verfügung schrieb vor, dass künftig alle Gerichtsprotokolle, Verträge und amtlichen Verlautbarungen nur noch „en langaige maternel françois et non aultrement", nur „in der französischen Muttersprache und in keiner anderen" abgefasst werden dürfen. Das richtete sich sowohl gegen das Latein wie gegen das Südfranzösische (Okzitanische) und einige andere Sprachen und Sprachvarietäten im Land.

Das Hauptmotiv war sicherlich, mit der Vereinheitlichung der Sprache auch die nationale Einheit des Königreichs zu stärken. Aber schon die Rivalität Franz I. gegenüber Karl V. und dem Reich lässt vermuten, dass er nicht allein aus innenpolitischen Motiven die Vereinheitlichung und Stärkung der französischen Sprache betrieb, sondern, um ihre Chancen für eine Verbreitung auch außerhalb Frankreichs zu verbessern. Er sagt das zwar nicht selbst, aber in einer Schrift, die 1547 noch in seiner Regierungszeit publiziert wird, heißt es: „Französisches Volk, möchtest du nicht den glücklichen Tag erleben, an dem sich die französische Macht . . . bis ans Ende der Welt ausdehnt? . . . Dazu wird es aber solange nicht kommen, bis sich ein jeder daran hält, dass man in Frankreich das Französische verwendet" (zitiert nach Berschin 1982).

Die weitere Entwicklung in diesem europäischen Wettlauf um die Kolonisierung der Welt ist nicht unser Thema. Allerdings darf nicht übersehen werden, dass die durch die Kolonisierung erreichte Weltgeltung einzelner Sprachen eben auch ihre Stellung in Europa stärkte. Der entscheidende Zeitraum, in dem sich die internationale

Stellung einzelner europäischer Sprachen herausbildete, waren das 17. und 18. Jahrhundert. In dieser Zeit nahm der deutsche Sprachraum am Wettstreit der sich herausbildenden Nationalsprachen weder offensiv noch defensiv teil. Keiner der Herrscher und Fürsten des Reichs unternahm eine Anstrengung, dem Deutschen einen angemessenen Platz im europäischen Sprachenkonzert zu sichern.

Weil das Reich in seinen Außenbeziehungen nicht auf die Sprache des weit überwiegenden Teils seiner Bevölkerung zurückgriff, sondern in seinen Außenbeziehungen unerschütterlich am Latein festhielt, brachte es Deutsch in einem entscheidenden Geschichtsabschnitt so sehr ins Hintertreffen, dass dieses Versäumnis später nicht mehr aufzuholen war. Einzig als Wissenschaftssprache konnte Deutsch – ohne staatliches Zutun – zwischen der Mitte des 19. Jahrhunderts und bis in die Zeit des Nationalsozialismus den Rang einer Weltsprache erreichen (dazu mehr im nächsten Kapitel).

Vor dem Ende des Dreißigjährigen Krieges war Deutsch noch vereinzelt Vertrags- und Verhandlungssprache gewesen, und zwar sowohl in Kontakten des Kaisers wie auch der deutschen Fürsten mit ausländischen Mächten. Selbst ausländische Mächte untereinander (etwa Dänemark und Schweden 1570 im Vertrag von Stettin) benutzten Deutsch zuweilen als Vertragssprache.

Die sprachenpolitisch falsche Weichenstellung des Reichs zeigte sich erstmals bei den Friedensverhandlungen von Münster 1648. Die französischen und spanischen Delegierten verwendeten während der Verhandlungen beharrlich ihre Nationalsprache, die deutschen Teilnehmer sprachen Latein. Hauptmotiv der Vertreter des Reichs war es, durch Benutzung des Lateins den immer noch erhobenen universalen Anspruch (Nachfolge des Römischen Reichs) auszudrücken. Erst nach langem Tauziehen konnten sie schließlich durchsetzen, dass die Abschlussdokumente in Latein abgefasst wurden.

Zum nächsten sprachenpolitischen Zusammenstoß kam es dann auf der Konferenz von Nijmwegen (1679). Zwar setzte das Reich erneut die Abfassung des Vertrags in Latein durch, aber die Verhandlungen selbst wurden bereits zum Teil in Französisch geführt. Nicht die deutsche, sondern die dänische Delegation drohte der französischen Delegation an, ihrerseits nur noch Dänisch zu sprechen, wenn diese weiter auf Französisch beharre.

Die Verhandlungen von Frankfurt und Mainz (1682), in denen es um das von Frankreich annektierte Straßburg ging, wurden von der französischen Delegation gleich mit einem sprachlichen Machtkampf eröffnet. Sie präsentierten der kaiserlichen Delegation eine Denkschrift, in der es unter anderem hieß: Kein Herrscher Europas habe das Recht, einem anderen einen bestimmten Sprachgebrauch vorzuschreiben. Der französische König wünsche mit dem Reich und seinen Fürsten in Französisch zu verkehren, auch wenn diese in Latein antworteten. Wenn die Vertreter des Reichs wirklich meinten, die Verwendung des Lateins sei eben der Stil des Reichs, dann sei es der Stil Frankreichs, Französisch zu verwenden. Das Reich könne seinerseits ja vom Deutschen Gebrauch machen, das seine ‚natürliche Sprache' sei. Aber die deutschen Vertreter würden ja nicht einmal ihren Staat als ‚Deutsches', sondern als ‚Römisches Reich' bezeichnen (nach Ostrower 1965).

Noch einmal gelingt es im Vertrag von Ryswijk 1697, Latein als alleinige Vertragssprache durchzusetzen. Jedoch akzeptierte die deutsche Seite, dass Beweisdokumente nur in Französisch vorgelegt wurden. Im Frieden von Rastatt (1714) wird schließlich das sprachenpolitische Duell endgültig entschieden. Prinz Eugen, der für das Reich verhandelt, beharrt zunächst erneut auf Latein, doch die französische Delegation zeigt sich willens, notfalls die Verhandlungen platzen zu lassen. Unter Zeitdruck willigt Prinz Eugen schließlich ein, sowohl ausschließlich Französisch zu verhandeln als auch den Vertrag allein in dieser Sprache abzuschließen. Einziger Vorbehalt war eine Protokollnotiz, dass dies nicht als Präzedenzfall für spätere Verhandlungen gelten könne.

Die Protokolle all dieser Begegnungen und Verhandlungen verzeichnen zwar ein hartnäckiges Eintreten des Reichs für die Verwendung des Lateins, aber keinen einzigen Versuch, zumindest für seine Seite vom Deutschen Gebrauch zu machen.

Mit diesem sprachenpolitischen Sieg über das Heilige Römische Reich als einer in den europäischen Beziehungen immer noch sehr wichtigen Macht war Französisch als allgemeine Diplomatensprache endgültig verankert. Nur England wehrte sich gegen diese Dominanz der französischen Sprache und benutzte seit dem Jahr 1800 in seinen Außenbeziehungen Englisch.

Der amerikanische Rechtshistoriker Alexander Ostrower hat eine umfassende Studie (1965) über die Verwendung von Sprachen in Verhandlungen und Verträgen vorgelegt. Darin kommt er für das Deutsche zu dem Schluss, dass es das Festhalten des Reichs am Latein war, was dem Deutschen in einer sprachenpolitisch sensiblen Phase der europäischen Geschichte die Chance verbaute, ebenfalls zu einer Sprache der Politik und Diplomatie aufzusteigen und damit ganz allgemein seine internationale Stellung auszubauen.

Zumal auch spätere Möglichkeiten nicht genutzt wurden. So schlossen nicht einmal Preußen und Österreich ihre Friedensverhandlungen nach dem Schlesischen Krieg in Deutsch ab (sondern in Französisch). Friedrich der Große schätzte seine Muttersprache gering und sprach vorwiegend Französisch. Internationale Verträge, in denen allein oder zusätzlich Deutsch verwendet wurde, gab es im 18. und 19. Jahrhundert nur wenige: Im 18. Jahrhundert zweimal mit Schweden, im 19. Jahrhundert zweimal mit Russland, und vor 1918 dann noch dreimal mit Russland, der Türkei und Bulgarien (vergleiche Vertrags-Ploetz, Band 3).

Besonders schwer wog die sprachenpolitische Gleichgültigkeit Österreichs und Preußens auf dem Wiener Kongress 1814 / 1815 nach der Niederringung Napoleons. Die Tatsache, dass neben Russland und England „immerhin zwei der Siegermächte sowie auch der Verhandlungsort Wien deutschsprachig waren, hatte keinen Effekt auf die Sprachwahl. Keine der deutschsprachigen Verhandlungsparteien Österreich und Preußen „scheint sich auch nur im geringsten für die Verwendung der deutschen Sprache eingesetzt zu haben" (Ammon 1991). Da Englisch zu diesem Zeitpunkt in Europa noch wenig und das Russische kaum verbreitet waren, entschied man sich schließlich für die Sprache der Besiegten, für Französisch. Eine sympathische Geste, aber für die deutschsprachigen Teilnehmer ein Verpassen der letzten großen Gelegenheit, auch für ihre Sprache einen gewissen Status in Politik und Diplomatie zu sichern.

Die Gleichgültigkeit in Deutschland gegenüber der eigenen Sprache und der eigenen nationalen Identität fiel sogar zeitgenössischen Beobachtern des Auslands auf. Etwa der Schriftstellerin Madame de Staël, die 1810 in ihrem Buch ‚De l'Allemagne' Eindrücke von zwei längeren Reisen durch Deutschland wiedergab: „In der Literatur wie in der Politik haben die Deutschen zu viel Achtung für das Ausland und nicht genug Nationalstolz ... und sie vernachlässigen ihre Macht als Nation, die es, mitten unter den europäischen Kolossen, wichtig wäre zu begründen."

Es war erst Bismarck, der in der deutschen Diplomatie der Sprachenwahl Bedeutung beimaß. Zwar schloss das Kaiserreich 1871 den Friedensvertrag mit dem durch die rasche Niederlage und die Abtretung Elsass-Lothringens gedemütigten Frankreich noch einmal einsprachig-französisch ab. Doch Bismarck hatte schon vorher als preußischer Ministerpräsident angeordnet, dass die preußischen Botschaften Deutsch als Berichtssprache verwendeten. Als er als Reichskanzler dann das Auswärtige Amt veranlasste, die Korrespondenz mit den Botschaften in Berlin nur noch auf Deutsch zu führen, antworteten diese ebenfalls in ihrer Landessprache. Daraufhin kehrte das Auswärtige Amt zur Korrespondenz auf Französisch zurück. Nur wenn andere Staaten in ihrer eigenen Sprache schrieben, antwortete das Auswärtige Amt auf Deutsch.

Gegenüber Frankreich verwendete Berlin jedoch grundsätzlich Deutsch, da es sich bei Französisch um dessen Nationalsprache handelte und damit eine Ungleichheit der Sprachverwendung entstanden wäre. „Ausschließlich deutschsprachige Verträge mit nicht deutschsprachigen Partnern hat es jedoch selbst in der aggressivsten Phase der Wilhelminischen Zeit nicht gegeben" (Ammon 1991). Internationale Verträge wurden immer häufiger in den Sprachen der beteiligten Partner abgeschlossen, insbesondere mit Großbritannien, das schon seit längerem

Front gegen die Vorherrschaft des Französischen in der Diplomatie machte.

International gestärkt wurde die Stellung des Deutschen vorübergehend durch seine Beteiligung am europäischen Kolonialismus seit 1884. Entgegen den anfänglichen Bedenken Bismarcks wollten herrschende Kreise des Kaiserreichs teilhaben an der Weltgeltung, die der Status als Kolonialmacht verlieh. Von einem Teil der Öffentlichkeit und den Reichstagsfraktionen der Sozialdemokratie, des Zentrums und einigen Liberalen wurde dieser vermeintliche koloniale Nachholbedarf als nicht mehr zeitgemäß empfunden und abgelehnt.

Im Reichstag waren die Kolonialpolitik im Allgemeinen und die unmenschliche Behandlung vieler Eingeborener durch deutsche Siedler sowie Grausamkeiten der Kolonialtruppen bei der Bekämpfung von Aufständen ein fortwährender Streitpunkt. Selbst in Reichstagswahlkämpfen, besonders dem von 1907 (sog. ‚Hottentotten-Wahl'), war die umstrittene Kolonialpolitik ein beherrschendes Thema. August Bebel etwa hatte erklärt, „das Wesen aller Kolonialpolitik (ist) die Ausbeutung einer fremden Bevölkerung in höchster Potenz ... Mit derartigen Zielen wollen wir Sozialdemokraten nichts zu tun haben."

Doch die politisch führenden Kreise sahen das anders, etwa der damalige Staatssekretär (und spätere Reichskanzler) von Bülow, der mit Blick auf die anderen Kolonialmächte feststellte: „Wir verlangen auch unseren Platz an der Sonne." Oder noch lapidarer Kaiser Wilhelm II: „Die Kolonialpolitik ist ein Zweig der Weltpolitik, die das Deutsche Reich zum Schutz seiner kontinentalen Stellung verfolgen muss." (Zitate nach Petschull 1986.) Die Verteidiger der Kolonialpolitik priesen die Wohltat dieses Engagements für die einheimische Bevölkerung, besonders den Aufbau einer Infrastruktur (die nach 1900 besonders in Afrika einen beachtlichen Umfang erreichte) oder die Abschaffung des Sklavenhandels. Materielle Vorteile brachte nur der Kolonialbesitz in Südwestafrika (heute Namibia) seit 1911, als dort Diamanten entdeckt wurden. Nur drei Jahre später war dieser Vorteil mit Ausbruch des Ersten Weltkriegs aber schon vorbei. Mit der Niederlage waren die ‚Plätze an der Sonne' nach nur drei Jahrzehnten wieder verloren. Sie wurden jetzt teils von den alten Kolonialmächten, teils von dritten Staaten bis zum Ende des Kolonialismus um 1960 ‚verwaltet'.

Was die Sprachenpolitik der deutschen Kolonialverwaltung anging, scheint sie zumindest im Fall Ostafrikas (heute Tansania) von der üblichen Linie der europäischen Kolonialmächte abgewichen zu sein. Die Sprachenstrategie der anderen Kolonialstaaten zielte darauf ab, die ‚Eliten' der Kolonie für die eigene Sprache zu gewinnen, das Gros der Bevölkerung aber in seiner stammessprachlichen Zersplitterung zu belassen, so dass keines der einheimischen Idiome eine Chance erhielt, sich zur überregionalen Verkehrssprache oder gar ‚Nationalsprache' zu entwickeln.

Die deutsche Kolonialverwaltung in Ostafrika förderte jedoch das Suaheli, das dort Merkmale einer allgemeinen Verkehrssprache besaß „dadurch, dass sie es für den Aufbau der administrativen Infrastruktur verwendete ... An der Berliner Universität wurde bereits 1887 ein Lehrstuhl für Swahili eingerichtet ... Die Engländer, die die deutschen Kolonialherren nach dem Ersten Weltkrieg beerbten, förderten (wieder) im Sinne einer Politik von divide et impera statt Swahili einerseits lokale Vernakularsprachen und andererseits Englisch" (Coulman 1992).

Vermutlich hat Deutschland diese vergleichsweise faire Sprachenpolitik in Ostafrika aus reiner Zweckmäßigkeit betrieben (weil mit dem Suaheli schon Ansätze einer Verkehrssprache gegeben waren) und hätte später ebenso wie die anderen Kolonialmächte versucht seiner Sprache eine überseeische Verbreitung zu sichern. Doch mit dem vorzeitigen Ende seiner Kolonialherrschaft war die Voraussetzung entfallen, dass Deutsch ebenso wie Englisch oder Französisch später in den Nachfolgestaaten dieser Kolonien Amtssprache werden konnte. Stattdessen haben diese Gebiete nach ihrer Unabhängigkeit die Sprache ihrer neuen Mandatsverwalter beibehalten: Togo, Ruanda und Burundi Französisch, Kamerun Französisch und Englisch, Tansania, Namibia, Neuguinea, West-Samoa und eine Anzahl kleinerer Südseeinseln Englisch. Eine Konsequenz, deren Gewicht 1945 bei der Herausbildung der Sprachblöcke in den Weltorganisationen erst richtig deutlich werden sollte.

Insgesamt betrachtet hatte schon der Erste Weltkrieg, nicht erst der Zweite das Aus für Deutsch als einer denkbaren Weltverkehrssprache gebracht. Denn wenn überhaupt, dann hatte damals die Chance dafür bestanden. Deutsch war um diese Zeit unbestritten die Weltsprache der Wissenschaft – Ergebnis der führenden Rolle des Kaiserreichs in Wissenschaft, Technik und Bildungswesen (dazu mehr im nächsten Kapitel). Noch am Ende des Ersten Weltkriegs erschienen weltweit mehr Publikationen auf Deutsch als auf Englisch. Seit Beginn der Verleihung der Nobelpreise (1901) hatten bei den wissenschaftlichen Auszeichnungen genau so viele Forscher aus dem deutschsprachigen Raum Nobelpreise erhalten wie aus den viel größeren englischen und französischen Sprachräumen zusammen. Diese Stellung in der Sprache der

Wissenschaft hätte auch auf die anderen Domänen ausstrahlen können.

Doch nach der Niederlage 1918 lag es nicht im Interesse der Siegermächte, die Machtpotentiale Deutschlands und Österreichs zu erhalten. Vielmehr sollten sie deutlich reduziert und Europa neu ‚geordnet' werden. Angesichts dieser Zielsetzung wäre jedes sprachpolitische Entgegenkommen kontraproduktiv gewesen. Deshalb wurde Deutsch, das zu dieser Zeit noch vor Russisch, Französisch und Englisch die größte Muttersprache Europas darstellte, eine gleichberechtigte Stellung in internationalen Organisationen verwehrt. Sei es im Versailler Friedensvertrag, sei es in dem wenig später gegründeten ‚Völkerbund'. Zunächst waren Deutschland und Österreich nicht einmal als Mitglieder zugelassen, später als sie beitraten (bevor Hitler wieder austrat), war die Sprachenwahl allein zugunsten von Englisch und Französisch längst gefallen.

Aber dies galt auch dem Deutschen nicht nur als politische, sondern auch als Wissenschaftssprache. Erst Roswitha Reinbothe hatte mit ihrer Publikation über die internationale Verwendung deutscher Wissenschaftssprache und die fast komplette Auflösung (bisher häufig von Deutschen geleiteter) wissenschaftlicher Weltorganisationen den Boykott der deutschen Wissenschaftssprache ausführlich beschrieben. Stattdessen war es bis Ende der 1920er Jahre üblich, nur noch Französisch und Englisch zu gebrauchen. Als Deutsch seit den 1930er Jahren wieder verwendet werden konnte, war es bald der Nationalsozialismus, der die Sprache behinderte. (Reinbothe 2006)

Aber auch in den USA war nach deren Kriegseintritt 1917 das Ansehen Deutschlands so sehr gesunken, dass zum Beispiel der Deutschunterricht an den Schulen eingestellt wurde. Viele Deutschstämmige verwendeten selbst im privaten Kreis ihre Sprache nicht mehr und anglisierten ihre Namen (vergleiche Teil VI, Kapitel 12).

Wiederum sehr ungünstig für die deutsche Sprache war erklärlicherweise die Ausgangslage bei Gründung der Vereinten Nationen im Jahr 1945. Deutschland und Österreich konnten zunächst wieder nicht Mitglied werden, und die neutrale Schweiz wollte es nicht. ‚Offizielle Sprachen' bei der Gründung wurden Englisch, Französisch, Russisch, Spanisch und Chinesisch. Im Jahr 1973, als die beiden deutschen Staaten beitraten, war zunächst die Chance groß, dass nun auch Deutsch als UN-Sprache hinzukam. Wie mir der damalige deutsche Unterhändler persönlich versicherte, hatte er die notwendige Stimmenzahl für die Vollversammlung zusammen. Die Regierung Brandt-Scheel wagte dann aber doch nicht, den Antrag zu stellen. Stattdessen wurde Arabisch gewählt. Immerhin wurde Deutsch aber wenigstens zur (siebten) Dokumentarsprache, in der die wichtigsten Resolutionen und Beschlüsse veröffentlicht werden.

Die Chancen von Deutsch als einer Verkehrssprache liegen denn auch nicht in der weiten Welt, sondern in Europa, vor allem in dessen Mitte und Osten. Hier war Deutsch jahrhundertelang entweder Lingua franca oder zumindest bevorzugte Fremdsprache. Auch heute, trotz des stürmischen Vordringens des Englischen, hat Deutsch dort noch die zweitbeste, freilich ständig zurückgehende Stellung. Wieweit es diese behalten kann, wird ganz wesentlich vom sprachenpolitischen Engagement Deutschlands und Österreichs in den europäischen Institutionen, insbesondere der Europäischen Union abhängen. Allerdings ist diese Stellung bisher (d. h. im Jahr

2012) kaum größer geworden. Die Lehren aus den Fehlern und Versäumnissen des 17. und 18. Jahrhunderts könnten dabei hilfreich sein.

4
Weltsprache für Wissenschaft und Bildung

Im Jahr 1806 war das ‚Heilige Römische Reich Deutscher Nation' an der politischen Herausforderung durch die Ideen der Französischen Revolution und unter dem Ansturm der Militärmacht Napoleons zerbrochen. Der habsburgische Kaiser zog sich auf seine Erbländer zurück, und ‚Deutschland', schon vorher nur noch ein politisches Mosaik, zerfiel in seine historischen Bausteine.

Als Napoleons ‚Grande Armée' (samt ihrer deutschen Freiwilligen und Unfreiwilligen) 1812 auf dem Rückmarsch von Moskau im Schnee und Morast des weiten russischen Landes zugrunde ging, weitete sich der latent vorhandene deutsche Widerstand gegen die französische Fremdherrschaft zum Befreiungskrieg aus. In diesem Kampf gegen die Besatzer wuchs in der Studentenschaft und im Bürgertum der Wunsch nach dem Zusammenleben aller Deutschen in einem Staat. Erstmals beginnt nun die inzwischen vereinheitlichte deutsche Sprache auch eine nationalpolitische Rolle zu spielen.

Mit der Einheit erstreben die Teilnehmer am Befreiungskampf von 1813 bis 1815 aber auch die Freiheit von absolutistischer Fürstenmacht. Ihr Kampf richtet sich zwar gegen die napoleonische Fremdherrschaft, nicht aber gegen die fortschrittlichen französischen Ideen. Volkssouveränität anstatt Fürstenherrschaft und eine vereinte Nation anstelle der Vielstaaterei sind das Ziel. Doch um beides werden sie vom Wiener Kongress 1815 betrogen. Die alten Mächte wollen ihre Herrschaft von den verdächtigen ‚Demokraten' nicht gefährden lassen – was ein bürgerlicher Nationalstaat zwangsläufig mit sich brächte; und den auswärtigen ‚Gleichgewichtspolitikern' auf dem

Kongress passt ein loser ‚Deutscher Bund' aus 39 Staaten besser ins Konzept als ein vereintes Deutschland in der Mitte Europas! So sind etwas mehr Modernität und Liberalität in den neu gebildeten deutschen Territorien alles, was dabei herauskommt.

Doch die demokratische und nationale Unruhe bleibt. Die Nationalversammlung der Frankfurter Paulskirche von 1848 (auf deren Verfassungsentwurf viele Gedanken des Bonner Grundgesetzes zurückgehen), stellt den Höhepunkt der fehlgeschlagenen Versuche dar, Einheit und Freiheit für alle Deutschen doch noch zu verwirklichen. Was 1871 zustande kommt, ist zwar die Einheit, aber sie ist nur ‚kleindeutsch' und sie kommt ‚von oben'. Sie ist von Preußen herbeigeführt, und sie schließt die Deutschen in Österreich, Böhmen und Mähren, in Südtirol und vielen anderen Gebieten der Habsburgmonarchie aus. Zugleich annektiert dieser neue, das Gleichgewicht in Europa verändernde Staat das früher deutsche Elsass-Lothringen. Dies bringt dem neu begründeten Reich den erbitterten und dauerhaften Revanchismus Frankreichs ein.

Auch mit der Liberalität im endlich erreichten Nationalstaat hapert es – sieht man vom geistig-akademischen Raum ab. Seine Bürger genießen nicht (und fordern auch nicht) jenes Maß an selbstbewusster und selbstverständlicher bürgerlicher Freiheit, wie es Franzosen, Holländer und Engländer zu dieser Zeit besitzen. Das Kaiserreich ist zwar ein Rechtsstaat mit einem westlich-parlamentarischen System, wenn auch mit der Einschränkung, dass der Regierungschef nicht vom Parlament gewählt wird. Aber viele Bereiche seines Alltagslebens sind doch von einem autoritären Beamtenapparat beherrscht und den Wertvorstellungen einer Offizierskaste und adliger

Junker durchdrungen. Der normale Bürger (von dem bald entstehenden Arbeiterproletariat ganz zu schweigen) wird als ‚Untertan' behandelt und empfindet sich ohne großen Protest auch als solcher.

Das war aber nur die eine Seite. Die andere Seite war, dass Deutschland im 19. Jahrhundert einen geistigen und wissenschaftlich-technischen Aufschwung erlebte wie nie zuvor und später nie mehr – sieht man von der kurzen Nachblüte in den Zwanziger Jahren der Weimarer Republik ab. In dieser Zeit, genauer zwischen etwa 1870 und 1930, gingen von Deutschland und dem deutschen Sprachraum so große Umwälzungen und Neuerungen aus, dass man ohne Übertreibung von der ‚Ära der Deutschen' in Europa reden kann – mit entsprechender Rückwirkung auf die Stellung der deutschen Sprache in den genannten Domänen.

In diesen sechs Jahrzehnten war es zu einem einmaligen Synergieeffekt von Bevölkerungszunahme und Städtewachstum, von Industrialisierung und einer machtvollen Arbeiterbewegung, von Wissenschaft und Technik, von Geistesleben und Bildungsbereitschaft gekommen. Das Ergebnis dieses Zusammenspiels der verschiedenen Faktoren waren zum Teil weltverändernde Entwicklungen (zum Beispiel des Benzinmotors und des Automobils) und wissenschaftliche und geistige Innovationen, die das 20. Jahrhundert prägen sollten (etwa die Relativitätstheorie Einsteins, die marxistische Theorie, die Psychoanalyse Freuds und die Tiefenpsychologie C. G. Jungs). Dazu kam die weltpolitisch-geistige Öffnung, die mit dem erstmaligen Erwerb von Kolonialgebieten einherging.

Die Ausstrahlung dieser Innovationen und Theorien hatte bewirkt, dass Deutsch auch ohne diplomatischen Status dieser Sprache und ohne nennenswerte geschlossene

Siedlungen in Übersee gleichwohl als dritte Fremd- und Bildungssprache an den Schulen und Universitäten des Auslands, Fuß fasste, bis hin nach Japan.

Auf das geistige, literarische und wissenschaftliche Deutschland war man zuerst in Russland aufmerksam geworden. Die Gründung der St. Petersburger Akademie der Wissenschaften zu Anfang des 18. Jahrhunderts, die auf einen Plan des Philosophen Leibniz zurück ging, ihre anfängliche Besetzung fast nur mit deutschen Gelehrten sowie die Studienaufenthalte russischer Kulturgrößen (zum Beispiel Michail Lomonossows) in Deutschland belegen das. Aufmerksamkeit widerfuhr Deutschland aber seit Beginn des 19. Jahrhunderts auch in Westeuropa. Dies verdankt es nicht zuletzt der französischen Schriftstellerin Madame de Staël und ihrem begeisterten Deutschlandportrait ‚De l'Allemagne' (1810). Sie war bei zwei längeren Besuchen des Landes mit Goethe, Schiller und Wieland zusammengetroffen und hatte eine langdauernde Freundschaft mit Schlegel geschlossen. Ihr überschwängliches Fazit lautete, Deutschland sei das ‚Vaterland des Denkens' (‚patrie de la pensée').

Neben der Wirkung von Philosophen wie Hegel und Marx oder von Schopenhauer und Nietzsche war es ein neuer Typ von Dichtern, der das gebildete Westeuropa anzog. Sie waren „keine Poeten im alten Sinn mehr, sondern denkende Bewältiger" (Werner Ross). Namen die dafür stehen sind Lessing, von Humboldt, Lichtenberg, die Schlegels, Heine, Hölderlin oder Kleist, später, zu Beginn des 20. Jahrhunderts auch Musil, Kafka, Thomas Mann, Karl Kraus, Gottfried Benn und Bert Brecht.

Diese literarisch-geistige Ausstrahlung und der Ruf des deutschen Erziehungs- und Bildungswesens, angefangen mit dem von Fröbel ‚erfundenen' Kindergarten über das

Gymnasium Humboldtscher Prägung bis zu den als vorbildlich geltenden Universitäten, zogen Interessierte aus aller Herren Länder an. Einige Studiensemester, ein Bildungsaufenthalt in Deutschland gehörten im 19. und zu Beginn des 20. Jahrhunderts zur Biographie vieler Literaten und Intellektueller. Aus dem frankophonen Bereich zum Beispiel Rimbaud, Giraudoux, Romain Rolland; aus Russland Karamzin, Gogol, Turgenjew, Dostojewski, Tolstoi, Ossip Mandelschtam oder Boris Pasternak. Aus dem englischen Sprachraum stammten Thomas Carlyle, James Joyce (im damals österreichischen Triest und Zürich), D. H. Lawrence, Somerset Maugham; aus Spanien Ortega y Gasset. Somerset Maugham schreibt in seiner Autobiographie: „Ich war glücklicher gewesen als je zuvor, ich hatte zum ersten Mal den Begriff (akademische) Freiheit kennengelernt und ich konnte den Gedanken an das Joch von Cambridge und die vielen Einschränkungen, die damit verbunden waren, nicht ertragen" (zitiert nach Ross 1972).

Es war die Ungezwungenheit des akademischen Studiums und die Lebendigkeit des geistigen Austauschs, verbunden mit der Anziehungskraft großer Lehrer wie von Savigny, Kuno Fischer, Mommsen, von Ranke, Georg Simmel, Husserl, Max Weber, Sombart, Tönnies, Troeltsch, Windelbandt und vieler mehr, die den deutschen Hochschulen bis zum Ersten Weltkrieg Zulauf aus ganz Europa bescherten (dazu Ross 1972, Hübinger / Mommsen 1993).

Besondere Attraktivität besaßen die deutschen Universitäten des Kaiserreichs für die ‚russische Intelligentsia'. Sie stellten in Heidelberg und Freiburg, Marburg und Göttingen oft die Hälfte der ausländischen Studenten eines Semesters. Unter ihnen befanden sich viele politisierte jüngere Intellektuelle, die von der geistigen Auseinandersetzung der bürgerlichen deutschen Nationalökonomie, Soziologie und neokantischen Philosophie mit dem marxistischen Denken fasziniert waren.

In besonderer Weise hatte sich Max Weber „um die Vermittlung zwischen beiden Kulturen bemüht und die russische Intelligenz als eine wesentliche Bereicherung des deutschen Geisteslebens angesehen" (Dahlmann 1993). Umgekehrt besaßen Leo Tolstoi und die russische Literatur des 19. Jahrhunderts auch große Anziehungskraft auf die deutschen Intellektuellen. Dazu wirkte eine bemerkenswerte Zahl russischer Maler und Architekten hierzulande, die zur Entstehung des Expressionismus beitrugen und an der Gründung des Bauhaus-Kreises beteiligt waren. Damals rückten „Russland und Deutschland einander näher als jemals zuvor oder danach in der Geschichte" (Dahlmann 1993).

Viele Angehörige des liberalen, nichtmarxistischen Lagers der Intelligentsia, kehrten – zusammen mit Angehörigen der alten zaristischen Oberschicht – nach der russischen Revolution von 1917 ein zweites Mal in das Land ihrer Studentenzeit zurück – jetzt als Emigranten. 360.000 waren es nach dem Ersten Weltkrieg allein in Berlin und 600.000 im ganzen Reich. Zu den Prominenten unter ihnen gehörten Nabokov, Kandinsky, Chagall, Horowitz und Strawinski.

Vieles, was sich von der Anziehungskraft des deutschen Geisteslebens der Kaiserzeit auf die russische Intelligenz sagen lässt, trifft aber auch für die Affinität der japanischen Intelligenz gegenüber Deutschland in dieser Zeit zu. Für das sich seit 1868 nach Westen öffnende Japan galten vor allem die deutsche Nationalökonomie und Staatsrechtslehre, aber auch Medizin und Naturwissenschaften als Vorbild. Dazu wurde die weltweit früheste und noch lange Zeit fortschrittlichste deutsche Sozialgesetzgebung als mögliches Modell für das eigene Land gesehen. Dies führte unter anderem zur Gründung eines japanischen ‚Vereins für Socialpolitik' in Tokio nach deutschem Vorbild (vergleiche Hübinger / Mommsen 1993).

Es liegt auf der Hand, dass die Kenntnisse der deutschen Sprache, die diese ausländischen Studenten und ‚Bildungsreisenden' erwarben, das Ansehen dieser Sprache auch in ihren Heimatländern förderte. In Russland genoss die deutsche Sprache damals ausgesprochene Verehrung. So sucht Ossip Mandelschtam Ende der 30er Jahre in seiner Ode ‚An die deutsche Sprache' Trost, als er – in Vorahnung seines Endes in einem Straflager Stalins und der kommenden Greuel der deutsch-russischen Auseinandersetzung – über diese Sprache schreibt: „. . . du aber lebst, und ich – der in dir ruht!"

Schließlich soll auch die Ausstrahlung des Deutschen als Sprache der Bildung und Literatur in nichtdeutschsprachigen Regionen Mitteleuropas wenigstens erwähnt werden. (Dazu mehr in Teil VI.) So etwa im legendären ‚Budapester Sonntagskreis' um Georg Lukács und Béla Balácz, dessen Mitglieder sich in öffentlichen Auftritten und in ihren Schriften des Deutschen auf höchstem Niveau bedienen konnten. Oder die Prager Literatur deutscher Sprache, wenn man an Namen wie Kafka, Rilke, Werfel, Brod oder Kisch denkt.

Neben dem Transfer der deutschen Sprache durch Literaten, ‚Bildungsreisende' und Studenten aus anderen Sprachräumen ging eine starke deutsche Sprachstrahlung auch von der wissenschaftlichen Fachliteratur aus. Die Fülle von Publikationen über die naturwissenschaftlichtechnisch-medizinischen Fortschritte machte es für Forscher anderer Nationen unabdingbar, deutsche Sprachkenntnisse zu erwerben. Zwischen 1910 und 1925 erschienen weltweit mehr Publikationen in Deutsch als in Englisch oder Französisch. In Japan war Deutsch sogar offizielle Ärztesprache, die Krankenkarteien wurden in Deutsch geführt. An den Universitäten der USA waren deutschsprachige Lehrbücher der Chemie in Gebrauch, und Studenten dieses Fachs mussten nachweisen, dass sie diese Fachliteratur lesen konnten. Auch für Jurastudenten in Portugal zum Beispiel war ein deutsches Sprachstudium obligatorisch. Viele Psychologen in aller Welt lasen die Schriften Freuds, Adlers und Jungs im Original.

Die Hochblüte der Wissenschaftssprache Deutsch ab etwa 1870 spiegelte sich auch in der Zahl der an Forscher des deutschen Sprachraums vergebenen wissenschaftlichen Nobelpreise wider. Der schwedische Wissenschaftler und Industrielle Alfred Nobel hatte sein Vermögen einer Stiftung vermacht und verfügt, dass die Zinsen des Stiftungsvermögens jährlich denen zugeteilt werden sollten, „die im verflossenen Jahr der Menschheit den größten Nutzen geleistet haben." Und zwar auf den Gebieten Physik, Chemie und Medizin (einschließlich Physiologie), Literatur und in der Förderung des Friedens. 1901 wurden die Preise zum ersten Mal vergeben.

Eine statistische Auswertung der Preisverleihung in den drei wissenschaftlichen Disziplinen ergibt folgendes Bild (Quelle: Brockhaus-Enzyklopädie, Band 13, 1971): In der ersten Phase von 1901 bis 1918, also dem Ende des Ersten Weltkriegs, kamen 20 der insgesamt 54 Preisträger aus dem deutschsprachigen Raum, davon 18 aus Deutschland selbst. Das war ein Anteil von fast 40 Prozent und entsprach exakt dem des englisch- und französischsprachigen Raums zusammen.

Die Belastung durch den Versailler Friedensvertrag von 1919 und die Auflösung des Habsburgerreiches beeinträchtigte zwar zunächst die weitere Entwicklung in Forschung und Technik. Trotzdem blieb der deutschsprachige Raum bis 1932, dem letzten Jahr vor der Machtergreifung Hitlers, führend. In diesem Zeitraum wurden immerhin noch 38 Prozent der (wissenschaftlichen) Nobelpreise an deutschsprachige, 33 Prozent an englischsprachige und 16 Prozent an französischsprachige Forscher vergeben.

Seit 1933 wuchs jedoch der englischsprachige Anteil stark an, jetzt vor allem der der USA. Dorthin war ein Teil der – oftmals jüdischen – Forscher aus Nazi-Deutschland vor der antisemitischen Bedrohung emigriert. Trotzdem behielt Deutschland, 1938 um das ‚angeschlossene' Österreich und das industriell hochentwickelte Sudetenland erweitert, seine innovative Stellung in der Wissenschaft noch bei. Nicht zuletzt auf Grund einer massiv auf Kriegsvorbereitung ausgerichteten Forschung und Industrie. So fielen auch zwischen 1933 und 1940 noch 31 Prozent der (wissenschaftlichen) Nobelpreise an deutschsprachige Forscher, gegenüber allerdings jetzt schon 49 Prozent für englischsprachige. Seit 1940 ist jedoch eine zunehmende Abwendung von der Wissenschaftssprache Deutsch festzustellen. Die Ächtung angesichts des mörderischen Krieges, mit dem Hitler-Deutschland Europa überzog, und das Entsetzen über den ‚industriell' organisierten Massenmord unter den europäischen Juden waren sicherlich das wichtigste Motiv dafür.

Aber es gab auch noch einen anderen Grund. In dieser Abwendung spiegelt sich auch ein Bedeutungsverlust der deutschen Wissenschaftssprache selbst wider. Zumal ihre personelle Grundlage durch die Emigration erheblich schmaler geworden war. Dieser ‚Aderlass' hielt in Deutschland und Österreich auch nach Kriegsende mit dem ‚brain drain' in die USA und nach Großbritannien noch an. Dazu kam, dass seit Ende der sechziger, Anfang der siebziger Jahre des 20. Jahrhunderts deutsche Wissenschaftler selbst immer häufiger auf die Verwendung ihrer Sprache in Publikationen und auf Kongressen verzichteten. Es war die Kombination dieser Faktoren, die zu dem dramatischen Rückzug der deutschen Sprache in der Wissenschaft geführt hat. Ein japanischer Linguist, den Ulrich Ammon (1991) zitiert, bringt den Niedergang der einstigen wissenschaftlichen Weltsprache auf die bündige Formel: Die amerikanische Wissenschaft sei an die Stelle der deutschen getreten und Deutsch habe deshalb „seine intellektuelle Anziehungskraft verloren."

5
Fortschritt - Kulturblüte – Nationalismus

Der sozial- und kulturgeschichtliche Wandel im deutschen Sprachraum des 19. und beginnenden 20. Jahrhunderts brachte auch einen Sprachwandel mit sich. Wir können ihn hier nur im Überblick und nur für ausgewählte Bereiche betrachten. Am offenkundigsten sind die Veränderungen im Wortschatz. Die neuen Ideen und Sachen mussten ja auf den Begriff gebracht werden. Kamen sie aus dem Ausland wurden die Bezeichnungen teils entlehnt, teils lehnübersetzt. Nach jahrhundertelanger Ausstrahlung Frankreichs nahmen die Einflüsse aus England mächtig zu.

Die wichtigste englische Erfindung dieser Periode war die Eisenbahn. Um sie bildete sich ein großer Bezeichnungskreis, wobei das Deutsche einige zentrale Begriffe aus dem Englischen übernommen hat. Neben dem Begriff ‚Eisenbahn' ‚railroads' kamen auch die Lehnwörter ‚Lokomotive', ‚Waggon' (allerdings mit französischer Betonung!) oder ‚Tunnel' aus dieser Sprache. Der Ausdruck ‚Zug' scheint dem englischen ‚train' nachgebildet zu sein. Die anfangs verwendeten französischen Lehnwörter ‚Billet, Conducteur, Coupé, Perron' werden später verdeutscht: ‚Fahrschein, Schaffner, Abteil, Bahnsteig'. Originär deutsche Bildungen sind viele Ausdrücke der Betriebsabwicklung, zum Beispiel ‚Bahnwärter, Geleise, Heizer, Prellbock, Stellwerk, Weiche'.

Eine umfangreiche Quelle der Neuwortbildung ist das ‚Auto'. Die Entwicklung des Benzin-Viertaktmotors durch N. A. Otto im Jahr 1876 schuf die Voraussetzung für die Entwicklung des Automobils heutigen Typs durch Carl Benz und Gottlieb Daimler. Unabhängig voneinander hatten sie 1885 bzw. 1886 die ersten ‚Motorwagen' bzw. ‚Motorkutschen' gebaut. Die Bezeichnung des Treibstoffs als ‚Benzin' war schon 1833 von dem Chemiker Mitscherlich geprägt worden und wanderte auch in andere europäische Sprachen.

Gegen Ende des Jahrhunderts übernahm Frankreich die Führung im Automobilbau und lieferte das Wort ‚Automobil'. Dies wurde nach 1900 amtlich durch ‚Kraftfahrzeug' ersetzt, jedoch hielt sich die Kurzbezeichnung ‚Auto' im Alltagsgebrauch bis heute. Französischen Ursprungs sind auch alte, zum Teil aus der Pferdekutschenzeit stammende Bezeichnungen wie ‚Karosserie', ‚Limousine', ‚Garage', ‚Panne', ‚Chauffeur' (eigentlich ‚Heizer'). Ungleich größer aber ist die Zahl der Neubildungen in der eigenen Sprache. Etwa ‚Blinker, Gang, Getriebe, Kühler, Kotflügel, Kupplung, Scheibenwischer, Vergaser, Windschutzscheibe, Zündung'.

Als man sich schon im 19. Jahrhundert mit der Idee beschäftigte, Bilder auf elektrischem Wege zu übertragen und 1884 Paul Nipkow die nach ihm benannte Scheibe (zum Zerlegen des Bildfelds in Zeilen) erfand, kam der Ausdruck ‚Fernsehen' auf. Vermutlich stand der deutsche Ausdruck auch Pate für den um 1900 in Frankreich geprägten Neologismus ‚television', der sich in den meisten anderen Sprachen durchsetzte. Der Ausdruck ‚Fernsehen' wurde aber auch in Deutschland erst bekannter, als die Reichspost 1928 erste Versuchssendungen ausstrahlte, vor allem jedoch während der Fernsehübertragung von den Olympischen Spielen 1936 in Berlin. Die weitere Entwicklung dieses Mediums in Deutschland war dann wegen des Krieges erst einmal wieder unterbrochen worden.

Neuerungen und Umwälzungen des 19. und beginnenden 20. Jahrhunderts betrafen aber nicht nur Technik und Wissenschaft, sondern zum Beispiel auch das städtische Leben. Mit der Reichsgründung hatten eine Bevölkerungsexplosion und ein rasantes Städtewachstum eingesetzt. Das Reich nahm in den 40 Jahren zwischen 1870 und 1910 um genau so viele Menschen (24 Millionen) zu wie vorher in einem ganzen Jahrtausend. Und dieser Zuwachs schlug sich ausschließlich in den Städten nieder. 1870 hatte es nur acht Großstädte (über 100.000 Einwohner) im Reich gegeben. Das waren – in dieser Reihenfolge – Berlin, Hamburg, Breslau, Dresden, München, Köln, Königsberg und Leipzig. Im Jahr 1910 aber gab es 48 Großstädte. Vor allem der stürmische Aufstieg Berlins zur Weltstadt hatte sich in diesem Zeitraum vollzogen. Mitte des 19. Jahrhunderts hatte Berlin noch etwa die gleiche Einwohnerzahl wie die ältere deutsche Metropole Wien. Nach der Reichsgründung wuchs Berlin jedoch ungleich schneller als die Habsburger Hauptstadt. 1912 erreichte seine Einwohnerzahl fast die 4-Millionen-Grenze, während Wien nur etwa 2 Millionen Menschen beherbergte.

Was die beiden Metropolen kurz nach der Jahrhundertwende unterschied, war aber nicht nur die schiere Bevölkerungszahl, sondern die Dynamik des Lebens überhaupt. Um nur ein Beispiel für die Dynamik der Entwicklung Berlins zu geben, sei die frühe Einrichtung einer ‚Stadtbahn' (‚S-Bahn') erwähnt. 1877 waren die Kopfbahnhöfe Berlins durch eine städtische ‚Ringbahn' miteinander verbunden worden und bis 1882 durch eine von Ost nach West quer durch die Stadt verkehrende Linie ergänzt worden. Berlin besaß damit als erste Stadt der Welt ein schnelles städtisches Massenverkehrsmittel.

Berlin galt allerdings – anders als Wien – zu keiner Zeit als eine schöne Stadt. Vielmehr verkörperte es mit seinen neuen Prachtstraßen und anspruchsvollen Repräsentationsfassaden „den Optimismus und das Kraftgefühl ... des nach nationaler Geltung strebenden deutschen Bürgertums" (Morgenbrod 1993). Berlin wurde im deutschsprachigen Raum immer mehr zur geistig-wissenschaftlichen Metropole, Wien zum Mittelpunkt des deutschen Musik-, Theater- und Kulturlebens. Kurz nach der Jahrhundertwende wurde auch München, besonders sein Stadtteil Schwabing, vorübergehend ein Anziehungspunkt für Literaten und Künstler. Nach einem oft zitierten Urteil des Dichters Justinus Kerner waren damals Berlin der ‚Kopf' und Wien das ‚Herz' Deutschlands. Wien galt als eine ‚gewachsene, vornehme, aristokratische' Stadt, in der, wie der Kunsthistoriker Wilhelm Hausenstein schrieb, „eine natürliche Einheit des Gegenwärtigen mit dem Überlieferten" herrschte, während Berlin den Eindruck des ‚Erstellten' und nicht des ‚Gewachsenen' machte.

Dieser ‚amerikanische Charakter' Berlins hielt auch in der Zeit der Weimarer Republik noch an. „Berlin schmeckt nach Zukunft ... Wer Berlin hatte, dem gehörte die Welt", beschreibt Carl Zuckmayer das Lebensgefühl der zwanziger Jahre. Aber trotzdem hatte es – besonders nach dem Wegfall der Beengungen der Wilhelminischen Ära – Wien auch als Anziehungsort für Geistesschaffende und Künstler aus ganz Europa überholt. Dabei war Berlin nicht nur originärer Entstehungsort, sondern auch ‚Markt' europäischer Kulturproduktion. „Berlin empfing, die Schöpfer kamen zu ihm von überall", schrieb Heinrich Mann einmal im Rückblick auf diese Jahre.

Die rasche Entwicklung neuer technischer Massenmedien wie des Radios, der Schallplatte, des Films, die zu der schon vorhandenen Fülle an Buch-, Zeitungs- und Kunstverlagen hinzutraten, machten Berlin zu einem Markt für geistige Produkte, wie er sich damals in keiner anderen europäischen Hauptstadt fand. Am Ende der zwanziger Jahre spielten in Berlin drei Opernhäuser, rund 50 Theater, 75 Kabaretts und Kleinkunstbühnen, es gab 37 Filmgesellschaften, die jährlich etwa 250 Spielfilme produzierten, dazu 45 Morgenzeitungen, 2 Mittags- und 14 Abendzeitungen. In keiner Stadt der Welt gab es so viele Kulturkritiker und Feuilletonisten. Außerdem beherbergte Berlin fast 200 Buchverlage (Zahlen nach Schebera 1990).

Die kulturelle Attraktivität Berlins am Ende der Kaiserzeit und in den zwanziger Jahren lässt sich besonders gut an dem Publikum seiner Literatencafés und Künstlerlokale ablesen. Im ‚Café Größenwahn' oder im ‚Romanischen Café' in Berlin wurden nun auch Künstler, Literaten und Journalisten aus dem k.u.k.-Raum Stammgast, etwa Joseph Roth, Egon Erwin Kisch, Oskar Kokoschka, Alfred Polgar, Egon Friedell, Franz Molnar, Ödön von Horvath. Auch Karl Kraus oder Roda Roda versäumten es bei keinem ihrer Berliner Aufenthalte im ‚Größenwahn' aufzutauchen. Aus München waren Lion Feuchtwanger und Franz Blei zugezogen. Der Name ‚Café Größenwahn' (ursprünglich ‚Café des Westens') ging auf das Vorbild eines bekannten Münchner Bohème-Cafés zurück.

In den Berliner Cafés und Künstlerlokalen versammelte sich zwischen 1900 und 1932 fast alles, was in Literatur, Theater, Film, Feuilleton und bildender Kunst im deutschen Sprachraum Rang und Namen hatte. Etwa Else

Lasker-Schüler und Frühexpressionisten wie Jacob van Hoddis, Georg Heym und der Elsässer René Schickele; Erich Mühsam (bis zu seinem Umzug nach München), Alfred Döblin, Gottfried Benn. Im ‚Romanischen Café', das nach dem Ersten Weltkrieg das Erbe des ‚Größenwahn' antrat, hatten Max Reinhardt, Max Liebermann, Carl Zuckmayer, Bert Brecht, Arnold Zweig, Walter Hasenclever, Kurt Pinthus, Fritz Kortner oder die Maler Max Slevogt und Otto Dix ihren Stammtisch.

Mit diesem rasanten Städtewachstum, vor allem Berlins, gingen Entwicklungen einher, die sich in neu geprägten Begriffen ausdrückten. So reihte sich in den Großstädten eine ‚Mietskaserne' an die andere, immer mehr ‚Vororte' wurden eingemeindet. Da der Verkehr auf den städtischen Straßen immer dichter wurde und die Fußgänger gefährdete, verbreiteten sich die ‚Bürgersteige'. In den großen Städten entstanden ‚Warenhäuser', später auch ‚Kaufhäuser' genannt. Plakate mit ‚Reklame' für Artikel und Hinweise auf Veranstaltungen wurden an ‚Litfaßsäulen' geklebt (nach dem Berliner Drucker E. Litfaß).

Im Gesellschaftsleben, aber auch in der Herrenmode und (wie schon bisher) im Sport war England das große Vorbild. Im Sport zum Beispiel verdankt das Deutsche dieser Orientierung Ausdrücke wie ‚Champion', ‚Derby', ‚Golf', ‚Handikap', ‚Spurt', ‚Tennis', ‚Trainer'; dazu Lehnübersetzungen wie ‚Fußball' oder ‚Sportsmann'. Ausdrücke der Herrenmode aus dem Englischen sind ‚Cape', ‚Frack', ‚Pullover', ‚Schlips', ‚Smoking'. Im Gesellschaftsleben, insbesondere der Metropole Berlin, hatte die Ausstrahlung des Englischen die des Französischen am Ende des 19. Jahrhunderts völlig verdrängt. Man war ‚Snob' und gehörte einem ‚Club' an, benahm sich ‚fair', trank in der ‚Bar' einen ‚Whisky', ‚Sherry' oder ‚Cocktail', erlaubte sich einen ‚Flirt' und lud diese(n) zum ‚Picknick' ein (vergleiche Polenz 1978). Und auch die deutsche Speisekarte wurde um englische Ausdrücke erweitert: ‚Beefsteak', ‚Roastbeef' und ‚Rumpsteak', ‚Drink', ‚Pudding' und ‚Keks' (von cakes).

Aus dem Englischen, zum Teil auch aus dem Französischen, stammen neue Ausdrücke des politischen Lebens, ausgenommen solche, die auf den Marxismus oder die Sozialdemokratie zurückgehen. Englischen Ursprungs, sei es als Lehnwörter, sei es als Lehnübersetzungen, sind zum Beispiel die Ausdrücke ‚Gemeinwohl', ‚Koalition', ‚Legislatur', ‚Opposition', ‚Streik', ‚Demonstration', ‚Imperialismus'. Aus dem englischen Pressewesen stammen ‚Interview', ‚Leitartikel' und ‚Reporter'. Aus dem Französischen hatten sich mit der Revolution 1789 und 1830 auch hierzulande Begriffe wie ‚Menschenrechte', ‚Menschenwürde' und ‚öffentliche Meinung' verbreitet. Die starke Präsenz fremder politischer Termini überrascht nicht, wenn man sich daran erinnert, dass Deutschland – trotz des intellektuellen und materiellen Aufstiegs – in Sachen bürgerlicher Freiheit und parlamentarischer Demokratie im 19. Jahrhundert zunächst noch ein ‚Entwicklungsland' blieb.

Die in Deutschland nur ansatzweise zu verspürende Revolution 1830 und die am Ende gescheiterte von 1848 machten gleichwohl Schlagwörter wie ‚Fortschritt', ‚Pressefreiheit', ‚Attentat' und ‚Krawall' populär. Weitgehend deutsche Neubildungen (wenn auch zum Teil aus griechisch-lateinischem Sprachmaterial) kennzeichnen die politische Sprache des Marxismus und der sozialdemokratischen und gewerkschaftlichen Arbeiterbewegung. Der Begriff ‚Sozialismus' in seiner modernen Bedeutung war zuerst in Frankreich geprägt worden, ‚Kommunismus' dagegen existierte auch in Deutschland schon, bevor ihm Marx und Engels seine aktuelle Bedeutung verliehen. Von Marx und Engels stammen auch die Ausdrücke ‚Klassenkampf', ‚Klassenbewusstsein', ‚Klassengesellschaft'. Der Begriff ‚Proletarier' wird in Deutschland wie in Frankreich aus dem Lateinischen entlehnt, ‚Ausbeutung' und ‚Überbau' sind alte deutsche Wörter, denen Marx und Engels eine neue politisch-ideologische Bedeutung verliehen hatten. ‚Ausbeute' war ein altes Bergbauwort.

Auf sozialistischem Hintergrund, aber mit abgeschwächtem revolutionären Impetus und einer eher nationalen als internationalistischen Einstellung, war 1863 von Lasalle die erste sozialdemokratische Partei geschaffen worden (auch wenn sie noch nicht so hieß). Sechs Jahre später gründeten Liebknecht und Bebel eine stärker marxistisch und internationalistisch orientierte Partei, die sich mit der Lasalleschen 1875 vereinigte. Den Ausdruck ‚Sozialdemokrat hatte allerdings schon 1848 der Revolutionär Hecker geprägt („Ich will die ganze Freiheit . . . für alle . . . ich bin Social-Demokrat.").

Die Gewerkschaftsbewegung wiederum war von England ausgegangen, wo sich die Fabrikindustrie früher als auf dem Kontinent entwickelt hatte. Als die Idee um die Mitte des 19. Jahrhunderts auch in Deutschland Fuß gefasst hatte, wurde die Bedeutung des englischen ‚trade union' auf das alte deutsche Wort ‚Gewerkschaft' übertragen. Im Mittelalter waren die Handwerks- oder Zunftgenossen, später auch die Teilhaber an einem Bergwerk als ‚Gewerke' bezeichnet worden. Die ‚Gewerkschaft' war dann die Gesamtheit der Teilhaber an einem Bergwerk. Im 18. / 19. Jahrhundert war die Bezeichnung auch auf andere Berufszweige ausgedehnt worden, bevor sie 1868 ausschließlich auf die Bedeutung ‚Arbeitnehmerorganisation' eingegrenzt wurde.

Es sind aber nicht nur politische Aktivitäten, die die alltägliche Sprache der Gesellschaft beeinflussen, sondern auch das neue Kommunikationsmittel Tagespresse. Fast alle Schriftsteller des ‚Jungen Deutschland' wie etwa Heine und Börne, sind haupt- oder nebenberuflich Journalisten. Dies ist ein neuer Beruf des 19. Jahrhunderts, und seine Vertreter werden bis auf den heutigen Tag eine außerordentlich große Wirkung auf die Alltagssprache ausüben. Der Journalismus wirkt im Verlauf des Jahrhunderts allgemein auf den Stil des geschriebenen Deutsch ein. Redaktionelle Zwänge führen zu dem, was Schopenhauer abwertend als ‚Zeitungsdeutsch' bezeichnet: Zusammensetzungen von Wörtern, um für Überschriften kurze Ausdrücke zu bilden; starke Verdichtung der Information in möglichst kurzen Texten; der Kern der Information am Anfang des Artikels; die Verwendung auch emotionalisierender oder polemischer Ausdrücke.

Bei der Wortwahl und Satzbildung in den Zeitungen machen sich Unterschiede zwischen der sozialdemokratischen Presse, die sich überwiegend an Arbeiter wendet, und der konservativen und liberalen Presse des Bildungsbürgertums bemerkbar.

Erst im Verlauf des 20. Jahrhunderts setzt sich die Variante des einfacheren, direkten und eben auch demokratischen Stils als allgemein verbindlich durch. Was diesen Wandel unterstützte, war auch das gesprochene Wort des Radios, das in Deutschland wie anderswo seit den zwanziger Jahren den Sprachstil beeinflusste. Trotz der schon um 1800 durch die Dichtung der Klassik erreichten Einheitlichkeit des Neuhochdeutschen stand jedoch eine verbindliche Regelung der Rechtschreibung und der Aussprache noch aus. Einzelne Länder und Behörden, ja sogar einzelne Schuldirektoren griffen deshalb zur Selbsthilfe und gaben ‚Regelhefte' heraus, an die sich die Mitarbeiter in ihrem Verantwortungsbereich zu halten hatten. Dies brachte eine ziemliche Verwirrung im Reichsgebiet mit sich. Einer der Schulmänner, der für sein Gymnasium solche Rechtschreibregeln festgelegt hatte, war Konrad Duden in Schleiz. Nachdem eine erste Orthographiekonferenz in Berlin 1876 noch nicht die gewünschte Einigung gebracht hatte, wurden 1880 die Regeln Konrad Dudens gedruckt und weitgehend angewendet.

Den Durchbruch brachte dann die Zweite Orthographiekonferenz 1901, an der auch Österreich und die Schweiz teilnahmen. Dort wurde übernational für das ganze deutsche Sprachgebiet eine einheitliche Rechtschreibung festgelegt. Unter anderem schaffte man das ‚h' in ‚th' als Dehnungszeichen ab und beschränkte ‚ph' auf Fremdwörter. Außerdem wurde ‚c' in Fremdwörtern durch ‚k' bzw. ‚z' ersetzt (‚Zirkus' statt ‚Circus'). Niedergelegt sind die geltenden Regeln seitdem in den zahlreichen Neuauflagen des ‚Duden', bevor sich in jüngster Zeit eine stärker ‚offene', d. h. weniger normative Festlegung, breit machte.

Auch die Aussprache wurde Ende des 19. Jahrhunderts normiert. Zunächst war 1898 mit dem Werk von Theodor Siebs ‚Deutsche Bühnenaussprache' die Messlatte für vorbildliche Aussprache sehr hoch gelegt worden. Mit dem Aufkommen des Hörfunks in den zwanziger Jahren des 20. Jahrhunderts wurde aber die Norm für den alltäglichen Gebrauch auf das Niveau einer sogenannten ‚gemäßigten Hochlautung' zurückgenommen, die es vor allem süddeutschen Sprechern erlaubte, ihre regionale Herkunft ‚durchklingen' zu lassen.

Was zur Entwicklung des Deutschen seit etwa 1800 ebenfalls gehört, ist eine ausgeprägte wissenschaftliche Beschäftigung mit dieser Sprache und mit Sprache überhaupt. Ein erst 23 Jahre alter Student aus Mainz, Franz Bopp, hatte sich ohne Vorkenntnisse, aber mit besessenem Forscherfleiß, durch die kostbaren Sanskrit-Handschriften in der Pariser Nationalbibliothek gearbeitet und 1816 den wissenschaftlichen Nachweis für das erbracht, was 30 Jahre vorher der Engländer Sir William Jones schon behauptet hatte: dass das Altgriechische, Lateinische, Altpersische und die germanischen Sprachen derselben Wurzel entstammen. Später wurde dieser Nachweis auch für die keltischen und slawischen Sprachen geliefert. Damit waren die Grundlagen für die Indogermanistik bzw. Indoeuropäistik geschaffen.

Der Universalgelehrte Wilhelm von Humboldt baut in der Nachfolge Gottfried Herders die Sprachphilosophie noch aus, Jacob und Wilhelm Grimm begründen die Germanistik. Sie erwerben sich durch ihre große Sammlung deutscher Märchen Ansehen im ganzen Volk und in der Wissenschaft unter anderem mit dem gewaltigen Unterfangen des ‚Deutschen Wörterbuchs'. Die Gebrüder bzw. Jacob Grimm, der seinen Bruder Wilhelm um vier Jahre überlebt, gelangen jedoch nur bis zum Buchstaben ‚F' (= Band 4). Erst hundert Jahre später kann von ihren Schülern und Nachfolgern das Mammutwerk mit 32 Bänden abgeschlossen werden.

Hinter der historischen und wissenschaftlichen Beschäftigung mit der deutschen Sprache und ihren Wurzeln ist im 19. Jahrhundert oft auch der patriotische Antrieb zu spüren. Manches gleitet dabei freilich auch in einen deutschtümelnden Nationalismus ab. So hatte der ‚Turnvater' Friedrich Ludwig Jahn die Turnbewegung gegründet, um mit ihr ein deutsches Gemeinschaftsbewusstsein zu erzeugen. Als Ausdruck sollten die Turner eigene deutsche Bezeichnungen verwenden, die Jahn neu prägte und die bis heute in Gebrauch sind: ‚Barren, Dauerlauf, Freiübung, Grätsche, Hantel, Hocke, Kür, Reck, Riege, (Liege)Stütz'.

Es gab auch den demokratisch-pädagogischen Antrieb, den Wortschatz von solchen Fremdwörtern zu reinigen, die nur die Bildungsvorrechte der Oberschicht verfestigten. Sprachnationalismus stand aber hinter jenem Purismus, der ein längst eingeführtes und allgemein benutztes Wort nur deshalb auszumerzen suchte, weil es ‚nicht deutsch' war. Diese Puristen glaubten, Fremdwörter könnten die deutsche Kultur untergraben und seien ein Zeichen von Dekadenz. „Die Sprache zu reinigen, war daher ein Akt der Treue der Nation gegenüber" (Wells 1990).

Das volkspädagogische Motiv, nämlich „Wissenschaft und Gelehrsamkeit allgemeiner zugänglich zu machen", überwog bei dem norddeutschen Pädagogen Joachim Heinrich Campe, der 1801 ein großes Wörterbuch zur ‚Erklärung und Verdeutschung' von Fremdwörtern herausgab. Campe führt darin neben Wortschöpfungen anderer etwa 3.500 eigene Verdeutschungen von Fremdwörtern an, von denen sich immerhin rund 250 durchgesetzt haben. Dazu gehören ‚Beweggrund' (für ‚Motiv'), ‚Bittsteller' (‚Supplikant'), ‚Farbgebung' (‚Kolorit'), ‚Festland' (‚Kontinent'), ‚folgerichtig' (‚konsequent'), ‚Stelldichein' (‚Rendezvous') und ‚Zerrbild' (‚Karikatur'). Die meisten dieser Fremdwörter werden zwar heute ebenfalls noch benutzt, aber die Existenz von Campes Ersatzwörtern erlaubt zumindest Abwechslung im Wortgebrauch.

Als berechtigt kann man auch viele Verdeutschungen der Behörden bezeichnen. Mit der Reichsgründung mussten die bisher länderspezifischen Ausdrücke in der Verwaltung, Rechtsprechung, Erziehung sowie im Post-, Eisenbahn- und Fernmeldewesen einheitlich geregelt werden. Dass man dann deutsche Bezeichnungen wählte, war vernünftig, weil sie dadurch verständlicher wurden. Wer nicht Französisch sprach, konnte sich unter Bezeichnungen wie ‚postlagernd' statt ‚poste restante', ‚eingeschrieben' statt ‚recommandiert' oder ‚Rückschein' statt ‚Retour-Recipissé' sicher mehr vorstellen. Nicht weniger als 760 deutsche Ausdrücke hatte allein die Reichspost eingeführt.

Ein wenig rühmliches Kapitel dieser Zeit ist dagegen die Sprachenpolitik Preußens – und anschließend des Reichs – gegenüber der polnischen Minderheit in Westpreußen (Provinz Posen). Zunächst hatte ihr der preußische König, als sie nach den polnischen Teilungen seiner Herrschaft einverleibt wurde, zugesichert: „Eure Sprache soll neben der deutschen in allen öffentlichen Verhandlungen gebraucht werden." Nach dem Aufstand 1830 in ‚Kongresspolen' gegen die russische Herrschaft, der auch von Posen aus unterstützt worden war, begann Preußen jedoch, die polnische Minderheit ‚germanisieren' zu wollen. Zunächst wurde Polnisch als zweite Amtssprache abgeschafft, dann, nach der Reichsgründung, auch als Schulsprache an den Gymnasien zurückgedrängt. Schließlich wurde es an allen Schultypen als Unterrichtssprache verboten und nur noch im Religionsunterricht erlaubt. Aber selbst diese Praxis wurde nach der Jahrhundertwende immer mehr in Frage gestellt. (Dazu ausführlich Glück 1979.)

Der ‚Pflege und Hebung' der eigenen Sprache widmeten sich im Reich nicht nur die Behörden, sondern auch engagierte Privatpersonen. Aus ihrem Kreis heraus entstand 1885 der ‚Allgemeine Deutsche Sprachverein'. Der Verein vertrat anfangs nur einen gemäßigten Purismus. Bis in die Jahre vor dem Ersten Weltkrieg entfaltete der Verein eine ungewöhnlich große Wirkung und erwarb sich beachtliche Verdienste bei der Schaffung bürgernaher Ausdrücke für Verwaltung und Technik. Zu den jährlichen Generalversammlungen erschienen führende Vertreter der Reichsbehörden, und was der Sprachverein vorschlug, wurde oft im Amtsdeutsch umgesetzt. Manches freilich, was der Sprachverein für gut befand, wurde vom Volk nicht akzeptiert. So rauchte man lieber weiter eine ‚Zigarre' anstelle einer ‚Rauchrolle'.

Am Vorabend und während des Ersten Weltkriegs stellte sich der Verein, wie so viele Gebildete – und besonders Germanisten –, in den Dienst der nationalen Stimmungsmache. Schon nach 1871 hatten sich trotz der geistigen Hochblüte Schattenseiten in der intellektuellen Szene aufgetan. Das begann damit, dass die Bezeichnung ‚Intellektueller' für einen geistig orientierten und gleichzeitig politisch engagierten Menschen (ohne dass er sich einer bestimmten Gesellschaftsschicht zurechnen ließ) einen negativen Beiklang besaß. Anders als der unpolitische oder an das herrschende System angepasste ‚Gebildete' oder ‚Gelehrte'. Gerade unter ihnen findet man aber schon früh völkisch-nationale und antisemitische Strömungen. Etwa bei dem Historiker Heinrich von Treitschke, der 1879 die berüchtigte Feststellung trifft, „die Juden sind unser Unglück", das „Übergewicht des Juden in der Tagespresse" sei schuld daran, dass in Deutschland die „sittliche Macht der Bildung verfällt".

Mit dem Beginn des Ersten Weltkriegs 1914 spaltet sich die deutsche Bildungselite in der Frage der Kriegsziele endgültig. Im Sog der annexionistischen Ziele der führenden Wirtschaftsverbände wenden sich 1.314 Professoren, Geistliche, Beamte und Künstler mit einer Petition an den Reichskanzler, in der sie weitreichende territoriale Annexionen forderten. Zugleich gibt es aber eine Gegenadresse von 141 Intellektuellen, die sich gegen diese Kriegsziele wandten und internationale Verständigung forderten. Unter ihnen Albert Einstein, Ernst Troeltsch, Max Weber und Theodorf Wolff, der Chefredakteur des renommierten ‚Berliner Tagblatts'.

Ein Teil der Mitglieder des Sprachvereins, aber auch andere Germanisten geraten nun völlig in das völkischnationale Fahrwasser. Sie lehnen alles Französische als ‚Welscherei' oder ‚geistigen Landesverrat' ab. Oder schlimmer noch, es kommen Parolen auf wie: „Nur ein deutschsprechendes deutsches Volk kann Herrenvolk werden und bleiben" (zitiert nach Polenz 1978).

Nach dem Ersten Weltkrieg wird der Verein wieder gemäßigter, aber nach der Machtergreifung der Nationalsozialisten kommen die alten nationalistischen und rassistischen Elemente erneut nach oben. Man findet, dass „jüdische und westeuropäische Einflüsse" die deutsche Sprache „zersetzt haben" und biedert sich den neuen Herren so an: „Der Sprachverein ist die SA unserer Muttersprache."

Doch Hitler und die führenden Nationalsozialisten hatten schrecklichere Ziele als ‚nur' borniertem Sprachpurismus. Den Nazis war es nicht um die ‚Reinheit' der Sprache, sondern um die ‚Reinheit' der Rasse in dem künftigen, von ihnen beherrschten Europa zu tun. Weil Hitler den geplanten Vernichtungsfeldzug im Osten und die Schaffung von neuem ‚Lebensraum' dort als europäisch-abendländische Tat verbrämen wollte, verbot er persönlich im Jahr 1940 das Treiben der Sprachreiniger. Außerdem wurde 1941 die ‚deutsche' Frakturschrift zugunsten der lateinischen Antiqua aufgegeben.

6
Sprachmissbrauch im Nationalsozialismus

Nach dem Ende des ‚Dritten Reichs' gab es – aus Erschrecken darüber, was sich im Medium der deutschen Sprache an Verführung, rassistischer Hetze und verbrecherischen Befehlen manifestiert hatte – bei manchen Linguisten und Literaten den Versuch, den Wortschatz dieser Sprache von Grund auf zu ‚reinigen'. Die Autoren der ersten Ausgabe des ‚Wörterbuchs des Unmenschen' gingen im Jahr 1945 so weit festzustellen: „Dieses Wörterbuch hat eine Aufgabe, die derjenigen der übrigen und gewöhnlichen Wörterbücher genau entgegengesetzt ist: Es soll uns diese Sprache fremd machen." Begrenzter war die Zielsetzung in Viktor Klemperers ‚Lingua Tertii Imperii' von 1946. Für ihn sollte nur die ‚Sprache des Nazismus' verschwinden: „Wie viele Begriffe und Gefühle hat sie geschändet und vergiftet."

Aber: Was alles war denn ‚Sprache des Nazismus' und was nicht? Gab es sie überhaupt als eigene, spezifische Sprache? Haben nicht auch Nazis in 95 oder 99 Prozent ihrer Sprechakte oder ihrer Publikationen die ganz normale deutsche Sprache verwendet? Gewiss, einzelne, besonders ekelhafte und belastende Ausdrücke wie ‚Endlösung', ‚Untermensch', ‚rasserein' oder ‚völkisch' würde man nicht mehr verwenden können, ohne gleichzeitig die ‚Konnotationen', die dabei mitschwingenden Vorstellungen auszulösen, die sich mit diesen Wörtern durch die Verbrechen des Nationalsozialismus verbunden hatten. Aber was war mit den anderen? Wo anfangen und wo aufhören?

Mit zunehmendem Abstand von 1945 setzte sich bei vielen Linguisten die Ansicht durch, dass „nicht viel gewonnen (wäre), wenn man eine Liste von Wörtern tabuisiert, indem man sie für ‚unmenschlich', ‚nazistisch', ‚faschistisch' oder ‚faschistoid' erklärt." Es genüge nicht, „ohne Textanalyse einzelne Wörter ohne Kontext zusammenzustellen und sie für Elemente eben jener ‚Sprache' oder jenes ‚Vokabulars' zu erklären" (Polenz 1978). Bezeichnenderweise hatten auch die Autoren des ‚Wörterbuchs des Unmenschen' in der zweiten Auflage von 1957 ihre Zielsetzung („... soll uns diese Sprache fremd machen") aufgegeben.

Die meisten Linguisten erkannten, dass es in der ‚Sprache der Nazis' nicht primär um Wörter ging; dass man bei der Konzentration auf sie gar nicht zum eigentlichen Kern vordringen würde: dem Missbrauch der Sprache zur Verhaltenssteuerung der Menschen in politisch-totalitärer und rassistischer Richtung.

Was waren nun die Hauptmerkmale des nationalsozialistischen Sprachgebrauchs?

Das wichtigste Kennzeichen war der Versuch, durch Propaganda und ideologische Polarisierung der Sprachgemeinschaft eine bestimmte Sicht der Realität aufzuzwingen. Dazu wurden künstlich eine Krisenstimmung und Bedrohungsgefühle erzeugt, um die Masse hinter der Führung zu vereinen. Ein zentrales Element war die Nutzung antisemitischer Einstellungen und ihre extreme Verstärkung durch Propagandalügen wie die, dass eine jüdische Verschwörung zur Beherrschung der Welt existiere. Gleichzeitig wurde den sozial Benachteiligten oder geistig Unreifen das Gefühl vermittelt, selbst einer überlegenen, einer ‚Herrenrasse' anzugehören, deren geschichtliche Bestimmung es sei, weite Teile Europas zu beherrschen.

Der sprachlichen Vermittlung dieser Sicht der Welt dienten die totale Kontrolle der Nachrichtenmedien, des Kulturbetriebs und der Erziehung sowie die politische Überwachung der wichtigsten Tätigkeitsbereiche. Mit diesen Instrumenten „zwangen die Nationalsozialisten ihre so disparate ideologische Sprache den Deutschen mit einer Intensität ohnegleichen auf" (Wells 1990).

Untersucht man die sprachlichen Stilmittel der Manipulation näher, so stößt man etwa auf beschönigende Bezeichnungen (Euphemismen), mit denen Völkermord und Rassismus akzeptabel gemacht werden sollten. So nannte man die Überstellung politischer Gefangener zur Hinrichtung zynisch-verhüllend ‚Betreuung', die Ermordung ganzer Bevölkerungsgruppen ‚Sonderbehandlung' und die geplante Ausrottung des europäischen Judentums ‚Endlösung (der Judenfrage)'.

Die Enteignung jüdischen Besitzes wurde als ‚Arisierung' (das heißt ihre Übergabe an ein Mitglied der ‚arischen' Rasse) bezeichnet. Für die rassistische Weltanschauung wurden mit Vorliebe Anleihen in der Biologie und Genetik gemacht. Jüdische Menschen wurden ‚Parasiten' gleichgesetzt und als ‚ewiger Spaltpilz der Menschheit' bezeichnet. Ihre biologische Vermischung mit Deutschen war ‚Rassenschande' oder ‚Blutschande'. ‚Entjudung' wurde analog zu ‚Entseuchung' gebraucht. Auch der ständige Gebrauch eines kollektiven Singulars (‚der Jude, ‚der Arier') mit dem eine Generalisierung und Simplifizierung der totalitären Behauptung erreicht werden sollte, gehörte in den Kontext dieses Sprachstils.

Ziel der Eroberungspolitik im Zweiten Weltkrieg war die ‚räumliche Ausdehnung des deutschen Blutes' und ‚Lebensraum' sollte vor allem in Osteuropa gewonnen werden. Die dort lebenden Slawen wurden zu rassisch minderwertigen ‚Untermenschen' gestempelt, in denen man die künftigen Arbeitssklaven für deutsche Neusiedler sah. Ihnen sollte deshalb jede höhere Schulbildung versagt bleiben.

War diese Übertragung biologischer Vorstellungen (‚Ungeziefer') auch die furchtbarste Form sprachlich-stilistischen Missbrauchs, den die NS-Ideologen trieben, so machten sie doch auch von einer Reihe anderer Stilmittel Gebrauch. Typisch waren zum Beispiel auch der Superlativismus (‚Großdeutschland', ‚Tausendjähriges Reich', ‚totaler Krieg') und die Verstärkung der Aussage durch Wiederholung bedeutungsgleicher Wörter (‚Es geht um Deutschland und Deutschheit'). Die Wiederbelebung germanischer und altdeutscher Begriffe und ihr Gebrauch in einer pseudohistorischen, mystifizierenden Weise, sollte die Herrenmenschen-Ideologie stützen. So gab es jetzt wieder ‚Gaue' mit ‚Gauleitern', ‚Marken' (‚Ostmark' = ‚Österreich') und ‚Rechtswahrer'. Die dem Regime ergebenen Menschen bildeten ‚Gefolgschaften', und es gab ‚Ordensburgen', in denen nationalsozialistischer Nachwuchs herangezogen wurde.

Diese Beispiele verdeutlichen, dass es zu einfach wäre, lediglich ein ‚Wörterbuch des Unmenschen' zusammenzustellen und alle darin enthaltenen Ausdrücke aus dem heutigen Sprachgebrauch zu tilgen. Nicht die Wörter tragen Schuld, sondern die Menschen. „Sprache an sich (ist) weder gut noch böse, aber (sie kann) von Menschen zum Guten genutzt und zum Bösen missbraucht werden. Wir wissen, dass sie in der Geschichte der Menschheit bis zum heutigen Tag zur Unterdrückung, zur Rechtfertigung unlauterer Interessen der Mächtigen, zur Manipulation der Gesinnung missbraucht worden ist" (Gipper 1984). Aber man kann in derselben Sprache auch Albert

Schweitzers humanitäres Ethos ausdrücken, die Bibel wiedergeben, Goethes ‚Faust' schreiben, Kants aufklärerisches Denken vermitteln und das freiheitliche Grundgesetz der Bundesrepublik Deutschland abfassen.

Der Missbrauch, der im Nationalsozialismus mit dieser Sprache getrieben wurde, war nicht etwa durch eine ihr innewohnende Tendenz begünstigt worden. Sie war und ist nicht mehr und nicht weniger anfällig für politische Manipulation als jede andere Kultursprache. Und man sollte festhalten, dass es dem Nationalsozialismus „nicht gelang, bleibende Veränderungen in das begriffliche Bedeutungssystem des Deutschen einzuführen" (Wells 1990).

Was freilich länger anhalten kann, sind die Nachwirkungen für das Ansehen einer Sprache, in der noch vor gut 70 Jahren Rassismus propagiert, Befehle geschnarrt und verhüllend Anweisungen zum Massenmord gegeben wurden. Die Originaltöne in den ungezählten amerikanischen und britischen Nazi-, Kriegs- und Horrorfilmen (wo deutsche Ausdrücke und deutscher Akzent geradezu Stilmittel zur Darstellung des Bösen sind) lassen diese Nachwirkungen ebenso spüren wie die geringe Meinung, die viele Deutsche selbst von ihrer Sprache haben.

In der Tat haben Deutsche und Österreicher nach all dem, was sich (auch) im Medium ihrer Sprache abgespielt hat, eine besondere Verpflichtung, sie sensibel zu benutzen und wachsam gegenüber dem Sprachgebrauch politischer Demagogen und Extremisten zu sein.

Gleichzeitig hat diese alte europäische Kultursprache aber auch einen Anspruch darauf, dass wir uns ihrer ganzen Geschichte bewusst bleiben: ihrer Entstehung, ihrer Entwicklung und ihrer Qualitäten.

7
Deutsch am Ende des 20. Jahrhunderts

Das Kriegsende 1945 und die Befreiung Deutschlands und Österreichs von der nationalsozialistischen Diktatur markieren einen Einschnitt auch in die deutsche Sprachgeschichte, und zwar in dreierlei Hinsicht.

Einmal kam es zu spürbaren Veränderungen im politischen Wortschatz. Quasi über Nacht verschwanden mit den nationalsozialistischen Einrichtungen auch deren Bezeichnungen, etwa ‚Gauleiter' oder ‚Blockwart'. Wenn sie noch gebraucht werden, dann in polemischer Verwendung, um etwas durch metaphorische Gleichsetzung damit zu verurteilen. Das gleiche geschah mit spezifischen Termini der nationalsozialistischen Ideologie (‚Führerprinzip', ‚Blut und Boden').

Zögerlicher ging diese Korrektur des Sprachgebrauchs bei solchen Ausdrücken vor sich, die zwar schon früher existiert hatten, aber vom NS-Regime missbraucht worden waren, etwa ‚Volksgemeinschaft'. Hier setzte oft erst in den sechziger Jahren eine stärkere Sensibilität in der Sprachverwendung ein, die sich dann in der Folgezeit noch steigerte. Sie führt dazu, dass in Deutschland heute die bei anderen Völkern positiv besetzten Begriffe wie ‚Nation', ‚Vaterland' oder ‚Patriotismus' eher negativ besetzt sind.

Einen zweiten Einschnitt in der Sprachgeschichte bedeutete die Reduzierung des deutschen Sprachgebietes in Europa durch Flucht und Vertreibung von rund 15 Millionen Deutschen als Folge des Zweiten Weltkriegs. Dadurch gehören seit 1945 Ostpreußen, Pommern, Schlesien, das Sudetenland, aber auch zusammenhängende

Sprachinseln jenseits der alten Reichsgrenzen nicht mehr zum deutschen Sprachraum.

Der Verlust an Sprachraum hält durch freiwillige Abwanderung, etwa aus Russland oder Rumänien, bis heute an. Die Verlagerung der Dialekte und regionalen Sprachvarianten dieser alten Siedlungsgebiete in das Gebiet des heutigen Deutschland führt zu ihrem allmählichen Aussterben und zur Hinwendung zu den hier gesprochenen Dialekten und Varianten in der nachfolgenden Generation.

Den dritten und weitreichendsten Ursachenkomplex für den Sprachwandel bilden jedoch die zivilisatorischen und technologischen Veränderungen und der Einfluss des (vor allem amerikanischen) Englisch seit dem Ende des Zweiten Weltkriegs. Weil dieses Buch die Sprachgeschichte behandelt und keine Analyse der Gegenwartssprache liefern will, beschränken wir uns auf einige punktuelle Beobachtungen.

Blicken wir zunächst auf den technologischen Wandel, dann stoßen wir nicht nur auf eine stürmische Ausweitung des Wortschatzes und der Anzahl der Fachsprachen, sondern auch auf eine Technisierung der Alltagssprache. Ursprüngliche Fachausdrücke (meist englischen Ursprungs) werden zunehmend auch in der Allgemeinsprache verwendet, zum Beispiel etwas ‚checken', etwas ‚live' miterleben, ‚operationalisieren', ‚recyceln', ‚hardware' und ‚software'.

Geradezu überwältigend ist die Flut angloamerikanischer Ausdrücke, die nicht nur in die Fachsprachen, sondern in das Alltagsdeutsch entlehnt wurden. Man denke nur an ‚Business, Comics, Hearing, Jeans, Leasing, Look, Make-up, Meeting, Pipeline, Round-Table-Konferenz (im DDR-Deutsch war 1989 noch ein runder Tisch geschaffen worden), Spikes, Spray, Teamwork, testen, Toast, trampen' und viele mehr.

Es ist nicht nur die Vormachtrolle der USA in der westlichen Welt, die zur Ausstrahlung ihrer Sprache führte, auch nicht nur die angloamerikanische Jugend- und Popkultur, sondern es sind auch ‚soziolinguistische' Vorzüge des heutigen Englisch, die diese Sprache so attraktiv machen. Es ist eine gewisse Leichtigkeit und Griffigkeit von Ausdrücken, deren deutsche Äquivalente schwerfälliger oder altmodischer wirken. ‚Teenager' klingt flotter als ‚Jugendlicher zwischen 14 und 19', ‚Shorts' besser als ‚kurze Hose', ‚Gag' besser als ‚witziger' oder ‚effektvoller Einfall', ‚Hobby' besser als ‚Lieblingsbeschäftigung'.

Ein Vorzug englischer Lehnwörter ist häufig auch ihre Einsilbigkeit, die sich besonders zur Bildung weiterer Zusammensetzungen eignet. Neben den schon erwähnten Beispielen etwa noch ‚Box, Chip, cool, Fan, Hit, Quiz, Pop, Punk, Show, smart, Test, Trend'.

Besonders groß ist der Trend zur Anglisierung in der Werbung.

Die Resonanz angloamerikanischer Wortschöpfungen ist so groß, dass im Deutschen, besonders in der Modebranche, sogar vorgetäuschte englische Ausdrücke geschaffen wurden, also Ausdrücke, die das Englische selbst gar nicht kennt. Zum Beispiel ‚Dressman', ‚Pullunder' (in Analogie zum ‚Pullover'), ‚Slip' (knappsitzende Unterhose), ‚Twen' (in Analogie zum ‚Teenager'). Auch der Ausdruck ‚trampen', das heißt ‚per Anhalter fahren', existiert in dieser Bedeutung im Englischen nicht, ebenso wenig die Bezeichnung eines Autos alter Bauart als ‚Oldtimer'.

Ein anderer charakteristischer Zug (nicht nur) der deutschen Sprache am Ende des 20. Jahrhunderts ist aber auch ihre Durchsetzung mit Ausdrücken und Metaphern, die von Politikern und Journalisten geprägt oder bevorzugt gebraucht werden. Dazu gehören Ausdrücke wie ‚Haushaltsloch, Lauschangriff, Querdenker, Quotenfrau, Kanzlermehrheit, leistungsfeindlich, Sozialabbau, soziale Kälte, (fehlende) Bodenhaftung, (politischer) Sprengsatz, (für den Bürger) nicht nachvollziehbar, nicht vermittelbar'.

Eng damit verbunden ist ein Expertendeutsch, in dem durch Zusammenfügung inhaltlich eher vager Fachausdrücke wissenschaftlicher Tiefgang vorgetäuscht wird. Etwa unter Verwendung von Adjektiven wie ‚integriert', ‚funktionell', ‚programmiert' zusammen mit Substantiven wie ‚Struktur', ‚Flexibilität', ‚Ebene', ‚Konzeption', ‚Phase', ‚Tendenz' und so weiter. Da wird eine ‚permanente Fluktuationstendenz' beobachtet und dann ein ‚funktionelles Aktionskonzept' dagegen entwickelt und ähnliches mehr.

Zu den typischen Zeiterscheinungen (vor allem der politischen Sprache) gehören auch Beschönigungen (Euphemismen) oder soziale Aufwertung: ‚Entsorgungspark' für ‚Gelände zur Atommüllbeseitigung', ‚Raumpflegerin' für ‚Putzfrau', ‚Außendienstmitarbeiter' oder ‚Gebietsbetreuer' für ‚Vertreter'.

Auch im Sprachsystem als Ganzem zeichnen sich am Ende des 20. Jahrhunderts weitreichende Veränderungen ab. Die Sätze werden (glücklicherweise) immer kürzer. Nach einer Untersuchung Hans Eggers bestanden um 1800 die Sätze in den Texten der Klassiker durchschnittlich aus 21 bis 24 Wörtern, heute sind es in den anspruchsvollen Publikationen der Gegenwart noch 13 bis

16 und in Artikeln der BILD-Zeitung nur sechs bis acht Wörter. Auch die Anzahl der Nebensätze geht zurück.

Schließlich kann man feststellen, dass die Massenmedien Hörfunk und Fernsehen einerseits zur Vereinheitlichung der (Umgangs-)Hochsprache beitragen und die Dialekte verdrängen, andererseits ist aber auch eine Tendenz zu beobachten (etwa beim Nachrichtenmagazin ‚Spiegel'), bisherige Dialektausdrücke oder Ausdrücke aus der Varietät des österreichischen oder schweizerischen Hochdeutsch in die bundesdeutsche Hochsprache einzuführen.

Es sind dies, wie anfangs betont, nur einige punktuelle Beobachtungen zur deutschen Gegenwartssprache, sozusagen als Schlussstein unserer ja ausschließlich historischen Betrachtung.

Worauf wir zum Schluss noch einmal zurückkommen müssen, ist eine Frage, die viele bewegt: Stellt der starke anglo-amerikanische Einfluss auf den deutschen Wortschatz eine Bedrohung für diese Sprache dar? Wird am Ende Deutsch zum ‚Anglo-Deutsch'?

Die Antwort auf diese Frage fällt nicht leicht. Einerseits wäre ein bewusstes Sich-Sperren gegen ein Vokabular, das zwar der Herkunft nach englisch, im Grunde aber eher international ist, provinziell und würde die Deutschen und ihre Sprache eher isolieren. Wie wenig Erfolg solchen Bemühungen beschieden ist, zeigt der Versuch Frankreichs, sogar mit staatlicher Sprachlenkung gegen das ‚Franglais' anzugehen.

Vielleicht könnte aber auf die gedankenlose Übernahme und das pseudo-weltläufige Nachplappern einer Anzahl englischer Ausdrücke verzichtet werden, wenn gleichwertige deutsche Wörter dafür längst vorhanden sind oder mühelos zu bilden wären. Andererseits hat diese

Internationalisierung des Wortschatzes zumindest heute, im Zeitalter weltweiter Kommunikation und Vernetzung, unbestreitbare Vorteile.

Wer sich Sorgen um die deutsche Sprache macht, sollte nicht primär auf den Wortschatz blicken, viele der englischen Wörter werden mit der Zeit – im Goetheschen Sinn – vom Deutschen ‚verschlungen' und damit zur Wortschatzerweiterung beitragen. Was die deutsche Sprache viel mehr bedroht, ist ihre Preisgabe zugunsten des Englischen, ihre Nichtverwendung in immer mehr Kommunikationssituationen. Vor allem im Bereich des geistigen Austauschs, der Wissenschaft und der Geschäftsbeziehungen. Wenn deutsche Eliten und Multiplikatoren in geographischen Regionen, wo Deutsch durchaus noch gut verbreitet ist, von vornherein Englisch sprechen, entfällt dort die Motivation, Deutsch künftig noch zu erlernen.

Wenn dieses ‚Verstecken' der eigenen Sprache – von dem am Anfang des Buches ausführlich die Rede war – anhält oder gar noch zunimmt, dann gerät Deutsch als Kultur-, Bildungs- und Wissenschaftssprache tatsächlich in Gefahr. Noch zählt es zu den wenigen vollausgebauten Sprachen in der Welt, in denen alles, was gedacht werden kann, auch ausdrückbar ist. Diese volle Funktionsfähigkeit in allen Wissensbereichen behält es aber nicht ‚von selbst'. Die Sprecher dieser Sprache müssen dafür etwas tun.

Eine lebende Sprache und ihr Wortschatz sind durchaus einem Organismus vergleichbar, der nur dann leistungsfähig bleibt, wenn alle seine Funktionen auch regelmäßig genutzt werden. Auch die Anpassungsleistungen, die ein Organismus vollbringen kann, müssen ihm regelmäßig abverlangt werden. Sonst kommt es zu Degenerationserscheinungen und zum Absterben bestimmter Funktionen. Ist aber dieses Stadium erst einmal eingetreten, besteht die Gefahr, dass auch andere Funktionsbereiche betroffen werden.

Deutsch war durch seine frühe Entwicklung zur Schrift- und Kultursprache und durch seine Bedeutung für den geistig-wissenschaftlichen Bereich zu einer der wichtigsten Sprachen der Welt geworden. Aber heute, am Ende eines langen Weges, kann – nach Einschätzung des Tokioter Soziolinguisten Florian Coulmas – nicht mehr ausgeschlossen werden, dass es durch einen „ständig zurückgehenden Gebrauch auf lange Sicht ‚Funktionseinschränkungen' erleidet, die zu seiner internationalen ‚Wertminderung' führen" (Coulmas 1992). Eine Gefahr, der nur die Sprecher dieser Sprache selbst: Deutsche, Österreicher, Schweizer, Liechtensteiner, auch die für die Förderung der Sprache verantwortlichen Politiker, begegnen können.

Nimmt man alle Erscheinungen des Sprachwandels am Ende des 20. Jahrhunderts zusammen und erinnert sich an die vier großen Abschnitte der 1200-jährigen Geschichte der deutschen Sprache: Althoch-, Mittelhoch-, Frühneuhoch- und Neuhochdeutsch, dann kann man sich dem anschließen, was Hans Eggers (1986) feststellte: „Wir glauben die Behauptung wagen zu dürfen, dass die deutsche Sprache nach zwölf Jahrhunderten in ein neues, fünftes Stadium der Entwicklung eingetreten ist."

Teil VI

Deutscher Wortschatz in europäischen Sprachen

1
Lehnwörter als historische Zeugen

Wenn der Wortschatz eine Art ‚kollektiver Erinnerung' einer Sprachgemeinschaft darstellt (vergleiche Teil I), dann spiegelt er auch etwas von deren kulturellen Beziehungen mit anderen Völkern wider. Der frühmittelalterliche deutsche Wortschatz zum Beispiel lässt den geradezu überwältigenden Einfluss lateinisch-christlicher Kultur auf die hier lebenden germanischen Stämme ablesen. Eine kulturelle Transformation dieses Ausmaßes hat es später nicht wieder gegeben, weder aufgrund des französischen Einflusses im 17. und 18. Jahrhundert noch des angloamerikanischen heutzutage.

Ein wichtiger Indikator dieser kulturell-zivilisatorischen Beeinflussung ist die sprachliche Entlehnung. Sie kann viele Ursachen haben: machtpolitische Abhängigkeit, intensive Sprachkontakte durch Zuwanderung oder geographische Nachbarschaft; die Ausstrahlung von Religion und Kultur oder hohes technisch-zivilisatorisches Niveau des ‚gebenden' Sprachraums; länger dauernde sprachenpolitisch organisierte Beeinflussung und andere Ursachen mehr.

In der Regel wirken bei der Ausstrahlung einer Sprachgemeinschaft auf eine andere mehrere dieser Faktoren zusammen. Das wichtigste Motiv für Entlehnungen aber ist das Bewusstsein der Entlehnenden, dass die andere Sprache Werte, Errungenschaften oder einen anderen Lebensstil vermitteln kann, die man schätzt. Kurzum: Die andere Sprachgemeinschaft wird als fortschrittlicher empfunden.

Gegenstand der Entlehnung sind zunächst einmal Wörter (Lehnwörter), insbesondere Sachbezeichnungen. Es wird eine neue oder verbesserte Sache oder Technik mit ihrem neuen Namen übernommen. Einen Spezialfall bilden die sogenannten ‚kulturellen Wanderwörter' oder ‚Kulturwörter'. Man findet sie zum Beispiel bei den Bezeichnungen von Genussmitteln: ‚Kaffee', ‚Tee', ‚Tabak', ‚Kakao', ‚Schokolade'. Sie gelangen nicht nur aus einer Sprache in eine andere, sondern werden immer weiter vermittelt (dazu: Seebold 1981).

Mit der Kategorie der Kulturwörter verwandt sind auch die ‚internationalen Wörter' oder ‚Internationalismen'. Bei ihnen handelt es sich meist um Neubildungen der Wissenschafts- oder Techniksprache. Es sind Kunstwörter, die in der Regel aus griechischen und / oder lateinischen Bestandteilen zusammengesetzt sind und aus der Sprache, in der sie geprägt wurden, in die anderen Sprachen weiterwandern. Internationalismen, die vom deutschen Sprachraum ausgingen, sind zum Beispiel die Ausdrücke ‚Determinismus', ‚Statistik' oder ‚Vitamin'.

Unter den ‚Kultur'- oder ‚Zivilisationswörtern' gibt es freilich auch viel ‚Luxusentlehnungen', die nicht nötig wären, weil bereits ein geeignetes heimisches Wort vorhanden ist. Doch wird aus Prestigegründen das fremde Wort vorgezogen oder zumindest gleichrangig benutzt (im Deutschen zum Beispiel ‚Ticket' statt ‚Flugschein', ‚Service' statt ‚Kundendienst').

Gegenstand der Entlehnung sind aber nicht nur Wörter, sondern auch fremde Begriffe und Vorstellungen, die mit eigenem Sprachmaterial nachgebildet werden (Lehnübersetzungen). Ein Beispiel dafür ist das englische ‚watershed' von deutsch ‚Wasserscheide' oder englisch ‚chain smoker' von deutsch ‚Kettenraucher'. Auch bildhafte Wendungen gehören dazu, etwa die deutsche Redewendung ‚einen Korb geben', die zum Beispiel im Kroatischen mit ‚dati korpu' wörtlich nachgebildet ist.

Schließlich können auch Bedeutungen von Ausdrücken einer anderen auf Ausdrücke der eigenen Sprache übertragen werden (Lehnbedeutungen). Zum Beispiel meinte ‚psychologie' im Französischen bis ins 17. Jahrhundert ‚Geisterbeschwörung'. Im Deutschen war der Ausdruck ‚Psychologie' in seiner heutigen Bedeutung als Wissenschaftsterminus neu gebildet worden. Unter dem Einfluss des deutschen Wortsinns übernahm dann auch das französische Wort die heutige internationale Bedeutung.

Die Grundlage dieses steten Stroms von Wörtern und Begriffen auf dem Kontinent hat eine Kulturströmung gebildet, die man als ‚Europäisierung' bezeichnen kann. Diese Strömung ging vom Mittelmeerraum aus und verbreitete sich seit dem frühen Mittelalter auf zwei ‚Kulturbahnen' nach und nach über ganz Europa. Dabei erfuhr sie auf den Zwischenstationen ‚nationale' Modifikationen, die ebenfalls weitergegeben wurden.

Die eine ‚Bahn' lag im lateinisch-katholischen Westen und verlief von Rom über die Alpen oder über das römische Gallien und den Rhein ins heutige Deutschland und von dort aus weiter ins östliche und nördliche Mitteleuropa. Später wurde in der Nordhälfte Europas die Kulturströmung auf dieser Bahn durch den Protestantismus und seine spezifischen Wertvorstellungen noch modifiziert.

Die zweite, die ‚griechisch-orthodoxe' Bahn, hatte ihren Ausgangspunkt in Byzanz und verlief in zwei Ästen einerseits nach Bulgarien und Serbien, andererseits in die Ukraine und nach Russland. Die Wirkung der lateinischen ‚Bahn' für die Entstehung eines modernen Europa muss man jedoch, ohne in westlichen Hochmut zu verfallen, als größer einschätzen. Der westliche Einfluss drang erst in der Neuzeit auch ins Innere Russlands vor. Dabei spielte spätestens seit der Zeit Peters des Großen nicht zuletzt Deutschland eine bedeutende Rolle.

Das Ergebnis dieser Ausbreitung der abendländisch-christlichen Kulturströmung auf beiden Bahnen ist die Entstehung einer ‚europäischen Kulturgemeinschaft', die der polnische Historiker Oskar Halecki einmal so definiert hat: „(Sie) ist eine harmonische Synthese des Erbes der klassischen Antike einerseits und des Christentums andererseits in Verbindung mit etwas Drittem: der Tatsache, dass (sich in ihr) die einzelnen Kulturen der Völker und Nationen selbständig entfalten können, ohne dadurch der Gemeinschaft zu schaden, im Gegenteil, indem sie diese Gemeinschaft noch bereichern" (Halecki 1957).

Was hat nun die deutsche Sprache zu diesem historischen Prozess der ‚Europäisierung' konkret beitragen können? Welche Spuren ihres Einflusses lassen sich in welchen Räumen Europas noch heute entdecken? Stellt auch das Deutsche eine für Europa kulturgeschichtlich bedeutsame Sprache dar, wie sie etwa das Französische, Italienische oder Englische ganz zweifellos sind?

In den nun folgenden Kapiteln soll das ‚Material' vorgelegt werden, das eine Antwort auf diese Frage erlaubt.

2
‚Barbaren' beeinflussen die Romania

Als das Weströmische Reich im Jahr 476 unterging, war sein Heer schon fast vollständig germanisiert. Nicht nur die Legionen bestanden ganz überwiegend aus germanischen Söldnern, auch die meisten Offiziere, selbst Generäle und Oberbefehlshaber, wurden von Germanen gestellt (vergleiche Sander 1938). Einer von ihnen, ein Rugier namens Odoaker, war es dann auch, der den letzten weströmischen Kaiser absetzte.

Die Kommandosprache des Heeres war zwar bis zuletzt das Volkslatein (Vulgärlatein) geblieben, aber auf Grund der starken germanischen Präsenz hatte die lateinische Soldatensprache immer mehr germanische Ausdrücke aufgenommen. So nannte man im 5. Jahrhundert den Krieg nicht mehr ‚bellum', sondern ‚werra' (vergleiche deutsch ‚Wirren'). Die Fahne der Einheit wurde im Soldatenjargon jetzt ‚bandum' (vergleiche ‚Band') genannt. Die Verlobte eines germanischen Legionärs war keine ‚sponsa', sondern eine ‚brutis' (vergleiche ‚Braut'). Die Flasche, aus der er seinen Wein trank, hieß nicht mehr ‚ampulla', sondern ‚flasco'. Wenn er statt Wein Buttermilch aus einem Humpen zu sich nahm, dann trank er ‚melca' (vergleiche ‚melken') aus einem ‚hanappus' (vergleiche ‚Napf'). Die Brühe schließlich, in die der Legionär seine Brotschnitten tunkte, war die ‚suppa'. Und wenn die Römer die Farbe von Dingen benennen wollten, dann verwendeten sie im 5. Jahrhundert germanische Bezeichnungen, die wir auch in den deutschen Wörtern ‚blau', ‚blond', ‚braun' oder ‚grau' wiederfinden.

Die germanischen Söldner im Heer waren es aber noch nicht einmal, die die Masse der germanischen Wörter ins Vulgärlatein und in die daraus hervorgegangenen romanischen Sprachen vermittelten. Viel stärker noch beeinflusste der zivile Sprachgebrauch der Franken und Langobarden das entstehende Französisch und Italienisch, als sie Ende des 5. bzw. im 6. Jahrhundert in Frankreich und Italien Reiche gegründet hatten. Es dauerte rund drei Jahrhunderte, bis diese germanischen Minderheiten von der romanischen Mehrheit vollständig aufgesogen waren. In dieser Assimilierungsphase gelangten über 1.200 fränkische Wörter ins Französische und etwa 400 langobardische Wörter ins Italienische. Zum Teil kamen sie später wieder außer Gebrauch, aber gut 500 bzw. 200 davon haben beide Sprachen bis heute bewahrt (Gamillscheg 1970/35, Larousse 1991, Scardigli 1990).

Zur deutschen Sprachgeschichte gehört das alles nur am Rande. Denn die Wörter der Franken und Langobarden des 5. bis 8. Jahrhunderts, die wir im Französischen und Italienischen entdecken können, sind noch keine deutschen Spuren. Aber weil die germanischen Sprachen Mitteleuropas die Vorstufe der deutschen Sprache bildeten, und weil die meisten der fraglichen Ausdrücke als alte Erbwörter im heutigen Deutsch weiterleben, ist es kulturgeschichtlich interessant, auch sie zu betrachten. Zumal nicht wenige von ihnen später, wenn auch mit veränderter Bedeutung, ins Deutsch rückentlehnt wurden, wie etwa der Ausdruck ‚Robe', der auf das alte Erbwort ‚Raub' zurückgeht. Er bezeichnete bei den fränkischen Kriegern die Wegnahme, den ‚Raub' der Kleidung des gefallenen Gegners. Erst während seines Weiterlebens im Französischen hat der Ausdruck seine Bedeutung verändert und den heutigen Sinn angenommen.

Fangen wir mit unserer Spurensuche ganz ‚unten' an, dann stoßen wir in der Romania auf eine Fülle von Ortsnamen, die Worte enthalten, die wir auch im heutigen Deutsch noch gebrauchen. In Italien zum Beispiel auf ‚Breda' (‚Breite' = ‚Ebene'), ‚Gualdo' (‚Wald') oder ‚Scodosia' (= Sitz eines ‚Schultheiß'). ‚Stongarda' weist auf ein eingezäuntes Gelände (= ‚-gard') für die Zucht von ‚Stuten' hin. (Denselben Ursprung hat übrigens der Name ‚Stuttgart').

Statt Geländebezeichnungen konnten auch Personennamen für die Ortsbenennung herangezogen werden, etwa ‚(Castel) Gandolfo' (< ‚Gandulf'), ‚Corradina' (< ‚Konrad') oder ‚Valdieri' (< ‚Walter'). Ähnliche Spuren könnte man auch im nördlichen Frankreich, im südlichen Belgien oder in der Westschweiz finden.

Aber es sind nicht nur Ortsbezeichnungen, sondern auch Personennamen selbst, in denen sich die jahrhundertelange Anwesenheit von Franken und Langobarden in den beiden romanischen Sprachen widerspiegelt. Schaut man sich französische und italienische Vornamen an – oder auch Familiennamen, soweit sie auf ursprüngliche Vornamen zurückgehen –, fällt eine verblüffende Ähnlichkeit mit deutschen Vornamen auf. Es gehört nicht viel dazu in französisch / italienisch ‚Gerard' / ‚Gerardo' deutsch ‚Gerhard' oder in ‚Henri' / ‚Enrico' deutsch ‚Heinrich' wiederzuerkennen. Der gleiche Zusammenhang besteht bei ‚Louis' / ‚Luigi' (‚Ludwig'), ‚Rodolphe' / ‚Rodolfo' (‚Rudolf'), ‚Roger' / ‚Rodegario' (‚Rüdiger'), ‚Gauthier' / ‚Gualterio' (‚Walter') oder ‚Guillaume' / ‚Guglielmo' (‚Wilhelm').

Es sind im Französischen nicht weniger als 1.000 Namen und im Italienischen rund 500, die diese Ähnlichkeit mit deutschen Vornamen aufweisen. Das rührt daher, dass es im frühen Mittelalter in den ‚besetzten' romanischen Gebieten zur Mode wurde, seinen Kindern Namen zu geben, die die siegreichen Eroberer und neuen Herren trugen. Die diplomatisch und ‚integrativ' vorgehenden Franken waren von der romanischen Bevölkerung so allgemein akzeptiert, dass diese sogar deren Volksnamen für sich selbst und das Land (‚Frankreich') annahmen. Die rabiateren und anfangs gegen ‚Fraternisierung' eingestellten Langobarden dagegen waren im frühmittelalterlichen Italien wenig beliebt. Ihr Name wurde weder für das Land noch für das Volk adaptiert. Nur die regionale Bezeichnung ‚Lombardei' erinnert noch an sie.

Es sind aber, wie schon erwähnt, nicht nur Orts- und Personennamen, die damals aus den Sprachen der ‚Barbarenvölker' entlehnt wurden, sondern auch eine Fülle von Wörtern des alltäglichen Lebens. Die sprachliche Strahlung des Fränkischen und Langobardischen wirkte in fast alle Lebensbereiche ihrer romanischen Mitbewohner hinein.

Im folgenden Überblick verwenden wir wieder – der besseren Verständlichkeit wegen – die heutige neuhochdeutsche Form des alten germanischen Ausgangsworts. Außerdem wird, um den Leser nicht zu ermüden, das romanische Lehnwort nicht immer in beiden romanischen Sprachen aufgeführt, auch wenn es in beiden zu finden wäre.

Betrachten wir etwa Bau und Einrichtung des Hauses. Die germanischen Bezeichnungen ‚Saal' und ‚Halle' kehren in französisch ‚salle' und ‚halle' wieder. Einfache Holzhütten benannten die frühen ‚Franzosen' ebenfalls mit einem fränkischen Wort ‚borde' (< fränkisch ‚bord' = ‚Brett'). Die Verkleinerungsform dazu, ‚bordel' = ‚ärmliche Bretterhütte', nahm später die Bedeutung ‚Dirnenhaus' an.

Die Langobarden nannten – wie die anderen germanischen Völker auch – den Vorbau über dem Hauseingang ‚Laube'. Im Italienischen wurde ‚lubbione' daraus. Vom ‚Balken' ist italienisch ‚palco' = ‚Gerüst' abgeleitet. Als die Langobarden später Häuser aus Stein anstatt aus Holz errichteten, nannten sie sie ‚stainberga', ein Ort, an dem man ‚durch Steine geborgen ist'. Dass diese Häuser primitiver als die römischen gewesen sein müssen, geht aus der abwertenden Bedeutung von italienisch ‚stamberga' = ‚armseliges oder verfallenes Haus' hervor. Diese Häuser besaßen auch keine Fenster, sondern lediglich Öffnungen im Mauerwerk, den ‚Spalt' (> italienisch ‚spalto' = ‚Schießscharte'). Die Bezeichnung der ‚Balken', die die langobardischen Häuserbauer als Träger durch Öffnungen in der Mauer nach außen stehen ließen, um eine Art Balkon zu gewinnen, hat sich in italienisch ‚balcone' niedergeschlagen.

Zur Inneneinrichtung des germanischen Hauses gehörte die ‚(Sitz-)Bank', französisch ‚banc' und italienisch ‚banca' gehen darauf zurück. Aber auch italienisch ‚banco' bzw. französisch ‚banque' als Bezeichnung des Geldinstituts lassen sich davon herleiten. Es war die ‚lange Bank', die als Tisch des Geldwechslers fungierte. Zur Inneneinrichtung des fränkischen Hauses gehörte auch ein ‚(Wand-)Schirm', wovon sich französisch ‚écran' ableitet. Verriegelt wurde das Haus mit einem Türriegel, einem ‚lok' (vergleiche deutsch ‚einlochen'), davon kommt französisch ‚loquet' = ‚Türdrücker'. Die Bezeichnung der ‚(Tür-)Klinke' ist in Französisch ‚clenche' bewahrt.

Auch wenn es den Liebhaber der französischen oder italienischen Küche überraschen mag: Selbst in diesem Bereich finden sich einige germanische Lehnwörter! Die Zubereitung der Speisen auf dem ‚Rost' entdecken wir in Französisch ‚rôtir' bzw. italienisch ‚arrostire' wieder. Vom ‚(Brat-)Spieß' leitet sich italienisch ‚spiedo' ab, ‚brodeln' steckt in französisch ‚brouer' und italienisch ‚brodo', ‚Sülze' in italienisch ‚solcio'. Der germanische ‚Fladen' taucht im französischen ‚flan' und italienischen ‚fiadone' auf, ‚Schmalz' ist im italienischen Dialektausdruck ‚smalto' = ‚Butter' erhalten geblieben.

Wie die schon vorher genannten Zahlen ausdrücken, sind in das Französische mehr germanische Wörter gelangt als in das Italienische. Für zwei Bereiche gilt dies jedoch nicht. Der eine ist die Bezeichnung der Körperteile. Hier finden wir unter anderem italienisch ‚fianco' (< deutsch ‚Flanke'), ‚guancia' (< ‚Wange'), ‚milza' (< ‚Milz'), ‚nocca' (< ‚Knöchel'), ‚schiena' (< ‚Schienbein') oder ‚stinco' (< ‚Schinken', ‚Schenkel'). Auch die Benennung einer störenden Begleiterscheinung bei manchen Schlafenden, nämlich des Schnarchens, hat das Italienische von den Langobarden übernommen, und zwar gleich in zwei Varianten. Das eine, auf das unser heutiges Wort zurückgeht, ist zu ‚sarnacare' bzw. ‚sarnacchiare' romanisiert worden. Daneben existiert aber auch italienisch ‚russare' (< langobardisch ‚hruzzan'; vergleiche unser umgangssprachliches ‚rus(s)eln').

Das zweite Gebiet, auf dem das Italienische mehr germanische Lehnwörter als das Französische aufgenommen hat, sind Ausdrücke der Pferdezucht (für die die Langobarden berühmt waren) und der Pferdehaltung. Etwa ‚groppa' (< ‚Kruppe'), ‚maniscalco' (< ‚Mähre' und

‚Schalk'), ‚marrone' (< ‚Mähre'), ‚sperone' (< ‚Sporn'), ‚stalla' (< ‚Stall').

Im französischen Wortschatz sind dagegen germanische Ausdrücke der Landwirtschaft viel stärker vertreten als im Italienischen. Die Erklärung dafür ist der Unterschied in der Gesellschaftsordnung in den beiden germanischen Herrschaftsgebieten. Die fränkischen Siedler und Bauern bearbeiteten ihre Felder auch selbst, romanische Landarbeiter waren kaum nötig. Außerdem besaßen diese ihren eigenen Grund und Boden, den sie – getrennt von den Franken – bewirtschafteten. Die Langobarden jedoch hatten die romanischen Grundbesitzer enteignet und stellten sie dann bei sich als landwirtschaftliche Helfer an. Weil die romanischen Landarbeiter ihre langobardischen Herren nur selten auf dem Feld antrafen, konnten sie ungestört ihre eigene Terminologie verwenden. Dadurch blieb sie von langobardischen Ausdrücken weitgehend frei.

Im Französischen jedoch ist das anders. So ist dort zum Beispiel die Bezeichnung des Getreides ‚blé', verwandt mit deutsch ‚Blatt', die ‚Garbe' kehrt in ‚garbe' wieder, die ‚(Vieh-)Herde' lebt in französisch ‚harde' weiter. Ferner geht französisch ‚fourrage' auf ‚(Vieh-)Futter' zurück, ‚crèche' ist von ‚(Futter-)Krippe' entlehnt, ‚bouc' kommt von ‚Bock'. Die Bezeichnung der ‚(Futter-)Raufe', des Gestells, aus der das Vieh das Futter rupft (‚rauft'), lässt sich noch in dem französischen Ausdruck ‚rufler' = ‚Geld zusammenraffen' entdecken.

Ein wichtiges Wort der Sprache des Gemeinwortschatzes, französisch ‚gagner' = ‚Gewinn machen', stammt ebenfalls aus der fränkischen Landwirtschaftsterminologie. Es geht auf das ‚Weiden' des Viehs zurück. Im alten Französischen entwickelt sich daraus die Bedeutung ‚(mit Feldarbeit) Gewinn machen'. Dass hier germanisches ‚w' (das im Romanischen nicht existiert) durch ‚g' ersetzt wird, stellt eine gesetzmäßige Lautsubstitution dar. Genuine Wörter des Handels, die nichts mit der Landwirtschaft zu tun haben, sind etwa französisch ‚épargner' (< ‚sparen') und ‚barguigner' (< ‚borgen').

Bemerkenswert ist auch die beträchtliche Zahl germanischer Wörter des Gefühls- und Seelenlebens im Französischen und – etwas geringer – im Italienischen. Während die germanischen Völker ihrerseits hier kaum ein Wort aus dem Lateinisch-Romanischen übernommen haben, ist „das Galloromanische von solchen Ausdrücken durchsetzt . . . Die stärkste Beeinflussung und Durchdringung einer Sprache zeigt sich in der Aufnahme von Ausdrücken des Seelenlebens" (Gamillscheg 1970).

Die Erklärung dieses einseitigen Phänomens erblickt Ernst Gamillscheg darin, dass mit diesen Ausdrücken für die germanischen Bewohner Gefühlswerte verbunden waren, die die entsprechenden romanischen Ausdrücke für sie nicht besaßen. Deshalb wurden diese Gefühlswörter von ihnen auch dann behalten, als sie sich immer mehr der romanischen Volkssprache der Bevölkerungsmehrheit bedienten. Aus dieser romanisch-fränkischen Mischsprache sind sie dann schließlich auch von der romanischen Bevölkerung übernommen worden.

Wir wählen aus der Fülle möglicher Beispiele nur die folgenden aus: Die germanische Form von ‚Hohn' kehrt in französisch ‚honte' und italienisch ‚onta' wieder. Aus ‚hart (sein)' entwickeln sich französisch ‚hardi' und italienisch ‚ardito', auf ‚heißen' im Sinne von ‚befehlen' geht französisch ‚souhaiter' = ‚wünschen' zurück. Die ‚Hast' lässt sich in französisch ‚hâte' und italienisch ‚astio' entdecken, die Vorstellung ‚(etwas) leid (sein)', eine ‚leidige' Sache, steckt in französisch ‚laid' = ‚häss-lich' bzw. italienisch ‚laido'. Die alte Form des deutschen Ausdrucks ‚jäh' lautete ‚gahi' (vergleiche bairisch ‚gach') und bedeutete ‚ungestüm, lebhaft'. Das französische Adjektiv ‚gai' = ‚fröhlich, heiter, vergnügt' bzw. italienisch ‚gaio' leiten sich davon ab. Auch die Bezeichnung der entgegengesetzten Stimmung, traurig und trübsinnig sein, französisch ‚morne' geht auf ein altes germanisches Wort zurück, das im Deutschen im Mittelalter ausstarb: ‚mornen'; im englischen ‚mourn' ist es noch enthalten.

Neben diesen ‚gefühlsbeschreibenden' Wörtern wurden von den Romanen auch gerne Ausdrücke übernommen, die durch ihre expressive Lautung einen starken Affektwert besaßen. Beispiele im Italienischen sind etwa ‚berciare' (‚bersten'), ‚caleffare' (‚kläffen') und ‚spruzzare' (‚spritzen').

Zum Schluss unserer Spurensuche in den romanischen Nachbarsprachen noch ein Blick auf die Rechtsterminologie. Die Rechtsprechung im merowingisch beherrschten Frankreich hatte nach und nach immer stärker germanische Züge angenommen, bevor sich erst Jahrhunderte später das römische Recht wieder durchsetzte. Das Ergebnis sind eine Anzahl fränkischer Rechtswörter im französischen Wortschatz, die später freilich ihre ursprüngliche Bedeutung verloren.

Erhalten geblieben ist zum Beispiel die Bezeichnung des ‚Schöffen', französisch ‚échevin', eine Einrichtung der Rechtsprechung, die unter Karl dem Großen geschaffen wurde, französisch ‚saisir' (< fränkisch ‚sakjan' = ‚um eine Sache streiten') und französisch ‚garant' (< fränkisch ‚werend' = ‚Gewährsmann'). Wenn die Franken ein landwirtschaftliches Grundstück rechtswirksam übereignen wollten, wurde ein Stück Rasen herausgestochen und übergeben. Der ursprüngliche Charakter als Rechtsterminus ist der Grund dafür, dass sich fränkisch ‚waso' (vergleiche den alemannischen Dialektausdruck ‚Wasen') für ‚Rasen' als ‚gazon' im Französischen erhalten hat.

Mit der Romanisierung des westfränkischen und des langobardischen Bevölkerungselements, die im 9. Jahrhundert abgeschlossen ist, endet auch der germanisch-frühdeutsche Einfluss auf den Wortschatz des werdenden Französisch und Italienisch. Von jungen westfränkischen Adligen wird aus diesem Jahrhundert noch berichtet, dass sie zur Erziehung ins ostfränkisch-deutsche Sprachgebiet, zum Beispiel ins Kloster Prüm in der Eifel, geschickt wurden, damit sie die Sprache ihrer Väter besser – oder überhaupt erst – beherrschen lernen. Jetzt kommen auch die schon früher erwähnten ‚Gesprächsbüchlein' für Romanen auf, in denen Redewendungen in Lateinisch und Deutsch aufgeführt sind. Und am Ende des 10. Jahrhunderts spricht selbst der französische König Hugo Capet kein Wort Fränkisch mehr. Da er auch das Latein nicht beherrscht, muss er zu einer Unterredung mit Kaiser Otto II. einen Bischof als Dolmetscher mitbringen.

Seit dem Hochmittelalter kehrt sich dann der sprachliche Einfluss vollständig um. Nun sind es französische und – in geringem Maße – italienische Wörter, die kontinuierlich und in großer Zahl in den deutschen Wortschatz einströmen. Die Ausstrahlung des deutschen Wortschatzes richtet sich von jetzt an für rund sieben Jahrhunderte fast ausschließlich auf den Osten und Norden des Kontinents.

3
Glaubensverbreitung im Osten und Norden

Während die Franken und Langobarden im West- und Südteil des Karolingerreiches immer mehr an die romanische Kultur und Sprache assimiliert wurden, wuchsen im Ostteil die Stammessprachen der Franken, Alemannen und Bayern zum Althochdeutschen zusammen. Die (Alt-)Sachsen, zunächst noch außerhalb des fränkischen Herrschaftsbereichs, entwickelten ihr germanisches Idiom zum Altniederdeutschen weiter. Aus beiden Sprachen dringen schon früh Lehnwörter in den Wortschatz ihrer unmittelbaren Nachbarn: seit dem 8. Jahrhundert in die östlichen und seit dem 9. Jahrhundert in die nördlichen Nachbarsprachen.

Den Grund für diesen frühen Sprachkontakt bildete die Verbreitung des christlichen Glaubens, die vom deutschen Boden aus erfolgte. Und mit der Mission wandert auch der *kirchliche* Wortschatz. Überwiegend sind es aus dem Kirchenlatein entlehnte Ausdrücke in frühdeutscher Lautgestalt, die zunächst in die unmittelbar benachbarten Sprachen gelangen und anschließend von dort noch weitervermittelt werden.

Der Westen und der Süden Deutschlands gehörten schon früh zur römisch-katholischen Christenheit. Teils verdanken sie das ihrer Zugehörigkeit zur postantiken fränkischen Kulturzone, teils dem tatkräftigen Wirken angelsächsischer Glaubensboten, teils auch den Bemühungen der Herzöge. So hatte der bayrische Herzog schon kurz nach 700 versucht, eine eigene, von Franken unabhängige bayrische Landeskirche aufzubauen, die jedoch nicht zustande kam. Aber nur wenig später konnte der Angelsachse Winfried-Bonifatius, der ‚Apostel der Deutschen', auf dieser Grundlage und unter Einbeziehung weiterer christlicher Stützpunkte im Ostfrankenreich noch vor der Mitte des 8. Jahrhunderts eine deutsche Kirchenorganisation im römisch-katholischen Sinn errichten.

Zum Selbstverständnis der Herrscher des Karolinger-, des Ostfranken- und des Heiligen Römisch-Deutschen Reiches gehörte es, sich nicht nur als Schirmherren der bereits christlich gewordenen Völker zu betrachten, sondern auch für die Verbreitung des Glaubens in den heidnischen Nachbargebieten zu sorgen. Die geographische Lage war es, die die deutschen Bistümer für diese Aufgabe im Osten und Norden Mitteleuropas prädestinierte.

Die ältesten Missionsgebiete – Slowenien, Mähren und Böhmen – gerieten über ihre Anbindung an deutsche Bistümer zwar schließlich in den Verband des Heiligen Römischen Reiches, doch waren territoriale Expansion oder gar ‚Germanisierung' nicht das Ziel der frühmittelalterlichen Glaubensverbreitung. Das zeigt die Tatsache, dass mit Polen und Ungarn vom Reich unabhängige Königtümer entstehen konnten, als ihre Herrscher bereit waren, sich der römisch-katholischen Kirche anzuschließen.

Die früheste Mission ging im 8. Jahrhundert vom Herzogtum Bayern aus, das zu dieser Zeit Südbayern, das westliche Österreich, Südtirol und den Nordgau (Oberpfalz) umfasste. Das Herzogtum hatte sich aus der anfänglichen Abhängigkeit vom Merowingerreich gelöst und war zur politischen Vormacht im Südosten geworden. Am Herzoghof in Regensburg, aber auch in Salzburg, Passau und Freising amtierten ‚Wanderbischöfe', und der Herzog sah ihre Aufgaben nicht nur in der Intensivierung der Glaubensverbreitung unter den Bayern, sondern auch in den noch heidnischen Nachbargebieten.

Dies drückt sich auch in der Gründung von ‚Missionsklöstern' in den Grenzgebieten aus.

Den ersten Versuch konnte das Bistum Salzburg verbuchen, das für die Mission unter den ‚Alpenslawen' (‚Karantanen', spätere Slowenen) zuständig war. Als sich der slowenische Fürst 743 wegen der Bedrohung durch die Awaren dem Schutz des bayerischen Herzogs unterstellte, öffnete er damit endgültig sein Gebiet der Mission und ermöglichte ein weiteres Vordringen der bayrischen Siedlung. Das Ergebnis war, dass auch Kärnten und Steiermark deutsches Sprachgebiet wurden.

Aber auch nach dem Verlust der Selbständigkeit Bayerns im Jahr 788 blieb die Glaubensverbreitung im angrenzenden Südosten und Osten Aufgabe seiner Bistümer. Nach den siegreichen Feldzügen Karls des Großen gegen die Awaren und der Errichtung der ‚Awarischen Mark' wurde noch vor 800 die Grenze bis zur Leitha vorgeschoben und die Mission auf die ‚pannonischen' Slawen und Mährer ausgedehnt.

Unklar ist zunächst die Situation bei den slawischen Stämmen Böhmens. Karl hatte sie nach dem Feldzug von 805 offensichtlich in Tributabhängigkeit gebracht. 822 erscheint auch eine böhmische Delegation auf dem Hoftag in Frankfurt. Eindeutig wird die Situation jedoch im Jahr 845, als 14 böhmische Kleinfürsten mitsamt ihrem Gefolge in Regensburg erscheinen und sich taufen lassen. Seit diesem Zeitpunkt dürfte Böhmen zum Bistum Regensburg gehört haben.

Nach dem Zwischenspiel des ‚Großmährischen Reiches' (dazu später mehr) gelingt es kurz vor 900 dem Prager Herzog aus dem Geschlecht der Přemysliden, alle Kleinstämme und Lokalfürsten Böhmens unter seine Herrschaft zu bringen. Der Name seines Stammes ‚Tschechen', wird in der Folgezeit auch auf die anderen in Böhmen und Mähren übertragen. Seit Herzog Wenzel I. (gestorben 929), dem späteren Heiligen Böhmens und Mährens, zählt das Land zu den christlichen Staaten Europas. Außerdem verbindet es sich so eng mit dem Heiligen Römischen Reich, dass es bald als dessen Bestandteil gilt. Als Prag 973 einen Bischofssitz erhält, wird dieses Bistum wie selbstverständlich dem deutschen Erzbistum Mainz unterstellt.

Für die Glaubensverbreitung bei den ‚Alpenslawen', den ‚pannonischen' Slawen (= Slowaken?), Mähren und Tschechen werden in den Klosterschreibstuben der bayrischen Bistümer religiöse Texte auch in altslawischer Sprache verfasst. Erhalten geblieben sind die altslowenischen ‚Freisinger Denkmäler'. (Dazu Zagiba 1971.) Auch in den Missionsgebieten selbst entstehen kirchlich-kulturelle Zentren, etwa ‚Mosapurc' (Moosburg) am Plattensee, das heutige ‚Zalavár'.

Das Ergebnis dieses frühen Sprachkontaktes ist es, dass ein großer Teil des althochdeutschen Kirchenwortschatzes in die betroffenen Sprachen gelangt. Nehmen wir etwa das Tschechische (wobei alle Beispiele in der heutigen Lautform aufgeführt werden). Dort finden wir zum Beispiel die Ausdrücke ‚Abt', ‚Almosen' und ‚Altar' als ‚opat', ‚almužna' und ‚oltár' wieder. Aus ‚Bischof' wird ‚biskup', aus ‚Kloster' ‚klášter'. Weil im alten Slawisch der deutsche Laut ‚f' noch nicht existiert, musste er durch einen anderen ersetzt werden. Dies geschieht durch ‚b' oder ‚p'. So erscheinen im Tschechischen ‚fasten' als ‚postit(se)' und ‚firmen' als ‚birmovat'.

Für die Bezeichnung des Taufens greift das Tschechische auf den Christusnamen in seiner altbayrischen Lautform ‚krist' zurück und leitet daraus das Verb ‚křtít' ab. Bei der Wiedergabe des Begriffs ‚Kirche' differenziert es – anders als das Deutsche – zwischen der ‚Gemeinschaft der Gläubigen' und dem ‚Kirchengebäude'. Beide Ausdrücke entnimmt es jedoch dem Althochdeutschen. Der erste, geht auf die alte deutsche Bezeichnung einer befestigten Kirche, einer Wehrkirche (‚Kastel') zurück. Das altdeutsche Wort ist eine Entlehnung aus lateinisch ‚castelum' und erscheint zum Beispiel im Stadtteilnamen ‚Mainz-Kastel'.

Die Liste deutscher Kirchenausdrücke im Tschechischen (und anderen slawischen Sprachen) ist damit aber noch nicht erschöpft. Zum gleichen Begriffskreis gehören etwa auch: ‚fara' (von ‚Pfarre'), ‚jeptiška' (< ‚Äbtissin'), ‚kacíř' (< ‚Ketzer'), ‚kalich' (< ‚Kelch'), ‚mnich' (< ‚Mönch'), ‚mše' (< ‚Messe'), ‚oplátek' (< ‚Oblate'), ‚papež' (< ‚Papst'), ‚pop' (< ‚Pfaffe'), ‚probošt' (< ‚Probst'), ‚skříň' (< ‚Schrein'), ‚žalm' (< ‚Psalm'), ‚žaltář' (< ‚Psalter'), ‚žehnat' (< ‚segnen').

Ob alle diese Wörter einem direkten Kontakt mit Deutschen entstammen oder dem Tschechischen zum Teil von den früher christianisierten Mährern oder ‚pannonischen' Slawen vermittelt wurden, lässt sich mit linguistischen Mitteln nicht entscheiden. Für unsere Betrachtung spielt der genaue Entlehnungsweg keine große Rolle, weil das Tschechische mit dem Slowakischen und dem Slowenischen ein und demselben ‚Entlehnungs-Areal' angehört. Das heißt, fast alle Ausdrücke existieren in diesen von der bayrischen Mission beeinflussten Sprachen gleichermaßen.

Es sind mit der Mission aber nicht nur kirchliche, sondern auch *weltliche* Ausdrücke gewandert. Das Zusammenleben der Glaubensvermittler und ihrer Helfer mit Einheimischen ließ auch manche Bezeichnung aus ihrem häuslichen Bereich, der Versorgung mit Nahrungsmitteln oder des Tauschhandels in die slawischen Sprachen gelangen. Aus dem häuslichen Bereich findet man im Tschechischen etwa: ‚barva' (< ‚Farbe'), ‚kbelík' (< ‚Kübel'), ‚komora' (< ‚Kammer'), ‚konev' (< ‚Kanne'), ‚kuchyně' (< ‚Küche'), ‚láhev' (< bairisch ‚'Lägel' = ‚kleines Fass'), ‚mlýn' (< ‚Mühle'), ‚olej' (< ‚Öl'), ‚pánev' (< ‚Pfanne'), ‚pila' (= ‚Säge', < ‚Feile') und das Adjektiv ‚plochý' (< ‚flach').

Zum Wortschatz der Landwirtschaft gehören die Bezeichnungen des (Pflug)Baums, des ‚Grindel' als ‚hřídel' und der Scheune als ‚stodala' (< bairisch ‚Stadel'). Auch durch den Handel sind dem Tschechischen althochdeutsche Wörter vermittelt worden. Etwa der bayrisch-österreichische Ausdruck ‚Maut' (> tschechisch ‚mýto'), die Geldbezeichnung ‚Pfennig' (> tschechisch ‚peníz' = ‚Münze'), ferner ‚Messing' (> tschechisch ‚mosaz') und die Bezeichnung ‚Waage' (> tschechisch ‚váha').

Es überrascht vielleicht, dass sich viele dieser Lehnwörter auch im *polnischen* Kirchenwortschatz finden lassen, denn zwischen Süddeutschland und Polen hat im Frühmittelalter kein Sprachkontakt bestanden. Eine Vermittlung durch die zwischen Saale und Oder siedelnden Sorben ist ausgeschlossen, weil die Sorben zu diesem Zeitpunkt noch nicht christianisiert waren. Es bleibt deshalb als Erklärung nur, dass sie das Tschechische an das Polnische weitergegeben hat.

Auch wurde Polen erst rund ein Jahrhundert später als Böhmen christianisiert. Mitte des 10. Jahrhunderts war es dem Polanenfürsten Mieszko I. gelungen, den Raum um Posen, Gnesen und an der mittleren Weichsel zu einem Staat zusammenzufassen (sog. ‚Großpolen'). Bis um 990 brachten er und sein Sohn Boleslaw Chrobry auch Schlesien und das Krakauer Gebiet (‚Kleinpolen') unter ihre Herrschaft. Um Krakau hatte sich schon früher ein Staatswesen entwickelt, das von Böhmen abhängig war, während Schlesien überhaupt zu Böhmen gehört hatte.

Es ist recht wahrscheinlich, dass diese beiden Gebiete – Schlesien und Krakau – die Einfallstore einer von Böhmen und Mähren ausgehenden Weitervermittlung des Christentums (samt den deutschen Lehnwörtern) waren, zumal Mieszkos erste Frau, eine Christin, aus Böhmen stammte. 966 ließ auch der Herzog sich taufen. Als unter seinem Sohn Boleslaw Chrobry im Jahr 1000 ein eigenständiges polnisches Bistum errichtet wurde, war auch der polnische König einer der großen christlichen Herrscher Europas geworden.

Zu den althochdeutschen Entlehnungen im Polnischen gehören mit nur geringer lautlicher Variation gegenüber dem Tschechischen Ausdrücke wie ‚cerkiew, chrzest, jałmużna, kościoł (‚Kirche'), kielich, mnich, msza, ołtarz, opat, papież, pop'. Aber auch weltliche Wörter aus dem Althochdeutsch-Bairischen lassen sich im Polnischen finden, zum Beispiel ‚piżmo' und ‚stodoła'.

Ein Teil der aufgeführten althochdeutschen Wörter ist sogar noch tiefer in den slawischen Sprachraum eingedrungen. Man stößt auch im Bulgarischen oder Russischen auf sie, obwohl diese Völker nicht die römisch-katholische, sondern die griechisch-orthodoxe Form des Glaubens übernommen haben. Besonders interessant ist eine Entlehnung, die sich ausnahmslos in allen slawischen Sprachen findet: die Bezeichnung des ‚Königs' mit dem Namen Karls des Großen. Das Wort verbreitet sich in Formen wie ‚kralj', ‚král' oder russisch ‚koról' in der ganzen Slavia. Die Entlehnung des Karls-Namens zur Bezeichnung des Königs muss kurz vor, spätestens aber um 800 geschehen sein, weil danach die Umstellung des ‚r' vor dem Vokal (‚Liquidametathese') aufhört. Das Entlehnungs- und Benennungsmotiv war vermutlich der Ruhm Karls des Großen nach seinen Siegen über die Awaren, die fast zwei Jahrhunderte lang die west- und südslawischen Völker bedroht oder unterjocht hatten.

Die Wanderung des Karls-Namens (wie auch einer Anzahl weltlicher Alltagswörter) bis in die ostslawischen Sprachen weist auf die damals noch relativ starke sprachliche Einheit unter den slawischen Völkerschaften hin (‚Gemeinslawisch'). Doch im Verlauf des 9. Jahrhunderts war es dann zu zwei politischen Ereignissen gekommen, die sowohl die konfessionelle wie – in der Folge – auch die sprachliche Spaltung der Slawen herbeiführten.

Das eine war der Versuch eines christlichen mährischen Fürsten, sich dem politischen Einfluss des Ostfrankenreiches zu entziehen, der mit der römisch-deutschen Glaubensbekehrung einherging. Deshalb bat er den byzantinischen Kaiser um Entsendung von Glaubenslehrern der Ostkirche, die in Mähren eigene, von Rom unabhängige Kirchenorganisationen schaffen sollten.

Die beiden Brüder Kyrill und Method aus Saloniki, die 863 in das ‚Großmährische Reich' kamen, sprachen den Dialekt der mazedonischen Slawen und schufen auf dessen Grundlage eine slawische Schriftsprache, das Altkirchenslawisch. Kyrill hatte dafür ein neues, dem slawischen Lautsystem besser angepasstes Zeichensystem entwickelt, das ‚glagolitische Alphabet'. Später, nach dem Tod der beiden Glaubenslehrer, entwickeln ihre nach Bulgarien und Mazedonien vertriebenen Schüler das kyrillische Alphabet, das sich in der Folgezeit durchsetzt.

Das Großmährische Reich war durch diesen politischen Schachzug in einen Machtkampf mit dem Ostfrankenkönig eingetreten, den es auf Dauer nicht bestehen konnte. Zumal es bald in einen Zweifrontenkrieg geriet, als am Ende des 9. Jahrhunderts in der Ebene zwischen Theiß und Donau die Madjaren (Ungarn) auftauchten. Diese ungarischen Reiterscharen aus dem Osten waren es schließlich, die dem Großmährischen Reich den Todesstoß versetzten. Die böhmischen Slawenfürsten hatten sich schon vorher aus dem ‚großmährischen Abenteuer' zurückgezogen und sich den Ostfranken wieder angenähert.

Aber auch Mähren selbst wendete sich wieder der römischen Kirche und dem Ostfrankenreich zu. Die Schüler Kyrills und Methods mussten, wie eben schon erwähnt, nach Bulgarien und Mazedonien. Dort schufen sie nicht nur die kyrillische Schrift, sondern bauten auch die slawische Liturgie weiter aus. Seitdem gingen die Wege der ‚westlich-lateinischen' und der ‚östlich-orthodoxen' Slawen immer mehr auseinander. Mit der anderen Konfession bürgerte sich bei Bulgaren, Serben, Russen, Weißrussen und Ukrainern auch das kyrillische Alphabet endgültig ein. Tschechen, Polen, Slowaken, Slowenen und Kroaten dagegen blieben in den westlich-lateinischen Kulturkreis eingebunden. Dies brachte für sie – angesichts der geographischen Nachbarschaft des Heiligen Römischen Reiches und seiner Ausstrahlung – auch einen weiter andauernden deutschen Kultur- und Spracheinfluss mit sich.

Dieser Einfluss erfasste nun auch die neu angekommenen *Ungarn*. Zunächst galten sie mit ihren regelmäßigen Vorstößen nach Westen als Geißel Europas. Im Jahr 907 brachten sie dem bayrischen Heer bei Pressburg eine vernichtende Niederlage bei. Dabei fand fast die gesamte Führungsschicht des bayrischen Herzogtums und der ‚Ostmark' (Österreich') den Tod: der Markgraf, der Salzburger Erzbischof, zwei weitere Bischöfe und die Mehrzahl der Grafen. „Der bayrische Stamm", so schreibt ein zeitgenössischer Chronist, „wurde beinahe vernichtet." Und mit dem Heer ging auch die bayrische Besiedlung in der alten ‚Awarenmark' Karls des Großen zugrunde.

Erst nachdem Otto der Große 955 auf dem Lechfeld bei Augsburg die Ungarn entscheidend schlagen konnte, wobei in Ottos Heer bereits ein böhmisch-tschechischer Truppenteil mitkämpfte, ließen die Madjaren von ihren Einfällen in Österreich und Deutschland ab. Anstelle der untergegangenen Awarenmark zwischen Enns und Leitha wurde eine neue ‚bayrische Ostmark' (später ‚Ostarrîchi' = ‚Österreich') errichtet. Die Ungarn waren mittlerweile hinter dieser Linie sesshaft geworden und öffneten sich ebenfalls der bayrischen Mission. Nach der Staatsgründung im Jahr 1001 und der Errichtung eines unabhängigen ungarischen Erzbistums in Gran wurden auch sie Teil der katholischen Völkergemeinschaft Mitteleuropas. Sichtbarer Ausdruck des Wunsches nach fortan friedlichen Beziehungen zum römisch-deutschen Reich und dem deutschen Kulturraum war die Ehe des ersten ungarischen Königs, des später heilig gesprochenen Stephan, mit der Schwester Kaiser Heinrichs II.

Auch im Ungarischen lassen sich viele althochdeutsche Kirchenwörter und im Zusammenhang mit der Mission entlehnte weltliche Ausdrücke nachweisen. Allerdings müssen auch sie nicht alle auf direktem Kontakt mit Deutschen beruhen, zum Teil könnten sie auch durch die ‚pannonischen' Slawen vermittelt worden sein. So wie auch die ungarische Bezeichnung der Deutschen (‚német') vom altslawischen Ausdruck ‚němec' herkommt.

Beispiele aus dem kirchlichen Bereich des Ungarischen sind dem Leser nun schon vertraute Ausdrücke wie ‚apát', ‚kacer' (‚Ketzer'), ‚oltár', ‚kehely' (‚Kelch'), ‚szekrény' (‚Schrein'). Ferner finden wir die vom Deutschen vermittelten kirchenlateinischen Termini ‚apostol', ‚kanonok' (‚Kanonikus'), ‚monostor' (‚Münster'), ‚püspök' (‚Bischof') oder mit deutschen Bestandteilen gebildete Bezeichnungen wie ‚érsek' (‚Erzbischof').

Auch von den bereits erwähnten althochdeutschen Alltagswörtern nimmt das Ungarische etliche auf, zum Beispiel ‚köböl' (‚Kübel') und ‚konyha' (‚Küche'). Unsicher, aber möglich ist die deutsche Herkunft auch bei ‚ház' (< ‚Haus'), ‚föld' (< ‚Feld'), ‚rét' (< ‚Ried' = Sumpfwiese) und ‚szoba' (< ‚Stube').

Das Sesshaftwerden der Madjaren in der zweiten Hälfte des 10. Jahrhunderts löste – neben der (konfessionellen) Ost-West-Spaltung der Slawen – auch noch eine sprachliche Nord-Süd-Spaltung aus. Denn der Herrschaftsraum der Madjaren schob sich jetzt als ‚ungarischer Keil' zwischen Polen, Tschechen und Slowaken einerseits und Slowenen, Kroaten, Serben und Bulgaren andererseits.

Auch im Kirchenwortschatz des *Kroatischen* stößt man auf Wörter, die dem Althochdeutschen entstammen und nicht dem Lateinischen und Griechischen wie man es auf Grund der von Aquilea und von Byzanz ausgehenden Mission erwarten würde. Zwar war auch der kroatische Raum nach der Vernichtung der Awaren durch Karl den Großen in den Einflussbereich des Fränkischen Reiches geraten. Aber die Bindung lockerte sich bald wieder, und in der ersten Hälfte des 10. Jahrhunderts gelang es dem Fürsten Tomislav, ein kroatisches Königreich zu schaffen. Es war freilich nur von kurzer Dauer. Nach dem Aussterben der kroatischen Herrscherdynastie wurde das Land mit dem ungarischen Königreich verbunden.

Während der Dauer des ostfränkisch-bayrischen Einflusses im 9. Jahrhundert könnten Ausdrücke wie ‚almužno, bermati, kelih, kloštar, mnih, oltar, pehar, pôst' beim Kontakt mit Deutschsprachigen entlehnt worden, aber ebenso gut von den benachbarten Slowenen und ‚pannonischen' Slawen entlehnt worden sein. Das gleiche gilt für einige weltliche Ausdrücke. Die Fülle deutscher Lehnwörter, Lehnübersetzungen und Lehnwendungen, die für das Kroatische so typisch sind, gelangen aber erst seit dem Hochmittelalter und besonders seit der ‚Habsburger Expansion' in diese Sprache.

Nach dieser langen Spurensuche im östlichen Kontaktraum des frühen Deutsch müssen wir nun noch einen Blick auf den *Norden* werfen. Dabei verlassen wir das althochdeutsche Sprachgebiet und wenden uns dem Altniederdeutschen (Altsächsischen) zu. Auch die Bekehrung der heidnischen Nordgermanen ging überwiegend vom deutschen Raum aus, besonders die der Dänen und Schweden. Nur in Norwegen war anfangs der Einfluss der angelsächsischen Mission größer, doch wächst zur Zeit der Hanse und der Reformation der deutsche Einfluss auch dort stark an.

Die niederdeutsche Mission in Skandinavien setzt im 9. Jahrhundert ein und ist vor allem mit dem Namen es heiligen Ansgar, des ‚Apostels des Nordens' verbunden. Ansgar war ein Benediktinermönch aus dem Kloster Corvey an der Weser, später dann Erzbischof des Missionserzbistums Hamburg. Wie im Falle Polens und Ungarns wurde auch im Norden kein Versuch unternommen, diese Territorien dem Reich zu unterwerfen, nachdem deren

Herrscher das Christentum angenommen hatten. Die Verankerung des neuen Glaubens war im Norden allerdings schwieriger und mit mehr Rückschlägen verbunden als im Osten und Südosten. Erst im Verlauf des 11. Jahrhunderts entstehen die unabhängigen Kirchenbezirke (Erzbistümer) Lund für Dänemark und Südschweden, Uppsala für das übrige Schweden und Trondheim in Norwegen.

Auch in Skandinavien finden wir die durch das Deutsche vermittelten lateinischen Kirchenwörter vor, jetzt freilich in niederdeutscher Lautform. Betrachten wir zum Beispiel das Dänische, dann handelt es sich dabei um Wörter wie ‚alter' (‚Altar'), ‚dåb' (‚Taufe'), ‚kirke', ‚klokke', ‚kloster', ‚pave' (‚Papst'), ‚præst' (‚Priester') oder ‚stift'. Dieselben Wörter finden sich in sehr ähnlicher oder gar identischer Form auch im Schwedischen. Im Fall des Norwegischen ist es nicht immer leicht zu entscheiden, ob ein Lehnwort deutschen oder englischen Ursprungs ist, zumal das Altsächsische und das Altenglische einander sehr ähnlich waren. Generell lässt sich aber feststellen, dass die ältesten Kirchenwörter, die noch auf die eigentliche Mission zurückgehen, eher englischen Ursprungs, und die Wörter, die Organisation und Hierarchie der Kirche betreffen, eher niederdeutschen Ursprungs sind, zum Beispiel ‚domkirkia', ‚kapitel' und ‚provaster' (< ‚Probst').

Auch bei den Namen der drei großen kirchlichen Festtage finden wir in den skandinavischen Sprachen Entlehnungen aus beiden Quellen vor. Altenglisch ist die Bezeichnung des Weihnachtsfestes (‚jul', ‚jol'). Für das Osterfest jedoch, dessen germanischen Namen das Hochdeutsche selbst aus dem Altenglischen entlehnt hatte, setzte sich in Skandinavien die im Altniederdeutschen übliche kirchenlateinische Bezeichnung ‚pascha' durch (dänisch ‚påske', schwedisch ‚påsk'). Auch die skandinavischen Benennungen des Pfingstfestes (dänisch ‚pinse', älter: ‚pingiz', schwedisch ‚pingst') gehen auf die altsächsisch-niederdeutsche Form des Wortes zurück.

Neben diesen Lehnwörtern der kirchlichen Sphäre gibt es nicht wenige weltliche Wörter, die ebenfalls schon früh aus dem Niederdeutschen entlehnt wurden. Was die besonders umfangreich vertretenen Handwerksausdrücke angeht, so führen sie schon in die Periode einer intensiven Zuwanderung aus Norddeutschland im Hochmittelalter. Älteren Ursprungs aber ist die niederdeutsche Vermittlung von lateinischen Lehnwörtern. Im Dänischen zum Beispiel ‚mur (Mauer), kælder (Keller), mølle (Mühle), mønt (Münze), spejl (Spiegel)'.

Die Glaubensverbreitung vom Raum des späteren Deutschland und Österreich aus war der Vorbote einer in den folgenden Jahrhunderten noch stärker werdenden sprachlich-kulturellen Ausstrahlung in einen breiten Gürtel, der von Skandinavien über die baltischen Länder, Polen und Schlesien, Böhmen, Mähren und die Slowakei, über Ostgalizien, Ungarn, das nordöstliche Serbien und Kroatien bis ans Mittelmeer reichte.

4
Höfisch-ritterlicher Kultureinfluss

Am Beginn des Hochmittelalters existieren in Ungarn und Polen unabhängige Königreiche und in Böhmen / Mähren ein tschechisches Königtum, das eng mit dem Römisch-Deutschen Reich verbunden ist. Das zum Reich gehörende slowenische Territorium verteilt sich auf das Herzogtum Kärnten und die Markgrafschaft Krain. Kroatien und die Slowakei sind inzwischen Teil der ungarischen Krone geworden. In all diesen Gebieten hält in mittelhochdeutscher Zeit der Einfluss der deutschen Sprache nicht nur an, er nimmt sogar noch zu. Nur geht er jetzt nicht mehr primär von der Kirche aus, sondern vom höfischen Leben.

Die tschechischen Přemyslidenherzöge in Prag stehen in allen Auseinandersetzungen des Kaisers mit dem Papst oder den Reichtagsfürsten an der Seite des Herrschers. Am Ende des 12. Jahrhunderts wird ihre Treue mit der erblichen Königswürde für Böhmen belohnt. Der böhmische König übertrifft nun alle anderen Reichsfürsten an Rang und Einfluss. Später wird Prag sogar eine Zeitlang Hauptstadt des Reiches.

Die höfische Sprache am Sitz der Přemysliden ist seit dem 12. Jahrhundert das Deutsche. Von Deutschland aus verbreiten sich die westlichen Ritterkultur – und mit ihr die deutschen Ausdrücke der ritterlichen Waffen- und Kampftechnik, der höfischen Gesellschaft und des feudalen Rechtswesens. Auch die mittelhochdeutsche Dichtung wird am Přemyslidenhof gepflegt. König Wenzel II. verfasst selbst deutsche Minnelieder, und deutsche Dichter stehen im Dienst der böhmischen Könige und großer Feudalherren. Die im 13. Jahrhundert erwachende tschechische Literatursprache wiederum übernimmt literarische Stoffe, die aus dem Deutschen stammen oder aus dem Westen ins Deutsche gelangt sind. So entstehen etwa ein alttschechisches ‚Nibelungen'-Fragment und eine alttschechische Fassung von ‚Tristan und Isolde'.

Das soziale Prestige, das Deutsch am Hof genießt, führt dazu, dass eine Vielzahl von Ausdrücken aus der höfisch-ritterlich-feudalen Sphäre auch ins Tschechische eindringt. Einige sind vom Deutschen aus dem Französischen oder Niederländischen entlehnt, etwa ‚Panier', ‚Panzer', ‚Ritter' und ‚Turnier', die tschechisch als ‚panýř', ‚panzéř', ‚rytíř' und ‚turnej' erscheinen. Die Mehrzahl der übernommenen Wörter sind jedoch genuin deutsche Wörter. So zum Beispiel ‚pukla' (< ‚Buckel' eines Schildes), ‚erb' (= ‚Wappen', < ‚Erbe'), ‚flétna' (< ‚Flöte'), ‚hrabě' (< ‚Graf'), ‚herský' (< ‚herrisch' = ‚nach Art eines Herren'), ‚klenot' (< ‚Kleinod'), ‚lanče' (< ‚Lanze'), ‚léno' (< ‚Lehen'), ‚man' (< ‚Mann' = ‚Lehensmann'), ‚rej' (< ‚Reigen'), ‚oř' (< ‚Ross'), ‚cíl' (< ‚Ziel').

Ein wichtiger Terminus in der Feudalgesellschaft ist die Bezeichnung des Adels als Stand. Das Tschechische wie auch das Polnische übernehmen dafür das deutsche Wort ‚Geschlecht', dessen ältere Bedeutung noch auf ‚Abstammung, vornehme Herkunft' eingeengt war, und macht daraus ‚šlechta' (polnisch szlachta). Die enge Verbindung Böhmens mit dem Reich drückt sich darin aus, dass das Tschechische als einzige slawische Sprache dessen deutsche Bezeichnung entlehnt (‚říše').

Auch im Polnischen spielt der Einfluss des höfischen Mittelhochdeutsch eine Rolle. In dem national zersplitterten Königreich des hochmittelalterlichen Polen sind es vor allem einzelne Teilfürstentümer, die sich wirtschaftlich und kulturell eng an das Reich anlehnen. Besonders die schlesischen Herzöge orientieren sich nach Deutschland und organisieren ihre Höfe nach deutschem Vorbild.

Die polnisch-deutschen Beziehungen des Spätmittelalters und der frühen Neuzeit waren trotz zeitweiser machtpolitischer Rivalitäten und Kämpfe überwiegend positiv. Bis zu den polnischen Teilungen und der ‚Eindeutschungspolitik' Preußens gegenüber seiner polnischen Minderheit nach 1848 ging Polen weit gelassener als etwa die tschechische Nation mit dem anhaltenden deutschen Sprach- und Kultureinfluss um. Selbst die aggressive Territorialpolitik des Deutschen Ordens wurde von Polen nicht ‚den Deutschen' schlechthin angelastet.

Die Voraussetzungen für das überwiegend entspannte Klima gingen bis ins Jahr 1000 zurück. Damals hatte Kaiser Otto III. die Entstehung eines vom Reich unabhängigen christlichen polnischen Großstaates unter Bolesław Chrobry unterstützt. Zur Feier der Errichtung eines unabhängigen polnischen Erzbistums kam der Kaiser selbst nach Gnesen und bezeichnete Bolesław als „Bruder und Mitarbeiter des Reiches". Das erste polnische Königreich zerfiel jedoch durch Erbteilung bereits 1138 wieder in vier Teilfürstentümer (Großpolen, Masowien, Kleinpolen, Schlesien).

Die schlesischen Piastenherzöge identifizierten sich in der Folgezeit immer mehr mit deutscher Kultur, förderten deutsche Klostergründungen und betrieben eine ausgeprägte deutsche ‚Heiratspolitik', die zu einer engen Verschwägerung mit den Fürstenhäusern des Reiches führte. Das bekannteste Beispiel ist die Verbindung Herzog Heinrich I. von Breslau mit der bayerischen Fürstentochter Hedwig von Andechs, die als ‚Heilige Hedwig' zur schlesischen Landespatronin wurde. Als es dann im Verlauf der Ostsiedlung zu einer massiven Zuwanderung auch von deutschen Bauern, Handwerkern und Kaufleuten kam (dazu mehr im nächsten Kapitel), wurde Schlesien ethnisch mehrheitlich deutsch. 1335 bzw. 1372 traten die polnischen Könige Schlesien an den böhmischen König ab, wodurch es formell mit dem Reich verbunden wurde.

Wegen des fortdauernden Sprachkontakts mit den zur Minderheit gewordenen Polen in Schlesien und dank der geographischen Nachbarschaft dieser Landschaft mit dem polnischen Kernraum wurde Schlesien in der Neuzeit zum Haupteinfallstor deutscher Entlehnungen des Polnischen. Die zweite Pforte bildete Krakau im Süden, das schon im Spätmittelalter zweisprachig geworden war.

Seit dem 12. Jahrhundert gibt es eine wachsende Zahl deutscher Ritter an den Höfen polnischer Territorialfürsten, und von einzelnen Herrschern wird berichtet, dass sie vollständig das deutsche Rittertum übernahmen. Ein Herzog Heinrich (wahrscheinlich Heinrich IV.) ist selbst als Minnesänger in der ‚Manessischen Liederhandschrift' vertreten.

So ist es nicht überraschend, dass auch in den Wortschatz des Polnischen eine Vielzahl von Wörtern des höfischen Mittelhochdeutsch eingedrungen ist. Neben dem schon erwähnten ‚szlachta' kennt auch das Polnische den ‚Ritter' (‚rycerz'), der sich in ‚Helm' (hełm') und ‚Harnisch' (‚harnasz') oder ‚Panzer' (‚pancerz') in die Schranken (‚szranki') des Turnierplatzes zum ‚Turnier' (turniej') begibt.

Auch die Organisation des Feudalstaates und des Hofes verwendet vielfach deutsche Lehnwörter: ‚graf', ‚margrabia' (‚Markgraf'), ‚kanclerz' ‚marszałek' (‚Marschall'). Aus der mittelhochdeutschen Bezeichnung ‚marstaller', der Person, die sich um das Gestüt, den ‚Marstall' zu kümmern hatte, leitet sich polnisch ‚masztalerz' = ‚Reitknecht' ab.

Ähnlich war die Situation am Hofe des Ungarnkönigs. Auch dort hatten deutsche Ritter und ihre höfische Kultur sowie die deutschen Bezeichnungen der Feudalordnung Eingang gefunden. Diesen Einfluss spiegeln im Ungarischen Wörter wider wie ‚hopmester, gróf, herceg, porkoláb (Burggraf), hodol (huldigen), tánc, táncol (tanzen), páncel, torony (Turm)'.

Weil Kroatien mittlerweile zum ungarischen Königreich gehörte, fassten viele der höfischen Ausdrücke durch ungarische Vermittlung auch im Kroatischen Fuß, etwa ‚grof', ‚herceg' (davon abgeleitet ‚Hercegovina'), ‚porkolab', ‚torany' und so weiter.

Serbien hatte zunächst keine Berührung mit dem deutschen Sprachraum. Die ältesten Spuren hat vielleicht das durchziehende Kreuzfahrerheer Friedrich Barbarossas hinterlassen. Die Kreuzfahrer wurden auch von fahrenden Spielleuten begleitet, und wenige Jahrzehnte nach diesem Durchzug von Barbarossas Heer ist im Serbischen erstmals das Wort ‚špilman' belegt. Enger werden die Beziehungen zwischen Deutschen und Serben erst unter dem Zaren Stefan Dušan im 14. Jahrhundert. In dieser Glanzzeit Serbiens weilen auch deutsche Ritter an Dušans Hof und seine Leibgarde besteht aus deutschen Söldnern.

Richten wir zum Schluss den Blick vom Osten nach dem Norden Mitteleuropas, dann finden wir auch an den dänischen und schwedischen Königshöfen Titel und Ausdrücke des gesellschaftlichen Lebens aus dem (Nieder-)Deutschen. So zum Beispiel dänisch ‚fyrste', ‚greve' (< ‚Graf'), ‚hertug', ‚jomfru' (< ‚Jungfrau') oder ‚ridder'.

Gefördert wurde das Eindringen deutscher Bezeichnungen durch die Tatsache, dass im 14. Jahrhundert ein deutscher Fürst aus Mecklenburg den schwedischen Thron innehatte und während seiner 25jährigen Regierungszeit Scharen von Adligen und Rittern aus Deutschland übersiedelten. Ähnlich war die Situation in der ersten Hälfte des 15. Jahrhunderts in Dänemark, als während der so genannten Unionszeit nacheinander zwei deutsche Fürsten auf dem dänischen Thron saßen.

Doch die deutschen Ausdrücke der höfischen Sprache machen in Skandinavien wie in den östlichen Nachbargebieten nur einen sehr kleinen Teil dessen aus, was aus der Sprache der im Hoch- und Spätmittelalter zugewanderten Bauern, Handwerker und Kaufleute in die einheimischen Sprachen eindrang. Damit befasst sich das nächste Kapitel.

5
Die Ostsiedlung: Mit den Menschen wandern die Wörter

5.1 Der große Aufbruch

Die beeindruckende europäische Machtstellung, die das Heilige Römische Reich in der Stauferzeit noch besaß, die Hinwendung tschechischer, polnischer und ungarischer Fürsten zur deutschen höfischen Kultur und Sprache und der Ruf der deutschen Territorien als ‚technologisch' fortschrittlicher Gebiete hatten die Voraussetzungen für das gebildet, was man als hochmittelalterliche deutsche Ostsiedlung bezeichnet. Als die Fürsten im östlichen und südöstlichen Mitteleuropa an die Erschließung und den Ausbau ihrer erst dünn besiedelten Landstriche gingen, war es für sie ganz selbstverständlich Fachkräfte und Siedler unter den Nachbarn im Westen anwerben zu lassen. Und die Angeworbenen wiederum erwarteten in den neuen Siedlungsgebieten mehr Freiheiten und Entfaltungsmöglichkeiten als in der alten Heimat. So kam es zu dieser größten Migrationsbewegung, die Europa nach der Völkerwanderung und vor dem 20. Jahrhundert erlebt hatte.

Sie begann in der Mitte des 12. Jahrhunderts mit der Einladung des ungarischen Königs an Siedler aus der Moselgegend, sich in Siebenbürgen (im heutigen Rumänien) niederzulassen. Seit etwa 1170 folgten dann bayrische, fränkische und sächsische Kolonisatoren dem Ruf der tschechischen Přemyslidenherrscher und überquerten den Böhmerwald und das Erzgebirge. Wenig später waren es die schlesischen Piastenherzöge, die die deutsche Immigration im großen Stil förderten. Auch in Pommern kam es schon seit Ende des 12. Jahrhunderts zur deutschen Einwanderung in das ursprünglich slawische Land. Doch weil diese Landschaft bald darauf einen Sprachwechsel vollzog, können wir sie in unserer Betrachtung des Wortschatzes der Nachbarsprachen außer Acht lassen.

Einen Sonderfall stellte nur die Besiedlung Preußens und des Baltikums dar. Hier werden deutsche Siedler nicht von einheimischen Landesherren gerufen, sondern sie folgten der militärischen Eroberung des Siedlungsraums durch zwei Ritterorden. (Dazu Kapitel 5.3.)

Das Resultat der hochmittelalterlichen Ostsiedlung war – neben dem ländlichen Rodungswerk, der Modernisierung der Verwaltung und des Wirtschaftslebens und einer Vielzahl von Stadtgründungen nach deutschem Recht – das Entstehen einer slawisch-deutschen Mischkultur. In manchen Gebieten erhielt sie auch noch einen jüdischen Akzent, nachdem im Spätmittelalter ein Teil der deutschen Juden nach Osten abgewandert war. (Vergleiche Teil IV, Kapitel 3.)

Diese eigentümliche slawisch-deutsche Mischkultur, die stellenweise bis zur Synthese gedieh, prägte das östliche Mitteleuropa bis ins 20. Jahrhundert hinein. Auch im Baltikum und Ungarn hatten sich Züge einer solchen Mischkultur entwickelt. Erst der Vernichtungskrieg Hitler-Deutschlands im Osten und die nachfolgende Flucht und Vertreibung von rund 15 Millionen Menschen aus diesen Gebieten haben in wenigen schrecklichen Jahren sieben Jahrhunderte gemeinsamer Geschichte zerstört.

Dennoch sind ihre Spuren nicht ganz ausgelöscht. Diese Geschichte lebt heute noch in den alten Stadtbildern, in der Ähnlichkeit gemeinsam entwickelter Lebensformen und nicht zuletzt in den deutschen Relikten im polnischen und tschechischen Wortschatz, die vieles von der vergangenen Gemeinsamkeit widerspiegeln.

Die deutsche Ostsiedlung war in der Vergangenheit oft Gegenstand heftiger Kontroversen und nationalistischer Vorurteile auf deutscher und slawischer Seite. Dabei bildete der Ausdruck ‚Ostkolonisation' das Programmwort deutscher nationalistischer Geschichtsschreibung, mit dem die lokalen slawischen Vorraussetzungen und der Charakter der Gemeinschaftsleistung unterschlagen wurden. Das Leitmotiv hatte schon Ernst Moritz Arndt angeschlagen, als er aus der Ostsiedlung eine ‚germanische Mission' in Europa ableitete. Sie kulminierte dann in dem Ziel der Nationalsozialisten, germanischen ‚Lebensraum' im slawischen Gebiet zu gewinnen, dessen Völker angeblich zu einer eigenen höheren Kulturentwicklung nicht fähig seien.

Erst im – unzulässigen – Rückschluss von dieser imperialistischen und rassistischen Lebensraum-Politik sowie den nationalistischen Phantasien im Deutschland des 19. Jahrhunderts konnte manchen Historikern die mittelalterliche Ostsiedlung quasi als erste Station eines ‚immer schon' vorhandenen deutschen ‚Drangs nach Osten' erscheinen. Ein Stereotyp, das auf slawischer wie auf westeuropäischer Seite vielfach verbreitet war.

Doch dieser angebliche ‚Drang' war im Hochmittelalter weder vom Reich aus staatlich-zentral gesteuert noch besaß er – mit der einen erwähnten Ausnahme – den Charakter einer militärischen Eroberung. Die ungezählten deutsch oder deutsch-österreichisch beeinflussten Stadtbilder, die spezielle Ausprägung kommunaler Strukturen und der Organisation von Handwerk und Gewerbe in Prag, Krakau, Budapest, Zagreb oder Lemberg sind kein Resultat eines Expansionsdrangs, sondern eines friedlichen zivilisatorischen Gemeinschaftswerks. Eine Synthese, die am besten als mitteleuropäisch zu bezeichnen ist. Vielen Deutschen und Österreichern ist heute auch kaum mehr bewusst, welch immense Rückwirkung diese ostmitteleuropäische Mischkultur auf den deutschen Raum selbst besaß und welchen Gewinn sie bedeutete! Man braucht sich nur zu vergegenwärtigen, dass zum Beispiel die ersten Universitäten nördlich der Alpen nicht etwa im deutschen Altsiedelland im Westen, sondern in Prag, in Wien, in Kulm und in Krakau (mit damals starkem deutschen Bevölkerungsanteil) entstanden sind. Oder man denke an die großen Städte, die im Osten heranwuchsen: Wieder sind es Wien und Prag, dazu Breslau und Berlin. Oder an große Namen von Personen, die aus diesem kulturell gemischten Raum stammten oder dort wirkten und von ihm geprägt waren: Kopernikus, Veit Stoß, Comenius (Komenský), Peter Parler, Andreas Gryphius. Später Herder, Kant, Eichendorff, Hauptmann, Sigmund Freud, Kafka; oder an die multikulturellen Budapester Intellektuellen und Tschernowitzer oder Lemberger Juden, für die Deutsch zweite ‚Muttersprache' war.

Inzwischen betrachtet und würdigt die Geschichtsschreibung beider Seiten diesen vielschichtigen und historischen Vorgang der Ostsiedlung vorurteilsfreier. Es wird anerkannt, dass es auch ein geschichtliches Interesse ohne Besitzansprüche geben kann. Dazu gehört auch eine sorgfältigere Wortwahl. Nur da, wo es sich um Rodungsarbeit und Urbarmachung handelte, sollte man den Ausdruck ‚Kolonisation' verwenden. Will man jedoch den Vorgang als Ganzes charakterisieren, ist der neutrale Ausdruck ‚Ostsiedlung' zutreffender.

Wenn die Zuwanderer auch zum Teil ‚Kolonisten' waren, so waren sie doch keine ‚Kolonisten', die ein fremdes Volk und Territorium im Dienste ihres Herkunftslandes ausbeuteten. Sie wurden vielmehr zu Untertanen polnischer, tschechischer oder ungarischer Landesherren. Auch kamen sie nicht nur aus Deutschland, es gab ebenso, wenn auch in geringerer Zahl, Siedler aus den Niederlanden und aus Flandern. Den niederländischen Siedlern mit ihrer reichen Erfahrung im Deichbau und der Kanalisierung verdankt der Osten vor allem die Trockenlegung von Sümpfen.

Weil die in Ostmitteleuropa eingewanderten Deutschen fast durchweg an ihrer Sprache festhielten, gelangten mit ihren Handwerken und den Zünften, mit ihren städtischen Verwaltungsformen und der Stadtanlage, mit ihrem speziellen Recht, mit neuen Techniken in der Landwirtschaft oder im Bergbau auch viele der deutschen Bezeichnungen in die Sprache ihrer slawischen, baltischen oder ungarischen Nachbarn. In geringerem Umfang geschah dies auch in der Gegenrichtung, das heißt, die deutschen Zuwanderer nahmen auch Ausdrücke aus ihrer sprachlichen Umgebung auf. Sie schlugen sich, zum Beispiel im schlesischen oder im böhmischen Deutsch, eher in den Dialekten als in der Schriftsprache nieder. (Vergleiche Teil IV, Kapitel 4.) Doch unser Thema ist die Entlehnung aus dem Deutschen. Sie wird in den folgenden Kapiteln nun ausführlicher betrachtet.

5.2 ‚Der Bürgermeister im Rathaus am Ring ...'

Auch wenn wir kein Wort Polnisch beherrschen, können wir beim Spaziergang durch eine polnische Stadt auf den Straßenschildern oder bei Handwerksbezeichnungen, auf der Speisekarte im Restaurant oder auf den Erläuterungstafeln in einem Museum eine ganze Anzahl von Wörtern entziffern. Im Herzen der Stadt stehen wir zum Beispiel auf dem ‚rynek', auf dem ‚Ring'. In seiner Mitte erhebt sich der ‚ratusz', das ‚Rathaus', der Amtssitz des Bürgermeisters (‚burmistrz') und Versammlungsort des Stadtrats ('rada').

Häufig schließt sich an den großen ‚Ring' noch zweiter, kleinerer Marktplatz an, dessen Benennung meist mit ‚plac' zusammengesetzt ist. Dort gibt es zum Beispiel Obst (‚owoce') und ‚kartofle'. Vielleicht findet an dieser Stelle auch gerade der ‚Jahrmarkt' (‚jarmark') statt. Bei den Geschäften rund um den Marktplatz handelt es sich heute kaum noch wie früher um ‚Kramläden', sondern eher um Boutiquen. Aber als Nostalgie führt doch das eine oder andere Geschäft noch die alte Bezeichnung ‚kram'. Falls wir eine ‚Apotheke' suchen, müssen wir auf die Inschrift ‚apteka' achten.

Setzen wir unseren Spaziergang durch eine der alten Gassen mit Kopfsteinpflaster fort, dann laufen wir auf ‚bruk' (< ‚Bruch' = ‚gebrochene Steine zum Pflastern'). Begrenzt wird die Gasse vom ‚rynsztok' (< ‚Rinnstein'). Die Gasse endet an der alten (‚Stadt-)Mauer' (polnisch ‚mur'), hinter der ehemals der ‚Wall' (‚wal') lag. Außerhalb liegt der Friedhof mit den ‚Grabstätten' (‚groby').

Kehren wir zurück in die Stadt. Das ‚Grund(stück)' ist der ‚grunt', das ‚Gebäude' ‚budynek' (< ‚Bude') oder ‚gmach' (< ‚Gemach'). Im Haus finden wir den ‚(Haus-)

Gang' ('ganek'), das 'Dach' ('dach'), 'Pfeiler' ('filar'), den 'Sims' ('gzyms' deutsch 'Gesims') und 'Ziegel' ('cegła'). Wenn das Gebäude ein altes Kloster ist, besitzt es meist auch einen 'Kreuzgang' ('krużganek').

Wir könnten diese Lehnwortsuche noch eine Weile fortführen, und das nicht nur im Polnischen. Viele dieser Wörter, die aus dem Mittelhochdeutschen stammen, lassen sich ebenso im Tschechischen, in den baltischen Sprachen oder auch im Ungarischen entdecken. Es sind Ausdrücke, die mit der deutschen Ostsiedlung in diese Sprachen gelangten und in ihnen so fest verankert wurden, dass selbst ein späterer Sprachpurismus sie nicht mehr verdrängen konnte. Einzelne dieser Wörter wurden vom Polnischen sogar an das Ukrainische und Russische weitergegeben.

Anlage und Rechtsform der von deutschen Zuwanderern gegründeten 'Kolonialstädte' spiegeln ein besonders augenfälliges Ergebnis der hochmittelalterlichen Ostsiedlung wider. Zwar hatte es im slawischen Raum auch schon vorher städtische Siedlungen etwa am Fuß von Fürstenburgen gegeben ('Burgstädte'). Mit ihrer Ausgrabung ist der beliebte Topos der älteren deutschen Geschichtsschreibung, die Slawen hätten keine Städte gekannt, widerlegt worden. Was die deutschen Kolonisten des 13. Jahrhunderts jedoch mitbrachten, war ein neuer Typus von Stadt. Sie besaß einen 'funktionelleren' Grundriss, ein eigenes städtisches Recht mit Selbstverwaltung und eine 'moderne' Organisation von Handel und Gewerbe. Dazu gehörten die deutschen Zunft- oder Handwerksordnungen, wie sie in ihren Grundzügen im deutschen Raum noch heute bestehen.

Diese neuen Kolonistenstädte wurden planmäßig angelegt. Sie erhielten ein rechtwinklig angelegtes Straßensystem, in dessen Mitte ein großer, ebenfalls viereckiger Marktplatz mit dem Rathaus lag. Die Häuser, die den Markt umgaben, wurden häufig mit Laubengängen versehen. Für den großen Marktplatz setzt sich, wiewohl er nicht rund war, die Bezeichnung ‚Ring' durch, und sie wurde nicht nur vom Polnischen als ‚rinc', später ‚rynek' auch vom Tschechischen entlehnt. Vom Polnischen aus gelangte das Wort sogar ins Russische (‚rynok').

Die Initiatoren dieser Städtegründungen waren aber nicht die Einwanderer, sondern die Piasten- oder Přemyslidenfürsten oder auch einheimische Bischöfe. Sie legten fest, wo eine solche ‚Gründungsstadt' entstehen sollte, meist an großen Flussläufen oder der Kreuzung von Fernhandelswegen mit Flüssen. Und gebaut wurden sie von den herbeigerufenen Siedlern ebenfalls nicht allein. Wenn die fraglichen Landstriche auch unterbesiedelt waren, so gab es doch eine alteingesessene Bevölkerung, die an dem Landesausbau beteiligt war und bald auch in die Städte zuzog. Was damals im 13. und noch im beginnenden 14. Jahrhundert im Osten entstand, war eine übernationale Gemeinschaftsleistung, mit der das Land nach den Vorstellungen der einheimischen, aber westlich orientierten Fürsten modernisiert wurde. Nur im baltischen Gebiet trug die Kolonisation einen anderen Charakter (dazu Kapitel 5.3).

Die umfangreiche Siedlungstätigkeit östlich der Oder, des Böhmer Waldes und des Riesengebirges überflutete die Sprache der einheimischen polnischen und tschechischen Bevölkerung mit deutschen Bezeichnungen und fachsprachlichen Ausdrücken, die die Einwanderer mitbrachten. Nach und nach wurden viele davon in die einheimischen Sprachen integriert. Damit der Leser in der Fülle der möglichen Belege nicht untergeht, beschränken wir uns auf wenige typische Wortbeispiele und gliedern sie zudem nach Bezeichnungskreisen. Außerdem sollen ‚Entlehnungsareale' sichtbar werden, in welchen geographischen Räumen welche Ausdrücke bevorzugt auftreten. Nach Begriffs- und Bezeichnungskreisen geordnet finden wir:

Stadtanlage, Stadtverwaltung, Hausbau

Deutsche Lehnwörter dieses Bezeichnungskreises, die wir gerade für das Polnische vorgestellt haben, lassen sich noch um andere Beispiele aus dem Tschechischen ergänzen. Etwa ‚arkyř' (< ‚Erker'), ‚hala', ‚halužna' (< ‚Halle'), ‚zula' (< ‚Säule'), ‚špýchar' (< ‚Speicher'), ‚cimbuři' (< ‚Zinne') oder ‚žolíř' (< ‚Söller'). Der Ausdruck ‚Rinnstein' wurde im Tschechischen, anders als im Polnischen nicht direkt übernommen, jedoch kommt es zur Lehnübersetzung ‚žlabovy kámen'.

Man könnte diesen Ausdrücken auch im Kroatischen und Serbischen, im Ungarischen oder in den Sprachen des Baltikums nachgehen, doch wollen wir uns dafür auf eine typische Bezeichnung, sozusagen auf ein ‚Leitwort' beschränken: auf die Bezeichnung des ‚Bürgermeisters'. Sie wurde nicht nur in den angrenzenden slawischen Sprachen heimisch, sondern vom Polnischen auch ins Russische (‚burmístr') weitervermittelt. Im älteren Russisch war damit der Dorfälteste gemeint. Außerdem finden wir das Wort im Litauischen (‚burmistras'), im Lettischen (‚birgermeisters') und im Ungarischen (‚polgármester').

Selbst in den Sprachen Skandinaviens begegnet es uns als deutsches Lehnwort: Im Dänischen als ‚borgermester', im Schwedischen als ‚borgmästare' und im Finnischen als ‚pormestari'.

Handwerke, Berufsbezeichnungen

Ein anderes typisches Wort, das mit der Ostsiedlung zu den Nachbarn gelangte, ist die alte deutsche Bezeichnung der Handwerkerzunft als ‚Zeche'. Sie erscheint als ‚cech' im Tschechischen und Polnischen (von wo aus sie auch ins Russische gelangte), als ‚ceh' im Kroatischen und Serbischen und als ‚céh' im Ungarischen.

Eine wahre Flut bilden die Berufs- und Handwerksbezeichnungen, die aus dem Deutschen in die west- und südslawischen Sprachen, aber in kaum geringerem Umfang auch in die baltischen und skandinavischen Sprachen eingedrungen sind. Um durch die Aufzählung in den verschiedenen Sprachen den Leser nicht zu ermüden, erwähnen wir sie nur auf deutsch, weisen aber darauf hin, dass die meisten von ihnen in allen Sprachen des ostmitteleuropäischen Areals zu entdecken sind.

Zum Beispiel ‚Bäcker, Brauer, Büttner, Drucker, Färber, Feiler bzw. feilen, Gerber, Klempner, Maler, Maurer, Schlosser, Schneider, Schnitzer, Schreiner, Schuster, Spengler, Uhrmacher, Wagner'. Außerdem gibt es fast überall den ‚Meister' und das ‚Meisterstück'. Im Tschechischen, Kroatischen und Serbischen, im Polnischen und im Ungarischen existiert sogar die deutsche Bezeichnung des Gegenteils, des ‚Pfuschers' (‚fušer', ‚fuszer' bzw. ‚fuser').

Werkzeuge und Tätigkeiten

Auch deutsche Ausdrücke für Werkzeuge und handwerkliche Tätigkeiten sind in den vorher genannten Sprachen in großer Zahl vertreten. Wir greifen nur das Tschechische und Polnische als Beispiele heraus.

Im Polnischen finden wir etwa ‚blok', ‚szpula', ‚śruba' und ‚winda'. Wenn der polnische Tischler in seiner Werkstatt (‚warsztat') das Holz beizt, furniert oder glänzend poliert, so sagt er dafür ‚bejcować', ‚fornirować' und ‚glansować'. Im Tschechischen existieren ‚Blech' (‚plech'), ‚Kappe' (‚kápě'), ‚Kasten' (‚kašna'), ‚Leiste' (‚lišta') und viele mehr. Die Bezeichnung eines Bohrers ist von dem älteren deutschen Wort ‚Näber' abgeleitet (‚nebozez').

Ganz besonders umfangreich ist der deutsche Wortschatz des Handwerks im Kroatischen. Hier werden allein rund 700 (!) Ausdrücke aus diesem Bezeichnungskreis gezählt. Allerdings ist ein Teil davon erst später, mit der Expansion der Habsburger, in diese Sprache gelangt. Wir kommen deshalb später noch einmal darauf zurück.

Bergbau und Hüttenwesen

Auch hier ist durch Bergleute aus Sachsen und dem Harz eine große Zahl fachsprachlicher Ausdrücke in die angrenzenden Sprachen gelangt, ja sogar bis ins Serbische. Auch serbische Fürsten hatten schon im 13. Jahrhundert die damals weitgerühmten sächsischen Bergleute ins Land gerufen, damit sie in Bosnien und Mazedonien neue Erzlager aufspürten und den Abbau betrieben. Dafür wurden sie mit großen Privilegien ausgestattet: Sie waren freie ‚Bürger' (‚purgeri') mit eigenen Gerichten, die auch Land roden, als Eigentum nehmen und Siedlungen darauf anlegen durften. Die berühmteste neu angelegte Bergbaustadt mit großen Gold- und Silberminen war ‚Nyenberge' (‚Novo Brdo'). Außerdem durften die Bergleute trotz der in Serbien geltenden orthodoxen Konfession ihre eigenen römisch-katholischen ‚Sachsenkirchen' (‚saška crkva') anlegen.

Mit den sächsischen Bergleuten gelangte ein großer Teil der deutschen Bergbauterminologie ins Serbische, etwa ‚bruh', ‚cimrovi' (< ‚Zimmerung' = ‚Grubenzimmerung'), ‚gevark' (< ‚Gewerke'), ‚orat' (< ‚Ort'), ‚šaht', ‚šlegl', ‚štolna', ‚šurf' (von ‚schürfen'). Als später die Türken das serbische Land südlich der Donau sowie Bosnien unter ihre Herrschaft brachten, übersetzten sie die vorgefundenen Begriffe ins Türkische. Dabei gelangten viele der alten sächsischen Bergbauausdrücke sogar in die türkische Sprache.

Alle diese gängigen Ausdrücke findet man auch im Tschechischen und Polnischen. Das Tschechische kennt daneben noch ‚perkmistr' (‚Bergmeister'), ‚Halde' (‚halda'), ‚Hütte' (‚hut'), ‚šmelc', ‚šmergl'.

Hausbau und Hauseinrichtung

Auch aus diesem Bezeichnungskreis gelangten viele deutsche Ausdrücke in die benachbarten Sprachen, besonders viele ins Tschechische. Etwa die Bezeichnung ‚(Stroh-)Dach' > ‚doch', ‚Erker' > ‚arkýř', ‚Halle' > ‚haluzna', ‚Latte' > ‚lat', ‚Laube' > ‚loubi', ‚Säule' > ‚zula', ‚Söller' > ‚žoliř', ‚Ziegel' > ‚cihla'.

Zur Ergänzung noch ein paar Beispiele aus dem Polnischen: ‚dyl' (< ‚Diele'), ‚firanka' (< ‚Vorhang'), ‚jastrych' (< ‚Estrich'), ‚rama' (< ‚Rahmen'), ‚szyba' (< ‚Fensterscheibe').

Nahrungsmittel und Küche

Wieder kann man eine Vielzahl deutscher Bezeichnungen in den angrenzenden Sprachen entdecken. Beschränken wir uns hier auf das Polnische, dann finden wir am Beginn der Neuzeit neben der schon genannten ‚kartofel' zum Beispiel ‚kluska' (‚Klößchen'), ‚knedel', ‚luk' (‚Lauch'), ‚peklować' (‚pökeln'), ‚szpikować' (‚Braten spicken'), ‚smak' (‚Geschmack'), ‚szynka' (‚Schinken').

Handel, Geschäft und Geldwesen

Beim ‚Kaufmann' (‚kupec') erstandene Waren steckte man im Spätmittelalter im Tschechischen in einen ‚pytel' (‚Beutel') oder einen ‚žok' (‚Sack'), gewogen wurde in ‚funt', geteilt in ‚vertel', bezahlt in ‚haléř' (‚Heller'). Der ‚Zins' für geliehenes Geld hieß ‚činže', der ‚(Geld-) Verleiher' war der ‚lejcheř' bzw. ‚lichvář'. Wechseln wir ins Polnische, finden wir ‚fenik', ‚handel', ‚kosztować', ‚szacher', ‚wekslarz'.

Damit der Leser sich nicht mit Wortbeispielen überfüttert fühlt, haben wir uns überwiegend auf das Tschechische und Polnische beschränkt. Aber sehr viele dieser deutschen Bezeichnungen, die mit den Siedlern nach Osten gewandert sind, lassen sich, wie gesagt, ebenso im Ungarischen, in den Sprachen des Baltikums und besonders in den nordischen Sprachen belegen. In die letztgenannten, besonders ins Dänische und Schwedische, sind in noch größerem Umfang als in die slawischen Sprachen deutsche Lehnausdrücke eingedrungen. Hier handelt es sich überwiegend nicht nur um Bezeichnungen, sondern auch um eine große Zahl von Abstrakta, Adjektiven und Verben – Wortarten, die normalerweise am wenigstens entlehnt werden. Wegen dieser besonders starken (nieder-)deutschen Prägung der skandinavischen Sprachen wird diese Lehnbeziehung eigens abgehandelt (Kapitel VI). Auch dem Ungarischen wird ein eigener Überblick gewidmet (Kapitel IX).

5.3
Das Baltikum: Die Sprache kam mit dem Schwert

Die historischen Ereignisse, die zur Ausbreitung der deutschen Sprache im Baltikum und zum Einfluss des Deutschen auf den Wortschatz des Estnischen, Lettischen und (in geringerem Umfang) des Litauischen führten, besitzen einen anderen Charakter als die bisher beschriebene Ostsiedlung. Hier wurden keine Siedler von einheimischen Herrschern zum Landesausbau gerufen, und hier gab es auch keine deutsche bäuerliche Siedlung. Wenn die Länder des Baltikums, Estland und Lettland vor allem, einen anhaltenden deutschen Kultur- und Spracheinfluss erfuhren, dann war dies – neben dem Wirken der Hanse – vor allem auf eine Missionierung mit dem Schwert zurückzuführen. Es war die Eroberung dieser Landschaften entlang der Ostseeküste durch deutsche Ordensritter und die Errichtung eines eigenen Ordensstaates mit einem preußischen und einem livländischen Landesteil. Die vom Orden und von der Hanse ausgehende deutsche Prägung der Städte und der Oberschicht im baltischen Raum blieb auch dann erhalten, als der Ordensstaat sich im 16. Jahrhundert endgültig auflöste und die Wirtschaftsmacht der Hanse unterging.

Dieses eigenartige Gebilde eines Ordensstaats entlang der Ostseeküste war auf folgende Weise entstanden: Norddeutsche Kaufleute besuchten auf ihrer Fahrt ins russische Nowgorod auch die Handelsplätze entlang der baltischen Küste. Eine besondere Rolle spielte dabei die Dünamündung, die damals zum Siedlungsgebiet der Liven gehörte (die Liven wurden später ‚lettonisiert', der Name ‚Livland' blieb jedoch lange gebräuchlich). Im Jahr 1201 wurde einige Kilometer landeinwärts von der

Dünamündung die Stadt Riga gegründet, die zum Sprungbrett sowohl für eine deutsche Missionstätigkeit wie auch für territoriale Expansion werden sollte. Der Missionsbischof Albert I. gründete zusammen mit deutschen Kreuzrittern und bewaffneten Pilgern den Orden der ‚Schwertbrüder', der die heidnischen Völker dieses Raumes unterwerfen und bekehren sollte. Die Liven wurden besiegt, die Letten unterwarfen sich freiwillig, gegen die Litauer unterlag der Orden. Den Widerstand der Esten, die auch von Nowgoroder Russen unterstützt wurden, konnten die Schwertbrüder nur mit Hilfe der Dänen brechen. Die Eroberung teilte man sich auf: den größeren Teil Estlands mit Reval (Tallinn) erhielt Dänemark, den Rest kontrollierten fortan die Schwertbrüder.

Mittlerweile war auch weiter südlich, im späteren Ostpreußen der ‚Deutsche Orden' auf den Plan getreten. Bei ihm handelte es sich, wie bei den Templern und den Johannitern, um einen der geistlichen Ritterorden, der im Zusammenhang mit den Kreuzzügen in Palästina entstanden war. Doch für diesen dritten großen Orden gab es nach seiner Gründung am Ende des 12. Jahrhunderts im Heiligen Land kein großes Betätigungsfeld mehr. Die deutschen Ordensritter richteten ihren Blick auf Europa und dessen heidnische Völker, die es noch zu unterwerfen und zu missionieren galt. Nach kurzem Aufenthalt in Siebenbürgen erreichte sie 1226 der Ruf des polnischen Herzogs von Masowien, der bei seinem Versuch, das Land der noch heidnischen Prussen (‚Altpreußen') zu erobern, gescheitert war. Der Ritterorden sollte ihm Eroberung und Kolonisation abnehmen. Als Ausgangsbasis dafür erhielt der Orden 1230 ein kleines Territorium am Ostufer der unteren Weichsel, das Kulmer Land.

Was der polnische Herzog unterschätzt hatte, waren die eigenen territorialen Interessen der Ordensritter. Sie hatten sich vom Papst den Missionierungsauftrag und vom Kaiser die Zusage geben lassen, alles eroberte preußische Land behalten zu können. Im Jahr 1237 unterstellen sich die militärisch wenig erfolgreichen Schwertbrüder dem Deutschen Orden und bilden künftig seinen livländischen Zweig. Damit werden auch die Territorien der beiden Orden miteinander verbunden und der Deutsche Orden kann so auch in Livland Fuß fassen. Sein Versuch, auch Teile des (längst christianisierten) nordwestlichen Russlands, vor allem das Gebiet um Nowgorod und Pleskau (Pskov), in den eigenen Herrschaftsbereich einzubeziehen, scheitert 1242 an der Niederlage der Ordensritter gegen Alexander Newski auf dem Eis des Peipussees.

Aber auch ohne das russische Gebiet war mit dem preußischen Stammland und dem Territorium des livländischen Ordenszweigs ein ansehnlicher Ordensstaat entstanden, der vom Unterlauf der Weichsel bis ins südliche Estland reichte. Eine Abrundung erfuhr er noch, als auch Pommerellen mit Danzig einverleibt und der bisher dänische Teil Estlands durch Kauf erworben werden kann.

Die Prussen hatten sich noch heftiger als die Esten gegen die Besetzung ihres Landes und die Bekehrung zur Wehr gesetzt, und die Verluste der prussischen Bevölkerung müssen sehr hoch gewesen sein. Weil auch ihre Sprache, das baltische (Alt-)Preußisch, später ausstarb, war in der älteren Geschichtsschreibung vielfach von einer ‚Ausrottung' der Prussen durch die Ordensritter die Rede. Doch gilt diese Auffassung in der heutigen Forschung als widerlegt (vergleiche Borgolte 1992 und Literaturangaben dort).

Der Orden hatte die Eroberung Preußens mit gleichzeitiger Kolonistentätigkeit verbunden. Als Vorposten wurden Städte gegründet, die jeweils durch eine rechteckige Ordensburg geschützt waren. Hauptsitz war Marienburg mit seiner gigantischen Festung. Nicht nur Thorn und Elbing im späteren Westpreußen und Königsberg im späteren Ostpreußen, auch alle mittleren und kleineren Städte im Preußenland waren Gründungen des Ordens. Seit dem 13. Jahrhundert siedelten Ritter und Söldner, Gutsbeamte und Ackerbürger, Handwerker und Kaufleute aus Deutschland in den Ordensstaat über, der – unbeschadet seiner gewaltsamen Gründung – im 14. Jahrhundert zu einem der modernsten Staatswesen Europas heranwuchs. Seine Bewohner lebten dort bis zum Jahr 1410 (Schlacht von Tannenberg) steuerfrei, sie genossen das erste staatliche ‚Sozialversicherungssystem', das in Europa geschaffen wurde, eine hochentwickelte Verwaltung und eine bemerkenswerte Architektur in einem vorher weitgehend wüsten Land. Dazu kam ein vorbildliches Schul- und Bildungswesen. Zugleich wurden die großen Städte Preußens und Livlands Hansestädte mit blühendem Handel.

Freilich engte das Gebiet der heidnischen Litauer den Ordensstaat von Osten her ein, und die Tatsache, dass auch die dem Orden feindselig gesinnten Bischöfe eigene Territorien besaßen, erschwerten die Landverbindung zwischen dem preußischen und dem livländischen Ordensland. Trotzdem entwickelten sich Riga, Reval, Dorpat, Pernau und Narwa immer mehr zum Umschlagplatz für den Hansehandel mit Nowgorod und Russland. Livländische Kaufmannsfamilien, die eng mit Lübecker und norddeutschen Familien verschwägert waren, wickelten den Handel ab. Für sie war Deutsch nicht nur die Umgangssprache der Hanse, sondern auch die städtische Umgangssprache und zudem die Amtssprache. Möglicherweise überwog damals in Riga, Reval (Tallinn) und Dorpat die deutsche Bevölkerung überhaupt. Noch im 19. Jahrhundert soll der deutsche Anteil unter den Einwohnern Rigas bei 40 Prozent und der in Reval bei 30 Prozent gelegen haben (Hinderling 1984). Es war „die Stellung (der Deutschen) als führende Gesellschaftsschicht im politischen, wirtschaftlichen, religiösen und kulturellen Leben – unabhängig von der jeweiligen staatlichen Zugehörigkeit des Landes, (das) bis zur zweiten Hälfte des 19. Jahrhunderts den Boden für umfangreiche sprachliche Entlehnungsvorgänge geebnet hat" (Raag 1987).

Welches Deutsch war es, das sich seit dem 13. Jahrhundert in den baltischen Gebieten auszubreiten begann? Die ersten deutschen Ansiedler kamen aus dem norddeutsch-westfälischen Raum und ihre mittelniederdeutsche Sprache herrschte im ehemaligen livländischen Ordensgebiet, also in Lettland und Estland, vor. Die Sprache des Deutschen Ordens in Ostpreußen jedoch war Hochdeutsch (genauer: Ostmitteldeutsch). Im Gefolge der Reformation (der sich nach dem Ende des preußischen Ordensstaats 1525 auch die meisten Ordensmitglieder anschlossen) löste seit etwa 1600 das Hochdeutsche das bisherige Niederdeutsch im gesamten baltischen Raum immer mehr ab.

Beide deutschen Sprachen haben in der Zeit ihrer Vorherrschaft massiv auf den Wortschatz des Estnischen und Lettischen eingewirkt. Die Spuren sind noch heute deutlich. Die Ausgabe des Estnischen Wörterbuchs von Kull / Raiet von 1976 weist über 1.600 deutsche Lehnwörter auf, das Lettische sogar fast 3.000 (Thomas 1978). Dabei handelt es sich nicht etwa um einen speziellen oder

Fachwortschatz, sondern es sind nahezu alle Lebensbereiche repräsentiert.

Betrachten wir einige davon, geben aber, um die Dinge nicht zu komplizieren, generell die hochdeutsche Lautform des Ausgangswortes wieder, auch wenn es sich um ein niederdeutsches handelte. (Wortbeispiele nach Hinderling 1984; Raag 1987; Thomas 1978.)

Von den Ordensrittern vermittelt sind sicherlich die Masse der Ausdrücke der Religion wie des Militärischen. Aus dem Bereich der Religion finden wir etwa im Estnischen 'aablat (< Oblate), bichtvader, ingel (< Engel), köök (< Kirche), köster (< Küster), mukat (< Mönch), paradys, paavst (< Papst), pihtima (< beichten), viiruk (< Weihrauch)'.

Aus dem Militärwesen der Ordensritter gehen zurück ‚gehorsam', ‚kundskoppi' (< ‚Kundschafter'), ‚rund' (= ‚Patrouille' > ‚Runde machen'), ‚rüütel' (< ‚Ritter'), ‚waht' (< ‚Wacht'). Der ‚(Land-)Meister' des livländischen Ordens kehrt in der niederdeutschen Lautform ‚meester' wieder. Die später entlehnte Bezeichnung des Handwerksmeisters (‚meister') zeigt dagegen die hochdeutsche Form.

Aus der Sphäre von Gesellschaft und Recht stammen die fast unveränderten deutschen Ausdrücke ‚reht' und ‚unreht'. Alte Ausdrücke der Hansekaufleute sind ‚matt' (< ‚Maß'), ‚pant', ‚pantima' (< ‚Pfand', ‚verpfänden'), ‚tosin' (< ‚Dutzend'). Der ‚Lotse', den die Kaufleute nach dem Umladen ihrer Waren auf ein Flussschiff an Bord nahmen, ist der ‚loots'. Die ‚Reise' zu Wasser oder zu Lande heißt auch im Estnischen ‚reis', das Verb ‚reisima'.

Ähnliche Lehnbeziehungen ließen sich auch für Berufe, Handwerke, Instrumente, für den Hausbau und die Inneneinrichtung, für Küche, Haushalt und Nahrungsmittel, für Kleidung, Krankheiten und Heilmittel, für das Geistesleben und Bildungswesen belegen. Wir verweisen auf die oben genannten Quellen.

Werfen wir einen Blick auf das Lettische, dann finden wir etwa ‚bise (< Büchse = Gewehr), dakts (< Docht), glaze (< Glas), kekis (< Küche), kurvis (< Korb), papirs, sipuols (< Zwiebel), sleijeris (< Schleier), spiegelis, spole (> Spule), štempele'.

Auch die ältere niederdeutsche und die jüngere hochdeutsche Form der Bezeichnung ‚Meister' finden wir im Lettischen: ‚mestrs' / ‚meisteris'. Überhaupt sind fast alle aufgeführten und noch viele andere Wörter sowohl im Lettischen wie im Estnischen vorhanden, obwohl es sich bei ihnen um zwei grundverschiedene Sprachen handelt. Die erste gehört zur balto-slawischen (und damit indogermanischen) Sprachfamilie, die zweite zu einer nicht-indogermanischen Sprachengruppe, der auch das Finnische und Ungarische angehören. Aber: Beide befinden sich im selben ‚Entlehnungsareal', in dem zu einer bestimmten Zeit in bestimmten Lebensbereichen der gleiche deutsche Spracheinfluss herrschte.

In schwächerem Maße, aber doch auch, gehört die dritte baltische Sprache, das Litauische, zu diesem Entlehnungsareal. Die Eroberung Litauens war dem Orden nie gelungen. Die Kämpfe um die Vorherrschaft in diesem Raum zwischen dem Orden, dem heidnisch gebliebenen Litauen, aber auch dem Königreich Polen, dauerten das ganze 14. Jahrhundert über an. Als sich 1386 Polen und Litauen zu einem mächtigen Staatsgebilde vereinigten und Litauen offiziell christlich wurde, verlor der Ordensstaat seine Missionsaufgabe und damit auch seine Existenzberechtigung. Im Jahr 1410 schließlich wurden die Ordensritter bei Tannenberg von einem überlegenen polnisch-litauisch-russisch-tatarischen Heer in einer der größten Schlachten des Mittelalters vernichtend geschlagen. Nur Marienburg, der Sitz des Hochmeisters, konnte gehalten werden. Doch jetzt machten sich auch die großen Städte, Danzig vor allem, selbständig und verbündeten sich mit Polen. Bald musste Westpreußen aufgeben und der Sitz des Hochmeisters nach Königsberg verlegt werden. 1525 löste sich der Ordensstaat überhaupt auf und wurde zum weltlichen Herzogtum (Ost-)Preußen, das später mit Brandenburg vereinigt wird. In Livland kam das Ende des Ordensstaates 1560, das Land wurde zunächst polnisch, später russisch.

Obwohl also Litauen zu keinem Zeitpunkt zum Ordensstaat gehörte oder der Hanse eng verbunden war, sind auch ins Litauische viele deutsche Lehnwörter gelangt. Dabei dürfte auch der große Anteil jüdischer Bevölkerung als Vermittler eine Rolle gespielt haben. Zum Teil handelt es sich um das gleiche Lehnwortgut wie im Lettischen und Estnischen. Wir führen als Beispiele litauischer Entlehnungen nur die folgenden an: ‚prupas' (< ‚Pfropfen'), ‚reipas' (< ‚Reifen'), ‚spykis' (< ‚Speiche'), ‚stanga' (< ‚Stange'), ‚stoba' (< ‚Stab'). Vom Polnischen vermittelt wurde zum Beispiel ‚rotuše' = ‚Rathaus'. (Beispiele nach Hinderling 1984.)

Später treten in allen Teilen des Baltikums immer häufiger Lehnübersetzungen an die Stelle direkter Entlehnungen. Beispielsweise die lettische Entsprechung von ‚Mitarbeiter', ‚Tagebuch' oder ‚Vortrag'. Auch ganze Redewendungen werden in den eigenen Sprachgebrauch übernommen, zum Beispiel die Wendung ‚in die Augen fallen' (im Lettischen) bzw. ‚in die Augen stechen' (im Estnischen).

Wie sehr „bis zum Beginn des 19. Jahrhunderts die sprachlichen Kontakte von Estland und Lettland fast ausschließlich auf das Deutsche fixiert waren" (Hinderling 1984) – und nicht etwa auf das benachbarte Schwedisch und Finnisch – belegen die beiden folgenden Beispiele. So unterscheiden das Schwedische und das Finnische – anders als das Deutsche – nicht zwischen ‚Blume' und ‚Blüte'; es gibt dafür nur ein und dasselbe Wort. Das Lettische und Estnische (obwohl das Estnische mit dem Finnischen eng verwandt ist) kennt ebenfalls zwei Wörter. Oder umgekehrt: Im Schwedischen und Finnischen existieren für ‚spielen' zwei Wörter, je nachdem, ob das Spielen des Kindes gemeint ist oder das des Glücksspielers. Im Lettischen und Estnischen jedoch wird dies – analog zum Deutschen – nicht unterschieden.

6
Hanse und Reformation
Deutsch bei den nordischen Vettern

Im Jahr 1161 schlossen die Händler auf der schwedischen Insel Gotland mit den Lübecker Kaufleuten einen Vertrag, den sie wohl bald bereut haben dürften. Die Gotländer hatten den Norddeutschen Privilegien auf ihrer für den Ostseehandel so günstig gelegenen Insel eingeräumt und dafür im Gegenzug Vorrechte für ihren Handel mit dem norddeutschen Raum erhalten. Die Lübecker Kaufleute schlossen sich danach zur ‚Genossenschaft der Gotland besuchenden Deutschen' zusammen. Sie war die Keimzelle des schon wenig später entstehenden mächtigen Hansebundes.

Was die Gotländer unterschätzt hatten, war die wirtschaftliche Dynamik ihrer Vertragspartner. Diese besaßen die leistungsfähigeren Schiffe (Koggen) und waren ihnen auch finanziell und organisatorisch überlegen. Wo die Schweden weiter ihren einträglichen Handel treiben wollten, tauchten nun auch die niederdeutschen Konkurrenten auf und drängten sie mehr und mehr aus dem Geschäft; sei es auf dem schwedischen Festland, an den baltischen Handelsplätzen, im russischen Nowgorod oder an der norwegischen Küste. Die Norddeutschen gründeten feste Niederlassungen, Hansekontore und zogen deutsche Zuwanderer nach. Kaufleute und Handwerker vor allem, aber auch Bergleute aus dem Harz, die die reichen schwedischen Erzlager erschlossen. Um die Hansehöfe gruppierten sich deutsche Wohnquartiere, und die heranwachsenden skandinavischen Städte wie Stockholm, Kalmar, Wisby (auf Gotland), Kopenhagen, Oslo und Bergen erhielten einen immer größeren Bevölkerungsanteil.

Deren Bereitschaft, die örtliche skandinavische Sprache zu lernen, war offensichtlich gering. Vielmehr mussten die Einheimischen, die etwas von den zivilisatorisch fortschrittlicheren Einwanderern aus dem Reich wollten, eben deren mittelniederdeutsche Sprache verstehen.

Dies führte dazu, dass die genannten Städte am Ende des Mittelalters zweisprachig wurden, wobei das Deutsche gesellschaftlich dominierte. Das mittelalterliche Stadtrecht von Wisby aus dem 13. Jahrhundert ist in Mittelniederdeutsch abgefasst. Der erste namentlich bekannte Bürgermeister von Stockholm 1297 war ein Deutscher. Um diese deutsche Dominanz zu begrenzen, muss das schwedische Stadtrecht schon 1345 vorschreiben, dass Deutsche höchstens die Hälfte der Ratsherren stellen dürfen.

Angesichts dieser massiven Präsenz ist es nicht überraschend, dass wir die altbekannten ‚Leitwörter' der Ostsiedlung, insbesondere die der deutschen Stadtverwaltung, auch in den nordischen Sprachen wiederfinden. Im Schwedischen etwa den ‚borgmästare', der im ‚rådhus' die ‚stad' und ihre ‚borgare' regiert. Oder den ‚fogde' (‚Vogt') und den ‚bödel' (‚Büttel') im städtischen Gerichtswesen. Im Dänischen lauten diese Bezeichnungen fast genauso. Nur für die Bezeichnung der Stadt selbst hat sich ein anderer Ausdruck durchgesetzt.

Neben diesen Begriffen der Stadtverwaltung stoßen wir im Schwedischen und Dänischen auch auf die bekannten deutschen Ausdrücke des Handwerks und des Zunftwesens, die wir nicht wiederholen wollen. Nur drei mittelalterliche Handwerks- und Berufsbezeichnungen gibt es im Schwedischen, die nicht mittelniederdeutscher Herkunft sind! Ähnlich dicht ist der Bezeichnungskreis des Handels mit (nieder)deutschen Wörtern besetzt. Genannt seien nur ‚köpman', ‚mynt' (‚Münze') und ‚vikt' (‚Gewicht'). Aus der Sprache der Harzer Bergleute stammt ein beträchtlicher Teil der schwedischen Bergbauterminologie, zum Beispiel die Bezeichnung des Bergwerks als ‚gruva' (‚Grube').

Die Intensität und der Umfang der Entlehnung der skandinavischen Sprachen aus dem Mittelniederdeutschen stellt die stärkste Interferenz zwischen dem deutschen und einer anderen Sprache dar. Der Linguist Einar Haugen sagt dazu: „Bis weit in das 16. Jahrhundert hinein (war) das Mittelniederdeutsche die Lieblingsfremdsprache der nichtkirchlichen, oberen und mittleren Klassen. Die königlichen Familien, der Adel, die Kaufleute und die Handwerker waren entweder deutsch oder eng mit den Deutschen verbunden. Drei Jahrhunderte lang war das Mittelniederdeutsche eine angesehene Zweitsprache und eine Mode . . . (Sie) nahmen aus der angeseheneren Sprache, was sie benötigten, um die eigene weniger angesehene Sprache aufzuwerten und zu verschönern" (Haugen 1984). Weil „die deutsche Kultur als vorbildlich galt . . . wirkten die Fremdwörter oft vornehmer und feiner." Ein Beispiel dafür ist die mittelniederdeutsche Bezeichnung des Frühstücks als ‚vrôkost', die im dänischen ‚frokost' und im schwedischen ‚frukost' wiederkehrt (Johannisson 1968).

Der deutsche Sprach- und Zivilisationseinfluss war so groß, dass er zu „einer Trennung zwischen den oberen und unteren Klassen" führte und die einheimischen Sprachen „nur um Haaresbreite überlebten" (Haugen 1984). Darüber hinaus bewirkte er eine Trennung des Festland-Skandinavischen vom Insel-Skandinavischen Islands und der Färöer, weil dort der deutsche Einfluss nicht vorhanden war. Ja, der intensive Sprachkontakt in den bilingualen Städten trug sogar zum Verschwinden des Formenreichtums der alten nordischen Sprachen im modernen Dänischen und Schwedischen bei, weil die meisten niederdeutschen Einwanderer die Flexionsformen der häufig stammverwandten Wörter nicht richtig gebrauchten.

Trotzdem können die ‚technologische' Überlegenheit und das gesellschaftliche Prestige der Zuwanderer allein das geradezu überwältigende Ausmaß der Entlehnung nicht erklären. Schätzungen des mittelniederdeutschen Anteils am Wortschatz des Dänischen oder Schwedischen reichen bis 50 Prozent oder noch darüber hinaus. Da es später in den skandinavischen Sprachen ebenfalls zu einer, wenn auch nicht sehr starken puristischen Reinigung des Wortschatzes kam, dürfte er heute – je nach Textsorte – nur noch zwischen 10 und 35 Prozent liegen. (Vergleiche dazu die Untersuchung bei Rosenthal 1987.) Doch auch diese Größenordnung ist mit den erwähnten historischen Faktoren allein nicht zu erklären. Das entscheidende Moment, das noch hinzu kam, war die Verwandtschaft, die Ähnlichkeit der Sprachen. Ein Schwede oder Däne dieser Zeit dürfte die Entlehnungen aus dem Mittelniederdeutschen kaum als fremde Ausdrücke empfunden haben, sondern eher als lautliche Variante der eigenen vertrauten Sprache. Zuweilen wurde auch auf vorhandene Ausdrücke die abweichende niederdeutsche Bedeutung übertragen, zum Beispiel bei schwedisch ‚borga' die deutsche Bedeutung ‚borgen' oder bei dänisch / schwedisch ‚handle / handla' die Bedeutung ‚handeln'.

Die Wortentlehnungen im Spätmittelalter betrafen alle Bereiche des Wortschatzes, von alltäglichen Bezeichnungen bis zu den abstraktesten Begriffen, und sie umfassten alle Wortarten, nicht nur Substantive. Ja, der Einfluss des Mittelniederdeutschen machte sich sogar in der Wortbildung und bei sonstigen sprachstrukturellen Elementen bemerkbar.

Aus den vielen Tausend Elementen einzelne Beispiele auszuwählen, hat wenig Sinn. Ein Blick in die Wörterbücher lässt uns auf jeder Seite vielleicht ein Dutzend oder mehr entdecken. Wir beschränken uns deshalb beim Vokabular auf die sonst eher seltene Interferenz von Adjektiven und Verben. Nehmen wir den Wortschatz des Dänischen, dann finden wir aus dem Mittelniederdeutschen etwa ‚bitter', ‚klog' (‚klug'), ‚krum', ‚skøn' (‚schön'), ‚skrå' (‚schräg'), ‚stolt' (‚stolz'), ‚stump'. Bei den Verben stoßen wir etwa auf ‚blive' (‚bleiben'), ‚bruge' (‚gebrauchen'), ‚føle' (‚fühlen'), ‚håbe' (‚hoffen'), ‚lære' (‚lernen'), ‚råbe' (‚rufen'), ‚ske' (‚geschehen'), ‚spille' (‚spielen') oder ‚tvivle' (‚zweifeln').

Aber auch Wortbildungselemente wie etwa Vorsilben und Nachsilben wurden in großer Zahl entlehnt und anschließend im Dänischen oder Schwedischen produktiv. Zum Beispiel die Vorsilben ‚be-', ‚ent-', ‚er-', ‚an-', ‚ge-' und die Nachsilben ‚-bar', ‚-inne', ‚-ersche' (> dänisch ‚-ske', schwedisch ‚-ska'). Das Suffix ‚-heit' mit dem im Deutschen Abstrakta gebildet werden, wurde als ‚-hed', ‚-het' bzw. (norwegisch) ‚-heit' übernommen. Andere schon im Nordischen vorhandene Silben wurden auf Grund des nieder- und hochdeutschen Einflusses wieder aktiv, im Dänischen zum Beispiel ‚for-', ‚-ig', ‚-lig' und ‚-skab' (Bach 1977).

Besonders produktiv war die Wortbildung mit der entlehnten Vorsilbe ‚be-', wobei in der Regel eine vollkommene Parallelität mit den Bildungen im Deutschen vorherrscht. So entspricht deutsch ‚decken / bedecken' dänisch ‚dække / bedække', ‚treiben / betreiben' dänisch

‚drive / bedrive' oder ‚greifen / begreifen' dänisch ‚gribe / begribe'.

Mit nur wenigen Ausnahmen ließen sich die gleichen Beispiele auch aus dem Schwedischen anführen. Es gibt jedoch auch einige interessante Unterschiede in der Entlehnung. So gelangte das eingedeutschte lateinische Wort ‚Fenster' als ‚fönster' zwar ins Schwedische, das Dänische und Norwegische hielten jedoch an dem alten germanischen Ausdruck ‚Windauge' fest: ‚vindu(e)'. Das Dänische wiederum entlehnte zum Beispiel die Ausdrücke ‚schadenfroh' und ‚Meerschaum' als ‚skadefro' und ‚merskum', während das Schwedische hier jeweils für ein Glied der Zusammensetzung eigenes Wortmaterial verwendete (‚skadeglad', ‚sjöskum').

Bei den bislang angeführten Beispielen ist das Norwegische fast durchweg ausgespart. Dies bedeutet jedoch nicht, dass dort nicht auch eine Fülle von mittelniederdeutschen Entlehnungen zu finden wäre, wenn auch insgesamt weniger als in den beiden anderen skandinavischen Sprachen. Das Norwegische wurde ausgespart, weil seine Entwicklung historisch und regional viel uneinheitlicher ist. Während der Personalunion Norwegens mit Dänemark (1380 bis 1814) dominierte in den Städten Dänisch mit norwegischen Elementen (wodurch viele deutsche Lehnwörter vermittelt wurden), während die auf dem Land gesprochene einheimische Sprache kaum im Kontakt mit dem Deutschen stand.

Einen erheblichen Einfluss auf die städtische Sprache übte auch die ‚Deutsche Brücke', das Hansekontor in Bergen, aus. Die privilegierte deutsche Kolonie dort besaß eine eigene Rechtsprechung und ein ausgedehntes Handelsmonopol für den Nordnorwegenhandel und den Fischexport. Auch als das Kontor Mitte des 18. Jahrhunderts in eine dänische Gesellschaft umgewandelt wurde, blieb Deutsch noch bis 1805 die Geschäftssprache (Naumann 1984).

Das Resultat des jahrhundertelangen massiven Einflusses des Mittelniederdeutschen auf die skandinavischen Sprachen fasst die schwedische Linguistin Suzanne Öhmann am Beispiel ihrer Muttersprache zusammen: „(Er) hatte die schwedische Sprache am Ende des Mittelalters zu einer Kultursprache mit allen dafür notwendigen Ausdrucksmöglichkeiten entwickelt" (Öhmann 1968). Und der dänische Linguist H. Bach ergänzt: „Das Zusammenleben des Niederdeutschen und des Dänischen im Spätmittelalter hat die dänische Standardsprache unauslöschlich und zu ihrem Vorteil geprägt . . . Man darf ruhig behaupten, dass das im Heimatland so reduzierte Niederdeutsche seine stärkste Nachfolge im skandinavischen Norden hat" (Bach 1977).

Eine zweite Welle deutschen Einflusses kam mit der Reformation in den Norden. Jetzt trat mehr und mehr das Neuhochdeutsche an die Stelle des Niederdeutschen. In der dänischen und schwedischen Ausgabe der Luther-Bibel (von 1550 bzw. 1541) findet man deutsche Lehnwörter wie dänisch / schwedisch ‚ære / ära' (‚ehren'), ‚arbeyde / arbeta' (‚arbeiten'), schwedisch ‚barmhertigkeet', dänisch / schwedisch ‚begere / begära' (‚begehren'), ‚billede / beläte' (‚Abbild'), ‚fremmet / främande' (‚fremd') bzw. schwedisch ‚främling' (‚Fremder'), ‚hjemsøge / hemsöka' (‚heimsuchen'), ‚misbruge / misbruka' (‚missbrauchen'). (Beispiele nach Haugen 1984).

Aber neuhochdeutschen Einfluss gab es nicht nur während der Zeit der Reformation, sondern auch später, im Grunde bis in die Zeit zwischen den beiden Weltkriegen.

Es gab eine starke Verbindung zwischen der lutherischen Kirche und Theologie Skandinaviens und Deutschlands, die sich auch auf Philosophie und allgemeine Wissenschaften ausdehnte. Anfangs waren dabei die geographische Nachbarschaft und die Brückstellung Holsteins nach Dänemark ausschlaggebend, für die Entlehnung im Schwedischen auch der Dreißigjährige Krieg. Die Sprache des dänischen Hofes blieb noch lange Zeit überwiegend das Deutsche, und die Schrift- und Kommandosprache des Heeres wurde erst 1773 dänisch. „Man konnte in Dänemark vor 1800 ein guter Patriot sein, ohne die Landessprache sprechen zu können" (Bach 1977).

Im 18. und 19. Jahrhundert trat dann der literarische Einfluss an die Stelle des mündlichen durch direkten Sprachkontakt. Die Ausstrahlung der deutschen Universitäten, noch mehr aber das Zusammenwirken der dänischen und deutschen Literatur in der Periode der Romantik, der Goethe-Kult auch in Dänemark, der Einfluss der Kantschen und Hegelschen Philosophie, die enge Verbindung der dänischen und schwedischen Sozialdemokratie mit der deutschen (einschließlich der marxistischen Theorie) und schließlich auch die Psychoanalyse Freuds trugen zu einer starken Anreicherung des intellektuellen Wortschatzes mit deutscher Nomenklatur bei (vergleiche Bach 1977).

Der starke deutsche Einfluss auf die nordischen Sprachen erfährt im 18. Jahrhundert zum ersten Mal eine Abschwächung, als vor allem in Dänemark ein (gemäßigter) Sprachpurismus einsetzt. Dabei wurden zum Beispiel ‚geburtsdag' durch ‚fodselsdag' ersetzt, an die Stelle von ‚eng' trat ‚snæver' und statt der dänischen Entsprechung von ‚begegnen' sagte man nun ‚møde' (vergleiche englisch ‚meet').

Seit dem 19. Jahrhundert ist die Quelle der Entlehnungen nicht mehr so eindeutig wie früher Deutsch. Eine gemeinskandinavische Bewegung führt jetzt zu einer stärkeren Entlehnung des Dänischen, Schwedischen und Norwegischen untereinander. Trotzdem bleibt Deutsch zunächst noch die verbreitetste Fremdsprache und Quelle für literarische Ausdrücke. Nach dem Ersten Weltkrieg tritt jedoch das Englische als Entlehnungsquelle in den Vordergrund, das Deutsche behält aber noch einen wichtigen Rang. Erst der Zweite Weltkrieg führt zu einer spürbaren Abkehr von der deutschen Sprache. Seitdem entlehnen die nordischen Sprachen fast nur noch aus dem Englischen (Haugen 1984).

Trotz dieses seit über 50 Jahren recht intensiven englischen Einflusses besteht noch heute eine weitgehende Übereinstimmung des skandinavischen mit dem deutschen Wortschatz und der Struktur vieler Wörter. Die entlehnten deutschen Adverbialpräfixe zum Beispiel führen dazu, dass auch bei Wortneubildungen überwiegend parallele Bildungen zum Deutschen entstehen, die mit den entsprechenden englischen Ausdrücken nichts gemein haben. Dies lässt sich durch Gegenüberstellung einer zufällig ausgewählten Reihe alltäglicher dänischer Ausdrücke und ihrer deutschen und englischen Entsprechung demonstrieren, wobei zugleich deutlich wird, wie stark der alltägliche englische Wortschatz von romanischen Wörter geprägt ist (Beispiele zum Teil nach Bach 1977):

Dänisch	Deutsch	Englisch
arbejde	arbeiten	work
begejstre	begeistern	inspire
billede	Bild	picture
forsikring	Versicherung	insurance
fremmed	fremd	strange
fuldstændig	vollständig	complete
gæstearbejder	Gastarbeiter	foreign worker
genstand	Gegenstand	object
indgang	Eingang	entrance
misbruge	missbrauchen	abuse
medarbejder	Mitarbeiter	collaborator
nødudgang	Notausgang	emergency exit
oprigtig	aufrichtig	sincere
overflod	Überfluss	abundance
oversætte	übersetzen	translate
omfang	Umfang	extent
omkomme	umkommen	perish
rulletrappe	Rolltreppe	escalator
tiflugt	Zuflucht	refuge
tilstand	Zustand	condition
udgang	Ausgang	exit; issue
udlænding	Ausländer	foreigner
udsætte	aussetzen	postpone
understøtte	Unterstützung	support

Der Einfluss des Deutschen auf Wortschatz und Wortbildung des Dänischen, Schwedischen und – etwas geringer – des Norwegischen ist die stärkste Interferenz, die es auf irgendeine Sprache ausgeübt hat. Der Sprachaustausch verlief auch über Jahrhunderte fast ausschließlich in einer Richtung. Aber es gibt zwei bemerkenswerte Ausnahmen. Die eine war die lebhafte Rezeption neuerer skandinavischer Literatur in Deutschland im 19. Jahrhundert, die zu einer Anreicherung des deutschen Bildungswortschatzes mit vielen skandinavischen Ausdrücken führte. Schon die Dichtungen und Schriften Klopstocks, Herders, J. Grimms, Uhlands und besonders die Opern Richard Wagners sowie die Beschäftigung mit altnordischer Literatur und Mythologie machen das deutsche Publikum mit Gestalten und Ausdrücken wie ‚Berserker', ‚Erlkönig', ‚Götterdämmerung', ‚Rune', ‚Saga', ‚Stabreim', ‚Walhalla', ‚Walküre' vertraut. Gleichzeitig beeinflusste die Rezeption der skandinavischen Literatur auch die Vornamengebung im deutschen Sprachraum, etwa mit den nordischen Vornamen ‚Birgit, Ingeborg, Ingrid, Kerstin, Lars, Sven, Torsten, Ulla' (Naumann 1984).

Aber auch nordische Bezeichnungen für Naturphänomene, Geländeformationen und Wintersport finden in Deutschland Verbreitung. So etwa ‚Fjord', ‚Nordlicht', ‚Schären(küste)'; ‚Loipe', ‚Ski', ‚Slalom'. Schließlich verdankt das Gegenwartsdeutsch den fortschrittlichen Sozialstaaten und Demokratien des Nordens einige wichtige Begriffe wie den ‚Ombudsmann' und die Lehnübersetzung ‚Wehrbeauftragter' (< schwedisch ‚militieombudsman'), ‚Sozialhilfe' (schwedisch ‚socialhjälp') und ‚Tagesmutter' (< ‚dagmamma').

7
Neuhochdeutsch:
Tschechische Abwehr – Polnische Öffnung

Historische Zeugnisse über die Einstellung der Völker Ostmitteleuropas gegenüber den deutschen Zuwanderern im Hoch- und Spätmittelalter sind spärlich. Ein Gebiet, in dem sich schon früh ein gespanntes Verhältnis entwickelt zu haben scheint, war Böhmen. Vor allem der nationalbewusste Adel hatte mit der deutschfreundlichen Orientierung des Přemyslidenhauses seine Probleme. Kritik an den wirtschaftlichen Vorrechten deutscher Ansiedler in Böhmen ist schon in der Cosmas-Chronik von 1125 zu finden, noch bevor die große Einwanderungswelle um 1170 einsetzte (Skála 1976).

Aber die adligen Grundherren brauchten Kolonisten, als sie die nur dünn und inselartig besiedelten Abhänge der Mittelgebirge erschließen wollten. Sie riefen sie aus dem benachbarten Bayern, aus Franken, Sachsen und Österreich, später auch von weiter her, vom Rhein und von der Mosel, sogar aus Westfalen. Die Fülle alter Ortsnamen in den Randgebirgen, die auf ‚-brand', ‚-reuth' und ‚-rode', auf ‚-schlag', ‚-hau' und ‚-schwend' oder auch auf ‚-grün' und ‚-walde' enden, zeugen davon, welchen gewaltigen Umfang diese Kolonisationstätigkeit erreichte. Daneben belegen aber zusammengesetzte Ortsnamen aus slawischen und deutschen Bezeichnungen, dass Alteingesessene und Neuankömmlingen auch gemeinsam Landbau getrieben haben.

Neben bäuerlicher Bevölkerung kamen Bergleute aus Sachsen und aus dem Harz, um die Gold- und Silberminen Böhmens zu erschließen und damit den Wohlstand der Herrscher zu mehren. Gleichzeitig wurden in Böhmen und Mähren in der ersten Hälfte des 13. Jahrhunderts eine große Zahl von Städten gegründet. Hier ließen sich deutsche Handwerker und Kaufleute nieder.

Alle diese Gründungen erfolgten nach deutschem Stadtrecht, auch wenn sie schon bald neben dem deutschen einen tschechischen – oder überhaupt nur einen tschechischen Namen trugen. Die doppelte oder auch einsprachig-slawische Namensgebung lässt auf rasche tschechische Zuwanderung in den neu gegründeten Kommunen schließen. Am Ende des 14. Jahrhunderts erscheinen auch in den Ratslisten immer häufiger tschechische Namen. Eine Anzahl von Städten wird zweisprachig, etwa Deutsch-Brod (Německý Brod), Kuttenberg (Kutná Hora), Königsgrätz (Hradec Králové), Königsberg (Královec), Budweis (Česke Budějovice), aber auch die schon vor der deutschen Einwanderung bestehende Prager Altstadt. Die Judengemeinde dort dürfte ebenfalls zum deutschsprachigen Bevölkerungsteil gehört haben. In der Prager Kleinseite (Malá Strana), die Mitte des 13. Jahrhunderts als eigene Stadt nach deutschem Recht gegründet wird, wohnen vorwiegend deutsche Kaufleute und Handwerker.

Nach dem Abschluss der Ostsiedlung im 14. Jahrhundert hatte sich die ethnische und sprachliche Situation deutlich verändert, das Königreich besaß nun *zwei* Staatsvölker: tschechische Böhmen und Deutschböhmen. Tschechisch war die Muttersprache von etwa zwei Dritteln der Bewohner, Deutsch die Muttersprache von rund einem Drittel (Skála 1976). Aber: Deutsch hatte den höheren sozialen Rang. Während die ländliche Bevölkerung beider Volksgruppen überwiegend einsprachig blieb und die städtischen Handwerker beiderlei Herkunft häufig zweisprachig waren, beherrschten die deutschen Patrizier selten das Tschechische.

Das gesellschaftliche Prestige des Deutschen, besonders auch seine Pflege am Přemyslidenhof, führte im Hoch- und Spätmittelalter zu einer intensiven Beeinflussung des tschechischen Wortschatzes. In dieser Zeit wurden wenigstens 1.500 deutsche Ausdrücke aus allen Bereichen des Wortschatzes entlehnt (Skála 1976; Mayer 1927), von denen später ein Teil im Zuge des Sprachpurismus wieder ausgemerzt wurde.

Wie eng die Berührung zwischen Tschechisch und Deutsch damals war, drückt sich in der besonders großen Zahl tschechischer Sonderentlehnungen aus, das heißt von Entlehnungen die nur im Tschechischen und in keiner anderen slawischen Sprache existieren. Zum Beispiel im Handelsleben ‚lejcheř' (< ‚Geldleiher'), im Handwerk ‚štibla' (< ‚Stiefel'), in der Tierwelt ‚šnek', im Gartenbau ‚réva' (< ‚Rebe'), unter den Einrichtungsgegenständen ‚truhla' (< ‚Truhe').

Es handelte sich dabei nicht nur um neue Sachen (wie zum Beispiel die Weinrebe), die man eben samt der deutschen Bezeichnung übernahm, sondern es war auch Mode, tschechische Ausdrücke durch prestigeträchtige deutsche zu ersetzen. Ein wertvolles Sprachzeugnis aus dem Jahr 1412, in dem der tschechische Reformator Jan Hus dieses Verhalten seiner Landsleute geißelt, gibt darüber Auskunft. Hus schreibt: „Sie sagen ‚hantuch' statt ‚ubrusec', ‚šorc' (< ‚Schürze') statt ‚zastěrka', ‚knedlik' statt ‚šiška', ‚renlík' (< bayer. ‚Reindl') statt ‚trerožka' ‚hauzknecht' statt ‚domovní pacholek', ‚forman' statt ‚vozataj' . . ." (zitiert nach Skála 1976). Die soziale und kulturelle Dominanz des deutschen Bevölkerungsteils führt unter den tschechischen Gebildeten und dem tschechischen Adel zu einer Frontstellung gegen die Deutschböhmen. Daraus erwächst früher als in anderen Gebieten Mitteleuropas ein Nationalbewusstsein unter den Tschechen, das auch Züge von Fremdenfeindlichkeit gegen die schon vor Generationen Zugewanderten annimmt. „In Böhmen kam es zum regelrechten Sprachenkampf der im damaligen Europa nicht seinesgleichen hatte" (Skála 1976).

So musste sich schon 1318 König Johann vor dem böhmischen Adel verpflichten, keinem Ausländer ein Amt zu verleihen und sich nur mit tschechischen Beratern zu umgeben. Der Adel bestand auf der Festlegung, dass es sich bei Böhmen und Mähren um ein einsprachiges Land handle. Die Stiftungsurkunde des Bischofs von Prag für das Augustinerkloster Raudnitz an der Elbe besagte, dass nur Tschechen aufgenommen werden dürften, deren beide Elternteile tschechisch waren. Denn: „Ebenso wenig wie zwei Gegensätze in einem Wesen vereinbar seien, könnten auch zwei entgegengesetzte Nationen in demselben Kloster sein" (zitiert nach Skála 1976).

Als Prag unter Karl IV. die Hauptstadt des Reiches war, wurde vom Kaiser in der Goldenen Bulle verfügt, dass neben Latein, Deutsch und Italienisch auch Tschechisch zur Reichssprache erhoben wird. Unter Kaiser Wenzel IV. wird es sogar als die „einzig rechtmäßige Sprache in Böhmen" bezeichnet. Den Höhepunkt des Sprachenkampfes, der schließlich unter den Hussiten kulminiert, läutet das ‚Kuttenberger Dekret' Wenzels von 1409 ein, das der Prager Universität die Abstimmungsverhältnisse der vier ‚Nationen': Böhmen, Sachsen, Bayern und Schlesier (die Deutsche und Polen sein konnten), ändert. Statt wie bisher nur eine Stimme für jede ‚Nation' erhält die böhmische (tschechische) nun drei, die drei anderen haben jedoch nur je eine. Daraufhin verlassen etwa 1.000 Professoren und Studenten Prag und gründen die Universität Leipzig.

Im Hussitenkrieg explodieren die sozialen und kulturellen Spannungen. Magister Jan Hus war zum geistigen Vater einer Reformationsbewegung geworden, die an Gedanken des Engländers John Wycliff anknüpfte. Zur Durchsetzung seiner reformatorischen Absichten schürt er die nationalistische Stimmung gegen die Deutschen und ihre Sprache: „Es verdienen die Prager und andere Tschechen, die halb tschechisch und halb deutsch reden, ausgepeitscht zu werden." Den fehlenden Widerstand vieler seiner Landsleute gegen den deutschen Spracheinfluss rechnet er zu den zehn schweren Sünden eines (tschechischen) Christenmenschen.

Als der Kaiser zulässt, dass trotz des zugesicherten freien Geleits das Konstanzer Konzil den tschechischen Reformator als Ketzer auf den Scheiterhaufen schickt, brechen die verheerenden Hussitenkriege (1419 – 1436) aus, die zu einem drastischen Rückgang des deutschsprachigen Bevölkerungsanteils in Böhmen und Mähren führen. Durch die Bevölkerungsverluste werden auch einige zweisprachige Städte wieder einsprachig tschechisch. In den Prager Stadtbüchern finden sich zwischen 1419 und 1564 keine deutschen Eintragungen mehr. Auch für die Eintragungen in die Landtafeln hatte der böhmische Landtag 1495 beschlossen, dass sie ausschließlich in tschechischer Sprache erfolgen dürfen.

In dieser Zeit hören die Entlehnungen aus dem Deutschen praktisch auf. Deshalb fehlen dem Tschechischen zum Beispiel die für das Polnische so typischen frühneuhochdeutschen Entlehnungen. Tschechisch gewinnt in dieser Zeit mehr Prestige nach außen und wird im 15.

Jahrhundert zur diplomatischen Sprache sowohl in Polen wie in Ungarn. Im 15. und 16. Jahrhundert wechseln die böhmischen Humanisten vom Latein zur tschechischen Schriftsprache.

Nach der Reformation Martin Luthers wird das Verhältnis der Tschechen zu den Deutschen und ihrer Sprache wieder besser – wenn die Deutschen ‚Protestanten' sind. Aus den lutherischen Landstrichen, vor allem aus Sachsen und Niederschlesien, kommt es zu einer Neueinwanderung und einem neuerlichen Aufschwung der Städte und des Bergbaus. Das Luthertum tritt als akzeptiertes Bekenntnis neben das der (hussitischen) Utraquisten und der Böhmischen Brüder. Landesherren sind zwar seit 1526 die katholischen Habsburger, aber der tschechische Adel ist reformiert, ebenso wie rund 90 Prozent der Bevölkerung.

Bis zum 16. Jahrhundert hatte der tschechische Sprachpurismus schon einen erheblichen Teil der alten Entlehnungen ausgemerzt. Ein Bischof der Böhmischen Brüdergemeinde, der sich besonders mit der Sprachpflege befasste, rügte unnötige Entlehnungen wie ‚hantlík' (< ‚Handhacke'), ‚farkle' (< ‚Ferkel'), hält aber gut eingeführte Bezeichnungen wie ‚kuchmistr', ‚musterherr' (= ‚Musterungsoffizier') und ‚šlachtordnung' für akzeptabel. Auch die zahlreichen deutschen Handwerksausdrücke solle man ihren Benutzern nicht übel nehmen, sie aber auch nicht gerade nachahmen. In den Schriften des tschechischen Humanisten Comenius (Jan Komenský) erscheinen sogar wieder deutsche Wörter, die der eben zitierte Bischof nicht hätte durchgehen lassen, zum Beispiel ‚lusthauz' (für ‚Paradies'), ‚kšaft' (< bairisch ‚Gschäft', für ein Testament) und ‚retuňk'. Trotzdem bleibt das Tschechische weiter puristisch – bis zu dem tragischen Ausgang seiner Revolte gegen Habsburg 1618.

Nach der Niederlage in der Schlacht vom ‚Weißen Berg' bei Prag und der spektakulären Hinrichtung von 27 Anführern (darunter auch protestantische Deutschböhmen) wird der bisher selbständige Ständestaat zur habsburgischen Provinz. Obwohl Habsburg die Zweisprachigkeit gesetzlich verankert und das Tschechische offiziell nicht diskriminiert, verliert es gesellschaftlich rasch an Boden und wird um 1750 nicht einmal mehr als Schriftsprache benutzt. Die tschechische Nation erlebt die nun folgende Epoche ihrer Geschichte – trotz des architektonischen Glanzes und der barocken Kunst, die die Gegenreformation im Land entfaltet – als ‚temno', als die Zeit ihrer ‚Finsteris'.

Ganz anders als ihre tschechischen Nachbarn gingen im Spätmittelalter und in der frühen Neuzeit die Sprecher des *Polnischen* mit dem deutschen Einfluss um. Die Ergebnisse der Ostsiedlung hatten ihren Niederschlag in beiden Sprachen gefunden, doch im polnischen Sprachraum führte das zu keiner Abwehr gegen eine befürchtete Überfremdung. Vielmehr wurde die Öffnung gegenüber deutscher Sprache und Kultur noch größer. Die anhaltenden kriegerischen Auseinandersetzungen mit dem Deutschen Orden zum Beispiel wurden offensichtlich ganz nüchtern als das betrachtet, was sie damals waren: kein ‚nationales' Ringen zweier Völker oder Kulturen, sondern der Kampf um die politische und territoriale Vorherrschaft zweier Mächte im Nordosten Europas.

Die anhaltende Entlehnung führt zu der breiten Schicht frühneuhochdeutscher Wörter im Polnischen, die für diese Sprache so typisch ist. Aber auch später, in der neuhochdeutschen Zeit, schwächt sich der Umfang zunächst kaum ab. Die Konstanz dieses Einflusses führt zu einer starken Durchdringung aller Schichten des polnischen Wortschatzes: der Hochsprache, der Umgangssprache, des Jargons sowie der Fach- und Sondersprachen bis hinab zur Gaunersprache (Kaestner 1987). Für die Tiefenwirkung ist bezeichnend, dass bei den Nomina nicht nur Sachbezeichnungen, sondern auch viele Abstrakta übernommen wurden, darüber hinaus eine beträchtliche Zahl von Verben und Adjektiven, die normalerweise weniger entlehnt werden.

Schwer abschätzbar ist der Beitrag des Jiddischen bei der Vermittlung deutscher Wörter. Diese wurden nämlich vielfach in schlesischer Mundart weitergegeben, so dass lautlich kaum ein Unterschied zur jiddischen Aussprache bestand. Als sicher jiddisch sind ‚szmugler' bzw. (als Verb) ‚szmuglować' erkannt worden. Höchstwahrscheinlich jiddisch ist ‚fartuch' (= ‚Schürze', < jiddisch ‚für-' = ‚vor-', also eigentlich ‚Vortuch'). Aber auch manche Ausdrücke aus der Fachsprache der Schneider und Schuster (die häufig Juden waren) gelten als jiddisch vermittelt.

Schon für die frühneuhochdeutsche Periode ist die Zahl der Entlehnungen so umfangreich, dass es nicht möglich ist, einen repräsentativen Eindruck zu vermitteln. Wir beschränken uns auf jeweils einige Beispiele aus den verschiedenen Bezeichnungskreisen und Wortarten. Wie bisher schon werden die Ausdrücke für beide Sprachen in der heutigen Lautform aufgeführt.

Zum Bereich Handel und Gewerbe gehören etwa ‚borgować', ‚handlarz' (< ‚Händler'), ‚jarmark', ‚kiermasz' (< ‚Kirmes'), ‚kosztować', ‚szacher'. Im älteren Deutsch meint ‚Vorteil' den Teil, den man ‚vor anderen', also im Voraus, bekam. Im Polnischen entwickelte ‚fortel' die Bedeutung ‚Trick, Kunstgriff'.

Besonders reich vertreten ist die Terminologie des Handwerks. Einige Beispiele für Werkzeuge: ‚gwint', ‚hebel' (< ‚Hobel'), ‚mutra' (< ‚Mutter'), ‚nit', ‚rygiel', ‚szpula', ‚śruba', ‚wałek' (< ‚Welle'), ‚winda'. Beispiele für Berufe: ‚bednarz' (< ‚Büttner'), drukarz, garbarz, ‚kuśnierz' (< ‚Kürschner'), ‚murarz' (< ‚Maurer'), ‚szlifierz' (< ‚Scherenschleifer'), ‚snycerz' (< ‚Holzschnitzer').

Auch das Suffix ‚-arz', ‚-erz', das uns hier begegnet, ist dem deutschen Suffix ‚-er', das den Träger einer Handlung bezeichnet, nachgebildet. Bei neueren Entlehnungen tritt auch direkt die deutsche Lautform auf, zum Beispiel in ‚giser'. Ebenfalls entlehnt ist das Suffix ‚-unek' (< deutsch ‚-ung').

Aus dem Rechtswesen stammen ‚areszt', ‚basarunek' (‚Besserung'), ‚gwałt', ‚pręgierz' (< ‚Pranger'), ‚ruga' (< ‚Rüge'), ‚stos' (= ‚Scheiterhaufen' < ‚Holzstoß'), ‚strofa'. Das Rechtswesen ist einer der Bereiche, in dem viele ältere Entlehnungen später durch polnische Ausdrücke ersetzt wurden. Früher waren zum Beispiel auch ‚ortyl' (‚Urteil') und ‚szlichtować' gebräuchlich.

Greifen wir aus der Vielzahl der möglichen Lehnwortbereiche noch den der Kunst und der Musik heraus. Hier finden wir etwa das Wort ‚kunszt' selbst, den ‚Maler' und seine Tätigkeit (‚malarz', ‚malować), die ‚Skizze' (‚szkic'), ‚lanszaft'; in der Musik ‚flet' (< ‚Flöte'), ‚harfa', ‚kapelmistrz', ‚lutnia' (< ‚Laute'), ‚sztymować' (‚Instrument stimmen'), ‚tusz'.

Wir hatten vorhin erwähnt, dass sich die Tiefenwirkung des deutschen Einflusses auf den polnischen Wortschatz besonders durch die beachtliche Anzahl entlehnter Abstrakta zeigt. Hier eine kleine Auswahl: ‚fałsz' (< ‚Falschheit'), ‚gatunek' (< ‚Gattung'), ‚gmin' (= ‚einfaches Volk' < ‚gemein'), ‚gwałt', ‚gwar' (= ‚Lärm', < ‚Gewirr'), ‚kształt' (< ‚Gestalt'), ‚los', ‚mus' (= ‚Zwang', < ‚(ein) Muss'), ‚rada' (< ‚Rat'), ‚ratunek' (< ‚Rettung'), ‚szyk' (< ‚Schick'), ‚traf' (= ‚Zufall', < ‚Treffer').

Auch die Präsenz einer Vielzahl von Verben unterstreicht diese Tiefenwirkung. Etliche wurden bereits erwähnt, als ergänzende Belege seien noch genannt: ‚hamować' (< ‚hemmen'), ‚litować się' (= ‚sich erbarmen', < ‚leiden'), ‚prasować' (= ‚bügeln', < ‚pressen'), ‚stalować' (< ‚bestellen'), ‚szacować (< ‚schätzen'), ‚winszować' (< ‚wünschen').

Ausgiebig aus dem Deutschen entlehnt – unter Vermittlung des Jiddischen – hat die polnische Gaunersprache. Dort finden wir zum Beispiel ‚ajnbruchowiec' (< ‚Einbrecher'), ‚bajtlować' (< ‚betteln'), ‚foter' (= ‚alter, erfahrener Dieb', < ‚Vater'), ‚geld' (< ‚Geld'), ‚szperak' (= ‚Dietrich', < ‚Sperrhaken'), ‚szwindlerzy' (= ‚Betrüger', < ‚Schwindler'), ‚szwicować' (= ‚im Gefängnis sitzen' < ‚schwitzen'), ‚swarc' (= ‚Schmuggler', < ‚Schwarzhandel').

Schließlich sei noch der Soldatenjargon erwähnt, der Ausdrücke kennt wie ‚himelkommando' (= ‚Erschießung'), ‚gulaszkanone' oder ‚sztramak' (= ‚zackiger Soldat', < ‚stramm').

Eine Entlehnungskategorie, die wir noch nicht besprochen haben, ist die der Lehnübersetzungen und Lehnübertragungen. Hierbei wird nicht der fremde Ausdruck übernommen, sondern es wird sein Inhalt mit dem Wortmaterial der eigenen Sprache wiedergegeben. Sie sind – verglichen mit der exorbitanten Zahl direkter Wortentlehnungen – sicher geringer. Das ist aber auch nicht überraschend: Wo viel direkt entlehnt wird, braucht nicht lehnübersetzt zu werden. Lehnübersetzungen sind bewusst oder unbewusst auch eine Folge sprachpuristischer Bemühungen, indem man den fremden Ausdruck meidet. Typische Lehnübersetzungen aus dem Deutschen sind im Polnischen beispielsweise ‚kurze oka' (‚Hühneraugen'), ‚mieć kota' (< ‚Katzenjammer') oder ‚niezapominajka' (< ‚Vergissmeinnicht'). (Mehr Beispiele bei Kaestner 1939.)

Bei manchen Beispielen sind wir bereits von der frühneuhochdeutschen in die neuhochdeutsche Sprachperiode übergewechselt. Nun gewinnen neben den direkten polnisch-deutschen Kontakten im Land auch literarische Einflüsse an Bedeutung. Im 16. bis 18. Jahrhundert, also zu einer Zeit, in der der deutsche Wortschatz selbst stark vom Französischen beeinflusst wurde, vermittelt das Deutsche dem Polnischen auch zahlreiche französische Wörter. Daneben gibt es natürlich auch einen direkten Einfluss des Französischen auf das Polnische. Aber Wörter wie zum Beispiel ‚dama', ‚fryzura' bzw. ‚fryzjer' oder ‚fizylier' (< ‚Füselier') gehen auf deutsche Vermittlung zurück.

Seit dem 16. Jahrhundert wird die Interferenzwirkung des Deutschen im Polnischen insgesamt etwas schwächer. Einer von mehreren Gründen mag die Ausbreitung der Reformation im ostmitteldeutschen Sprachgebiet gewesen sein, aus dem das Polnische die Masse seiner Entlehnungen bezog. Ein funktionaler Rückgang zeigt sich auch in der seltener werdenden Verwendung des Deutschen in den Stadtbüchern. Nicht von diesem Rückgang betroffen sind die Fachsprachen, zum Beispiel des Bergbaus oder auch der Weichselschifffahrt.

Der Aufschwung der Wissenschaften und des Bildungswesens in Deutschland seit dem 18. Jahrhundert schafft dem deutschen Spracheinfluss neue Felder, doch ist das keine spezifisch polnische Erscheinung, sondern selbst in Westeuropa festzustellen. (Dazu Kapitel 11.)

Die Aufteilung Polens unter den Mächten Russland, Preußen und Österreich seit 1772, die zu den „Schandtaten europäischer Geschichte" (Schulz 1994) zählt, verändert die sprachliche Haltung der Polen. Die bewusste Pflege des eigenen Idioms bildet ja – neben einem patriotisch verstandenen Katholizismus (im Gegensatz zum Protestantismus Preußens und der Orthodoxie Russlands) – die einzige Möglichkeit, die Identität der Nation zu wahren. In der ersten Hälfte des 19. Jahrhunderts ist es Österreich, das in seinem, dem südlichen Teil Polens, eine recht rigide Sprachenpolitik gegen das Polnische treibt, während Preußen sich zu diesem Zeitpunkt noch liberal verhält. In der zweiten Hälfte des Jahrhunderts ist es dann umgekehrt. Preußen entrechtet jetzt in der Provinz Posen die polnische Staatssprache in Verwaltung, Gerichtswesen und schließlich auch in den Schulen.

Die Zielsetzung ist es, die zu Preußen (und später zum Deutschen Reich) gehörenden Polen zu ‚germanisieren', also zu Deutschen zu machen. Der Kulturkampf Bismarcks gegen die katholischen und polnisch sprechenden Bewohner Westpreußens / Posens beendet die Periode der jahrhundertelangen Offenheit gegenüber dem deutschen Einfluss. Bezeichnungen für neue technische Errungenschaften, die aus Deutschland übernommen worden waren, wie etwa ‚banhof' und ‚snelcug' werden bald gegen Lehnübersetzungen ausgetauscht.

Als 1918 der polnische Staat wieder ersteht, wird die Zurückdrängung der deutschen Sprache zeitweilig zum

Programm, und es kommt zu ausgesprochenen ‚Volkstumskämpfen' in den gemischtsprachigen Gebieten. Die wirkliche Katastrophe für das Verhältnis zwischen Deutschen und Polen bringt aber erst der Zweite Weltkrieg, in dem Polen (neben der Sowjetunion) mehr gelitten hat als alle anderen Kriegsgegner Deutschlands. Die Reaktion auf den deutschen Vernichtungsfeldzug im Osten ist die Vertreibung von Millionen deutscher Zivilisten aus ihrer seit Jahrhunderten angestammten Heimat. Ein ebenso lang existierendes kulturelles Neben- und Miteinander hört fast schlagartig auf, zumal die vor allem in Schlesien verbliebene Minderheit und ihre Sprache vom kommunistischen Regime ausgesprochen diskriminiert werden.

Trotzdem sind die Spuren des jahrhundertelangen Miteinanders aus der polnischen Sprache bis heute nicht verschwunden – wenn auch die sprachpuristischen Strömungen seit Ende des 19. Jahrhunderts vieles getilgt haben. Noch am Ende des 19. Jahrhunderts soll nach Einschätzung des polnischen Linguisten Gabrjel Korbut der Wortschatz eines durchschnittlich gebildeten Polen rund 16 Prozent deutscher Lehnwörter enthalten haben. Auch nach der Ersetzung vieler dieser Ausdrücke gehört das Polnische immer noch zu den Sprachen mit den meisten deutschen Entlehnungen.

Der im Gegensatz zum polnisch-deutschen viel konfliktreichere tschechisch-deutsche Sprachkontakt behielt seinen Charakter bis ins 20. Jahrhundert. Die Niederlage am Weißen Berg von 1618, der Verlust der Selbständigkeit der böhmischen Länder und die nun folgende Habsburger Gegenreformation hatte – bei allem äußerlichen Glanz – verheerende Folgen für die Identität der tschechischen Nation. Sie ist bis zur Gründung eines eigenen Staates 1918 ein Trauma geblieben.

Der Verlust der Eigenstaatlichkeit und die Rekatholisierung führten dazu, dass auch der nationalbewusste tschechische Adel fast völlig verschwand. Es war unmöglich, böhmischer, katholischer Aristokrat zu sein und auf Dauer Tscheche zu bleiben. Außerdem kam der größte Teil des neuen Adels von außen in das Land. Und die andere staatstragende Schicht, das Bürgertum war ohnedies deutsch oder jüdisch und somit deutschsprachig.

So wuchsen Habsburger Herrschaft, Katholizismus und Deutschtum in Böhmen und Mähren immer mehr zu einer Einheit zusammen. Ohne dass Österreich eine ausgesprochene Politik der Sprachverdrängung getrieben hätte (wie später Preußen und das Reich gegenüber dem Polnischen), sank das Tschechische, das vom 13. bis zum Beginn des 17. Jahrhunderts noch ein Medium slawischer Literatur war, zu einer nur noch mündlich verwendeten Sprache einer Unterschicht ab. Weil sich aus dieser Schicht die Zimmermädchen, Kellner, Kutscher und Tagelöhner in Prag und Wien rekrutierten, kam die böse Bezeichnung des Tschechischen als ‚Dienstbotensprache' auf. Um 1750 war der Tiefstand dieser Sprache erreicht, und es gab Stimmen, dass die tschechische Sprache wohl ganz untergehen werde. Selbst der Begründer der wissenschaftlichen Bohemistik Josef Dobrovský, war um 1800 skeptisch, dass Tschechisch noch Literatursprache sein könne. Seine große wissenschaftliche Grammatik (‚Ausführliches Lehrgebäude der böhmischen Sprache') schreibt er 1809 ganz selbstverständlich auf Deutsch. Selbst die ersten Bände von František Palackys monumentaler ‚Geschichte Böhmens' (seit 1836) erscheinen noch in deutscher Sprache.

Doch Anfang des 19. Jahrhunderts setzt im Gefolge der Aufklärung und der Romantik auch die sogenannte ‚nationale Wiedergeburt' unter den tschechischen Böhmen ein. Gestärkt wird sie durch die Bauernbefreiung und die Industrialisierung, die einen massiven Zuzug von Tschechen in die inzwischen weitgehend deutschsprachig gewordenen Städte, insbesondere Prag, bewirkt. Ein deutliches Zeichen des neu erwachten Nationalbewusstseins ist es, dass František Palacky die Einladung deutscher Demokraten zum Frankfurter Vorparlament 1848 ausschlägt. Stattdessen organisiert und leitet er im gleichen Jahr den ersten Slawenkongress in Prag. Seit dem sogenannten ‚Ausgleich' von 1867, der Ungarn in der Doppelmonarchie staatsrechtlich gleichstellt, aber die viel zahlreicheren Slawen (Tschechen und Slowaken, Krakauer Polen und Galizier, Slowenen und Kroaten) nicht berücksichtigt, mehren sich vor allem unter den Tschechen die Stimmen, die ‚los von Habsburg' wollen.

Zugleich wird die tschechische Sprachpflege forciert. Anspruchsvolle Übersetzungen ausländischer Literatur erscheinen, eine tschechische naturwissenschaftliche Terminologie wird geschaffen und ein extremer Sprachpurismus sorgt dafür, dass nach und nach Tausende von Lehnwörtern und Fremdwörtern deutscher, aber auch französischer, lateinischer und griechischer Herkunft ausgemerzt werden.

Neben dem geistigen Erwachen war es die ökonomische Entwicklung, die dem tschechischen Drang nach der Rückgewinnung der sprachlichen Vorherrschaft im Land die materielle Basis verlieh. Die Städte außerhalb des rein deutschsprachigen Grenzraums wurden durch den Zuzug der Industriearbeiterschaft mehr und mehr tschechischsprachig. Selbst in Prag hatten die Deutschsprachigen (einschließlich der Juden) um 1850 schon die Mehrheit verloren. Nur der kleinere Teil der Deutschsprachigen erkennt die Zeichen der Zeit und lernt Tschechisch. Die Mehrzahl verspielt die Chance, die Zweisprachigkeit des Landes zu akzeptieren und der kulturell so lange diskriminierten Bevölkerungsmehrheit entgegenzukommen. Stattdessen beginnt ein regelrechter Kulturkampf der beiden Bevölkerungsgruppen.

Aber auch die Tschechen wollen nicht zur Kenntnis nehmen, welchen bedeutenden Beitrag zum Beispiel die deutschsprachige Literatur Böhmens, vor allem Prags, für das Ansehen des Landes leistete. Viele der deutschböhmischen Schriftsteller übersetzen tschechische Literatur ins Deutsche und verhelfen ihr so erst zur Verbreitung in Europa. Die tschechische Intelligenz aber nimmt ihre berühmten deutschsprachigen Nachbarn aus der nächsten Prager Gasse kaum wahr, mochten sie auch Rilke, Kafka, Werfel oder Brod heißen.

Mit der österreichischen Niederlage im Ersten Weltkrieg hat die ‚Los von Habsburg'- Bewegung ihr Ziel erreicht. Doch der eigene Staat, der sich bewusst als (nur) tschechisch und slowakisch versteht, zählt 3,23 Millionen Deutsche – noch etwas mehr, als der slowakische Bevölkerungsteil ausmacht. Dazu kommen noch etwa 700.000 Ungarn. Wer die größere Schuld am Scheitern des Zusammenlebens trägt, bevor die Nationalsozialisten innerhalb und außerhalb des Landes die Aussichten auf eine künftige Gemeinsamkeit brutal zerstörten, mögen die Zeitgeschichtler beider Länder ausdiskutieren. Der Rest der Tragödie ist bekannt: Die Jahreszahlen 1938, 1939 und 1945 markieren sie.

Seit dem Beginn der tschechischen ‚Wiedergeburt' um 1820 hatte sich die Zahl deutscher Ausdrücke im tschechischen Vokabular stetig verringert, wobei nach 1918 und nach 1945 jeweils starke Einbrüche erfolgten. Wie sehr sich die Zusammensetzung des tschechischen Wortschatzes seit der Mitte des 19. Jahrhunderts verändert hat, entdeckt man beim Vergleich eines alten Wörterbuches, etwa des von Šumavsky von 1851, und einem von heute.

Trotzdem verschwindet etwas, was in Jahrhunderten gewachsen ist nicht sang- und klanglos. Je älter die Lehnwörter sind, umso zäher behaupten sie sich. So ist der Bestand deutscher Entlehnungen im Tschechischen auch heute noch mit wenigstens 3.000 anzusetzen. Allerdings existiert vieles davon nur noch in der gesprochenen Umgangssprache und in den beruflichen Fachsprachen, oder es ist nur regional verbreitet. Im Sprachgebrauch der jüngeren Generation verschwinden aber auch diese Ausdrücke immer mehr.

Das sprachliche Mit- und Gegeneinander von Tschechen und Deutschen im Verlauf von sieben Jahrhunderten besitzt tragische Züge. Denn dank der langen, wenn auch selten konfliktfreien Gemeinsamkeit, aber auch dank bestimmter sozio-ökonomischer Voraussetzungen war es in Böhmen und Mähren praktisch zu einer Symbiose der zivilisatorischen Erscheinungen und Lebensstile gekommen. Emil Skála hat dies im Gespräch einmal so zusammengefasst: „Wie wir unsere Felder bestellen, wie wir unsere Feste feiern, was wir essen und trinken, wie wir uns kleiden, wie wir arbeiten und wie wir Technik und Industrie für unser Leben nutzbar gemacht haben – darin gleichen sich Tschechen und Deutsche mehr als zwei andere Völker in Europa" (ARD 1992 b).

8
Die Habsburger Expansion – Beispiel Kroatisch

Im Spätsommer des Jahres 1526 hatten türkische Truppen ein ungarisch-kroatisches Heer bei Mohács an der Donau besiegt. Dabei war auch der ungarische König, der zugleich über Kroatien und Böhmen herrschte, ums Leben gekommen. Diese Schlacht markiert – trotz ihres Ausgangs – den Beginn der österreichischen Expansion auf dem Balkan und die Abwehr des nach Zentraleuropa vordringenden Osmanischen Reiches durch die Habsburger. Denn auf Grund von Erbverträgen gelangte nun die ungarische Krone einschließlich Kroatiens und Böhmens an das Habsburger Haus.

Mit der Erweiterung ihrer Erblande um diese ostmitteleuropäischen Gebiete, denen bald noch weitere Territorien im Südosten und Osten folgen sollten, verlagerte sich die Basis Habsburgs von Deutschland weg nach Südosten (,Donaumonarchie'). Zugleich war dies die Weichenstellung für die spätere Zweiteilung in Preußen-Deutschland und Österreich.

Welch machtvolle kulturelle und sprachliche Ausstrahlung Habsburg in den Ländern der Donaumonarchie ausübte ist schon am Beispiel Böhmens und Mährens sichtbar geworden. Dort wurde allerdings an mittelalterliche bayerische und sächsische Einflüsse angeknüpft. Der eigentliche habsburgisch-österreichische Einfluss wird am Beispiel des Kroatischen noch deutlicher.

Kroatien, ursprünglich ein eigenes Königreich, war schon 1102 nach dem Aussterben der einheimischen Herrscher in Personalunion mit dem Königreich Ungarn vereinigt worden. Die wichtigsten mittelalterlichen Strömungen, mit denen ein deutscher Kultur- und Spracheinfluss einhergegangen war: Christianisierung, höfisches Leben und Ostsiedlung, hatten Kroatien von Deutschland aus nur peripher und indirekt berührt. Der Kirchenwortschatz – soweit er nicht aus Italien und Griechenland stammte – war vorwiegend durch das Slowenische vermittelt; die höfische Kultur (und ihr deutscher Wortschatz) drangen über das Ungarische ein. Nur die hochmittelalterliche Zusiedlung von Handwerkern, Bauern und Adligen, insbesondere in Zagreb (damals ‚Agram') und Slawonien erfolgte direkt vom deutschsprachigen Raum aus. Ihr Hauptförderer war der ungarisch-kroatische König Bela IV., der deutsche Siedler zum Wiederaufbau des Landes und der Gründung von Städten nach dem verheerenden Tatareneinfall von 1240 in Land gerufen hatte.

Der deutsche Bevölkerungsanteil Agrams muss schon im Hochmittelalter ziemlich groß gewesen sein, weil er bei der Besetzung von Ämtern bereits berücksichtigt wurde. So wechselte zum Beispiel von der Mitte des 14. bis zur Mitte des 15. Jahrhunderts das Stadtrichteramt jedes Jahr zwischen einem Kroaten, Ungarn, Deutschen und Italiener. Der älteste Stadtteil trug damals den Namen ‚Nemjačka Ves', ‚Deutschendorf'. In den zeitgenössischen Chroniken finden sich seit dem 14. / 15. Jahrhundert auf das Deutsche zurückgehende Handwerkerbezeichnungen wie ‚fištar' (< bayerisch ‚Pfister' = ‚Bäcker'), ‚malar', ‚pintar' (< ‚Fassbinder'), ‚platnar' (< ‚Plattner' = ‚Brustharnischmacher'), ‚pugnar' (< ‚Bogner' = ‚Armbrustmacher'), šnidar' (später ersetzt durch ‚šnajder'), ‚šnicar' (< ‚Holzschnitzer'), ‚šoštar', (< ‚Schuster'), ‚šporar' (< ‚Sporenmacher') und ‚tišlar' (< ‚Tischler'). Weitere alte Ausdrücke, die sich auf das Handwerk beziehen, waren ‚ceh' (< ‚Zeche' = ‚Zunft'), ‚cvek' (< ‚Zweck' = ‚Schuhnagel'), ‚drot' (< ‚Draht'),

‚farba', ‚pleh' und ‚ura' (< ‚Uhr'), wovon auch die Bezeichnung des Uhrmachers (> ‚urar') abgeleitet wird.

Der eigentliche und massive Einfluss des Deutschen auf das Kroatische ging jedoch erst vom Neuhochdeutschen aus, nach der erwähnten Übernahme der ungarisch-kroatischen Krone durch die Habsburger. Deutsch war die Amtssprache der Zentralregierung in Wien und die Sprache des kaiserlichen Heers. Zugleich strahlte Wien als Mittelpunkt des kulturellen Lebens weit nach Südosten aus. Von besonderer Bedeutung war die seit 1553 errichtete Militärgrenze (vojna bzw. vojnička granica) gegen die Türken, und zwar zunächst entlang der Grenze des türkischen Bosnien. Es handelte sich dabei um einen breiten Grenzsaum mit Befestigungsanlagen und der Ansiedlung von Wehrbauern, den ‚Grenzern' (‚graničari'), denen die Verteidigung der Grenzen oblag. Unter ihnen befanden sich viele christliche serbische Flüchtlinge aus den türkisch besetzten Gebieten. Die Anwesenheit der ‚Krajina-Serben' auf dem heutigen kroatischen Staatsgebiet geht auf diese Zeit zurück.

Die ‚Grenzer' mussten vier bis fünf Monate im Jahr Waffendienst leisten und waren dabei ständig auf die deutsche Sprache angewiesen, denn Deutsch war die Dienstsprache im Gebiet der Militärgrenze. Außerdem stellten die deutschen Österreicher die Offiziere und die leitenden Beamten. Auch das von ihnen organisierte Schulwesen im Bereich der Militärgrenze förderte die Verbreitung deutscher Sprachkenntnisse. Als Ergebnis dieses Bilingualismus gelangte eine Fülle deutscher Ausdrücke in die kroatische Volkssprache. Betrachten wir nur die Militärtermini, so finden wir zum Beispiel ‚feldvebel', ‚lajtnant', ‚obrst', ‚oficir'; ‚flinta', ‚logor' (‚Feldlager'), ‚losinka' (‚Losung'), ‚orden', ‚patrontaša', šanac' (‚Schanze'), štuc' ('Stutzen'); ‚komandirati', ‚marširati', ‚patrolirati'.

Nach der Abwehr der Türken vor Wien 1683 verstärkte sich der österreichisch-deutsche Einfluss im Südosten noch. Es wurden die drei Grenzgeneralate Karlstadt (heute ‚Karlovac'), Waraschdin (‚Varašdin') und Banat (nördlich von Belgrad) geschaffen. Seit Beginn des 18. Jahrhunderts wird das entvölkerte und verödete (damalige) Südungarn planmäßig mit deutschen Bauern und Handwerkern besiedelt. Es handelte sich dabei um die Landschaften Bačka, Banat und Teile von Syrmien und Slawonien.

Zu den ersten Ansiedlern gehörten deutsche Handwerker in der ‚Peterwardeiner Schanz', dem heutigen Novi Sad. Von 1722 – 1726 wanderten mit dem ersten ‚Schwabenzug' etwa 10.000 Siedler aus Schwaben, Franken und vom Rhein ins Banat aus. Während der kurzen österreichischen Herrschaft über Nordserbien (1718 – 1739) kam es auch zu einer deutschen Besiedlung in und um Belgrad. Viele von ihnen waren Veteranen aus dem Heer Prinz Eugens.

Belgrad trug vorübergehend die Namen ‚Griechisch-Weißenburg' und ‚Deutschenstadt', „so benamet auf allerhoechsten Befehl vom Jahre 1720", wie es in einem ‚Verzeichnis derer Häuser in Griechisch-Weißenburg oder Deutschenstadt' heißt. Weil unter den mehr 1.000 deutschen Familien in Belgrad viele Handwerker waren, gelangten Ausdrücke wie ‚paliri' (‚Poliere') oder ‚tišleri' in den serbischen Wortschatz. Als 1738 das Serbien südlich der Donau wieder an die Türken fiel, wanderten die meisten deutschen Einwohner nach Semlin (Zemun), Neusatz (Novi Sad) und Esseg (Osijek) ab.

Zwischen 1763 und 1770 wurde die Siedlung im Banat durch die ‚Theresianische Kolonisation' verstärkt und von 1782 bis 1788 folgte ihr die ‚Josephinische Siedlung'. Doch der Versuch Josephs II., deutsche Siedler auch in die neu erworbenen Provinzen Galiziens und Bukowina zu bringen, hatte keinen großen Erfolg mehr. Obwohl die Siedler nicht nur aus Schwaben, sondern auch aus den verschiedenen deutschen Landschaften kamen, aus Bayern, der Rheingegend, aus der Steiermark und Kärnten, nannten die Einheimischen sie ‚Švabe', ‚Schwaben'. Noch heute heißt der Deutsche im ganzen ehemaligen Jugoslawien umgangssprachlich, zum Teil in pejorativer Bezeichnung, ‚švabac'.

Das Hauptziel der josephinischen Kolonisation war die Intensivierung der Landwirtschaft. Gleichzeitig betrieb Joseph II. die Zentralisierung seines Vielvölkerstaates. In diesem Zusammenhang – nicht aus einer ‚Germanisierungsabsicht' – verordnete er von 1786 an Deutsch als erste Amtssprache in allen Landesteilen, ausgenommen die italienischsprachigen. Deutsch sollte soviel wie möglich, die jeweilige zweite Landessprache nur soviel wie nötig verwendet werden. Der Sohn Maria Theresias war ein aufgeklärter Absolutist und Reformer, der die Leibeigenschaft und den Zunftzwang beseitigte, konfessionelle Toleranz auch gegen Juden, Pressefreiheit und Rechtsgleichheit gewährte. Um diese Reformen zur Geltung kommen zu lassen, hielt er den zentralistischen Einheitsstaat mit einer dominierenden Staatssprache (Deutsch) für notwendig. Doch die Josephinischen Reformen scheiterten an den Ständen, an der Kirche und – was die Amtssprache anging – vor allem am Widerstand Ungarns. 1789 / 90 wurde die Sprachverordnung wieder aufgehoben, und Deutsch und die jeweiligen Landessprachen blieben fortan gleichberechtigt. Der gescheiterte Versuch, Deutsch als erste Amtssprache durchzusetzen, hatte jedoch den ungewollten Effekt, dass nun bei den Balkanvölkern erstmals nationale Gefühle erweckt worden waren.

Was Kroatien anging, blieb jedoch Deutsch – schon wegen des starken deutschsprachigen Bevölkerungsanteils – die bevorzugte Sprache der gebildeten Schichten. Dazu kam die mächtige kulturelle Ausstrahlung der Hauptstadt Wien, an der sich alle anderen Städte orientierten. In Agram (Zagreb) wurden zum Beispiel bis 1860 ausschließlich deutsche Theatervorstellungen gegeben. Aus dieser Zeit stammt zum Beispiel der Ausdruck ‚bina' (‚Bühne'). Seit 1789 erschien die erste Zeitung, der ‚Kroatische Korrespondent', ausschließlich in deutscher Sprache; das gleiche galt für die ‚Agramer Zeitung' seit 1826. Alle Straßenschilder und fast alle Firmenaufschriften waren deutsch, die Gasthöfe trugen Namen wie ‚Zum Kaiserwirt' oder ‚Zur goldenen Krone'.

Ähnliche Verhältnisse herrschten in den kroatischen Kleinstädten, etwa in Karlstadt (Karlovac). Ursprünglich als Festung und Sitz des Oberkommandos der Militärgrenze gegründet, überwogen dort deutsche Offiziere, Beamte, Handwerker und Kaufleute. Auch hier gab es zeitweise ein deutsches Theaterensemble und eine Anzahl deutscher Schulen.

Wie stark Deutsch in Kroatien dominierte, zeigen auch Napoleons ‚Proklamation an die Kroaten' von 1809, die ausschließlich in deutsch formuliert war sowie die Tatsache, dass alle Gesetze, die während der französischen Besetzung (1810 – 1813) erlassen wurden, neben dem französischen Text in kroatischer und deutscher Übersetzung veröffentlicht wurden.

Erst seit etwa 1860 dringt das Kroatische in den Schulen und auf den Ämtern, in der Presse und auf der Bühne vor, wird unter den Kroaten das ‚švapčarenje', das ‚Deutschreden' kritisiert. Trotzdem behält Deutsch in der Oberschicht seine starke Stellung, unter anderem auch, um die nun von Ungarn betriebene Magyarisierung zu unterlaufen. Eine wichtige Rolle spielt dabei die Ausstrahlung deutscher Universitäten und Wissenschaft. Kroatische und serbische Intellektuelle hielten sich nicht nur in Wien, sondern auch in Leipzig und Halle auf und Slawisten und Literaten orientierten sich stark an den Arbeiten Jakob Grimms oder den Werken Goethes.

Einflüsse auf die im 19. Jahrhundert geformte Schriftsprache wie auch auf die gesprochene(n) Umgangssprache(n) gingen sowohl vom geschriebenen Neuhochdeutsch wie vom gesprochenen Bayerisch-Österreichischen, vor allem in seiner Wiener Variante, aus. Sie erfassen so viele Bereiche und Schichten des kroatischen Wortschatzes, dass es nicht möglich ist, durch Beispiele einen halbwegs repräsentativen Eindruck zu vermitteln. Was wir tun können ist, einiges davon zu illustrieren.

Die größte Anzahl von deutschen Lehnwörtern weist die Terminologie des Handwerks auf, nach Schneeweis (1960) sind es über 700. Ein Teil von ihnen ist freilich nur regional in Gebrauch oder steht neben einheimischen Wörtern, die allerdings häufig wieder Lehnübersetzungen deutscher Ausdrücke sind. Eine kleine Auswahl direkter Entlehnungen: ‚bandsege, colštok, disl(motor), drebank, flahcange, foršlaghamer, fukšvanc, hoblpank, kurčšlus, lager, majzl, ror, šarafštuk (< Schraubstock), štemajzel, verštat'. Die Wortformen lassen meist sehr deutlich den bayerisch-österreichischen Ursprung erkennen.

Neben den schon aus dem Mittelhochdeutschen entlehnten Bezeichnungen von Handwerksberufen kommen später noch ‚dreksler, mehaničar, optičar, pekar, rafunkirar (Rauchfangkehrer), šloser, špengler' dazu.

Die österreichische Dialektform wird noch deutlicher erkennbar, wenn wir im ländlichen kroatischen Raum auf Ausdrücke wie ‚ajskasten' (< ‚Eiskasten' = ‚Kühlschrank'), auf ‚hokla' (< ‚Hocker'), ‚klajderštok', ‚nohkasla' (< ‚Nachtkastl'), šamla' (‚Schaml' = ‚Schemel') oder ‚špajza' (< ‚Speis' = ‚Speisekammer') stoßen.

Auch die Bezeichnungen der Wiener Speisekarte haben ihren Niederschlag gefunden, vom ‚Bečka šnicla' (‚Beč' ist vom ungarischen Namen Wiens abgeleitet) über das ‚naturšnicla' zum ‚rostbratna', vom ‚šindlbratn' über ‚pauflek' (< ‚Bauchfleck') zum ‚brizle' (‚Briesl'), von ‚knedla' über ‚nokla' (< ‚Nockerln'), ‚štrudla' und ‚šunka' (< ‚Schinken') ist alles zu haben, was auch ein Wiener Gasthaus anbietet. Und nicht zu vergessen die berühmte österreichische Nachspeise, der ‚Palatschinken' (> ‚palačinka').

Die Bezeichnung ‚Palatschinken' hat das Österreichische selbst im Südosten entlehnt. Sie geht letztlich auf lateinisch ‚placenta' = ‚Kuchen' zurück und wurde wahrscheinlich von römischen Legionären im Donauraum hinterlassen. Jedenfalls tritt es zuerst in Rumänien auf, von wo es das Ungarische übernommen und dann an das österreichische Deutsch weitergegeben hat.

Die Aufzeichnung österreichischer Bezeichnungen ließe sich ebenso für die Hauseinrichtung, die Kleidung, die Freizeitvergnügen und vieles mehr fortsetzen. In diesen mehr umgangssprachlichen Bezeichnungskreisen existiert meist noch ein schriftsprachlicher slawischer Ausdruck, doch sind die ersteren in der gesprochenen Sprache durchaus üblich.

Die intensive Entlehnung des Kroatischen aus dem Deutschen richtete sich nicht nur auf Wörter, sondern auch auf Wortbildungselemente wie das Suffix ‚-er', mit dem der Träger einer Handlung bezeichnet wird. Im Kroatischen wird es bis ins 18. Jahrhundert als ‚-ar' wiedergegeben (zum Beispiel ‚urar' = ‚Uhrmacher'), dann erscheint es auch direkt als ‚-er'. In gleicher Weise wird auch bei direkten Wortentlehnungen verfahren. So stehen den älteren Entlehnungen ‚malar' und ‚šostar' die jüngeren Formen ‚moler' und ‚šuster' gegenüber.

Aber ebenso stark wie die Umgangssprache hat auch die kroatische Schriftsprache aus dem Deutschen entlehnt. Hier wurde allerdings – Ergebnis eines (gemäßigten) Sprachpurismus im 19. Jahrhundert – häufiger die Form der Lehnübersetzung gewählt. Doch das Ausgangswort war fast immer der deutsche, nicht ein französischer oder englischer Ausdruck, zumindest bis vor wenigen Jahren. Da finden sich wörtliche Übersetzungen zum Beispiel von Ausdrücken wie ‚Halbwelt' (‚polusvijet'), ‚Halbwissen' (‚poluznanje'), ‚Hexenschuss' (‚vještičji udarac'), ‚Notwehr' (‚nušna obrana'), ‚Schönschrift' (‚krasnopis'), ‚Regenschirm' (‚kišobran') oder ‚Rechnungshof' (‚računarski dvor').

Die Zahl der Abstrakta, die das Kroatische dem Deutschen nachbildet oder die es direkt übersetzt hat, geht in die Hunderte. Beispiele sind etwa ‚Eigenwille, Großmut, Mitschuld, Nebensache, Selbsttäuschung, Vorstellung'. Auch bildhafte Ausdrücke und Wendungen wie ‚liebäugeln' (‚očijukati'), ‚leider Gottes' (‚žalibože'), ‚Krokodilstränen' (‚krokodilske suze') oder ‚Gewissensbisse' (‚grižnja savjesti') lassen sich in großer Zahl entdecken.

Ebenso ganze Phrasen wie ‚einen Korb geben' (‚dati korpu') oder – nur in Deutsch aufgeführt – ‚um ein Haar', ‚mit der Tür ins Haus fallen', ‚auf keinen grünen Zweig kommen' oder ‚den Kürzeren ziehen'.

Der Sprachpurismus seit der zweiten Hälfte des 19. Jahrhunderts hat zum Verschwinden vieler ursprünglich deutscher Lehnwörter geführt, aber anders als das Tschechische hat das Kroatische gleichzeitig eine erhebliche Anzahl neuer Ausdrücke aufgenommen. Sie entstammen häufig dem technischen Bereich und sind vor allem durch die große Zahl von Gastarbeitern ins Kroatische (und Serbische) vermittelt. Beispiele sind etwa mit dem Auto zusammenhängende Bezeichnungen wie ‚auspuf', ‚bremza', ‚kiler' (< ‚Kühler') oder ‚štozdempfer' oder Ausdrücke der Arbeitswelt wie ‚šihtarbajt', ‚iberštunde' oder ‚arbajcerlaubnis'. Natürlich existieren für all diese Bezeichnungen auch slawische Entsprechungen als ‚offizielle' schriftsprachliche Ausdrücke. Doch werden die deutschen Entlehnungen in der Umgangssprache durchaus gebraucht. Diese umfangreiche Gastarbeitertätigkeit in Deutschland und Österreich, aber auch der intensive Adriatourismus aus beiden Ländern hält diesen ‚bilingualen' Wortschatz bis heute am Leben. Typische Beispiele dafür sind parallele Bezeichnungen wie ‚ligeštul' und ‚ležaljka', ‚vinker' (beim Auto) und ‚žmigavac' oder ‚švindl' und ‚prevara'.

Im Übrigen hat der Bilingualismus unter den Gastarbeitern und im Tourismus sogar zur Reaktivierung früher entlehnter, später aber aufgegebener deutscher Ausdrücke beigetragen.

Seit dem Bürgerkrieg und dem Auseinanderbrechen des jugoslawischen Bundesstaates legt Kroatien auch Wert auf die Unabhängigkeit seines schriftsprachlichen Wortschatzes vom Serbischen. Dies hat zu einer zweiten Phase des Sprachpurismus geführt, in der Ausdrücke, die als offenkundig serbisch gelten, ausgemerzt und durch eigene ältere Wörter oder durch Neubildungen ersetzt werden. Zuweilen trifft dies auch Wörter, die das ‚Serbokroatische' aus dem Deutschen entlehnt hatte. Insgesamt dürfte diese ‚Sprachreinigung' neuere deutsche Entlehnungen am wenigsten tangieren, zumal die politisch-kulturellen Beziehungen zu Deutschland und Österreich mit der Unabhängigkeit Kroatiens eher noch enger geworden sind.

Auch für das Kroatische gilt in allerneuester Zeit freilich, dass das Englische immer mehr zur Hauptentlehnungsquelle wird. Jedoch ist es unter den vom ‚Habsburger Areal' beeinflussten Sprachen – neben dem Slowenischen – der deutschen Sprachstrahlung immer noch am nächsten stehend.

Eine Sprache aus diesem ‚Areal', die jetzt noch kurz betrachtet werden soll, ist das Ungarische.

9
Deutsche Entlehnungen im Ungarischen

Seit der Heirat des Staatsgründers, des Heiligen Stephan, mit der bayrischen Prinzessin Gisela (der Schwester Kaiser Heinrichs II.) im Jahr 996 wurde die Zugehörigkeit Ungarns zum Westen, das heißt seine europäische Orientierung, nicht unwesentlich vom Deutschtum geprägt. Auch die fast permanente Ansiedlung deutscher Kolonisten begünstigte den Kulturaustausch mit dem deutschsprachigen Raum entscheidend. Spätestens in der Zeit der österreichisch-ungarischen Doppelmonarchie war Buda bzw. Pest in kaum geringerem Maße als Prag eine zweisprachige Stadt mit einer auch international beachteten deutschsprachigen Presse.

Ein weiterer Faktor, der zur Verbreitung des Deutschen als Lingua franca in Ungarn beitrug, waren die Jiddisch sprechenden Juden des Landes. Sie benutzten im Kontakt mit Nichtjuden oder Andersprachigen im Allgemeinen die deutsche Sprache.

Aus Österreich wie auch vom ungarländischen Deutschtum floss durch unzählige Kanäle deutsches Sprach- und Kulturgut ins Madjarentum. Zeugnisse dieser kulturellen Entwicklung sind die Fremd- und Lehnwörter, die Lehnübersetzungen, die Übernahme deutscher Fügungsweisen, die Aussprache bestimmter Laute und die Betonung. Im 17. Jahrhundert hatte es sogar Versuche gegeben, auf Grund bestimmter lexikalischer Ähnlichkeiten das Ungarische als Tochtersprache des Deutschen zu interpretieren.

Mit der Thronbesteigung der Habsburger 1526 begann der deutsche Kultureinfluss die ganze Breite der aufsteigenden ungarischen Kultur zu umspannen. Im 18. Jahrhundert kam es zu einer neuen intensiven Ansiedlungswelle Deutscher nach Ungarn (der ‚Große Schwabenzug'), und auch die damaligen geistigen Bewegungen Europas erreichten Ungarn in der Regel durch deutsche Vermittlung. Für diese Periode ist eine Flut deutscher Lehn- und Fremdwörter charakteristisch. Haartrachten, Kleidermoden, kosmetische Erzeugnisse wurden samt ihren Namen übernommen, entweder direkt von den Deutschen oder durch Vermittlung der Deutschen von den Franzosen, zum Beispiel ‚frizura, copf, frakk, módi, garderobe, pomáde, lakkíroz, púder, slafrok, smink'. Neue Ess- und Trinkgewohnheiten verbreiteten sich: ‚delikát, deszert, gefrorenesz, likör, limonáde'. Von der ‚guten Gesellschaft' dieser Epoche zeugen Ausdrücke wie ‚szalon, galant, gavallér, stuccer, kokett, elegáns, fess, hercig, nett, snájdig, fád, fiáker', aus der Theatersprache wurden zum Beispiel die Namen der komischen Bühnenfiguren übernommen: ‚hanszvurst, harlekin, kasperli'.

Als Anfang des 19. Jahrhunderts zunehmend deutsche Werke ins Ungarische übertragen wurden, musste erst eine ganze Anzahl von Lehnübersetzungen geschaffen werden. Etwa ‚esernyö' (= ‚Regenschirm' aus ‚esö' = ‚Regen' und ‚ernyö' = ‚Schirm'), ‚zsebóra' (‚Taschenuhr'), ‚szokönyv' (‚Wörterbuch'), ‚mellkép' (‚Brustbild'), ‚lélekjelenlét' (‚Geistesgegenwart'), ‚szempont' (‚Gesichtspunkt').

Unter dem Einfluss der deutschen Substantive auf ‚-ling' wurde eine parallele ungarische Gruppe auf ‚-nc' konstruiert, zum Beispiel ‚kedvenc (‚Günstling'), ‚fegyenc' (‚Sträfling'), ‚tanonc' (‚Lehrling') und so weiter. Die deutschen Adjektive und Adverbien auf ‚-lich' zogen eine Reihe von ungarischen Wörtern auf ‚-lag / -leg' nach sich. Gleichfalls gewannen die deutschen Präfixe ‚ein-'

und ‚ab-' (ungarisch ‚be-' und ‚le-') stufenweise die Oberhand und drängten die alten Vorsilben ‚meg-' und ‚el-' in den Hintergrund.

Nicht nur Einzelwörter und Wortbildungselemente, sondern auch zahllose phraseologische Wendungen sind nach deutschem Vorbild aufgekommen und haben teilweise ältere Formen abgelöst. So sagt man auch im Ungarischen ‚einen Bock schießen' (‚bakot lö'), ‚den Kürzeren ziehen' (‚a rövidebben húzza), ‚in anderen Umständen sein' (‚a fától nem látja az erdöt'), ‚den Nagel auf den Kopf treffen' (‚fején találja a szöget') und vieles mehr. Interessant sind ferner Fälle, wo deutsche Wendungen in ihrem fremden Wortlaut direkt ins Ungarische eindringen, wobei bloß die Orthographie ungarisch wird: ‚anno dacumál', ‚vi esz im buch stét' oder ‚nikt fordem kind' (im Gespräch der Eltern, wenn sie etwas vor dem Kind verbergen wollen).

Unter dem Aspekt der Germanismen stellen auch die ungarischen Berufssprachen ein ergiebiges Kapitel dar. Auch heute gehören Bezeichnungen wie ‚collstokk', ‚létra' (‚Leiter'), ‚sróf' (‚Schraube'), ‚gipsz', ‚vinkli', ‚drót' oder ‚pleh' fest zum Alltagsleben. Wissenschaftliche Fachausdrücke im Ungarischen sind vielfach Lehnübersetzungen der entsprechenden deutschen Begriffe.

Eine Sonderstellung in den deutsch-ungarischen Lehnbeziehungen nimmt das Jiddische ein. Die aschkenasischen Juden (gleichgültig, ob seit langem einheimische West- oder erst in der Neuzeit aus Polen und der Westukraine zugewanderte Ostjuden) galten in Ungarn im Laufe der Geschichte bis zu ihrer sprachlichen Assimilierung als Sprachträger des Deutschen. Dies bezog sich zum einen auf ihre Rolle bei der Sicherung und Pflege der deutschen Schrift- und Umgangssprache in den Städten, zum anderen aber auch auf die Vermittlung deutscher – und jiddischer – Elemente an verschiedene Schichten des Ungarischen.

Der starke Zustrom deutscher Wörter löste aber auch früh puristische Strömungen aus. Der Wille zur Abwehr sprachlicher Fremdlinge hat sich bereits im letzten Drittel des 18. Jahrhunderts ziemlich klar manifestiert. In der ersten Hälfte des 19. Jahrhunderts wurde eine Reihe deutscher Fremdwörter ausgemerzt bzw. durch ungarische Entsprechungen ersetzt. Allerdings betraf das lediglich die Standardsprache in ihrer schriftlichen und gesprochenen Form. Die Alltagssprache wurde erst nach der Jahrhundertwende zur Zielscheibe der Puristen. Zwischen den beiden Weltkriegen führten die Bemühungen der ‚Sprachreiniger' sogar zu einer extremen ‚Verfolgung' des deutschen Kultureinflusses und seiner sprachlichen Auswirkungen.

Insgesamt muss festgehalten werden, dass Ungarisch als finnisch-ugrische Sprache asiatischen Ursprungs seine Spezifik und Andersartigkeit inmitten einer rein indogermanischen Sprachenlandschaft durch eine auffallende Abschirmung anderen Sprachen gegenüber bewahrt hat. Die Zahl der Fremdwörter und Internationalismen ist in der ungarischen Standardsprache verhältnismäßig gering, doch lassen sich die deutschen oder vom Deutschen vermittelten Wörter darin am vielfältigsten nachweisen.

10
Russland und die ‚Nemcy'

10.1 Der Sprachkontakt in vorpetrinischer Zeit

Als in der Mitte des 13. Jahrhunderts ein unbekannter russischer Dichter den Untergang des Kiewer Großreichs beklagt, zählt er heidnische Stämme auf, die schon bei der bloßen Namensnennung der mächtigen christlichen Fürsten dieses Reiches erschrocken seien, aber auch die christlichen Nachbarvölker, die Gott der Herrschaft Kiews unterworfen habe. Und er schließt seine Aufzählung mit dem Hinweis ab: „Die Deutschen aber freuten sich, da sie fern waren, jenseits des blauen Meeres." (Zitiert nach Müller 1988.)

Was die Stelle zum Ausdruck bringt, ist die ‚geopolitische' Tatsache, dass die räumliche Trennung Interessenkonflikte zwischen Kiew als östlicher und dem Römisch-Deutschen Reich als westlicher Vormacht gar nicht erst aufkommen ließen. Was die Details angeht, war der Dichter freilich über die positiven wie die negativen Züge in den Beziehungen beider Reiche nicht ausreichend informiert. Just zu der Zeit, als er seine Verse schrieb, hatten die deutschen Ordensritter gerade versucht, den römisch-katholischen Glauben auch hinein nach Russland zu tragen, waren aber von den Nowgorodern auf dem Eis des Peipussees gestoppt worden. Früher jedoch, bevor es im Jahre 1054 zur endgültigen Trennung der West- und der Ostkirche kam, hatte es durchaus Kontakte, ja sogar freundliche Beziehungen gegeben. Und auch später existierten, trotz der konfessionellen Barriere, Verbindungen, bevor es an der Wende vom 17. zum 18. Jahrhundert zu der bekannten breiten Öffnung Russlands nach Westen kam.

Man kann bei den russischen Kontakten der vorpetrinischen Ära mit Ausländern, und speziell Deutschen, Perioden und Räume unterscheiden: die Kontakte im Kiewer Reich, die Präsenz der Hanse in Nowgorod und die Ausländerkolonie in Moskau.

Als das Kiewer Reich (die ‚Kiewer Rus') am Ende des 19. Jahrhunderts als die Wiege des späteren russischen Staates entstanden war, kam es schon bald zu wirtschaftlichen Verbindungen zwischen der Ukraine und Bayern über den alten Handelsweg Kiew – Krakau – Prag – Regensburg. Bayerische Kaufleute lieferten Salz aus Berchtesgaden und Salzburg und brachten von dort Pferde, Wachs und vor allem Pelze zurück. Die altrussische Bezeichnung der Pelze wurde damals als ‚Zobel' ins Althochdeutsche entlehnt (belegt seit dem 11. Jahrhundert). Umgekehrt drang die bayrische Bezeichnung ‚Butschn' für die Fässer, in denen Salz transportiert wurde, als ‚bočka' ins Russische ein.

Auch auf der Donau scheint es Handel mit dem Kiewer Reich gegeben zu haben. Die ‚Raffelstetter Zollordnung' für Flusstransporte aus dem Jahr 903 / 906 erwähnt auch ‚Rugi' als Handelspartner, mit denen nur ‚Russen' gemeint sein konnten (Wasiliewski 1905). Spätere deutsche Quellen erwähnen Regensburger Russlandfahrer. Außerdem berichten sie, dass Regensburger Mönche sich mit der Bitte um Spenden an Kiew gewandt hatten, um eine Kirche in Regensburg fertig stellen zu können. Der Fürst und einige Bojaren kamen der Bitte nach und schickten wertvolle Pelze.

Diese frühen Regensburg-Kiewer Kontakte dürften auch dazu beigetragen haben, dass ein Teil der in Kapitel 4 genannten bayerisch-althochdeutschen Wörter bis ins Ostslawische gelangen konnte. Zu ihnen gehören im Russischen ‚altar', ‚cerkov', ‚krest' (‚Kreuz', < ‚Christ'), ‚pop', ‚post' (< ‚Fasten'), aber auch Handelsausdrücke wie ‚vaga' (< ‚Waage') und (veraltet) ‚myto' = ‚Zoll' (< ‚Maut'), das noch in der Ableitung ‚mytar' erscheint.

Was die religiös-kulturellen Beziehungen angeht, hatte für kurze Zeit sogar die Möglichkeit bestanden, dass auch das neu gebildete Kiewer Reich in die westlich-lateinische Sphäre einbezogen wird. Die Großfürstin Olga hatte sich zwar 957 in Konstantinopel griechisch-orthodox taufen lassen, wandte sich aber 959 an den deutschen König Otto I. mit der Bitte, einen Bischof und Priester zur Missionierung nach Kiew zu entsenden. Offensichtlich suchte die gebürtige Skandinavierin politisch-kulturellen Kontakt zum Westen (Fleischhauer 1991). Der König schickte den Trierer Mönch (und späteren Erzbischof von Magdeburg) Adalbert, doch wurde er vom heidnischen Sohn und Nachfolger Olgas wieder vertrieben. Erst als sich Olgas Enkel Wladimir der Heilige 988 von einem griechischen Geistlichen taufen ließ und eine byzantinische Prinzessin heiratete, wurde die orthodoxe Kirche Staatskirche in der Kiewer Rus.

Aber dieser konfessionelle Unterschied wurde zunächst noch nicht als bedeutsam erachtet. Deutsche Handelsleute, die sich in Kiew niederließen, durften ihre eigenen katholischen Seelsorger mitbringen. Wladimir empfing im Jahr 1007 den deutschen Missionsbischof Brun von Querfurt, der die heidnischen und kriegerischen Petschenegen im Süden der Rus bekehren wollte. Wladimir störte sich nicht am römisch-katholischen Bekenntnis des deutschen Bischofs. Vielmehr fürchtete er um dessen Leben, wenn der Bischof zu dem wilden Nomadenvolk ginge. Einen Monat lang versuchte er ihn umzustimmen, schließlich begleitete er ihn persönlich mit einem Heer bis an die Grenze und warnte ihn dort noch einmal: „Ich habe dich bis hierher geführt, wo mein Land aufhört und das der Feinde beginnt. Um Gottes willen bitte ich dich, du mögest dein junges Leben nicht zu meiner Schande vernichten!" Doch der Missionar lies sich nicht von seinem Vorhaben abbringen. Er hielt sich fünf Monate erfolgreich unter den Petschenegen auf und konnte schließlich sogar Frieden zwischen ihnen und Kiew vermitteln. Eineinhalb Jahre später erlitt er dann bei den heidnischen Prussen den Märtyrertod (Müller 1988).

Erst nach dem es 1054 zum Schisma der Kirche gekommen war, erschienen die Deutschen als Vormacht des römisch-katholischen Westens den Orthodoxen als Gegner. Vielfach wurden sie mit Rom und dem Papsttum einfach gleichgesetzt, so in der ‚Nestorchronik', wo sie als ‚němci ot Rima', ‚die Deutschen von Rom' erscheinen. Vor dem Schisma hatte es auch Eheschließungen zwischen russischen und deutschen oder westeuropäischen Fürstenhäusern gegeben, die nun aufhörten. Bald aber werden die Beziehungen wieder freundlicher. Eine Chronik nennt die Deutschen unter den mit Russland sympathisierenden Völkern an erster Stelle, noch vor den glaubensverwandten Griechen. Erst mit den inneren Fehden der Fürsten, dem Einfall der Mongolen und der Zerstörung Kiews im Jahre 1240 verlieren sich die Spuren deutscher Präsenz im Kiewer Großfürstentum.

Doch zu dieser Zeit hatte sich bereits der zweite Schauplatz russisch-deutscher Kontakte herausgebildet: die Stadtrepubliken Nowgorod und Pleskau (Pskow), die vom Einfall der Mongolen und Tataren verschont geblieben waren. Nowgorod und Pleskau beherrschten nun für etwa zwei Jahrhunderte den ganzen russischen Norden, bevor im 15. Jahrhundert die Führung auf das Großfürstentum Moskau überging.

Seit etwa 1200 bestehen zwischen diesen nordwestrussischen Städten (überwiegend gespannte) Beziehungen mit dem livländischen Orden und (überwiegend gute) mit der Hanse. Sie bringen einen frühen Sprachkontakt zwischen dem Russischen und Mittelniederdeutschen mit sich. Für fast drei Jahrhunderte ist das Niederdeutsche sogar die einzige westliche Sprache, aus der das Russische entlehnt (Thomas 1978). Diesem Kontakt entstammen etwa 100 Lehnwörter im älteren Russisch, von denen heute noch ein Drittel verwendet wird. Die übrigen sind mit der Sache, die sie bezeichneten, wieder verschwunden oder sie wurden durch neuere, oftmals hochdeutsche Ausdrücke ersetzt. Zum Teil wurden sie vom Polnischen vermittelt, als der größte Teil Nordrusslands und die Ukraine fast drei Jahrhunderte lang zum polnisch-litauischen Großreich gehörten.

Die hansischen Kaufleute, deren mittelniederdeutsche Sprache die Quelle der Entlehnungen bildete, waren zunächst im Gefolge gotländischer Russlandfahrer nach Nowgorod gekommen. Im frühen 13. Jahrhundert erwarben sie am Marktplatz der Stadt ein eigenes Grundstück, auf dem sie ein Hansekontor, den ‚Peterhof', errichteten. Die Niederlassung Nowgorod bestand aus Wohnhäusern, Kaufläden, Lagerschuppen und einer Kirche. Als die Hanse im 14. Jahrhundert die Gotländer aus dem Russlandhandel weitgehend verdrängt hatte, verpachteten diese auch ihren ‚Gotenhof' an die Norddeutschen. Das Nowgoroder Hansekontor überragte nun an Größe sogar die Kontore in Brügge, Bergen und London. Weitere für die Hanse wichtige Handelsplätze in Russland (wenn auch ohne Kontor) waren Pleskau (Pskow), Polock, Witebsk und Smolensk.

Die regen Handelsbeziehungen mit Nordwestrussland dauerten bis zur Mitte des 16. Jahrhunderts an, bis die deutsche Niederlassung in Nowgorod endgültig unterging und auch die ‚Etappenorte' Riga, Dorpat und Reval unter polnische bzw. schwedische (und später russische) Herrschaft kamen. Außerdem hatten inzwischen englische und holländische Kaufleute die Nordmeerroute nach Archangelsk eröffnet.

Die Tatsache, dass im Hansehof in Nowgorod die Geschäftssprache Russisch und nicht Niederdeutsch (wie in den anderen Kontoren) war, führte dazu, dass weit mehr Hanseangehörige Russisch sprachen als ihre Partner Deutsch. Dies aber begünstigte das Eindringen deutscher Fachausdrücke. Denn da, wo ein Fachausdruck im Russischen nicht existierte, bemühte sich der deutsche Sprecher nicht, eine russische Lehnübersetzung zu schaffen, sondern benutzte auch im fremdsprachigen Text den deutschen Terminus. Außerdem sorgte die Hanse im Interesse ihres Handelsmonopols auch dafür, dass möglichst viele Mitglieder Russisch erlernten. Zu diesem Zweck quartierten sich ‚sprakelerer' (= ‚Sprachlerner') auf Bojarenhöfen ein.

Betrachten wir die Ausdrücke, die damals ins Russische gelangten, dann finden wir vom Kontakt des Russischen mit dem Livländischen Orden heute nur noch wenig vor. Die politischen und militärischen Rangbezeichnungen sind mit ihren Trägern wieder verschwunden und haben nur noch historische Bedeutung. Anders ist es mit dem Fachwortschatz der Hansekaufleute. Weil der Handel einheitliche Maße, Gewichte und Währungseinheiten benötigte, setzten sich Wörter durch wie ‚bekar' (< ‚Becher') als Maßeinheit des Salzhandels, ‚djužina' (< ‚Dutzend'), ‚funt' (älter: ‚pund'), ‚kipa' (mittelniederdeutsch ‚kippe' = ‚Bündel'), ‚kružka' (< mittelniederdeutsch ‚kruse' = ‚Krug') als Getränkemaß, ‚tjuk' (= ‚Stoffballen' < ‚Tuch'), ‚skalva' (< ‚Schale' einer Waage).

Aus der Schifffahrt der Hanse stammen ‚barka', ‚bot', ‚koča' (< ‚Kogge'), ‚jachta', ‚škiper'. Beim Entladen der Schiffe und dem Einlagern der Waren spielten Ausdrücke wie ‚drjagil' (< ‚Träger'), ‚last' oder ‚stabel' eine Rolle. Bezeichnungen von Handelswaren der damaligen Zeit sind ‚anis', ‚barchat' (< ‚Barchent'), ‚mindel' (< ‚Mandel'), ‚šafran'. Niederdeutsche Lehnwörter sind ferner ‚balka' (< ‚Balken'), ‚makler', ‚snur' (neuer: ‚šnur'), ‚stal' (< ‚Stahl'). Außerdem das Verb ‚ludit' (< ‚löten').

Seit dem 15. Jahrhundert verschiebt sich der Schwerpunkt des entstehenden russischen Reiches nach Moskau. In der zweiten Hälfte dieses Jahrhunderts gelingt es dem Moskauer Großfürsten Iwan III. (‚der Große') eine Anzahl von Fürstentümern zu einem nationalen Einheitsstaat zusammenzufassen. Auch die Handelsrepublik Groß-Nowgorod wird besiegt und eingegliedert. Am Ende kann sich Moskau auch von der Tributherrschaft der Tataren befreien.

Die räumliche Entfernung vom Westen und Moskaus Selbstverständnis als ‚Drittes Rom', als Mittelpunkt der orthodoxen Welt in der Nachfolge Konstantinopels, führen jedoch zunächst zu einer Abschließung Russland gegenüber den Entwicklungen in Mittel- und Westeuropa.

Die Feindseligkeit der orthodoxen Geistlichkeit gegen die ‚gottlosen' Ausländer ist es vor allem, die die Kontakte mit dem Westen und die Beziehungen mit den wenigen Ausländern, die in Moskau leben, erschweren. Da diese Ausländer zudem eine Reihe von Privilegien genießen – sie konnten steuerfrei Häuser kaufen und durften alkoholische Getränke herstellen und zu jeder beliebigen Tageszeit trinken sowie Tabak rauchen – entsteht zugleich eine notorische Feindseligkeit der Moskauer gegen die ‚nemcy'.

Mit diesem Ausdruck, der zunächst ‚Fremde' (von der Etymologie her eigentlich ‚Stumme') bedeutet, wurden anfangs unterschiedslos alle in Moskau lebenden (nichtslawischen) Ausländer bezeichnet. Das waren vor allem Deutsche, Schweden, Niederländer, Engländer, Schotten und Italiener. Wollte man unter ihnen differenzieren, machte man Zusätze. Die Deutschen wurden oft ‚Cesarskie nemcy', ‚kaiserliche Fremde' genannt. Da sie jedoch bald die Mehrheit der in Moskau lebenden Ausländer bildeten, engte sich am Ende des 17. Jahrhunderts die Bedeutung von ‚nemcy' bzw. ‚nemeckij' auf die Deutschen und ihre Sprache ein.

Diese Ausländerfeindlichkeit von Klerus und einem Teil der Bevölkerung wurde jedoch von den meisten Herrschern nicht geteilt. Im Gegenteil: Sie waren sich bewusst, dass sie die ‚Westler' zur Modernisierung ihres Heeres und des rückständigen Wirtschafts- und Staatswesens benötigten. Schon Iwan III. beschäftigte deutsche Waffenschmiede, Sprengmeister und Munitionshersteller in seinem Heer. Vielleicht schon zu seiner Zeit, spätestens aber unter seinem Nachfolger Wassilij III. im ersten Drittel des 16. Jahrhunderts, entsteht nordöstlich der Stadt am Flüsschen Jausa die erste Ausländersiedlung. In dieser Fremdenvorstadt, der ‚nemeckaja sloboda' konnten die andersgläubigen Fremden nach ihrer Sitte leben, ohne dass die orthodoxe Bevölkerung daran Anstoß nahm. Auch für seine Leibgarde, die ‚Strelitzen' lässt Wassilij eine eigene Vorstadt (südlich der Moskwa) errichten, damit die Bevölkerung die Saufgelage dieser vorwiegend aus deutschen und schottischen Söldnern bestehenden Truppe nicht mitbekam.

Einen beträchtlichen Zuwachs an Deutschen erfährt Moskau unter Iwan IV. (dem ‚Schrecklichen'). Iwan, ein hochgebildeter Despot (er führte in Russland unter anderem den Buchdruck ein) scheint bei seiner Westorientierung zunächst auf die Deutschen gesetzt zu haben. Er ließ Offiziere, Waffentechniker und Mineure, Handwerker und Gelehrte aus dem kaiserlichen Deutschland anwerben. Die Ansiedlung der begehrten Fachkräfte wäre noch umfangreicher ausgefallen, hätten nicht die livländischen Ordensritter den weiteren Zuzug unterbunden, weil sie in einer militärisch-technischen Stärkung Russlands eine Bedrohung der von ihnen beherrschten Ostseeprovinzen erblickten. Dass sie mit ihrer Befürchtung Recht hatten, zeigte sich ein Jahrzehnt später, als der Zar den (25 Jahre dauernden, am Ende aber erfolglosen) Livländischen Krieg entfachte, um an der Ostseeküste Fuß fassen zu können. Immerhin brachten ihm die Feldzüge nach Livland zahlreiche deutschbaltische Kriegsgefangene ein sowie die Möglichkeit, deutsche Handwerker aus Dorpat und Narwa mit ihren Familien nach Russland und speziell nach Moskau zu deportieren. Viele von ihnen wurden in der ‚nemeckaja sloboda' angesiedelt. Die neuen Einwohner, durchwegs Protestanten, erhielten auch das Recht, eine protestantische Kirche zu errichten.

Iwan IV. scheint den Deutschen in Moskau zunächst viel Sympathie und Vertrauen entgegengebracht zu haben. Als jedoch zwei ehemalige Kriegsgefangene, die er in geheimer Mission nach Livland geschickt hatte, zu den feindlichen Polen überliefen, ließ der Zar die Vorstadt verwüsten und die Kirche der Deutschen zerstören. Außerdem war er mittlerweile in seiner ‚Außenpolitik' stärker auf England umgeschwenkt und hatte versucht, mit Königin Elizabeth I. ins politische Geschäft zu kommen. Vor allem, um Hilfe für die Modernisierung seiner Rüstung zu bekommen, die ihm die Deutschen und die Ostseeanrainer verweigerten. Dabei war er wenig erfolgreich. Vielmehr nutzten die geschäftstüchtigen englischen Kaufleute die neue Verbindung, um eine beherrschende Stellung auf dem russischen Markt aufzubauen.

Interessant ist, dass der Briefwechsel des Zaren mit der englischen Königin zum Teil in deutscher Sprache abgewickelt wurde. Das Britische Museum in London besitzt einen Brief Iwans IV. von 1567, in dem er sich auf Deutsch an Elizabeth wendet.

Betrachtet man nun die deutschen Lehnwörter im Russischen aus dieser Zeit, so stößt man auf ein Problem. Es lässt sich nämlich oft nicht entscheiden, ob diese Wörter durch Sprachkontakt mit Deutschen oder durch das Polnische vermittelt ins Russische gelangt waren. (Vergleiche dazu Thomas 1978 kontra Vasmeier 1950 / 1958 und Kiparsky 1975.) Generell herrscht unter Russisten heute die Meinung vor, dass die ältere Linguistik den polnischen Einfluss überschätzt hatte. Wir geben im Folgenden eine Auswahl aus beiden Kategorien wieder.

Einen gewissen Anhaltspunkt für die zeitliche Einordnung entlehnter Wörter bildet der Zeitpunkt ihres ersten Auftauchens in russischen Quellen. Der schließt freilich nur eine spätere, nicht jedoch eine frühere Entlehnung aus. Danach sind schon vor der Zeit Iwans des Schrecklichen etwa ‚bant' (< ‚Band'), ‚falšivyj' (< ‚falsch'), ‚groš' (< ‚Groschen'), ‚grunt', ‚gvalt', ‚komnata', ‚maljar' (< ‚Maler' = ‚Anstreicher') ins Russische gelangt. Nach Kiparsky (1975) handelt es sich bei allen um polnisch vermittelte deutsche Ausdrücke. Nur die Wörter ‚master' sowie ‚gercog' (< ‚Herzog') und ‚klejmo' (= ‚Stempel, Zeichen', < ‚Kleinod') lässt er als direkte deutsche Entlehnung dieser frühen Zeit gelten.

Aus dem 16. Jahrhundert, aus der Zeit Iwans des Schrecklichen, stammen die – nach Kiparsky ebenfalls polnisch vermittelten – Wörter ‚apteka', ‚fljažka' (< ‚Flasche'), ‚karty' (= ‚Spielkarten'), ‚kuchmistr' (< ‚Küchenmeister'), ‚tanec' (< ‚Tanz'), ‚tarelka' (< ‚Teller'). Als direkt aus dem Deutschen übernommen gelten bei ihm ‚almanach', ‚graf', ‚popugaj' (< ‚Papagei'), ‚stul' (< ‚Stuhl'), ‚šljapa' (< ‚Schlapphut').

Eine sehr positive Wende erfährt die Behandlung der Ausländer in Moskau wieder unter dem Zaren Boris Godunow um 1600. Er ist der erste Herrscher, der junge Russen zum Studium ins Ausland, vorzugsweise nach Deutschland schickt. Dort lässt er auch Ärzte, Bergbauexperten und Handwerksmeister verschiedener Sparten anwerben. Er selbst umgibt sich mit sechs deutschen Leibärzten. Doch auf die liberale Ausländerpolitik Boris Godunows folgt die ‚smuta', die ‚Zeit der Wirren'. In diesen Nachfolgekämpfen um die Herrschaft bis zur Etablierung der (wieder ausländerfeindlichen) Romanow-Dynastie gelangen die Deutschen in der Stadt zwischen die Fronten. Die Vorstadt wird zum zweiten Mal und diesmal vollständig niedergebrannt. Erst 1652 wird sie erneut errichtet, jetzt unter der Bezeichnung ‚Novonemeckaja (sloboda)', ‚neue Ausländervorstadt'. Diese Neugründung nimmt nun den Aufschwung, der in den folgenden Jahrhunderten die Ausländer, und besonders die Deutschen, in Moskau zu einem nicht mehr wegzudenkenden Faktor des Wirtschaftslebens macht. Ausländer dürfen sich nun auch außerhalb der Vorstadt niederlassen. So errichtet zum Beispiel der Nürnberger Gießermeister Hans Falck seine europaweit gerühmte Gießerei, die je nach Zeitläufen – Krieg oder Frieden – Kanonen oder Kirchenglocken goss.

Die ‚nemeckaja sloboda' beginnt als ein westeuropäischer Mikrokosmos in die Hauptstadt auszustrahlen. Der prominenteste Russe, der der Anziehung dieser Vorstadt erliegen sollte, wird der spätere Zar Peter der Große sein (siehe nächstes Kapitel). Der Beitrag der spezialisierten ‚Gastarbeiter' aus dem deutschsprachigen Raum beginnt schon vor Peters ausgeprägter ‚Germanophilie' das Bild vom deutschen Experten zu prägen, das weit in die Zukunft hineinwirken sollte.

Auch im Kulturleben Moskaus spielen die ‚nemcy' eine Rolle. So begründet zum Beispiel ein Pastor aus Sachsen, der die protestantische Offizierskirche betreut, das Moskauer Hoftheater. Die Vorstellungen wurden überwiegend mit Schauspielern aus der Vorstadt bestritten, die ihre Texte in einem Gemisch aus Deutsch und Russisch vortragen.

Im 17. Jahrhundert dringen nun erkennbar mehr westliche und insbesondere deutsche Ausdrücke in den russischen Wortschatz ein. Blicken wir zunächst wieder auf die möglicherweise durch das Polnische vermittelten Wörter, so stoßen wir beim Militärwesen zum Beispiel auf ‚bomba', ‚general', ‚granata', ‚husar', ‚ladunka' (= ‚Patronentasche' < ‚Ladung'), ‚major', ‚pika' (< ‚Pike'), ‚štyk' (= ‚Bajonett' < ‚Stich') oder ‚sturma' (= ‚Belagerungsmaschine' zum Sturm auf eine Festung), ‚wachmistr'.

In anderen Bezeichnungskreisen finden wir ‚jarmarka' (< ‚Jahrmarkt'), ‚kalendar', ‚komedija', ‚mundštuk' (= ‚Kandare' < ‚Mundstück'), ‚pekarnja' (< ‚Bäckerei'),

‚plastyr' (< ‚Pflaster'), ‚potentat', ‚potschta' (= ‚Hauptpostamt' < ‚Post'), ‚slesar' (< ‚Schlosser'), ‚šruba' (< ‚Schraube'), ‚štuka' (< ‚Stück').

Gesichert auf direktem deutschen Sprachkontakt des 17. Jahrhunderts beruhen nach Kiparsky unter anderem: ‚arest', ‚gljanec' (< ‚Glanz'), ‚karabin' (< ‚Karabiner'), ‚klejster', ‚kolba' (< ‚Kolben'), ‚pastor', ‚rama' (< ‚Rahmen'), ‚rjumka' (= ‚Kleines Weinglas', < ‚Römer'), ‚soldat', ‚feldfebel', ‚flejta' (< ‚Flöte'), ‚front'.

Es lässt sich also schon für das 17. Jahrhundert beobachten, dass das Russische immer mehr Bezeichnungen aus dem Westen aufnimmt. Aber erst als Peter der Große am Ende des Jahrhunderts das vielzitierte ‚Fenster nach Westen' aufstößt, öffnet er den russischen Wortschatz einer regelrechten Flut von westlichen Lehnwörtern.

10.2 Deutsche Sonderstellung seit Peter dem Großen

Die ‚Nemeckaja Sloboda' im heutigen Moskauer Stadtteil Lefortowo war am Ende des 17. Jahrhunderts aus einer ‚Ausländervorstadt' zu einer ‚Deutschen Vorstadt' geworden. Deutschsprachige Protestanten aus dem Reich, aus der Schweiz und dem Elsass sowie die sprachverwandten Niederländer und Flamen bildeten die weit überwiegende Mehrheit unter den Bewohnern. Deutsch war die allgemein verständliche Umgangssprache in der Vorstadt. Ursprünglich errichtet, um den ‚verderblichen' westlichen Einfluss von der orthodoxen Bevölkerung der Hauptstadt fernzuhalten, bewirkte die Sloboda spätestens unter dem jugendlichen Zaren Peter das Gegenteil. Die Freizügigkeit, die kosmopolitische Atmosphäre und die wirtschaftliche Dynamik dieses westlichen Mikrokosmos inmitten der starren orthodoxen Welt Moskaus zogen den künftigen Herrscher fast magisch an.

In der Sloboda wohnten auch seine besten Freunde: der Holländer Timmermann, der Schweizer Lefort, der schottische Offizier Gordon – und seine deutsche Geliebte Anna Mons. Peter hatte sie als Siebzehnjähriger kennengelernt, nachdem ihn seine Mutter ohne sein eigenes Zutun gerade verheiratet hatte. An der Liaison mit Anna Mons, der Tochter eines aus Westfalen zugezogenen Weinhändlers (oder – nach anderer Quelle – Goldwarenhändlers) hielt Peter 12 Jahre fest, bis er 1703 seine zweite Frau kennenlernte.

Mit dem fast ständigen Aufenthalt des jungen Zaren in der Sloboda wuchs auch seine Vorliebe für die dort verbreiteten Sprachen. Nicht zuletzt wegen der Faszination, die Schiffe und Seefahrt auf ihn ausübten, fühlte er sich auch von der niederländischen Sprache stark angezogen und sprach anfangs eine deutsch-holländische Mischsprache. Er übernahm sogar die holländischen Farben als neue russische Flagge und änderte nur die horizontale Reihenfolge in Weiß-Blau-Rot ab. Nach Peters Tod 1725 spielt Niederländisch in Russland keine Rolle mehr, doch bleiben im Russischen etwa 260 Lehnwörter, meist Ausdrücke der Seefahrt, erhalten.

Ob Peter in seinen Jugendjahren Unterricht in Deutsch – der damals bekanntesten Fremdsprache in Russland – erhalten hatte, ist nicht bekannt. Seine enge Bindung an Franz Lefort und Anna Mons brachte jedenfalls eine recht passable Beherrschung des Deutschen hervor. Zeitgenossen lobten die deutschen Sprachkenntnisse des Zaren, etwa ein Wolfenbütteler Hofrat, der 1709 berichtet, der Zar könne „alles in Teutscher Sprache sagen . . . und sich vollkommen verstehen machen". Er habe ihn „mehr Teutsch als Russisch sprechen hören". Und ein englischer Gesandter wählt 1714 bei einer Audienz des Zaren bewusst die deutsche Sprache, um keinen Dolmetscher in Anspruch nehmen zu müssen (Hübner 1992).

Auch in seinem ganz persönlichen Umgang macht Peter vom Deutschen viel Gebrauch. Seine Gefährten redet er mit dem deutschen Ausdruck ‚Freund' an und seinen Günstling Menschikow tituliert er ‚mein Herz' oder ‚Herzenskind'. Regierungsbeamte schickt er nach Livland, damit sie Deutsch lernen.

Die volle Öffnung Russlands nach Westen leitet Peter nach der Rückkehr von seiner großen Westeuropa-Reise (1697 / 98) ein, die er – teils inkognito als ‚Unteroffizier Pjotr Michailow' – mit einem Gefolge von 250 Personen nach Königsberg, ins Hannoversche, nach Amsterdam, London und zurück über Dresden und Wien unternommen hatte. Sie war eine Entdeckungs- und Studienreise auf der sich der Zar persönlich so viele Kenntnisse und Fertigkeiten wie möglich aneignen wollte. Sein Inkognito ließ sich freilich angesichts einer außergewöhnlichen Körpergröße von 2,03 Metern nirgendwo halten.

In der brandenburgisch-preußischen Residenzstadt Königsberg absolvierte er einen zwei Monate dauernden ‚Vollständigen Kurs über das Artilleriewesen' und erwarb ein Diplom. In Amsterdam arbeitete er (‚Zar und Zimmermann') auf der Werft der Ostindischen Kompanie vier Monate lang am Bau einer Fregatte mit. Daneben ließ er sich von einem bekannten Mediziner die Grundbegriffe der Anatomie beibringen. In England schließlich eignete er sich Kenntnisse in Schiffbaugeometrie und Navigation an.

Während seines Höflichkeitsbesuchs beim Kaiser in Wien erreichte ihn die Nachricht vom Aufstand der Strelitzen. Er kehrte nach Moskau zurück und hielt dort ein barbarisches Strafgericht gegen die Aufständischen ab. Fast 1.200 Beteiligte ließ er foltern und hinrichten, wobei er bei den Folterungen selbst Hand anlegte. Dieser Zug zur Grausamkeit zeigte sich auch später, als er einen seiner Söhne, der der Spionage verdächtigt wurde, folterte und im Gefängnis sterben ließ. Oder auch in der Menschenverachtung gegenüber den Tausenden von Arbeitern, die beim Bau seiner neuen Hauptstadt St. Petersburg ums Leben kamen.

Sofort nach seiner Rückkehr hatte Peter begonnen, die in Westeuropa gesammelten Erfahrungen umzusetzen. So veranlasste er schon 1699 eine Reform der Moskauer Stadtverwaltung nach westlichem Vorbild. Die leitenden Beamten nannte er in Anlehnung an die deutsche Bezeichnung des Bürgermeisters ‚burmistr'. Auf sein Geheiß verankerten Fachleute, die vorwiegend in deutschen

Fürstentümern angeworben waren, westeuropäische Institutionen, Gebräuche und Moden in Russland. Er verbot allen weltlichen Personen einen Bart zu tragen und verfügte per Gesetz, dass sich Männer mit „Jacke und Hose, Stiefel und Mütze nach deutscher Art" zu kleiden hätten. Auch Frauen sollten sich ausschließlich deutsche Kleidung zum Vorbild nehmen (zitiert nach Hübner 1992).

Weniger exzentrisch, sondern durchdachter waren seine Reformen in den Bereichen des Bildungswesens und der Kultur. So ließ er von dem Deutschen Nikolaus Schwemmer 1701 in Moskau das erste Gymnasium gründen. Es löste sich zwar einige Jahre später wieder auf, hatte aber als erste weltliche Schule im Zarenreich den Anstoß zur Gründung der sogenannten ‚Ziffernschulen' in den russischen Städten gegeben, an denen Fremdsprachen gelehrt wurden. Außerdem lud Peter eine Danziger Schauspieltruppe nach Moskau ein und ließ für sie ein eigenes Theater am Roten Platz errichten. Später entwickelte sich daraus ein gemischtes russisch-deutsches Ensemble, das in deutschsprachigen Aufführungen auch französische, spanische und italienische Dramen bekannt machte. Erst in den vierziger Jahren des 18. Jahrhunderts wurden die deutschen Theaterleute in Moskau und St. Petersburg von italienischen und französischen Ensembles mehr in den Hintergrund gedrängt.

Der Trend der Europäisierung, der zunächst fast nur von Deutschen vermittelt worden war, verstärkte sich noch, als der Zar 1703 an der Mündung der Newa in die Ostsee die neue Hauptstadt Sankt Petersburg gründete. Sie sollte ihm den Weg in die Ostsee und damit das ‚Fenster nach Europa hin' öffnen, wie Puschkin es später ausdrückte. Im Nordischen Krieg gegen Schweden erreichte er dieses Ziel endgültig. Zugleich brachte ihn dieser Krieg in den

Besitz der baltischen Ostseeküste und ihrer Städte mit überwiegend deutschen Bewohnern, die nun russische Untertanen wurden.

Der neuen Residenzstadt verleiht der Zar (zu Ehren des Heiligen Petrus) den deutschen Namen ‚Sankt Peterburg' – ohne das Genetiv-‚s', das im Deutschen gebräuchlich ist. Die großen Festungen flussauf- und flussabwärts nennt er ‚Schlüsselburg' und ‚Kronstadt'.

In Petersburg selbst werden zur Verteidigung ‚bolwerky' angelegt, in deren Zentrum sich ein ‚cejchgaus' (‚Zeughaus') befindet. Auf dem rechten Newa-Ufer entsteht die ‚birža' (‚Börse'), an sie schließt die ‚kunstkamera' an, ein Gebäude mit einer Raritätensammlung. Ihr gegenüber lässt Peter das ‚admiraltejstwo' (‚Admiralsgebäude') und die Werft (‚werf') errichten.

Auch die Staatsverwaltung wird 1717 nach westeuropäischem Vorbild reformiert. Peter richtet Fachministerien (‚Kollegien') ein und gibt ihnen deutsche Bezeichnungen, etwa ‚justic-kollegija', ‚berg-kollegija' (= Bergbauministerium), ‚krigs-kollegija', ‚komerc-kollegija' und so weiter.

Dazu kommen deutsche Amts- und Rangbezeichnungen und eine Vielzahl militärischer Fachausdrücke. (Alle russischen Zitierungen werden im Folgenden in Transliteration, nicht in Transkription wiedergegeben, allerdings ohne harte und weiche Zeichen zu markieren.) So existiert im Russland Peters ein ‚gitenverwalter' (= ‚Güterverwalter'), ein ‚cal-kommissar' und ein oberšter-krigskommissar'. Die zaristische Armee kennt fortan ‚fligeladjutanty' sowie die Ränge des ‚feldfebel', ‚unteroficer' und ‚oberoficer'. Entlehnt wurden ferner militärische Ausdrücke wie ‚blokada, brustver, gaubica, generalitet, karteč, lajbgarde (später: ‚lejb-gvardija'), losung, patron, salp (< ‚Salve'), štab'.

Die zivile oder polizeiliche Sicherheit besorgt der ‚vachtër', es gibt eine ‚gaubtvachta' (< ‚Hauptwache') und der Kontrolle der Zufahrt in die Stadt dient der ‚šlagbaum'. Kleinere Delikte wurden mit einer Geldstrafe belegt, die man ‚štrof' nennt; davon abgeleitet wird das Verb ‚štrofovat'. Wer beruflich mit diesen Strafbestimmungen zu tun hat, ist ein ‚jurist'.

Im Bereich des Wirtschaftslebens wurden zur Zeit Peters Ausdrücke entlehnt wie ‚buchgalter, cifra, fura (< ‚Fuhre'), furman bzw. furlejt, kassir, štempel, štof, štrich, veksel'. An handwerklichen Tätigkeiten und Materialien finden wir zur Zeit Peters ‚cement', gips, glasur, lakirovat, masštab, polirovat, špric'. Mit dem Gesundheitswesen zu tun hatten ‚doktor' und ‚gospital', zur Wohnungseinrichtung gehören ‚gardina' und ‚širm' (< ‚Wandschirm'). Bessere Herren konnten sich einen ‚kamerdiner' leisten und trugen einen ‚frak' oder einen ‚šlafrok'. Die Krawatte ist das ‚galstuk' (< ‚Halstuch'). Auch Abstrakta werden in der petrinischen Ära entlehnt, etwa ‚šelma' (< ‚Schelm'), ‚špic', ‚traur'.

Peter lässt Ausländer aus fast allen Berufszweigen anwerben. Unter den Gelehrten und Wissenschaftlern überwiegen von Anfang an die Deutschen und Deutschbalten. Ein Teil von ihnen war an der – nach einem Organisationsplan des Philosophen Leibniz – errichteten Russischen Akademie der Wissenschaften tätig. Ihr Gründungspräsident wird Peters Leibarzt Blumentrost. So ergab sich die kuriose Situation, dass die Berliner Akademie zu dieser Zeit noch vorwiegend französische Mitglieder besaß und Französisch die Akademiesprache war, während die Petersburger Einrichtung hauptsächlich deutschsprachige Mitglieder hatte und in den ersten Jahrzehnten Deutsch als Arbeitssprache überwog. Auch unter den Gebildeten der Stadt und sogar am Zarenhof war Deutsch Lingua franca. Die historische Linguistik zählt 837 Germanismen, die bis zum Tod Peters im Jahr 1725 ins Russische gelangten. Knapp die Hälfte davon wird heute noch gebraucht (Bellmann 1984).

Aber auch nach Peters Tod nimmt die Entlehnung aus dem Deutschen nicht ab. Dies liegt unter anderem an dem noch anwachsenden Einfluss der Deutschen am Hof. Dort existiert eine regelrechte deutsche Hofkamarilla aus Personen, die im Dienst Peters arriviert waren. Sie mischen jetzt mit allerlei Intrigen bei den verworrenen Nachfolgeverhältnissen mit. Unter der Zarin Anna Iwanowna (1730 – 1740) bestimmt die ‚deutsche Troika' Ostermann, Münnich und Biron (eigentlich ‚Bühren') die Regierungsgeschäfte, wobei der Liebhaber der Zarin – der machthungrige Biron – den schädlichsten Einfluss ausübt. Die zehnjährige Fremdbestimmung durch deutsche Günstlinge, vor allem durch Biron, hat im russischen Volksbewusstsein eine so negative Erinnerung hinterlassen, dass diese Ära bald als ‚Bironowschtschina' bezeichnet wird.

Die Dominanz der Deutschen in dieser Zeit führte dazu, dass zu einer Zeit, als alle Höfe Europas Französisch als Sprache der Diplomatie verwendeten, am Zarenhof das Deutsche vorherrschte. Damals beklagte der englische Botschafter in St. Petersburg, dass er auf seine alten Tage noch gezwungen sei, Deutsch zu lernen. Wie hoch im Kurs Deutsch auch sonst stand, zeigt eine zeitgenössische Statistik über die Sprachenwahl eines Kadettenlehrgangs an der Petersburger Militärakademie: Nur 51 Kadetten lernten Französisch, 237 jedoch Deutsch. Auch als Quelle von Übersetzungen rangieren zu dieser Zeit deutsche Originale vor lateinischen und französischen, Englisch spielt fast gar keine Rolle.

Erst die Zarin Elisabeth Petrowna (1741 – 1762) etabliert Französisch für den diplomatischen Verkehr Russlands und förderte die Verbreitung französischer Schriften. Auch der berühmte Gelehrte Lomonossow, der in Deutschland studiert hatte und die Moskauer Universität gründete, war der Ansicht, dass die deutsche Dominanz in Kultur und Wissenschaft die Entwicklung der russischen Bildung und Aufklärung hemme. Auf Lomonossow geht auch die erste größere Bemühung zurück, für die bislang in der russischen Wissenschaft gebräuchlichen lateinischen und deutschen Fremdwörter heimische Ausdrücke zu schaffen. Meist geschieht dies durch Lehnübersetzungen oder Lehnübertragungen nach dem begrifflichen Vorbild dieser beiden Sprachen. Eine puristische Sprachreinigung in dem Umfang, wie sie zum Beispiel im Tschechischen geschah, hat es jedoch im Russischen nie gegeben.

Eine Eindämmung des deutschen Einflusses am Hof und in der Staatsverwaltung betreibt auch die Zarin Katharina die Große in der zweiten Hälfte des 18. Jahrhunderts. Obwohl selbst deutscher Herkunft, ist sie sich bewusst, welche Gefahren von den engen dynastischen Verbindungen mit deutschen Fürstenhäusern für die außenpolitische Handlungsfähigkeit und kulturelle Eigenentwicklung Russlands drohen. In einem politischen Testament am Ende ihrer Regierungszeit warnt sie denn auch: „Zum Wohle des Russischen Reichs rate ich . . . Deutsche beiderlei Geschlechts von Räten und Empfehlungen fernzuhalten."

Aber zugleich ist sie als Zeitgenossin Friedrichs des Großen und Maria Theresias eine Vertreterin des aufgeklärten Absolutismus. Als solche will sie durch moderne Verwaltung, Staatskolonisation und Bevölkerungsvermehrung (‚Peuplierung') die Macht und das Ansehen ihres Landes erhöhen. Deshalb fördert sie den Zuzug von Fachkräften aus dem Westen und ruft erstmals auch bäuerliche Siedler in großer Zahl ins Land. Wieder sind es vorwiegend Deutsche, die dem Ruf folgen: Seit 1764 die später so genannten ‚Wolgadeutschen', seit der zweiten Hälfte der achtziger Jahre auch die ‚Schwarzmeerdeutschen'. Ein Jahrhundert später beträgt die Bevölkerungszahl dieser geburtenfreudigen Einwanderer jeweils bereits 600.000. Als ihnen schon nach wenigen Jahrzehnten der zugewiesene Boden zu knapp geworden ist, kommt es auch zur Gründung von Tochterkolonien im übrigen Russland. So entstehen bis ins 19. Jahrhundert deutsche Siedlungs- und Sprachinseln bis in die Gebiete Transkaukasiens.

Die Einwanderer genossen erhebliche Privilegien wie Selbstverwaltung im Ort und im Kreis, Befreiung vom Militärdienst, Freiheit von Abgaben und Steuern für 30 Jahre, Freizügigkeit der Ortsveränderung und die Möglichkeit, in einen anderen sozialen Stand zu wechseln. Erst als Zar Alexander die russischen Bauern aus der Leibeigenschaft befreit, büßen auch sie ihre privilegierte Stellung weitgehend ein. Weil diese Sonderstellung der deutschen Bauern für lange Zeit intensivere Kontakte oder gar eine ethnisch-kulturelle Vermischung mit der einheimischen Bevölkerung verhindert hatte, ging jedoch trotz des großen Umfangs dieser Siedlung von ihr ungleich weniger Einfluss auf den russischen Wortschatz aus als von den bürgerlich-intellektuellen Deutschen in Moskau oder St. Petersburg.

Seit 1770 betreibt Katharina auch eine groß angelegte Kampagne zur Anwerbung deutscher Ärzte, da angesichts der regelmäßig wiederkehrenden Epidemien wie auch der ständigen Kriegsführung ein großer Bedarf an Allgemein- und Militärärzten, vor allem an Chirurgen, besteht. Das Chirurgische Institut in St. Petersburg lehrt noch am Ende des 18. Jahrhunderts ausschließlich in Deutsch. Darüber hinaus dominieren zur Zeit Katharinas unter den führenden Wissenschaftlern des Landes immer noch die Deutschen. Die Liste der Mitglieder der Russischen Akademie der Wissenschaften weist für die Periode seit der Gründung 1725 bis zum Ende des Jahrhunderts 111 Namen aus; unter ihnen sind 63, also mehr als die Hälfte, deutscher oder deutschsprachiger Herkunft. Die bekanntesten unter ihnen, wie der Schweizer Mathematiker Leonhard Euler und der Historiker G. F. Müller (russisch: Miller), waren schon vor Katharinas Regierungsantritt gekommen, der Botaniker Gmelin und der Naturforscher Pallas, der große Expeditionen ins Landesinnere unternahm, hatte sie selbst ins Land gerufen. Dazu Historiker, die sich um die Erforschung der russischen Frühgeschichte verdient machten, ferner Chemiker, Physiker, Zoologen und Astronomen. Noch größer aber war der deutsche Anteil unter den Militärs. Eine Übersicht zu Beginn des 19. Jahrhunderts verzeichnet 69 Generäle, 96 Oberste und 760 sonstige Offiziere deutscher Herkunft in der russischen Armee (Fleischhauer 1991).

Diese andauernde Präsenz Deutscher im Zarenreich lässt trotz der Hinwendung des Adels und des höheren Bürgertums (seit etwa 1760) zum Französischen den lexikalischen Einfluss des Deutschen auf das Russische andauern. Für gut hundert Jahre besteht eine ausgesprochene Rivalität zwischen beiden Sprachen, die zunächst zugunsten des Französischen auszugehen scheint. Der russische Adel erzieht seit etwa 1770 seine Kinder schon vom zartesten Alter an bilingual. Auch Katharina die Große verwendet, sofern sie nicht Russisch schreibt, eher das Französische als das Deutsche.

Auch in der russischen Literatur ist Französisch die Lieblingsfremdsprache. In ‚Eugen Onegin' lässt Puschkin seine Figur Tatjana ganz selbstverständlich ihren Liebesbrief in dieser Sprache abfassen, und Tolstoj gibt in der Originalausgabe von ‚Krieg und Frieden' die Gespräche der Mitglieder der vornehmen Gesellschaft St. Petersburgs seitenlang in Französisch wieder.

Diese Hinwendung der russischen Oberschicht zum Französischen, die sich in der ersten Hälfte des 19. Jahrhunderts noch verstärkt, führt zu einem starken lexikalischen Einfluss in der gehobenen Sprache. Rein quantitativ dürften die Entlehnungen aus dem Deutschen und Französischen im 18. Jahrhundert etwa den gleichen Umfang haben, im 19. Jahrhundert dominiert eindeutig die Entlehnung aus dem Französischen. Allerdings erreicht sie nicht die breite Streuung der deutschen Wörter im russischen Wortschatz.

Betrachtet man die Entlehnungen aus dem Deutschen nach der Zeit Peters des Großen, dann fällt ihre gleichmäßige Verteilung aus vielen Bezeichnungskreisen auf. So findet man zwischen 1725 und 1800 Erstbelege wie ‚balzamirovat (einbalsamieren), fechtovat, fechtmejster, filënka (= Türfüllung), fakultet, fioletovyj (violett), foliant, gletscher, gruppa, kartofel, lager, landkarta, landšaft, lokoi (Locken), matrac, neutralitet, pedel, počtamt (= Hauptpostamt), signal, špinat, statist, studirovat, tancmejster, transport, tusch, universitet, vata (Watte), ventil'.

Im 19. Jahrhundert dauert die Rivalität zwischen dem Französischen und Deutschen als Fremdsprache an. Als Bildungs- und Gesellschaftssprache dominiert zwar eindeutig das Französische, es kann jedoch das Deutsche aus dem Geistesleben und den Wissenschaften nicht verdrängen. Der Hauptgrund dafür ist, wie Marc Raeff (1992) darlegt, die Vorliebe der russischen Intellektuellen für die deutsche Version der Aufklärung und des Naturrechts. In der von Samuel Pufendorf erarbeiteten deutschen naturrechtlichen Doktrin war die Erfüllung der Pflichten des einzelnen gegenüber einer Gruppe eine Art Voraussetzung für die Wahrnehmung der individuellen Rechte. Die deutsche Variante war nicht nur für das Regime akzeptabler, weil sie eine konservativere Politik erlaubte, sondern sie entsprach auch der sozial ausgerichteten Denkweise der russischen Menschen mehr. Anstatt des „exzessiven Individualismus der anglo-französischen Tradition" waren in der russischen Tradition „die Ansprüche der Gruppen wichtiger als die des Einzelnen, die Pflichten ... entscheidender als die absoluten Rechte, die das autonome Individuum beanspruchen durfte" (Marc Raeff). Dieses Naturrechtsverständnis führte aber auch dazu, dass „die russische Aufklärung deutlicher von der deutschen geprägt war als von der französischen. Wie ihr deutsches Vorbild betonte sie die Bedeutung des Gefühls ebenso wie die Abhängigkeit von der Vernunft – man könnte dies als eine ‚Aufklärung des Herzens' charakterisieren" (Marc Raeff).

Es war diese ‚romantische' Auffassung vom Menschen und von der Gesellschaft, der ‚Sentimentalismus', der im 18. und 19. Jahrhundert eine gewisse Verwandtschaft der

Mentalitäten von Deutschen und Russen (und anderer Slawen) sichtbar machte. Angesichts dieser Vorliebe für eine ‚Aufklärung des Herzens' überrascht es nicht, dass vor allem die deutsche Romantik, der ‚Sturm und Drang' und die frühe deutsche Klassik in Russland besonders populär waren. Auf Goethes Freund Klinger, der zeitweise am Zarenhof lebte, geht übrigens der Begriff ‚Sturm und Drang' zurück. Puschkins Lehrer Schukowski übersetzt Goethe und Schiller, und Turgenjew übersetzt den ‚Faust' und beschreibt die ‚romantische Gestalt' Deutschlands. Ein Studienaufenthalt in Deutschland ist für viele Literaten und Gebildete Russlands ebenso selbstverständlich wie ein Aufenthalt in Frankreich.

Aber es ist nicht allein die kulturelle Attraktivität der Sprachmutterländer, die den Ausschlag gibt, sonst hätte das Französische wohl schließlich doch den Sieg davon getragen. Es ist die Anwesenheit der Deutschen und Deutschstämmigen in den Institutionen des Zarenreiches, die ebenfalls diese Sprache stützten – auch wenn die städtischen Russlanddeutschen bilingual, ja oft sogar sprachlich assimiliert sind. Französisch konnte nur ‚aus der Ferne' wirken, Deutsch aber war ‚vor Ort'. Seine Sprecher waren Akteure im Militär, im Wirtschaftsleben und in der Politik.

Unter Zar Alexander I. kommt es nicht nur zur weiteren Ansiedlung deutscher Bauern und Handwerker, die sich bis nach Bessarabien und Georgien erstreckt, sondern auch zur Emigration zahlreicher Hochschullehrer und Wissenschaftler aus dem von Napoleon besetzten Deutschland, die die Lehrstühle an neu geschaffenen Universitäten wie Kasan und Charkow besetzen. Der Zar, der zu seiner Zeit als liberalster Monarch Europas gilt, veranlasst groß angelegte Expeditionen, und es sind Baltendeutsche wie Krusenstern (Weltumsegelung) und Bellinghausen (Antarktisdurchquerung), die sie durchführen.

Unter den neuen Immigranten befindet sich wieder eine große Zahl von Medizinern – jeder dritte Arzt in Russland ist jetzt deutscher Herkunft. Einer der Zuwanderer ist der in Moskau bald stadtbekannte ‚heilige Arzt' Doktor Haass. Diese Bezeichnung verleiht ihm das Volk wegen seines unermüdlichen Einsatzes für die erschreckende Behandlung von Gefangenen und Verbannten.

Unter dem restaurativen Zaren Nikolaus I. wird die Dominanz der Deutschen auch im politischen Leben fast erdrückend. Zwar befinden sich unter den 112 verurteilten aufständischen ‚Dekabristen', die ein konstitutionelles oder gar republikanisches Russland wollen, auch 16 Deutschrussen, aber ebenso dominieren diese bei ihren Verfolgern. Die Wirtschafts- und Finanzpolitik des Zaren leiten Deutsche, und unter den höheren Beamten des Außen- und des Kriegsministeriums stellen sie rund die Hälfte, bei Post und Verkehr sogar 60 Prozent – all dies bei einem Bevölkerungsanteil von nur einem Prozent.

Diese übermäßige Präsenz im Beamtenapparat und in der Staatsführung erzeugt bei vielen Russen den Eindruck, die Deutschrussen hätten sich einen ‚Staat im Staat' geschaffen. Alexander Herzen, der selbst eine deutsche Mutter besitzt, bezeichnet sie als das eigentliche Übel im Land und bemerkt sarkastisch: „Die Deutschen lieben die Regierung, und die Regierung liebt sie."

Die engen politischen Beziehungen zu Preußen seit den Napoleonischen Kriegen sowie Preußens Neutralität im Krimkrieg begünstigen auch enge wirtschaftliche Verbindungen zwischen dem Zarenreich und Deutschland, nachdem in Russland die Industrialisierung eingesetzt hat. So errichtet schon in den fünfziger Jahren die Firma

Siemens & Halske das russische Telegraphennetz, die Vorläuferin von MAN liefert die Eisenbahnwaggons für das entstehende russische Bahnnetz, andere Firmen liefern Werkzeugmaschinen, deutsche Banken errichten Niederlassungen.

Einige Jahre nach der Gründung des Deutschen Reiches verschlechtern sich jedoch die Beziehungen mit dem Zarenreich. Der wachsende Nationalismus in beiden Ländern belastet das Verhältnis. Im Reich betrachten die sogenannten ‚Alldeutschen' die Kolonistengebiete an der Wolga und am Schwarzen Meer als Stützpunkte, von denen aus weiterer slawischer Raum für das Deutschtum gewonnen werden könne. Die ‚Panslawisten' in Russland wiederum fordern die Befreiung der slawischen Brüder im Südosten aus dem Habsburger ‚Völkergefängnis'. Und im russisch beherrschten Baltikum verlangt ein Teil der Deutschen die Unabhängigkeit vom Zarenreich und die Vereinigung mit Deutschland.

Doch die wirtschaftlichen Verbindungen intensivieren sich weiter, als Deutschland in den achtziger Jahren des 19. Jahrhunderts zur führenden Industriemacht Europas aufgestiegen ist. Deutsches Kapital fließt in das russische Berg- und Hüttenwesen, und es entstehen eine Anzahl russischer Filialen großer deutscher Industriebetriebe. Siemens & Halske zum Beispiel liefert nicht nur die Ausrüstung für den Bahnbetrieb, sondern dominierte überhaupt im elektrotechnischen Bereich. Die Berliner Firma schafft die Straßenbeleuchtung in St. Petersburg und installiert im ‚Winterpalast' die aufwendigste Beleuchtungsanlage der Welt. AEG baute die elektrische Straßenbahn in Kiew. Auch die chemische Industrie errichtet in Russland Filialbetriebe, zunächst BASF, dann auch

Höchst (ausführlich zu den Wirtschaftsbeziehungen: Pohl 1988).

Die politischen Beziehungen zwischen St. Petersburg und Berlin aber bleiben alles in allem gespannt, und nach 1900 erfolgt eine immer stärkere Umorientierung weg von Deutschland und hin zu Frankreich und England. Der Erste Weltkrieg, dessen Ausgang sowohl Deutschlands und Österreichs wie auch Russlands Zukunft radikal verändern wird, wirft seine Schatten bereits voraus. Und dieser Krieg lässt zugleich die starke Präsenz Deutscher und Baltendeutscher in den einflussreichen Schichten des Zarenreichs zu einem hochbrisanten Konfliktstoff werden. Galten sie vorher noch ganz selbstverständlich als ‚naši nemcy' als ‚unsere Deutschen', so erscheinen sie vielen jetzt als ‚germancy', als insgeheim mit dem Gegner, dem Staat Kaiser Wilhelms sympathisierende Deutsche. In Wahrheit traf dies zwar auf die große Mehrheit der Russlanddeutschen nicht zu. Sie standen auch beim Ausbruch des Krieges loyal zum russischen Staat, zogen in russischer Uniform ins Feld oder dienten aufopferungsvoll in den russischen Feldlazaretten. Am Ende waren 700.000 Deutschstämmige der russischen Armee gefallen und 200.000 vermisst – eine Zahl an Opfern, die weit über ihrem Anteil an der Gesamtbevölkerung lag (Fleischhauer 1991).

Aber das einmal entstandene Misstrauen war nur schwer zu beseitigen, vor allem nach den russischen Niederlagen im Sommer 1915. Der deutsche Name St. Petersburg war schon bei Kriegsausbruch in ‚Petrograd' geändert worden, und bald wurde auch die öffentliche Verwendung der deutschen Sprache untersagt – auch den Russlanddeutschen. Deutschsprachige Zeitungen und der Druck von Büchern in Deutsch wurden verboten. Vor allem aber wurden immer mehr Russlanddeutsche aus dem Westen und Süden ins Landesinnere umgesiedelt. Erst im Frühjahr 1917, nach der Abdankung des Zaren, hob die Provisorische Regierung diese Maßnahmen wieder auf. Die deutschrussischen Siedler konnten noch einmal in ihre angestammten Orte zurückkehren, die Diskriminierung der Sprache wurde aufgehoben.

Das Ende der deutschen Sonderstellung in Russland kam erst mit der Oktoberrevolution und dem nachfolgenden Bürgerkrieg. Zwar hatte das kommunistische Regime 1924 die ‚Autonome Deutsche Wolgarepublik' geschaffen (die 1941 nach dem Überfall Hitlerdeutschlands wieder aufgelöst wurde), aber die deutschrussische Stadtbevölkerung, von der der bisherige Spracheinfluss ausgegangen war, ging wirtschaftlich und kulturell unter. Auch ihre Präsenz in den Leitungsorganen des neuen Staates hörte auf. Mit dem Überfall der Wehrmacht von 1941 teilte auch der größte Teil der deutschstämmigen Stadtbevölkerung das Schicksal der Wolgadeutschen und anderer bäuerlicher Kolonisten: die Deportation jenseits des Urals und die Zerstreuung der einstmals privilegierten nationalen Minderheit im Innern des weiten Landes.

Doch bevor die deutsche Sonderstellung Anfang des 20. Jahrhunderts zu Ende gegangen war, hatten die beiden Sprachen und Kulturen noch einmal in engster Berührung miteinander gestanden. Seit den vierziger Jahren des 19. Jahrhunderts hatte Deutsch zunächst als Wissenschaftssprache in Russland wieder Vorrang vor dem Französischen gewonnen. Aber es waren auch soziale Veränderungen in Russland, die Deutsch gegenüber Französisch als Fremdsprache begünstigten. Die Schicht der sogenannten ‚Raznočincy' (von ‚razno' = ‚verschieden' und ‚čin' = ‚Rang, Stellung Würde'), nichtbegüterte Intellektuelle, die weder dem Adel noch Kaufmannsfamilien noch der höheren Beamtenschaft entstammten, erhielten das Recht auf Hochschulbildung und identifizierten sich mit der ‚Intelligenzija'. Diese neue Schicht interessierte sich weniger für Französisch als „für das als ‚praktischer' geltende Deutsch" (Kiparsky 1975).

Das Ende der Rivalität von Deutsch und Französisch kam mit der Oktoberrevolution von 1917 – durch das politische Aus für Französisch, das als Sprache der Bourgeoisie empfunden und an den Schulen abgeschafft wurde. Englisch spielte zu diesem Zeitpunkt noch keine Rolle, so wurde Deutsch zur ersten und praktisch alleinigen Fremdsprache. Die teils offenen, teils heimlichen politischen Verbindungen der beiden Verlierer des Ersten Weltkriegs mögen diese Sprachpräferenz noch begünstigt haben.

Deutliche Spuren im russischen Wortschatz hatte das Deutsche – neben dem Französischen – allerdings schon vorher hinterlassen. Da es im 20. Jahrhundert vorwiegend Internationalismen und fachsprachliche Ausdrücke sind, die zwischen vielen europäischen Sprachen hin und her wandern, beschränken wir uns auf einen Überblick auf Entlehnungen bis um 1900. Wie schon im Jahrhundert zuvor unterscheiden sie sich von den französischen Entlehnungen durch ihre Streuung in fast allen Bereichen des Wortschatzes (die meisten Belege nach Kiparsky 1975).

Beispiele für Entlehnungen deutscher Bezeichnungen für Speisen, Getränke und der Gastronomie sind etwa ‚buterbrod' (= belegtes Brot), ‚knedli' (= Knödel), ‚frikadel(ka)', ‚frukt' (= Frucht), und ‚frukty' (= Obst), ‚muss' (= Mus), ‚šnicel', ‚šprot (= Sprotte); ‚portvejn', ‚risling', ‚vermut'. Der ‚Kellner' ist der ‚oficiant'.

Aus dem Bereich Gesellschaft, Mode, Freizeit etwa ‚bakenbardy', ‚(pit na) bruderšaft' (= Bruderschaft trinken), ‚bjurger' (= Bürger im Sinn von ‚Bourgeois'), kegelban, kitel, pudel, taschka, rand (= Lederrand der Schuhe).

Zum Bildungswesen gehören – neben den zahlreichen Ausdrücken des deutschen Universitätswesens, die bereits im 18. Jahrhundert übernommen wurden, etwa ‚gumanist' (= Humanist) bzw. die Adjektivbildung ‚gumanističeskij' und ‚pult'.

Aus der Sprache der Politik stammen zum Beispiel ‚gegemonija' (= Hegemonie), ‚štat' als Bezeichnung eines Gliedstaates und ‚votirovat'.

Dem Militärwesen sind die Masse der Ausdrücke schon im 17. und 18. Jahrhundert entlehnt worden. Im 19. Jahrhundert kommen noch dazu ‚drel' (= Drill), ‚gilsa' (Patronenhülse), ‚rekrut' und ‚truppa'.

Sehr zahlreich sind deutsche Ausdrücke des Handwerks und der Technik im Russischen. Eine kleine Auswahl: ‚abzac' (beim Drucken), apparat, beton, bur (Bohrer), canga, centner, ciferblat, flaneč (Flansch), fordek (Verdeck), lobzik (Laubsäge), papka (Pappe), perlamutr, punkt, rejsfeder, šaiba (Scheibe), špaklovat (spachteln), špindel, špulka (Spule), šrift (Schriftlettern), štameska (Stemmeisen), štejger (Steiger im Bergbau), technika'.

Deutsche Ausdrücke der Kultur, Literatur und Musik im Russischen des 19. Jahrhunderts sind etwa ‚antikvar, baletmejstr, belletristika, citata (Zitat), foršpil, gastroli (Gastrolle), glossa, gornist (Hornist), garmonika, idiot, intendant, kamerton, virtuoz'.

Im deutschen Sprachraum geprägte Termini der Wissenschaft sind – wie in den westlichen Sprachen – auch im Russischen sehr zahlreich. Wir erwähnen nur ‚allopatija, bakterija, bakteriolog, gaz, gelerter, geolog, gomeopatija (Homöopathie)'.

Neben solchen Ausdrücken, die sich eindeutig größeren Bezeichnungskreisen zuordnen lassen, erwähnen wir noch einige interessante Einzelentlehnungen. So leitet sich das russische Wort ‚fart' mit seiner Bedeutung ‚Glück, Erfolg' von dem deutschen Ausdruck ‚Gute Fahrt!' ab; ‚blik' ein Lichtfleck auf dunklem Hintergrund, kommt von ‚Blick'; russisch ‚anšlag' meint wie das gleichlautende deutsche Wort eine (angeschlagene) Bekanntmachung; ein lautmalerisches deutsches Wort, das in viele Sprachen übernommen wurde ist ‚krach'.

Neben der direkten Wortentlehnung finden wir im 19. Jahrhundert auch viele Lehnübersetzungen und Lehnübertragungen aus dem Deutschen, allerdings nicht in dem Umfang wie in anderen slawischen Sprachen, die im 19. Jahrhundert aus sprachpuristischen Motiven Direktentlehnungen durch Lehnprägungen ersetzten. Eine kleine Auswahl (nach Kiparsky 1975): ‚arbeitsfähig' (‚rabotosposobnyj'), ‚Bluterguss' (‚krovoizlijanie'), ‚Erdkunde' (‚zemlevedenie'), ‚freiheitsliebend' (‚svobodoljubivnyj'), ‚Gegengewicht' (‚protiroves'), ‚Gesundheitsschutz' (‚zdravoochranenie'), ‚Grundbesitz' (‚zemlevladenie'), ‚lebensfroh' (‚žizneradostnyj'), ‚Schneefall' (‚snegopad'), ‚Schöngeisterei' (‚prekrasnodušnie'), ‚Selbstbewusstsein' (‚samosoznanie'), ‚Volkskunde' (‚narodovednie'), ‚Wasserscheide' (‚vodorazdel'), ‚Weltanschauung' (‚mirosozercanie'). Schließlich sei noch erwähnt, dass das russische Verbalsuffix ‚-irovat' dem deutschen ‚-ieren' nachgebildet ist.

Die herausgehobene Stellung, die das Deutsche seit der Zeit Peters des Großen in Russland besaß, endete überraschenderweise nicht mit dem deutschen Angriff auf die

Sowjetunion 1941 und noch nicht einmal nach 1945. Erst eineinhalb Jahrzehnte nach Kriegsende kam es in der Fremdsprachenpolitik der Sowjetunion zu einer Kursänderung, als 1961 die Vorrangstellung des Deutschen zugunsten des Englischen abgebaut wurde. Von nun an galt der Schlüssel, dass 60 Prozent des Fremdsprachenunterrichts auf Englisch, 30 Prozent auf Deutsch und 10 Prozent auf Französisch und andere Sprachen entfallen sollte. Doch diese Verteilung ließ sich nicht sofort erreichen, weil noch keine ausreichend Zahl an Englischlehrern zur Verfügung stand. Zunächst konnte das Ziel nur in den Großstädten verwirklicht werden, auf dem Land dominierte weiter Deutsch. Nach der politischen Wende wurde diese Vorgabe des Fremdsprachenunterrichts erneut geändert und, wo es möglich war, wurde der Wunsch der Schüler nach freier Wahl der Fremdsprache(n) berücksichtigt.

Nach einer Erhebung des Goethe-Instituts in Moskau vom Herbst 1993 lernten zu diesem Zeitpunkt rund 6,7 Millionen (55 %) der Schüler Englisch, 4,3 Millionen (35 %) Deutsch und 1,06 Millionen (9 %) Französisch. Interessant ist, dass diese immer noch bemerkenswert starke Präsenz der deutschen Sprache in Russland von der Präsenz in einigen ehemaligen Sowjetrepubliken sogar noch übertroffen wird. So liegt sie zum Beispiel in Kasachstan mit 48 Prozent und in Georgien mit 45 Prozent in der Gunst der Schüler sogar noch vor dem Englischen.

11
Westeuropa entdeckt das geistige Deutschland

Während nord- und osteuropäische Sprachen schon seit dem Mittelalter in großem Umfang und in breiter lexikalischer Streuung deutsche Wörter aufgenommen haben, geschieht dies in den westeuropäischen erst spät und in viel geringerem Maß. Sieht man von den Alltagswörtern ab, die aus der Sprache der deutschen Einwanderer in den Alltagswortschatz des amerikanischen Englisch gelangt sind (vergleiche Kapitel 12), dann beschränken sich die deutschen Entlehnungen zum Beispiel im britischen Englisch oder im Französischen weitgehend auf das geistige Leben und die Wissenschaften – Felder, auf denen Deutschland seit etwa 1770 auch in Westeuropa Beachtung zu finden beginnt. Nur im Bergbau und in der Mineralogie spielte es schon vorher auch im Westen eine bedeutsame Rolle.

Suchen wir im Französischen nach deutschen Entlehnungen aus der Zeit vor der Mitte des 18. Jahrhunderts, so werden wir nur wenig fündig. Wörter mittelhoch- oder mittelniederdeutscher Herkunft lassen sich gerade zwei Dutzend entdecken. Zu ihnen gehören heute nur noch historisch gebrauchte Ausdrücke wie ‚bourgmestre', ‚bélitre' (< ‚Bettler'), ‚langrave' (< ‚Landgraf'), ‚lansquenet' (< ‚Landsknecht') und die umgangssprachlich verwendeten Bezeichnungen ‚hére' (= ‚armer Teufel', < 'Herr') und ‚rosse' (= ‚schlechter Gaul', auch ‚gemeine Person' < ‚Ross').

Aus dem frühneuhochdeutschen Wortschatz stammen Ausdrücke der Sprache der deutschen und Schweizer Söldner im französischen Heer, die ebenfalls nur noch historische Bedeutung haben, zum Beispiel ‚arquebuse'

(< ‚Hakenbüchse'), ‚reître' (= ‚Haudegen', < ‚Reiter') und ‚vaguemestre' (‚Wagenmeister'), aber auch heute noch gebräuchliche Bezeichnungen wie ‚bivouac' (‚Biwak'), ‚fifre' (‚Pfeifer'), ‚havresac' (= ‚Tornister', < ‚Habersack'), ‚trinquer' (= ‚mit den Gläsern anstoßen' < ‚trinken'). Daneben etwa noch ‚balle' (‚Ballen'), ‚cale' (‚Keil'), ‚cible' (‚Scheibe'), ‚hutte' (‚Hütte'). Während der männliche Hase mit dem einheimischen Wort ‚lièvre' bezeichnet wird, heißt die ‚Häsin' nach dem deutschen Ausdruck ‚hase'. Die Figur des ‚Eulenspiegels' taucht französisch als ‚espiègle' auf, die Bezeichnung der protestantischen ‚Eidgenossen' wird als ‚huguenots' (= ‚Hugenotten') wiedergegeben.

Noch dürftiger sind die (hoch-)deutschen Spuren aus dieser frühen Zeit im Englischen. Zwar gibt es dort schon seit dem Mittelalter niederländische und niederdeutsche Einflüsse, sie lassen sich aber wegen ihrer großen Ähnlichkeit nur schwer auseinander halten. Aus dem Sprachgebrauch des Londoner Hansekontors in der Thames Street, dem so genannten ‚Stalhof', dürften die Lehnwörter ‚freight' (‚Fracht'), ‚guild' (‚Gilde'), ‚nap' (‚Noppe'), ‚rover' (mittelniederdeutsch ‚rover' = ‚Seeräuber'), ‚skipper', ‚spill' und ‚spool' stammen. Nicht zur Hanseterminologie gehören ‚luck', im 15. Jahrhundert von mittelniederdeutsch ‚(ge-)luk' (neuhochdeutsch ‚Glück beim Spielen') abgeleitet, sowie das Verb ‚smuggle' = ‚schmuggeln'.

Bei vielen anderen niederdeutsch ‚aussehenden' Lehnwörtern ist jedoch eher das Niederländische als Quelle anzunehmen, weil – abgesehen von den Beziehungen mit der Hanse – ein direkter Sprachkontakt eher mit Holländern als mit Norddeutschen bestand. So ist etwa das älteste neuhochdeutsche Wort im Englischen ‚glance' (=

‚Schimmer' > ‚Glanz'), offensichtlich durch das Niederländische vermittelt worden. Die Engländer machten ohnedies lange Zeit keinen Unterschied zwischen den beiden Völkern, für sie waren beide ‚Dutch' (= ‚Deutsche' in älterer Bedeutung).

Eine Ausnahme stellt jedoch, wie schon erwähnt, sowohl im Englischen wie im Französischen die Fachsprache des Bergbaus dar. Deutschland war darin seit dem Hochmittelalter führend, und schon Richard von Cornwall wie auch der Franzose Ludwig XI. hatten im 13. Jahrhundert deutsche Bergleute ins Land geholt. Auch Englands Heinrich VIII. bediente sich deutscher Fachkräfte und ernannte einen Deutschen zum Generaldirektor aller Bergwerke in Großbritannien und Irland. 1563 wurde in Keswick sogar eine deutsche Minengesellschaft gegründet, und der Zustrom deutscher Bergleute hielt auch in den folgenden Jahrzehnten noch an.

Aus dieser frühen Zeit stammen im Englischen Fachausdrücke wie ‚bismuth' (< ‚Wismut'), ‚blende' (< ‚blenden' = ‚täuschen'), ‚cobalt', ‚fluor-', ‚glimmer', ‚kibble' (< ‚Kübel'), ‚potash' (< ‚Pottasche'), ‚slick' (< ‚schlich' = ‚Erzschlamm'; vergleiche ‚Schlick'), ‚zinc' sowie das schon erwähnte ‚glance'. Im 18. Jahrhundert kommen Fachausdrücke wie ‚nickel' und ‚coppernickel', ‚cyanite', ‚feldspar' (< ‚Feldspat'), ‚gneiss', ‚graphite', ‚greywacke', ‚hornblende' und ‚hornstone', ‚meerschaum', ‚pitch-stone' (< ‚Pechstein'), ‚quartz', ‚sinter' und ‚wolfram' hinzu.

Auch im Französischen existieren die meisten dieser Fachausdrücke des Bergbaus und der Mineralogie. So etwa ‚bismuth', ‚blende', ‚feldspath', ‚gneiss', ‚graphite', ‚nickel', ‚potasse', ‚quartz' ‚sintération', ‚wolfram', ‚zinc'. Das letzte Wort ist später auch auf die Bezeichnung der Theke oder einer kleinen Bar übertragen worden. Daneben kennt das Französische noch ‚bocambre' (< ‚Pochhammer'), ‚castine' (< ‚Kalkstein'), ‚gangue' (< ‚Erzgang'), ‚halde', ‚pechblende', ‚spalt', ‚thalweg'.

Ein frühes geistesgeschichtliches Ereignis, das dem englischen Vokabular noch einige ältere deutsche Ausdrücke bescherte, war die Reformation Martin Luthers. Mit den englischen Übersetzungen der Lutherbibel gelangen zum Beispiel ‚papist', ‚protestant', ‚weakling' (< ‚Weichling'), ‚silverling' (‚Silberling') und ‚sinflood' ins englische Vokabular. Der Wiedergabe des deutschen Ausdrucks ‚Sintflut' als ‚sinflood', wörtlich ‚Sündenflut', liegt eine etymologische Fehldeutung zugrunde, weil ‚sin(t)' im alten Deutsch ‚immer' bedeutet (vergleiche die Pflanze ‚Singrün' = ‚Immergrün'). Die ‚Sintflut' ist also eigentlich eine ‚immerwährende Flut'.

Weitere Lehnwörter des 16. Jahrhunderts sind ‚wiseacre' (< ‚Weissager'), heute mit der Bedeutung ‚Klugschwätzer', und der Name des ‚Dollars', der aus der niederdeutschen Form (‚daler') der hochdeutschen Münzbezeichnung ‚Taler' abgeleitet ist. Diese wiederum ist die Kurzform für ‚Joachimstaler', der Bezeichnung der Silbermünze, die aus dem Bergbauort Joachimsthal (heute tschechisch ‚Jachýmov') im Erzgebirge stammte.

Im 17. Jahrhundert ist es der Dreißigjährige Krieg, der einige deutsche Ausdrücke direkt oder als Lehnübersetzung ins Englische transportiert. Etwa ‚fieldmarshal', ‚plunder' (< ‚plündern') und ‚staff' (< ‚Stab' im militärischen Sinn). Ursprünglich ein militärischer Ausdruck dürfte auch ‚halt' gewesen sein. Er kam jedoch nicht direkt aus dem Deutschen sondern über italienisch ‚far alto' ins Englische. Auf die Forschungen des Astronomen Kepler gehen die Ausdrücke ‚focus' und ‚satellite' zurück. Im religiösen Bereich wird die von Spener geprägte Bezeichnung ‚pietism' übernommen.

Auch im Französischen finden wir – neben weiteren geologischen und mineralogischen Fachausdrücken – einen Teil der eben für das Englische belegten Wörter (zum Beispiel ‚halte', ‚hamster', ‚landau', ‚piétisme' satellite'). Außerdem die auf Paracelsus zurückgehende Prägung ‚Gnom' (französisch ‚gnome') zur Bezeichnung eines Erdgeists oder Kobolds. Das von Albrecht Dürer als Ausdruck der Geometrie geprägte Adjektiv ‚parallel' wandert erst ins Französische (‚parallèle') und von dort ins Englische (‚parallel') weiter. Im Deutschen wurde dazu auch ein Substantiv gebildet, ‚das Parallel'. Später wird es durch die französische Form ‚Parallele' ersetzt.

Die bis dahin nur marginale Ausstrahlung des deutschen Vokabulars im Westen nimmt jedoch am Ende des 18. Jahrhunderts spürbar zu, als das geistig-wissenschaftliche Leben im deutschen Sprachraum einen steilen Aufstieg erlebt. Und die sprachliche Ausstrahlung in diesem Bereich dauert das ganze 19. Jahrhundert hindurch und bis ins erste Drittel des 20. Jahrhunderts unvermindert an. In diesem Zeitabschnitt sind es deutsche Philosophie, Wissenschaft und Literatur, die den intellektuellen Wortschatz der westeuropäischen Sprachen ganz wesentlich mitprägen.

Die Entwicklung in Deutschland selbst ist bereits beschrieben worden (vergleiche Teil V, Kapitel 4 und 5). Mit ihrem Eintreten verändert sich auch das bis dahin in Frankreich und England vorherrschende Deutschlandbild. Das politisch zersplitterte Reich und die deutsche Sprache waren als Träger und Medium einer für Europa relevanten geistig-kulturellen Strömung bis dahin kaum in Erscheinung getreten. Wenn geistige Produktionen überhaupt ihren Weg nach Westen fanden, etwa die philosophischen Schriften Leibniz', dann waren sie entweder in Latein oder in Französisch geschrieben. Was Franzosen bis dahin an deutschen Lauten hörten, kam überwiegend aus dem Mund der Schweizer Söldner, flämischer Stallknechte oder der von ihnen als ‚provinziell' empfundenen Bevölkerung in Elsass und Lothringen. Deutsch galt als bäuerlich, grob und barsch, insbesondere sein Klang. Dem Schriftsteller Bouhours kam es wie ‚Röcheln' vor, und französische Bühnenautoren des 18. Jahrhunderts unterlegten ihren Figuren, wenn sie sie als tölpelhaft und einfach charakterisieren wollten, ein deutsch gefärbtes Französisch.

Doch dieses Bild von Deutschland und seiner Sprache änderte sich am Ende des 18. Jahrhunderts fast schlagartig. Deutsche Dichter und Philosophen erregten die Aufmerksamkeit des französischen Bildungsbürgertums. Vor allem Goethes ‚Werther' und der ‚Faust' werden dort bekannt. Schon während der Französischen Revolution ernennt der Konvent die deutschen ‚Freiheitsdichter' Schiller und Klopstock zu Ehrenbürgern der Republik. Auch der Aufklärungsphilosoph Kant findet in Frankreich Resonanz. Der Romancier Henri Beyle wählt aus Bewunderung für den Altertumsforscher J. J. Winkelmann dessen Geburtsort Stendal als Pseudonym (‚Stendhal').

Schließlich veröffentlicht Madame de Staël ihren enthusiastischen Reisebericht ‚De l'Allemagne' und entdeckt Deutschland als das ‚Vaterland des Denkens' (‚patrie de la pensée'). Selbst den Klang der Sprache findet sie (in Sachsen) weich und angenehm. Besatzungsbeamte Napoleons bringen deutsche Lieder der Romantik nach Frankreich und ‚le lied' wird zum Begriff. Zudem erregt der bislang so wenig beachtete Nachbar durch bedeutsame wissenschaftliche Leistungen Aufsehen. So dringen vom Ende des 18. bis zum Beginn des 20. Jahrhunderts mehrere hundert Lehnwörter und eine Vielzahl von Lehnübersetzungen aus dem Bereich des geistigen Lebens, der Kultur und der Wissenschaften in die französische Sprache ein.

Beginnen wir mit der Musik, dann finden wir neben dem ‚lied', ‚leitmotiv' und ‚valse' auch eine spezielle Wagnerterminologie (‚walhalla', ‚walkyrie', ‚rhingrave'). Deutsche Instrumentalbezeichnungen werden heimisch, etwa ‚accordéon', ‚harmonica' und ‚tuba'. Der ‚Oboist' kehrt als ‚hautboïste' wieder. Dazu fassen Ausdrücke der Bildung und des Geisteslebens aus dem Deutschen im Französischen Fuß. Zum Beispiel ‚génial', ‚morphologie' (eine Prägung Goethes), ‚théoretique', die Lehnübersetzung ‚conception du monde' für ‚Weltanschauung', die Wiedergabe des Herderschen Begriffes ‚Zeitgeist' durch ‚esprit du temps' oder Nietzsches ‚Übermensch' als ‚surhomme'. Der Begriff ‚psychologie', der im Französischen vorher ‚Geisterbeschwörung' bedeutet hatte, nimmt nun unter dem Einfluss des gleichen Wortes im Deutschen, dessen heutigen Wortsinn an. Dazu werden im Verlauf des 19. Jahrhunderts die deutschen Fachsprachen der Philosophie und der Natur- und Geisteswissenschaften in ihrer ganzen Breite wirksam. (Dazu gleich mehr.)

Auch England entdeckt am Ende des 18. Jahrhunderts das geistige und kulturelle Deutschland. Die englischen Romantiker studieren deutsche Philosophen, vor allem Kant, Schelling und Hegel. Coleridge und Carlyle spielen dabei eine wichtige Vermittlerrolle. In dieser Periode um 1800 dringen deutsche Ausdrücke der Philosophie direkt oder als Lehnübersetzungen in den intellektuellen englischen Wortschatz ein. Vor allem Kants Terminologie spielt eine große Rolle, etwa das Gegensatzpaar ‚subjective / objective', ‚form', ‚idea', ‚intuition', ‚categorical imperativ', ‚thing-in-it-self' (< ‚Ding an sich'), ‚transcendent'. Auch seine Unterscheidung von ‚Vernunft' und ‚Verstand' beeinflusst semantisch die Bedeutung der englischen Bezeichnungen ‚reason' und ‚understanding'.

Weitere philosophische Termini aus dem Deutschen, die um oder wenig nach 1800 im Englischen heimisch werden sind ‚aesthetics (< ‚Ästhetik'), criticism, determinism, intellectualism, nihilism, pluralism, statistics, teleology, terminology, voluntarism'.

Neben solchen direkten Entlehnungen werden Fachausdrücke auch lehnübersetzt, etwa ‚chain-argument' (< ‚Kettenschluss'), ‚conditioned' (< ‚bedingt') oder ‚world-view' (< ‚Weltanschauung'), ein Ausdruck, den vor allem Kant und Schelling in die Philosophie eingeführt hatten. Der Begriff ‚Weltanschauung' ist in viele Sprachen gewandert, wir finden ihn außer in der schon erwähnten französischen Lehnübersetzung zum Beispiel auch in italienisch ‚visione del mondo', schwedisch ‚världsåskådning', russisch ‚mirovozzrenie' oder serbokroatisch ‚svjetogled' wieder. Den Terminus ‚Aufklärung', der um 1770 geprägt und dann von Kant popularisiert wurde, entlehnt das Englische als ‚enlightenment'. Zwar existierte das Denken der Aufklärung in England (F. Bacon, Locke, Hume) und in Frankreich (Montesquieu, Voltaire, Enzyklopädisten, Rousseau) schon früher als in Deutschland (Wolff, Lessing, Kant). In Frankreich sprach man – in Anlehnung an die damals weit verbreitete Lichtmetaphorik – allgemein vom ‚siècle des lumières', und das Englische verwendete zur Benennung der

Tätigkeit und des Ziels das Verb ‚enlighten'. Aber eine Bezeichnung für dieses Denken als philosophischer Richtung gab es noch nicht. Das Französische blieb jedoch bei ‚les lumières'.

Auch die deutsche Literatur, vor allem die Goethes, Schillers, Lessings und der Romantiker, findet seit dem Ende des 18. Jahrhunderts in England und besonders in Schottland großes Interesse. 1788 hatte sich die Royal Society of Edinburgh erstmals mit dem neuen deutschen Drama beschäftigt. Coleridge und (später) Carlyle besuchen Deutschland und übersetzen deutsche Klassiker. Die Literaten- und Intellektuellenzirkel um W. Scott in Edinburgh und W. Taylor in Norwick sind ausgesprochen germanophil. Das Ergebnis der intensiven Beschäftigung mit der deutschen Literatur sind Lehnwörter und Lehnübersetzungen wie ‚dramaturgy', ‚onesided' (< ‚einseitig'), ‚program', ‚self-portrait' (< ‚Selbstbildnis'), ‚spook' (< ‚Spuk'), ‚storm and stress' (< ‚Sturm und Drang'), ‚swan-song' (< ‚Schwanengesang'). Carlyle überträgt die Bedeutung des deutschen Begriffs ‚Umwelt' auf den (aus dem Französischen stammenden) englischen Ausdruck ‚environment', der bis dahin nur die unmittelbare Umgebung eines Orts bezeichnet hatte.

Seit der Mitte des 19. Jahrhunderts lässt das englische Interesse an deutscher Literatur wieder allmählich nach, bis es im letzten Drittel des Jahrhunderts verblasst (Stanforth 1968). An seine Stelle tritt – in viel größerem Umfang – die Beachtung der deutschen Wissenschaft, vor allem der Naturwissenschaften. Eine ähnliche Akzentverlagerung des Interesses vom Geistig-Kulturellen auf die Wissenschaft in Deutschland vollzieht sich, wenn auch weniger eindeutig, in Frankreich. Im Englischen und Französischen beginnen sich nun die Entlehnungen deutscher bzw. in Deutschland geprägter naturwissenschaftlicher Begriffe zu häufen. Die meisten der im Folgenden aufgeführten Belege finden sich in beiden Sprachen. Sie stellen trotz der vielfach schon umfangreich erscheinenden Aufzählung nur einen relativ kleinen Ausschnitt dar. Weitere Belege bieten für das Englische die Zusammenstellungen von Carr (1938) und Pfeffer (1977). Für das Französische sei auf die großen etymologischen Wörterbücher verwiesen.

Beginnen wir mit den Termini aus der Biologie. Der Ausdruck für die Disziplin selbst wurde von dem deutschen Naturforscher Treviranus geprägt und erscheint in fast gleicher Wortgestalt in beiden (und natürlich auch anderen) Sprachen. Außerdem wurden ins Englische und / oder Französische entlehnt: ‚Bakterie(n), Bakteriologie, Bazillus, Biochemie, Biomasse, Chromosom, Enzym, Gen, Plankton, Plasma, Protoplasma'. Nur im Englischen erscheint der Ausdruck ‚anlage' (genetische Anlage im Embryo). Der Begriff ‚Wirt' (zum Beispiel in ‚Wirtspflanze') wird englisch mit ‚host' lehnübersetzt. ‚Ecology' bzw. ‚ècologie' gehen auf den von Haeckel geprägten Ausdruck ‚Ökologie' zurück.

Auch eine Reihe von Tier- und Pflanzenbezeichnungen des Englischen und Französischen entstammen dem Deutschen. Im Englischen zum Beispiel die Hundebezeichnung ‚dachs-hund', ‚poodle', ‚schnauzer', ‚teckel' (< ‚Teckel' = norddeutsch für ‚Dackel') und ‚wolfhound' oder der Name des Greifvogels ‚lammergeier' (< ‚Lämmergeier'). Unter den Pflanzenbezeichnungen entdecken wir ‚dahlia', ‚fuchsia', ‚larch' (< ‚Lärche') und die Lehnübersetzung des ‚Vergissmeinnicht' in englisch ‚forget-me-not' und französisch ‚ne-m'oubliez-pas'.

Aus der Sprache der Medizin und Pharmazie finden wir englische und / oder französische Entsprechungen von ‚Allopathie, Aspirin, Bakterium, Bazillus, Heroin, Homöopathie, Pepsin, Poliklinik, Sitzbad (> englisch ‚water-cure'). Die metaphorische deutsche Bezeichnung der Pest als ‚schwarzer Tod' kehrt in der englischen Lehnübersetzung ‚black death' wieder. In der wissenschaftlichen Psychologie des 19. und des beginnenden 20. Jahrhunderts sind vor allem Fachtermini Freuds und Jungs, aber auch einiger anderer, ins Englische und Französische gelangt. Wir geben folgende Belege im Englischen wieder: ‚abreaction, angst, autism, complex, dreamwork, eidetic, eigen-value, extraversion, id (< ‚Es'), introversion, gestalt-theory, imago, libido, masochism, narcissm, paranoia, psycho-analysis, sublimation, transference (< ‚Übertragung')'. Lipps Terminus ‚Einfühlung' wird im Englischen und Französischen als ‚empathy' / ‚empathie' lehnübersetzt. Wundts Terminus ‚Verdrängung' übernimmt das Englische als ‚suppression', während ihn das Französische mit ‚refoulement' wiedergibt. Nietzsches ‚Übermensch' erscheint im Englischen zunächst als ‚overman', später als ‚superman'. Zum psychologischen Vokabular in einem weiteren Sinn gehört auch englische ‚schadenfreude'.

Einen Bereich, in dem die deutsche Wissenschaft schon früh führend wird, stellt die Chemie dar. So ist es nicht verwunderlich, dass auch die chemische Fachsprache stark ausgestrahlt hat. Unter den vielen Ausdrücken, die das Englische und / oder Französische entlehnt haben, finden wir: ‚Äthyl, Alkaloid, Anilin, Aspirin, Benzin, Benzol, biochemisch, Caesium, Ester, Fusel, Kadmium, Lanolin, Natrium, polymerisch, Ozon, Quarz, Menthol, Morphium, Nuklein, Paraffin, Sacharin, Thermolyse'.

In der Fachsprache der Physik finden wir zum Beispiel im Französischen ‚entropie, dynamo, compteur, Geiger (< Geigerzähler), infrarouge, (< infrarot), ohm, quantum, théorie de la relativité, spectromètre'. Dieselben Termini wurden auch ins Englische entlehnt. Dort werden übrigens die Röntgenstrahlen so bezeichnet, wie es Roentgen selbst getan hatte: ‚X-Strahlen' > ‚x-rays'.

Auch in der Mineralogie und Geologie gehen die Entlehnungen, die schon im Spätmittelalter begonnen hatten, weiter. Aus dem 19. Jahrhundert stammen etwa englisch ‚bunter' (< ‚bunter Sandstein'), calcit, felstone (< ‚Felsstein'), geest, interglacial, kainite, keuper, loess, maar, magnetite, muschelkalk, schrund'. Dazu kommen geographische Ausdrücke. Die von Gerhard Mercator im 16. Jahrhundert geprägte Bezeichnung eines Kartenwerks als ‚Atlas' wird bereits im 17. Jahrhundert ins Englische und Französische entlehnt. Aus dem 19. Jahrhundert stammen englisch / französisch ‚hinterland', ‚oceanography' / ‚océanographie' und ‚water-shed' / ‚partage des eaux'. Die Bezeichnung ‚Eiszeit' wird englisch als ‚ice-age' lehnübersetzt und französisch ‚époque glaciaire' nachgebildet. Englisch ‚foehn' und französisch ‚fœhn' entsprechen dem aus dem Schweizerdeutsch stammenden ‚Föhn(wind)'.

Neben dem Fachwortschatz einzelner wissenschaftlicher Disziplinen liefert das Deutsche den westlichen Nachbarsprachen im 19. Jahrhundert auch eine Anzahl allgemeiner theoretischer Ausdrücke und Bildungsbegriffe. Hierzu gehören etwa englisch ‚epoch-making' (< ‚epochemachend'), englisch / französisch ‚genial' / ‚génial', englisch ‚standpoint' (< ‚Standpunkt'), ‚stylize' (< ‚stilisieren'), ‚tendentious' (< ‚tendenziös'), englisch / französisch ‚theoretical' / ‚théorique'.

Der Terminologie des deutschen Universitätswesens entstammen englisch ‚academic freedom', ‚faculty', ‚festschrift', ‚habilitate', ‚off-print' (< Lehnübersetzung von ‚Separatdruck'), ‚seminar'. Deutsche Musiktermini im Englischen sind ‚claviature, folksong, glockenspiel, music-drama, sextet, singspiel, song without words, tone-poem (< ‚Tondichtung'), waltz, yodel, zither'. Aus der bildenden Kunst stammen ‚jugendstil' (neben ‚art nouveau') und ‚kitsch'.

Breit vertreten sind im Englischen Fachausdrücke der Sprachwissenschaft, insbesondere die Terminologie Jacob Grimms. Zum Beispiel: ablaut, affricate, anglist, folk-etymology, formant, loanword, Middle English (nach Grimms Ausdruck ‚Mittelenglisch'), sound shift(ing) (< ‚Lautverschiebung'), ‚stave-rhyme' (< ‚Stabreim'), ‚strong / weak' (< ‚starke' und ‚schwache' Verben), ‚umlaut'. Ferner die Lehnübersetzung ‚initial-sound' (< ‚Anlaut'); im 19. Jahrhundert waren sogar die deutschen Ausdrücke im Englischen noch gebräuchlich.

Zum Abschluss dieser Suche nach Spuren deutscher fachsprachlicher Ausdrücke im Englischen und Französischen noch ein Blick auf die Bereiche Politik und Militär. Die militärischen Termini entstammen zum größeren Teil den beiden Weltkriegen. Älterer Herkunft sind englisch ‚war-game' (< ‚Kriegsspiel' im Sandkasten oder auf Landkarten), ‚warlord' (< ‚Kriegsherr') und ‚sharp-shooter' (< ‚Scharfschütze', ursprünglich ein Tiroler Schütze im Kampf gegen die französisch-bayerischen Besetzer zur Zeit Napoleons).

Deutsche Entlehnungen im Französischen vor dem Ersten Weltkrieg sind ‚képi' (< schweizerdeutsch ‚Käppi' = ‚Kappe'), ‚quartier-maître' und ‚loustic' zur Bezeichnung eines Spaßmachers. Das letzte Wort wurde entlehnt, als die französische Armee für ihre heimwehkranken Schweizer Söldner eigens Spaßmacher anstellte, um sie aufzuheitern. Die Schweizer Soldaten nannten diesen Spaßmacher ‚Bruder Lustig'.

Während des Ersten Weltkriegs wurden dann im Englischen wie im Französischen eine Reihe speziell auf die Kriegsführung bezogene deutsche Ausdrücke übernommen oder lehnübersetzt. So zum Beispiel englisch / französisch ‚bunker', englisch ‚drumfire' (< ‚Trommelfeuer'); englisch / französisch ‚ersatz', englisch ,flammenwerfer' (später ‚flame-thrower'), französisch ‚lance-flammes', englisch / französisch ‚hinterland' (jetzt durch die militärische Bedeutung ergänzt); ‚shock troops' / ‚group de choc' (< ‚Stoßtrupp'). Auch das deutsche Verb ‚strafen' > englisch ‚strafe' gehört zur Kriegsterminologie. Es war zwar schon vorher entlehnt worden, vermutlich als Bestandteil der grimmigen Parole im Wilhelminischen Reich ‚Gott strafe England!'. Während des Krieges wandelte sich die Bedeutung des Worts in ‚grimmig angreifen', später ‚Bodentruppen mit Bordwaffen beschießen' und schließlich (im Zweiten Weltkrieg) ‚heftig bombardieren'. Die allgemeine Bedeutung ‚bestrafen' existiert aber ebenfalls noch.

Der deutschen Militärsprache des Zweiten Weltkriegs entstammt das vielfältig verwendete englische Lehnwort ‚blitz'. Es ist vom Ausdruck ‚Blitzkrieg' entlehnt und bedeutete zunächst ‚heftiger, überraschender Angriff'. Während der deutschen Bombardierung Londons engte sich die Bedeutung auf ‚schwerer Bombenangriff' ein. Nach dem Krieg erweiterte sich die Bedeutung und konnte jede Art von blitzartiger oder heftiger Attacke bezeichnen. Ins Französische ist ‚Blitzkrieg' als Lehnübersetzung eingegangen ‚guerre éclair'.

Als letzter fachsprachlicher Bereich sei noch der der Politik betrachtet. Wegen der späten Nationalstaatsbildung und der daraus folgenden geringen außenpolitischen Relevanz Deutschlands im Westen gibt es vor Mitte des 19. Jahrhunderts keinen deutschen politischen Terminus, der ins Englische oder Französische eingedrungen wäre. Ja, eine, wenn nicht die erste Entlehnung aus der Sprache der Politik, bezeichnete gerade diesen deutschen Zustand ‚particularism'. Der deutsche Ausdruck war vorher aus dem Französischen entlehnt worden und spielte 1848 in den Debatten des Frankfurter Vorparlaments (Paulskirche) eine Rolle.

Nach der Entwicklung der Lehre von Karl Marx gelangt auch seine deutsche Terminologie ins Englische und Französische, etwa der Begriff ‚Klassenbewusstsein': englisch ‚class-consciousness', französisch ‚conscience de classe'. Zwei Jahrzehnte später wird auch der Begriff ‚Sozialdemokrat' entlehnt: ‚social democrat' / ‚social-démocrate'. Der spektakuläre Börsenkrach in Wien 1873 lässt den Ausdruck ‚krach' in beide Sprachen wandern.

Der Anspruch des wilhelminischen Deutschlands, eine ‚Weltmacht' zu sein und ‚Weltpolitik' treiben zu können, führt zur Lehnübersetzung beider Ausdrücke im Englischen: ‚world power', ‚world policy'. Ob auch die französischen Entsprechungen ‚puissance mondiale' bzw. ‚politique mondiale' davon beeinflusst sind, ist unklar.

Die harten Friedensbedingungen von Versailles im Jahr 1919, die von Deutschland als ‚Diktat' empfunden werden, fügen auch den englischen und französischen Ausdrücken ‚dictate' / ‚dictat' diese spezielle Bedeutung hinzu. Nach dem Hitler-Putsch von 1923 taucht ‚putsch' auch im Englischen und Französischen auf und nimmt dort auch die allgemeine Bedeutung an, die das Wort im

Deutschen besitzt. Während der NS-Herrschaft gelangen spezielle Ausdrücke dieses Regimes wie ‚Anschluss', ‚Nazi' und ‚Reich' in beide Sprachen.

Nach dem Zweiten Weltkrieg wandern noch einige weitere deutsche politische Begriffe ins Englische und Französische, ohne dass man die Dauerhaftigkeit ihrer Verankerung schon beurteilen könnte. So hat sich zum Beispiel die englische Bezeichnung ‚laender' für die deutschen Bundesländer bislang gehalten, der vorübergehend in der französischen Presse verwendete Ausdruck ‚waldsterben' ist jedoch bald wieder von heimischen Bezeichnungen verdrängt worden. Insgesamt muss noch einmal betont werden, dass die Fachsprache der Politik zu den Bereichen des deutschen Wortschatzes gehört, aus dem das Englische und Französische am wenigsten entlehnt haben.

Natürlich finden wir deutsche Entlehnungen des 18. bis 20. Jahrhunderts nicht nur im geistigen und fachsprachlichen Wortschatz des Englischen und Französischen. Mit dem englischen und amerikanischen Alltags- und Allgemeinwortschatz beschäftigen wir uns im nächsten Kapitel näher. Im Französischen stoßen wir in diesem Bereich auf Einzelwörter wie ‚album', ‚blockhaus', ‚diesel', ‚draisienne' (< ‚Draisine'), ‚edelweiss', ‚foudre' (= ‚großes Fass' < ‚Fuder'), ‚fifrelin' (< ‚Pfifferling'), ‚loden', ‚mastoc' (= ‚klobig, plump, massig'; < ‚Mastochse'), ‚stand' (= ‚Messestand, Schießstand'; < ‚Stand'). Bei Sport und Freizeit finden wir ‚alpenstock', ‚handball', ‚kursaal', ‚schuss' (< Schussfahrt mit Skiern), als Speise- und Getränkebezeichnungen ‚bock' (< ‚Bockbier'), ‚brezel', ‚chope' (= ‚ein Krug Bier' < ‚Schoppen'), ‚choucroute' (< ‚Sauerkraut'), ‚frichti' (= karges Mahl, abgeleitet aus der elsässischen Dialektform ‚Fristik' für ‚Frühstück'), ‚kirsch' (< ‚Kirschwasser'), ‚kummel' (< ‚Kümmellikör'), ‚nouilles' (< ‚Nudeln'), ‚quenelle' (< ‚Knödel'), ‚quiche (lorraine)' (< ‚Küchle' als Dialektbezeichnung für einen ‚Speckkuchen'), ‚riesling', ‚vermouth'. Sogar das beliebte französische Frühstücksgebäck ‚croissant' verdankt seine Benennung einer Bedeutungsübertragung vom deutschen Wort ‚Hörnchen'. Dies geschah schon im 17. Jahrhundert, als die Wiener Bäcker nach der erfolgreichen Abwehr der türkischen Belagerung ihre Hörnchen in der Form eines Halbmondes (des türkischen Emblems) backten. Diese Mode verbreitete sich bis nach Frankreich, wobei auch die Bedeutung ‚Gebäck' auf die französische Bezeichnung des Halbmonds (‚croissant') übertragen wurde.

Doch trotz der gar nicht so wenigen Belege auch im französischen Alltagsvokabular war der Einfluss im wissenschaftlichen und geistigen Wortschatz bedeutender. Was dieser Austausch des geistigen Wortschatzes, zuerst jahrhundertelang vom Französischen ins Deutsche, dann vom Ende des 18. bis zu Beginn des 20. Jahrhunderts auch vom Deutschen ins Französische bewirkte, hat der bekannte Romanist Walter von Wartburg einmal so charakterisiert: Dieser Austausch hat „einen gemeinsamen europäischen Geist und ein gemeinsames Vokabular dieses Geistes (geschaffen), das die Einzelsprachen wie ein gemeinsames Fluidum durchzieht . . . (und) ein Band gemeinsamer Denk- und Lebensformen (flicht)."

Dieses ‚gemeinsame Band' besteht aber auch mit anderen europäischen Völkern – und zwischen diesen Völkern. Und es reicht sogar noch über Europa hinaus, zum Beispiel nach Nordamerika, eben überall dahin, wohin der europäische Kultur- und Spracheinfluss sich ausdehnte.

12
Deutsch im anglo-amerikanischen Alltag

Unter Anglisten galt es lange Zeit als ausgemacht, dass zwar eine Anzahl deutscher bzw. in Deutschland geprägter Wissenschaftstermini, aber kaum Ausdrücke des deutschen Allgemein- und Alltagswortschatzes ins Englische gelangt seien. Wenn auch ihr Anteil im amerikanischen Englisch – auf Grund des drei Jahrhunderte währenden Sprachkontakts mit deutschen Einwanderern – etwas höher ausfalle, so sei er im Ganzen doch recht unbedeutend.

Eine neue Studie des kalifornischen Linguisten Alan Pfeffer (1977 / 1987) belegt jedoch, dass das deutsche Lehngut „weit größer und reichhaltiger ist, als bisherige Untersuchungen es haben vermuten lassen". Neben etwa 700 rein wissenschaftlichen Fachausdrücken (von denen eben eine Auswahl vorgestellt wurde) kennt das amerikanische Englisch noch etwa 1.400 „allgemeinere und populärwissenschaftliche (Entlehnungen), deren sich zu einem guten Teil sogar der Mann auf der Straße bedient" (Pfeffer 1977).

Man kann hinzufügen, dass davon wiederum ein Teil wegen der großen Verbreitung amerikanischer Film-, Fernseh- und Buchproduktionen auch im britischen Englisch heimisch geworden ist. Man denke nur an die Wortbildungen mit ‚-burger' und ‚-fest' oder an die Bezeichnung ‚lager' für eine Biersorte, die nach deutscher Art gebraut ist.

Weil wir die Dinge nicht komplizieren wollen, verzichten wir bei den hier vorgestellten Belegen auf die Angabe, welcher davon auch ins britische Englisch gefunden hat.

Jedes hier aufgeführte Wort existiert jedoch zumindest im amerikanischen Englisch.

Vor der Suche nach deutschen Entlehnungen im anglo-amerikanischen Vokabular ist ein kurzer Blick auf den historischen Verlauf des amerikanisch-deutschen Sprachkontakts sinnvoll. Nach der Gründung der ersten britischen Kronkolonie an der Ostküste kamen sechs Jahrzehnte später, im Jahr 1683, die ersten deutschen Einwanderer ins Land: eine Mennonitengemeinde aus Krefeld, die am Rande Philadelphias die Ansiedlung ‚Germantown' gründete. Ihr folgten bald Siedler aus Südwestdeutschland, vor allem aus der Pfalz, die sich ebenfalls in Pennsylvania niederließen und den Grundstock der Siedler bildeten, die später ‚Pennsylvania Dutch' genannt wurden. Deren archaisches Pfälzisch, das ‚Pennsylvaniendeutsch', sprechen heute noch etwa 100.000 Menschen als Muttersprache.

Nach 1730 nimmt die Einwanderung stärker zu. Jetzt ist weniger der Wunsch nach ungehinderter Glaubensausübung das Motiv als die Flucht vor der Armut (besonders nach den Verwüstungen des ‚Siebenjährigen Krieges') oder einfach, weil man sich ganz allgemein eine bessere Zukunft im Land der unbegrenzten Möglichkeiten erhofft. Nun entstehen auch in New Jersey, Maryland, Virginia und North Carolina deutsche Siedlungen und Sprachinseln. Die Einwohner von Germantown verfassen 1688 – in deutscher Sprache – den ersten Protest gegen die Sklaverei auf nordamerikanischem Boden. Auch die erste in Nordamerika gedruckte Bibel erscheint 1743 in Deutsch. Als 1775 die Rebellion der 13 Staaten gegen die englische Kolonialmacht beginnt, formulieren deutsche Siedler in North Carolina noch vor der Unabhängigkeitserklärung Jeffersons (1776) eine eigene ‚Mecklenburger Unabhängigkeitserklärung'.

Der Bevölkerungsanteil der Deutschstämmigen ist am Beginn der ‚nationalen Geschichte' der USA noch sehr klein. Eine Volkszählung von 1790 weist 176.000 deutschsprachige Bewohner aus, was einem Bevölkerungsanteil von 5,6 Prozent entspricht. Die weit überwiegende Zahl der Einwanderer stammt aus England, Schottland und Irland und ist anglophon.

Trotzdem war die Frage nach der Sprache der entstehenden Nation noch nicht gestellt worden. In den einzelnen Gemeinden und Städten wurde von den Bürgern darüber ganz pragmatisch entschieden – einfach durch Verwendung ihrer jeweiligen Sprache. Angesichts der Bevölkerungsverhältnisse war dies meist das Englische. Aber es gab auch zahlreiche deutsch- und französischsprachige Gemeinden. In vielen kleineren und größeren Orten wurde der Schulunterricht in Deutsch abgehalten. Gottesdienste fanden grundsätzlich in der Muttersprache der Gemeindemitglieder statt. Die Protokolle der Beratungen des Verfassungskonvents nach dem erfolgreichen Unabhängigkeitskrieg (1776 – 1783) wurden zunächst in drei Sprachen veröffentlicht: in Englisch, Deutsch und Französisch.

Welch geringes Gewicht damals noch die Sprachzugehörigkeit besaß, zeigt das Beispiel des aus Magdeburg stammenden Generals Friedrich Wilhelm von Steuben. George Washington hatte den erfahrenen preußischen Generalstabsoffizier mit der Organisation und Ausbildung der amerikanischen Revolutionsarmee beauftragt. Später hatte von Steuben mit eigenen Truppenkommandos entscheidenden Anteil am amerikanischen Sieg über die britischen Kolonialtruppen. Doch der Generalissimus sprach anfangs kein Wort Englisch und gab seine Instruktionen auf Französisch und Deutsch. Schriftlich verwendete er meist das Französische (das damals jeder gebildete Preuße beherrschte), und sein Adjutant übersetzte anschließend das Geschriebene ins Englische.

Nach der Unabhängigkeit und der Schaffung der Verfassung wurde jedoch die Forderung immer lauter, im Land generell die ‚English education' einzuführen. Zu einer gesetzlichen Regelung kam es jedoch nicht. Vielmehr ließen der praktische Sprachgebrauch und der Prestigedruck des quantitativ dominierenden Englisch diese Sprache de facto zur Nationalsprache werden, auch wenn kein Gesetz dies festschrieb. Auch wenn es bis ins erste Jahrzehnt des 21. Jahrhunderts dauerte, bis Englisch tatsächlich zur Staatssprache der USA bestimmt wurde.

In diesem Zusammenhang wird immer wieder behauptet, dass am Ende des 18. Jahrhunderts die parlamentarische Entscheidung über die künftige Nationalsprache mit nur einer Stimme Mehrheit zugunsten des Englischen – und gegen das Deutsche gefallen sei. Und zu allem Übel sei es auch noch die Stimme eines Deutschstämmigen, des Sohns des eingewanderten lutherischen Pastors Mühlenberg, gewesen, die zugunsten des Englischen den Ausschlag gab.

Doch diese hartnäckig wiederholte Behauptung ist eine Legende. Eine Abstimmung im Kongress über die Frage, welche Sprache die Nationalsprache der Vereinigten Staaten sein solle, hatte es damals nicht gegeben. Der Hintergrund dieser Legendenbildung ist ein Antrag deutscher Siedler in Virginia, die vom Kongress verabschiedeten Gesetze sollten nicht nur in Englisch, sondern auch in Deutsch veröffentlicht werden. Ein Ausschuss des Kongresses machte sich diese Forderung auch zu Eigen.

Als aber das Repräsentantenhaus darüber abstimmte, wurde der Antrag mit 42 zu 41 Stimmen abgelehnt. Dabei hat auch der deutschstämmige pennsylvanische Abgeordnete Friedrich August Mühlenberg gegen den Antrag gestimmt (Heath / Mandabach 1983).

Es waren andere Gründe, die den Ausschlag dafür gaben, dass sich Englisch und nicht Deutsch zur de-facto-Nationalsprache der USA entwickelte. Einmal die schon genannte zahlenmäßig starke Überlegenheit der Anglophonen in der Zeit der Entstehung der Vereinigten Staaten. Am Ende des 19. Jahrhunderts hatten dann zwar die Deutschsprechenden (einschließlich der Bilingualen aus den Habsburger Gebieten) fast gleichgezogen, doch war jetzt die Sprachenfrage längst entschieden und das Englische fest etabliert.

Außerdem war im 19. Jahrhundert – unter dem Eindruck der massiven Einwanderung aus nichtanglophonen Gebieten – das Englischsprechen stark forciert worden (Heath / Mandabach 1983). Dem Deutschen dagegen fehlte eine standardsprachliche Norm. Viele der Eingewanderten hielten an ihrem heimatlichen Dialekt fest, ein verbindliches Wörterbuch und eine Grammatik für ‚amerikanisches Deutsch' (wie Noah Webster sie für das ‚amerikanische Englisch' geschaffen hatte), gab es nicht. Damit blieb am Deutschen das Image einer wenig kultivierten Sprache haften, die eher von ungebildeten Leuten gesprochen wurde und kein gesellschaftliches Prestige vermittelte. Die meisten Deutschamerikaner reagierten darauf nicht etwa mit größeren Anstrengungen zur Verteidigung und Aufwertung ihres Idioms, sondern sie gaben es preis und assimilierten sich. Ein äußeres Zeichen dafür ist die Anglisierung ihrer Namen schon lange bevor Deutsch im Ersten Weltkrieg einer förmlichen Ächtung verfiel. So wurde aus ‚Pulvermann' > ‚Pullman', aus ‚Huber' > ‚Hoover', aus ‚Rockenfeld' > ‚Rockefeller' und der berühmte Klavierbauer Heinrich Steinweg stellte ‚Steinway'-Flügel her. Vom Namen des Erfinders der ‚Jeans', Levi Strauss, eines Oberfranken jüdischen Glaubens, blieb immerhin der Vorname erhalten (‚Levi Jeans'), während der ‚Erfinder' des Ketch-up, Heinze, seine Produkte unter seinem ursprünglichen Namen bekannt machen konnte.

Gleichwohl drang, bedingt durch das Zusammenleben, im 19. Jahrhundert eine Vielzahl deutscher Ausdrücke in das amerikanische Englisch ein. Sie reichen von den Speisebezeichnungen ‚bratwurst', ‚Frankfurter' (= ‚Wiener Würstchen') und ‚Hamburger' über ‚lebkuchen', ‚knackwurst', ‚pretzel', ‚pumpernickel', ‚sauerkraut' und ‚schnitzel' bis zum ‚smearcase' (< ‚Schmierkäse'). Dazu trank man ‚lager' (< ‚Lager-Bier') aus einem ‚stein' (< ‚Steinkrug') und vielleicht auch einen ‚schnapps'. Das Ganze konnte man im ‚gasthaus' bekommen oder auch in einer ‚beerhall', einer ‚beerstube' oder in einem ‚beergarden'. Wenn dort auch getanzt wurde, spielte man sicher auch eine ‚polka', einen ‚schottische' (< ‚Schottischer') oder einen ‚waltz'.

Die Atmosphäre in all diesen Lokalitäten empfanden Deutsche wie Amerikaner als ‚gemuetlich'. Wenn einer nach all den erwähnten etwas derben Speisen auch noch Süßes zu sich nahm, etwa eine ‚schnecke', eine ‚torte' oder gar ‚marzipan', oder wenn er sich als ‚chainsmoker' (< ‚Kettenraucher') vom vielen Rauchen den Magen verdorben hatte, half nur noch Tee mit ‚zwieback'. War es ein Kater nach zuviel Alkohol, gab es am Morgen danach ‚bismarck herring' (so genannt seit dem Ende des 19. Jahrhunderts). Kaufen konnte man diesen in

Läden, die ‚delicatessen' genannt wurden. Feiner als die ‚beerhall' war der ‚rathskeller', wo es auch Wein gab, eventuell sogar die Sorte ‚auslese'. Die Frauen trafen sich gern zum ‚coffee klatsch'. Hundeliebhaber besaßen einen ‚schnauzer', ‚spitz' oder ‚shepherd' (< ‚Schäferhund').

Viele dieser Wörter sind auch ins britische Englisch weitergewandert oder auch parallel zum amerikanischen Englisch direkt aus dem Deutschen entlehnt worden. Zum Beispiel der ‚kindergarten', der zunächst in beiden Sprachen heimisch wird, später jedoch im britischen Englisch dem Begriff ‚infant school' weicht, während die kleinen Amerikaner weiter in den ‚kindergarten' gehen und von ‚kindergartners' betreut werden.

Mit den deutschen Einwanderern des 19. Jahrhunderts, insbesondere mit den nach der gescheiterten Revolution 1848 verfolgten Demokraten, war auch die ‚Turnerbewegung' in den USA heimisch geworden. So existieren dort seit etwa 1850 ‚turners', ‚turnhalls' und der ‚turnverein'. Die von Friedrich L. Jahn 1811, während der napoleonischen Besatzungszeit geschaffene Turnerbewegung besaß anfangs noch einen ausgeprägt patriotischen Charakter. Neben der Erziehung zum sittlichen Menschen und einer Gesamtbildung von Geist und Körper wollte Jahn auch das deutsche Nationalbewusstsein stärken. Später boten die Turnvereine den Demokraten, weil die Bildung politischer Vereine damals verboten war, eine Tarnung für ihre republikanischen und auf die Einheit Deutschlands gerichteten Bestrebungen. Auch der badische Revolutionär Friedrich Hecker, der im April 1848 die Republik ausgerufen hatte, war ein ‚Turner'.

Nach seiner Flucht nach Amerika beteiligte er sich im November 1848 an der Gründung des ersten Turnvereins auf amerikanischem Boden. Von den ‚turners' und anderen ‚fourty-eighters' – unter ihnen viele Professoren, Studenten, Juristen und Ärzte – ging nun erstmals eine Politisierung der bislang unpolitischen und unorganisierten deutschen Einwanderer aus. Die deutschpatriotische Zielsetzung trat in der neuen Heimat zwangsläufig zurück, stattdessen engagierten sich die ‚greens' (wie Anglo-Amerikaner diese Deutschen zur Unterscheidung von den frommen und unpolitischen ‚greys' nannten) stärker für politische Ziele im Land: Sklavenbefreiung, gleiches Stimmrecht für alle, Einführung des Turnunterrichts an allen öffentlichen Schulen, Abschaffung des Alkoholverbots und anderes mehr.

Die Aktivität der ‚turners' und ‚fourty-eighters' rief bei der angelsächsischen Bevölkerungsmehrheit eine doppelte Reaktion hervor. Einerseits stieg jetzt das gesellschaftliche Prestige der deutschen Einwanderer, die bisher als fromme Provinzler oder biedere Kleinbürger gegolten hatten; andererseits wuchs aber das Misstrauen der Anglophonen gegen die Deutschen, die nun einen politischen und gesellschaftlichen Machtfaktor darstellten. Seit etwa 1855 nahm deshalb der Widerstand der englischsprachigen Bevölkerung gegen die anhaltende Einwanderung aus den deutschen Ländern spürbar zu.

Dabei wollten sich die ‚greens' keineswegs vom angloamerikanischen Bevölkerungsteil abgrenzen und etwa eine ‚Gesellschaft in der Gesellschaft' bilden, wie es vorher auf die ‚greys' schon eher zutraf. Sie hielten die Mitglieder der Turnvereine ausdrücklich an, möglichst rasch und möglichst gut Englisch zu lernen, um an den öffentlichen Angelegenheiten teilnehmen zu können. Aber gerade das wurde von der anglophonen Mehrheit als Bedrohung ihrer politischen und kulturellen Vorherrschaft im Land empfunden, so dass es schon in der zweiten

Hälfte des 19. Jahrhunderts zu ausgesprochen fremdenfeindlichen Reaktionen kam. Freilich war der deutschstämmige Bevölkerungsanteil auch ständig größer geworden.

Gleichwohl kam es jetzt zu einem stärkeren gesellschaftlichen und kulturellen Austausch zwischen den beiden Bevölkerungsgruppen, der dem Englischen eine ganze Anzahl deutscher Ausdrücke bescherte. So wurden zum Beispiel Bezeichnungen des Wintersports ‚gelaende jump', ‚langlauf' (20. Jahrhundert) oder ‚schuss' (< ‚Schussfahrt') heimisch. Beim Bergsteigen konnte man sich ‚abseil' (< ‚abseilen'), zum Bergwandern benutzte man einen ‚alpenstock' und trug einen ‚rucksack'. Abends, nach Sonnenuntergang ließ sich in den Bergen ‚alpenglow' (< ‚Alpenglühen') beobachten. Mancher Einwanderer aus Bayern oder Österreich mag das ‚heimweh' verspürt haben. Diese Empfindung war zwar schon früher im britischen Englisch als ‚home sickness' lehnübersetzt worden, aber in den USA des 19. Jahrhunderts wurde parallel dazu auch der deutsche Ausdruck gebraucht.

Zum Flusswandern benötigte man ein ‚fold(ing) boat' (< ‚Faltboot'), bei Segelwettbewerben war ein Boot der ‚sonderclass' besonders chancenreich. Wenn man beim Tischtennis zu wenig Punkte oder beim Skatspielen zu wenig Stiche machte, wurde man – wie im Deutschen – ‚schneider'. Ein wichtiger Trumpf im Kartenspiel war der ‚bower' (< ‚Bauer'). Wer gern kegelte, war im amerikanischen Englisch des 19. Jahrhunderts ein ‚kegler' (heute ‚bowler').

Kaum eine sprachliche und gesellschaftliche Ausstrahlung ging von einer anderen Untergruppe der deutschsprachigen Einwanderer aus: von den Russlanddeutschen. Sie hatten seit 1873 Russland in größerer Zahl verlassen, als Zar Alexander II. ihre bisherigen Privilegien (insbesondere die Befreiung vom Militärdienst) aufgehoben hatte. Doch diese Einwanderer hatten in ihrer früheren Heimat vorwiegend an den alten, aus Deutschland mitgebrachten Dialekten festgehalten und sprachen kaum Schriftdeutsch. Dazu kam ein ausgeprägt konservatives Bewusstsein und eine meist geringe gesellschaftliche Stellung. Diese Faktoren zusammengenommen verhinderten nicht nur, dass eine sprachlich-kulturelle Ausstrahlung von ihnen ausgehen konnte, sie setzten sie auch einem sozialen Druck aus, dem sie nur durch möglichst rasche Assimilation entgehen konnten. Meist sprachen sie schon in der nächsten Generation nur noch Englisch.

Nach 1800 war der ursprünglich geringe deutsche Bevölkerungsanteil stark und im letzten Drittel des 19. Jahrhunderts sogar dramatisch angestiegen. Bis 1900 kamen nicht weniger als 6 Millionen neuer Einwanderer aus Deutschland. Die Napoleonischen Kriege, Missernten mit Hungersnöten, die gescheiterte Revolution von 1848 und die Armut, die selbst noch in den ersten Jahrzehnten des Kaiserreichs herrschte, ließ vielen die Auswanderung nach Amerika als letzte Hoffnung erscheinen. Unter ihnen waren viele Juden, die im Kaiserreich zwar gleichgestellt worden waren, sich aber in den ländlichen Regionen nach wie vor gesellschaftlich und psychologisch benachteiligt sahen.

Zu diesen insgesamt 6 Millionen Deutschen lässt sich noch ein großer Teil Deutschsprechender unter den 4,3 Millionen Menschen aus dem damaligen Österreich-Ungarn hinzurechnen. Auch unter den Juden im russisch beherrschten Osteuropa setzte um etwa 1870 eine riesige Auswanderungswelle ein. Sie mögen seltener das Schriftdeutsch beherrscht haben, aber sie sprachen (Ost-) Jiddisch, eine Sprache, deren Vokabular immer noch etwa 70 Prozent deutsches Wortmaterial enthielt.

Rechnet man dies zusammen, so kletterte schon am Ende des 19. Jahrhunderts die Zahl der Menschen, die deutschstämmig waren oder Deutsch und Jiddisch sprachen, auf acht bis neun Millionen und erreicht damit die Zahl der aus Großbritannien und Irland eingewanderten Anglophonen. Doch wie die Sprachentscheidung schon mehr als ein Jahrhundert früher de facto zugunsten des Englischen gefallen war und weil die politischen und kulturellen Machpositionen sich längst in der Hand der Englischsprachigen befanden, wurde die deutsche Sprache auch jetzt für das Englische kein ernsthafter Rivale mehr.

Die Entlehnung deutscher Ausdrücke in das amerikanische Englisch hielt jedoch an. Zu diesen neuen Entlehnungen gehören Einzelwörter wie ‚alp' (< ‚Alptraum'), ‚distelfink', ‚double-ganger', ‚fingerling', ‚hafnerware', ‚katzenjammer', ‚poltergeist', ‚putz', ‚rationalization', ‚schnorkel', ‚spiel' (= Geschwätz, Überredung, Wichtigtuerei; < ‚Spiel') und ‚spieler' (= Ansager in der Werbung); ‚swindl' und ‚swindler'; ‚wanderlust', ‚weltschmerz'. Dazu Lehnübersetzungen wie ‚first law' (< ‚Faustrecht') oder ‚iron rations' (‚eiserne Ration').

Eine Rolle bei der Verbreitung deutschen Sprachmaterials spielte auch das Jiddische, weil es sowohl aufs Deutsche zurückgehende jiddische Ausdrücke wie auch hebräische Wörter, die das Deutsche aus dem Jiddischen entlehnt hatte, vermittelte. Hierzu gehören ‚glitch' (< ‚glitschen' = gleiten), ‚kibitz(er)', ‚kugel' (= Nudelauflauf, < ‚Kugel'), ‚lox' (< ‚Lachs'), ‚mensch', ‚nosh' (< ‚naschen'), ‚shiksa' (< ‚Schickse'), ‚schmaltz(y)' (< ‚schmalzig' im Sinne von ‚kitschig, sentimental'),

‚schlepp', ‚schmuck', ‚schmoose' (< ‚Schmus'), ‚schnorrer', ‚shtick' (< ‚Stück'). Das Wort ‚glitch', das jede Art von Fehlfunktion oder Bedienungsfehler bezeichnet, wird heute auch im Fachjargon der Raumfahrt verwendet.

Gegen Ende des 19. Jahrhunderts war Deutsch unstrittig zur führenden *Fremdsprache* in den USA aufgestiegen. Wie stark der sprachliche und kulturelle Einfluss damals war, lässt sich noch heute zum Beispiel bei einem Spaziergang auf dem Gelände der Harvard Universität erkennen. Dort stößt man auf Gebäude, deren Architektur und Inschriften an deutsche Bauten der Kaiserzeit erinnern. Unter der Figur eines deutschen Adlers am Bush-Reisinger-Museum findet man etwa (in deutscher Sprache!) das Motto „Es ist der Geist, der sich den Körper baut" – deutscher Idealismus pur. Im Museum stehen Nachbildungen und Gipsabdrücke von Portalen, Altären und Figuren aus deutschen Domen – ein Geschenk Kaiser Wilhelms II. an die Harvard Universität.

Welche Bedeutung Deutsch als Wissenschaftssprache besaß, zeigte sich auch in dem damals üblichen Professoren- und Studentenaustausch zwischen dieser und der Berliner Universität. Und diese Orientierung auf deutsche Kultur und Wissenschaft wirkte sich eben auch in der Fremdsprachenwahl an den „Public Secondary Schools" aus. Eine seit 1890 geführte Statistik zeigte seither immer die mindestens doppelte, häufig noch höhere Anzahl von Deutsch- gegenüber Französischlernern an. 1915 kam erstmals auch Spanisch dazu und sie ergab 24,4 % für Deutsch, 8,8 % für Französisch und 2,7 % für Spanisch. (Quelle: American Council on the Teaching of Foreign Languages, http://www.actfl.org).

Doch im Zusammenhang mit dem Eintritt der USA in den Ersten Weltkrieg kommt es zu einem heftigen Ausbruch antideutscher Gefühle, die von der Regierung Woodrow Wilson bewusst gesteuert worden war, um die kriegsunwillige Mehrheit der amerikanischen Bevölkerung umzustimmen. Seit seinem Amtsantritt 1916 wollte Wilson die Unterstützung Großbritanniens im Krieg gegen Deutschland. Nach der Kriegserklärung 1917 rief die Regierung eine Propagandaagentur, das „Committee on Public Information", nach ihrem Vorsitzenden George Creel auch „Creel Commission" genannt, ins Leben. Diese Kommission täuschte die eigene Bevölkerung durch ein Bild deutscher Kriegsgrausamkeiten, die zum größten Teil reine Erfindungen waren.

Dazu gehörte auch, dass die deutsche Sprache regelrecht tabuisiert wird. Der Deutschunterricht an den staatlichen Schulen ist praktisch verboten und ihre Verwendung wird öffentlich sogar den deutsch-amerikanischen Vereinigungen im Land untersagt. In Nebraska und Iowa wird sogar der Gebrauch einer Fremdsprache (womit aber nur Deutsch gemeint ist) untersagt. Wie der Linguist Dennis Baron mitteilt wurden „nicht weniger als 18.000 Menschen im Mittelwesten während und kurz nach dem Ersten Weltkrieg mit Strafen belegt, weil sie das ‚English-Only'-Statut verletzten.

Durch die antideutsche Sprachpolitik des Staats sinkt der Anteil der deutschlernenden Kinder dramatisch. Während es, wie schon gesagt, fast noch 25 Prozent der Schüler waren, die 1915 noch Deutsch lernten, sind es 1922 sind nur noch 0,6 Prozent. Allerdings ließ sich diese antideutsche Sprachenpolitik auf Dauer mit den freiheitlichen Traditionen des Landes nicht vereinbaren. 1923 und noch einmal 1927 erklärte der Supreme Court die Diskriminierung der deutschen und der anderen Fremdsprachen für verfassungswidrig.

Langsam begann sich die Stellung von Deutsch wieder zu erholen. Doch bevor diese Entwicklung wirklich zum Tragen kommen konnte, hatte sich Deutschland selbst in die nächste und weit schlimmere Katastrophe gestürzt. Mit der Machübernahme der Nationalsozialisten kamen nun die ersten deutschen und deutsch-jüdischen Flüchtling in die USA, die sich freiwillig von ihrer Muttersprache ab- und der Sprache ihres Asyl- und Gastlandes zuwandten. Als dann der Zweite Weltkrieg, das Entsetzen über den Holocaust und die anschließende Vertreibung im Osten der deutschen Sprache in Europa noch einmal Verluste eintrugen, war der Einbruch in den USA – freilich auf ohnedies bereits niedrigem Niveau – vergleichsweise gering.

Heute, in der Zeit eines fast ungebremsten Wachstums des Englischen weltweit, spielt Deutsch keine andere Rolle als viele andere Sprachen in den USA auch (außer wohl des Spanischen). Das besagt jedoch nichts über den Anteil der deutschen ethnischen und kulturellen Tradition im Land. Im Jahr 1983, zum 300. Jubiläum der Ankunft der ersten deutschen Siedler in den USA, würdigte der Senat in einer Resolution "the immeasurable human, economic, political, social and cultural contributions to this country by millions of German immigrants over the last three centuries".

Auch neue Entlehnungen werden ohne Scheu getätigt. Viele Amerikaner wünschen sich ‚gesundheit', nennen ihre Partys ‚fest' und sagen ‚nix' (< ‚nichts'), wenn etwas nicht zustande kommt. Wer sich wehtut, schreit ‚ouch!', was lautlich dem deutschen ‚Autsch' entspricht, und den ‚Rathskeller' in ihrer Stadt nennen viele vertraulich ‚The Rat'. Im Nebenraum des ‚Rat' oder eines anderen ‚gasthaus'(es) mag auch ein Tischfußballspiel stehen, ein

Spiel, das in letzter Zeit in den USA sehr populär geworden ist und mit dem deutschen Lehnwort ‚foosball' bezeichnet wird. Die Ironie der sprachlichen Lehnbeziehungen will es, dass die Deutschen dafür das englische Wort ‚Kicker' gebrauchen.

Teil VII

Das Gewicht des Deutschen

Plädoyer für aktivere Sprachenpolitik

Die weite Reise durch die Sprachlandschaften Europas (und der USA) hat die Bedeutsamkeit der deutschen Sprache sichtbar werden lassen. Dabei ging es nicht nur um kulturhistorische und wissenschaftliche Einflüsse der deutschen Sprache, die auf benachbarte Sprachen und Kulturräume ausstrahlten, sondern auch – und gerade heute – um *soziolinguistische* Kriterien, die ihr Gewicht vor allem in Europa ausmachen. Es geht um die Beziehungen zwischen Sprache und Gesellschaft in Europa, wobei sowohl die Sprecherzahl wie eine Anzahl weiterer Faktoren eine wichtige Rolle spielen. Dabei steht die Stellung des Deutschen in der Europäischen Union besonders im Zentrum.

Den letzten Konflikt um die Stellung von Deutsch als dritter EU-Sprache (neben Englisch und Französisch) hatte es 1999 gegeben, als von der finnischen Ratspräsidentschaft Deutsch bei informellen Ministerratstreffen gestrichen wurde. Daraufhin hatte der damalige Bundeskanzler Schröder zusammen mit seinem österreichischen Kollegen Klima erklärt, dass beide Länder die entsprechenden Sitzungen solange boykottieren würden, bis Deutsch wieder zugelassen sei. Nach zwei Treffen ohne Deutsche und Österreicher ließ die finnische Präsidentschaft von ihrer Deutsch-Blockade wieder ab.

Die Schwierigkeiten des Deutschen in der Europäischen Union, die im Grunde bis heute (2012) bestehen, haben eine lange Vorgeschichte – und die ist nicht ohne deutsche Schuld! Der entscheidende Fehler war schon 1973 geschehen. Doch zunächst einmal zu den erwähnten soziolinguistischen Fragen, die eine objektive Auswahl begründen.

Soziolinguistische Kriterien für das Gewicht einer Sprache in einem geographischen Raum (hier Europa) sind:

- die Zahl der Sprecher als Muttersprache
- die Zahl der Sprecher als Fremdsprache
- die Anzahl der Länder, in denen eine Sprache Amtssprachenfunktion besitzt
- der Umfang der Sprachkontakte aus der Zahl der unmittelbar angrenzenden Sprachen
- die Gleichmäßigkeit der Verbreitung als Fremdsprache in einem geographischen Raum
- die ökonomische Stärke (Bruttosozialprodukt) einer Sprachgemeinschaft
- ihre politische und ökonomische Rolle innerhalb der Organisation.

Die deutsche Sprache nimmt den ersten Platz bei der Zahl der Muttersprachler (um 90 Millionen), bei der Anzahl der Länder, in denen es – national oder regional – Amtssprachenstatus besitzt (Deutschland, Österreich, Schweiz, Liechtenstein, Luxemburg, Südtirol, Ostbelgien) sowie bei der Zahl der angrenzenden Sprachen ein. Im Uhrzeigersinn aufgezählt sind dies: Dänisch, Polnisch, Tschechisch, Slowakisch, Ungarisch, Kroatisch, Slowenisch, Italienisch, Französisch, Niederländisch und Letzebuergisch. Und schließlich nimmt Deutsch Platz eins bei der ökonomischen Stärke der Sprache ein.

Nur bei der Zahl der Fremdsprachensprecher liegt Deutsch in Europa auf Platz zwei: nämlich deutlich hinter dem Englischen, aber vor dem Französischen. Und auch in der Gleichmäßigkeit der geographischen Verbreitung unterscheidet sich Deutsch zumindest von Französisch darin, dass es in West- und Osteuropa etwa im gleichen Umfang vertreten ist, während das Französische zu vier Fünfteln im Westen vorherrscht.

Eine Umfrage von ‚Eurobarometer' der EU aus dem Jahr 2005 ergab für die Muttersprachen 18 % für Deutsch, 13 % für Englisch und 12 % für Französisch. Bei den Fremdsprachen ergaben sich für Englisch 34 %, Deutsch 12 % und Französisch 11 %. Dies ergab folgende *Gesamtsprecherzahlen*: Englisch 47 %, Deutsch 30 % und Französisch 23 %.

Unter den drei wichtigsten Sprachen Europas steht Deutsch also auf Platz zwei. Gleichwohl wird es in Brüssel praktisch ausgespart – „Europa" redet de facto Englisch und Französisch. Warum ist das so?

Versagen deutscher Sprachenpolitik

Nach der totalen Niederlage Hitler-Deutschlands 1945 war die 1949 gegründete Bundesrepublik praktisch nicht außenpolitikfähig. Trotzdem verteidigte Bonn schon 1951 die Geltung von Deutsch als Sprache in internationalen Gremien gegen Versuche Frankreichs, im Nachkriegseuropa eine französische Sprachhegemonie zu errichten. Dazu gehörte, dass Französisch die allgemeine Verkehrssprache Kerneuropas werden müsse. Ein Ziel, hinter dem nicht nur die Pariser Regierung, sondern auch die politische Klasse Frankreichs stand. Der Präsident des „Comité pour le Français", Lavenir, plädierte noch 1957 für eine Regelung, nach der Französisch in allen Ländern Westeuropas neben der Landessprache gleichberechtigte Amtssprache sein sollte (Haarmann 1973: 123f).

Zur ersten Nagelprobe zwischen Bonn und Paris in der Sprachenfrage kam es 1951 bei der Gründung des gemeinsamen Marktes für Kohle und Stahl, der sogenannten ‚Montanunion'. Die deutsche Verhandlungsdelegation nahm dabei ihre sprachenpolitischen Interessen erstaunlich unbefangen und selbstbewusst wahr. Über mehrere Verhandlungsrunden hinweg wurde der Versuch Frankreichs hartnäckig abgewehrt, Französisch zur alleinigen Amtssprache der Montanunion zu erheben. Wie ein Chronist berichtet, „überraschte die deutsche Delegation von Anfang an mit ihrer Festigkeit in der Sprachenfrage. Sie verlangte kompromisslos, dass die deutsche Sprache auf gleichem Fuß mit der französischen stehen müsse" (Hemblenne 1992: 112).

Auch als Frankreich daraufhin Französisch nur als Gerichtssprache bei Streitigkeiten forderte und Italien und die Niederlande bereit waren, dem zuzustimmen, lehnte Bonn diese Forderung ab. Schließlich wurden – dem deutschen Vorschlag folgend – alle vier Sprachen zu Amts- und Arbeitssprachen der Montanunion bestimmt. In der Praxis lief es auf Französisch und Deutsch als Arbeitssprachen hinaus.

Die konsequente Vertretung sprachenpolitischer Interessen durch Bonn schon 1951 zeigte, dass eine solche Vertretung schon sechs Jahre nach dem Ende der NS-Diktatur prinzipiell möglich war. Wohl wegen der Erfahrung des Bonner Widerstands verzichtete Paris bei den Gründungsverhandlungen der Europäischen Wirtschaftsgemeinschaft (EWG) 1957 von vornherein darauf, die eigene Sprache als einzige offizielle Sprache der Wirtschaftsgemeinschaft zu propagieren. Allerdings war Frankreich darauf bedacht, dass die Organe der EWG ihre Sitze im ganz oder teilweise frankophonen Sprachgebiet nahmen (Brüssel, Straßburg, Luxemburg). Auf Grund des ‚Sitzprinzips' war Französisch damit eine herausgehobene Stellung gesichert, die für das untere und mittlere Bedienungspersonal bis heute gilt.

Mit der Verordnung Nr. 1 von 1958 entschied der Ministerrat, dass alle Sprachen der Mitgliedsländer sowohl Amts- wie auch Arbeitssprachen der Organe der Gemeinschaft sein sollten. (Mittlerweile sind es 22 Sprachen.) Um die amtsinterne Arbeit zu erleichtern, wurde den Organen im Artikel 6 dieser Verordnung allerdings das Recht eingeräumt, einzelne Sprachen zu Arbeitssprachen zu bestimmen. Angesichts der Sensibilität der Sprachenfrage verzichtete die Kommission jedoch auf eine solche Festlegung. In der Praxis engte sich der Kreis der tatsächlich verwendeten Arbeitssprachen, ähnlich wie in der Montanunion, rasch auf Französisch und Deutsch ein. Was die Anteile der Sprachverwendung anging, wird sie von Beamten, die damals tätig waren, auf 60 bis 65 % zugunsten des Französischen und auf 40 bis 35 % des Deutschen geschätzt.

Der erste Präsident der Kommission, der Deutsche Walter Hallstein, hatte zwar diesen Vorrang des Französischen immer akzeptiert, andererseits aber auch dafür Sorge getragen, dass Deutsch als zweite Arbeitssprache regelmäßig verwendet wurde. Dies bestätigten Kommissare der Anfangszeit, etwa Hans von der Groeben, der in einem Interview mit dem Fernsehen des Bayerischen Rundfunks 1998 ausführte: „Die deutsche Sprache war bis zum Ende meiner Amtszeit (1970) als Arbeitssprache gleichberechtigt und gleichgestellt. Auch in den Besprechungen der unteren und mittleren Ebene gebrauchten die Mitarbeiter das Deutsche."

Zum ersten Mal wurde die internationale Stellung der deutschen Sprache 1965 in einer Regierungserklärung thematisiert. Bundeskanzler Ehrhard erklärte, „wir werden der deutschen Sprache im internationalen Verkehr die Geltung zu verschaffen suchen, auf die sie nach Verbreitung und Bedeutung Anspruch hat". Auch unter der Regierung der Großen Koalition ab 1966 unter Kanzler Kiesinger und Außenminister Brandt änderte sich an der Haltung Bonns in der Sprachenpolitik nichts. Der 1967 vorgelegte Bericht über „Die Situation der deutschen Sprache in der Welt" durch Außenminister Brandt enthält ein klares Bekenntnis Bonns zur Absicht der Förderung von Deutsch als einer internationalen Sprache. Deutsch wird darin unter die „konkurrenzfähigen Weltsprachen" gerechnet, als „Weltbildungssprache" definiert und deutsche Wissenschaftler werden aufgefordert, möglichst in ihrer Muttersprache zu publizieren, damit Deutsch als Wissenschaftssprache nicht von Englisch verdrängt wird.

Doch diese Einstellung gegenüber der eigenen Sprache veränderte sich Anfang der 1970er Jahre dramatisch. Nach dem Amtsantritt der Regierung Brandt/Scheel (1969) wurde plötzlich auch die Sprachenfrage Teil der Marschroute, eigene (und berechtigte) *Machtansprüche* weitgehend zu verstecken oder auf sie zu verzichten. Um angesichts der ständig wachsenden Wirtschaftskraft Deutschlands und der eben begonnenen relativ eigenständigen Ostpolitik kein Misstrauen unter den westlichen Partnern zu wecken, glaubte Bonn, seine Bereitschaft zur Integration in Europa auf den weitest gehenden Verzicht auf eine nationale Interessenorientierung unter Beweis stellen zu müssen. Jetzt erschien (auch) die Sprachenpolitik als Forum gewählt worden zu sein, um diesen

Abschied von klassischer Interessenspolitik zu demonstrieren.

Bis zu diesem Zeitpunkt hatte Frankreich bereits zweimal den (von Bonn unterstützten) Beitritt Großbritanniens zur EG durch ein Veto verhindert, weil es um seine Führungsrolle in der Europäischen Gemeinschaft fürchtete. Diese Befürchtungen bezogen sich auch auf die Sprachensituation, denn es war klar, dass dann auch Englisch in Brüssel Arbeitssprache werden müsste und das Französische bald auf den zweiten Platz verweisen könnte. Diese Sorge bewegte Präsident Pompidou, als er im Sommer 1971 vor der internationalen Presse warnte:

„Das Sprachenproblem ist das wichtigste unserer Epoche. Wenn Französisch nach einem Beitritt Großbritanniens nicht mehr die erste Arbeitssprache Europas bleibt ... wenn wir mit unserer Sprache zurückstecken, werden wir schlicht hinweg gespült werden." (Der Spiegel 24/1971: 100).

Frankreich stimmte dem Beitritt Großbritanniens (und Irlands) erst zu, nachdem Präsident Pompidou vom britischen Premierminister Heath im Mai 1971 die Zusage erhalten hatte, dass alle von Großbritannien entsandten Mitglieder der Gemeinschaftsorgane „die französische Sprache zu beherrschen haben" (Decsy 1973: 242). Damit war gesichert, dass Französisch seinen bisherigen Status als Arbeitssprache behalten würde. Was aber sollte mit Deutsch geschehen?

Die natürlichste Lösung wäre es gewesen, zu den beiden bisherigen Arbeitssprachen Französisch und Deutsch nun Englisch als dritte Arbeitssprache hinzuzunehmen – eine Sprache, die auch die allermeisten derjenigen verstanden, die bisher die beiden anderen verwendeten. Was aber taten die deutschen EG-Beamten und was tat Bonn zur

Sicherung des Status von Deutsch als Arbeitssprache? Sie taten nichts! Sie verlangten nicht einmal von einem Teil der britischen Mitglieder, Deutsch zu können, weder die Politiker noch die deutschen Beamten in Brüssel. Sie gaben von sich aus die Stellung von Deutsch als Arbeitssprache auf! Zeugen für diese Entscheidung sind nicht nur altgediente deutsche Beamte, auch die Recherchen des Soziolinguisten Florian Coulmas haben dies noch 1990 bestätigt: „When the United Kingdom joined the European Community ... German Commission members spontaneously announced that they would refrain from using their own language and use French or Englisch instead" (Coulmas 1990: 180).

Die Bundesregierung hielt sich im Dienst der angestrebten europäischen Integration nicht nur sprachenpolitisch zurück, sondern erbrachte in den folgenden Jahren auch weitere erhebliche Vorleistungen. So etwa, als sie für Großbritannien einen Teil von dessen Beitragszahlung übernahm. Die Premierministerin Thatcher hatte schlicht gefordert, „I want my money back". Die deutschen Nettozahlungen an Brüssel erhöhten sich allein zwischen 1971 und 1975 auf das Achtfache (Bierling 1999: 239).

Die Nachteile in Brüssel, die der Verzicht auf die Arbeitssprache Deutsch mit sich brachte, wurden schon bald spürbar – auch wenn die Klagen darüber erst später artikuliert wurden. So mussten ausgerechnet die Unternehmen der stärksten Volkswirtschaft mit dem größten Anteil am EG-internen Handelsaustausch ihre Angebote nur noch in Englisch oder Französisch abwickeln. Das war besonders für die in Deutschland spezifischen mittelständischen Unternehmen ein großer Wettbewerbsnachteil. Weil Deutschkenntnisse nun kein Kriterium mehr für neu eintretende EG-Beamte war, beherrschten viele von ihnen auch diese Sprache nicht mehr. Damit war ein Hindernis, Deutsch zu verwenden, auch für diejenigen entstanden, die dazu bereit gewesen wären.

Es war erst die neue Bundesregierung Kohl/Genscher, die die Nachteile der Brüsseler Sprachpraxis nicht mehr hinnehmen wollte. 1984 beschwerte sich Bundeskanzler Kohl brieflich bei EG-Präsident Gaston Thorn gegen die, wie er es nannte, „Vernachlässigung und Diskriminierung" der deutschen Sprache. In den folgenden Jahren wiederholten auch andere Regierungsmitglieder diese Beschwerde, allerdings ohne dass sich daran etwas geändert hätte.

Doch dann bot sich Bonn noch eine *zweite* Chance, den alten Fehler doch noch zu korrigieren. 1989/90 war das kommunistische Herrschaftssystem in Mittel- und Osteuropa zusammengebrochen, und die neuen Reformstaaten suchten den Kontakt zur Europäischen Gemeinschaft. Dabei setzten sie vor allem nicht nur auf Deutschland, sondern ihre Politiker und hohen Beamten gingen zunächst ganz selbstverständlich davon aus, dass sie mit Deutsch, der (neben Russisch) oft einzigen Fremdsprache, die sie beherrschen, über ein geeignetes Medium für den Kontakt mit ‚Europa' verfügten. Doch sie liefen damit in Brüssel ins Leere. Sie mussten sehr rasch erkennen, dass ohne den Gebrauch von Englisch oder Französisch in Brüssel nichts zu holen war. Das war der zweite Fehler, den – jetzt – Kohl und Genscher begingen: sie wehrten sich nicht dagegen. Sie verzichteten etwa darauf, ein Junktim herzustellen zwischen etwas, bei dem sie einseitig etwas geben mussten und einer Forderung, dafür jetzt endlich die Dreisprachigkeit herzustellen.

Die Kommission bemühte sich, eine Aufwertung des Deutschen im Kontakt mit Osteuropa zu verhindern. So wurde mir damals von deutschen Beamten vertraulich berichtet, dass sie vor Gesprächen in Warschau, Prag und Budapest von ihren Vorgesetzten ermahnt wurden, keinesfalls die deutsche Sprache zu verwenden; selbst dann nicht, wenn ihre Partner dies wünschten. Bei internen Stellenausschreibungen der EU-Kommission für die neu eingerichteten Vertretungen im ehemaligen Ostblock wurden – ohne Rücksicht auf die tatsächliche Fremdsprachenverbreitung im Land – grundsätzlich nur englische und französische Sprachkenntnisse gefordert, nicht jedoch deutsche. Zum Beispiel 1993 in Slowenien, obwohl Deutschkenntnisse dort verbreiteter als Englisch- und erst Französischkenntnisse waren.

Ein aufmerksamer Beobachter der Vorgänge, der damalige Brüsseler Korrespondent der „Süddeutschen Zeitung" Winfried Münster sagte dazu 1992 in einem Fernsehinterview: „Letten, Esten und Russen, Polen und Ungarn möchten sich (mit der EU) in Deutsch unterhalten. Aber von hier aus, speziell von der Kommission, wird versucht, das zu untergraben, zu hintertreiben. Diesen Sprachvorteil, den die Deutschen haben und den sie natürlich in wirtschaftliche Vorteile ummünzen können, wird ihnen hier geneidet."

So hat Deutsch als größte Mutter- und zweitgrößte Fremdsprache Europas bis heute den Status einer gleichberechtigten Europasprache nicht erreichen können. Immerhin hatten die Klagen beim damaligen Kommissionspräsidenten Jaques Delors 1993 wenigstens zu einem kleinen Schritt bewogen. Er ordnete in einer Ausführungsbestimmung zur Geschäftsordnung der Kommission an, dass ab sofort bei Beschlüssen der Kommissare selbst auch eine deutsche Übersetzung vorliegen müsse. (Pressekommunique der Kommission Nr. 34 vom 6. 9. 1993.)

Mittlerweile sind auch noch einige weitere (relativ unwichtige) Regelungen zugunsten von Deutsch dazu gekommen, doch lässt sich insgesamt sagen, dass seine Verwendung im gesamten Geschäftsgang bestimmt unter zwei Prozent liegt.

Diese fehlende Bemühung um Verbreitung der eigenen Sprache ist nicht nur auf die EWF bzw. EU beschränkt. Das gleiche geschah 1973 beim gleichzeitigen Beitritt der Bundesrepublik und der DDR in die Vereinten Nationen, als die Bundesregierung trotz bester Chancen, sechste UN-Sprache zu werden, den Antrag nicht zu stellen wagte. Oder Anfang der 1990er Jahre, als Eurovision und Intervision vereinigt wurden. Die im östlichen Gegenstück Intervision verwendeten Verfahren von Russisch und Deutsch wurde bei der Fusion einfach gestrichen. Oder als im Kosovo 1999 von einem deutschen Gründungsintendanten der öffentlich-rechtliche Sender RTK aufgebaut wurde, gab sein britischer Nachfolger die Anweisung, künftig nur noch Englisch sprechende Bewerber einzustellen. Als von 2000 an Deutschland die Ausbildung von Verwaltungsbeamten übernahm, mussten die Vorträge – obwohl simultan ins Albanische und Serbische übersetzt – von den deutschen Dozenten gleichwohl Englisch gehalten werden.

Sprachenpolitik ist mehr als Sprachvermittlung

Die Bundesrepublik wendet nicht unerhebliche Mittel für die Förderung der deutschen Sprache im Ausland auf. Die Gesamtsumme aller Maßnahmen, die direkt oder indirekt mit Sprachförderung verbunden sind, betrug Anfang der 2000er Jahre etwa 600 Millionen D-Mark pro

Jahr. Das ist nicht wenig, doch ist die deutsche Sprachförderung überwiegend an solche gerichtet, die ohnehin schon lernbereit sind. Und diese beschränkt sich überwiegend auf die Förderung von Auslandsschulen, die Studienvergabe für Ausländer und die Unterstützung von Germanistik-Lehrstühlen. Dies alles ist nicht falsch, aber es ist nicht das wirksamste Mittel. Sie rührt von der Selbstbescheidung her, die sich in dem Leitgedanken ausdrückt: „Wir wollen Bedarf decken, nicht Bedarf wecken."

Doch diese Zielsetzung ist unrealistisch und letztlich unpolitisch. Die Erhaltung eines noch internationalen Status von Deutsch ist in der Konkurrenz, in der es vor allem mit dem Englischen, aber auch dem Spanischen und Französischen steht, nur möglich, wenn Bedarf *geweckt* wird. Wenn Anreize, wenn auf faire Weise Notwendigkeiten erzeugt werden, Deutsch zu lernen und zu gebrauchen.

Dazu gehört einmal die Fortführung und Intensivierung des Versuchs, auch mit den Instrumenten von Politik und Diplomatie (Junktims) eine bessere Stellung des Deutschen, vor allem in den europäischen Institutionen zu erreichen. Aber die angemessene Präsenz von Deutsch setzt auch voraus, dass auch seine Muttersprachler die Sprache selbst verwenden. Hier hat die gegenwärtige Bundesregierung Merkel zumindest auf höchster Ebene viel verbessert, auch wenn gleichzeitig auf der Managementebene der Wirtschaft eher der Gebrauch des Englischen gestiegen ist. Und in der EU und anderen internationalen Organisationen zum Beispiel hat sich die Situation ebenfalls kaum verbessert. Dort ist es vor allem der *Mittelbau* des Apparats, in dem Deutsch praktisch nicht verwendet wird.

Dass hier ein gewaltiges Manko besteht, zeigt sich in einer Zusammenstellung der Nachrichtenagentur dpa vom Jahr 2000, in der die Besetzung aus den Mitgliedsländern der EU untersucht wird. Danach stellt sich die Situation folgendermaßen dar:

Vom EU-Haushalt trug Deutschland zu diesem Zeitpunkt 26 % (und hätte deshalb einen Anspruch auf eine vergleichbare Personalpräsenz), doch nur 12,6 % der EU-Beamten kamen aus Deutschland. Die wichtigsten Beamten dort mit weitreichenden Entscheidungsbefugnissen sind die Generaldirektoren. Hier stellen Frankreich und Großbritannien je sieben, Deutschland aber nur drei. Auch bei den Stellvertretern sind Deutsche unterrepräsentiert: 25 gegenüber 32 bei den Briten und 30 Franzosen.

Nicht besser ist die Situation in der OECD (11 % Beitrag, 6,4 % Personalanteil) oder in der Welthandelsorganisation WTO (12 deutsche Mitarbeiter gegenüber 59 französischen und 34 britischen). Bei den Vereinten Nationen trägt Deutschland einen Haushaltsanteil von 10 %, besetzt aber nur 5 % der Stellen.

Das Budget der UNESCO in Paris wird zu 13 % von Deutschland getragen, aber nur 3,5 % der Beamten kommen von hier. Unterrepräsentiert sind Deutsche schließlich auch in der Weltbank und im Internationalen Währungsfonds IWF, die beide maßgeblich von Deutschland mitfinanziert werden.

Der Grund für dieses Missverhältnis ist nicht etwa die ‚böse Konkurrenz' anderer Staaten, sondern das Fehlen geeigneter deutscher Bewerber und eine offenbar weit verbreitete Unlust der sonst so reiselustigen jüngeren Deutschen, auch einige Jahre im Ausland zu arbeiten. Was die mangelhafte Eignung angeht, so liegt dies nach

Ansicht des Staatssekretärs im Auswärtigen Amt Wolfgang Ischinger sowohl am deutschen Ausbildungssystem, das keine Elitebildung zulässt, wie an den Problemen der Wiedereingliederung nach der Rückkehr. Während aufwärtsstrebende junge Leute in anderen Nationen ihrem Land gerne einmal international dienen, ist diese Motivation in Deutschland wenig ausgeprägt. Aber auch der Staat selbst belohnt diese Mobilität wenig, während zurückkehrenden Briten und Franzosen ein Karrieresprung winkt, wenn sie die Interessen ihres Landes international wirkungsvoll vertreten haben.

Insgesamt lässt sich feststellen, dass vor allem die Regierung Kohl während ihrer langen Amtszeit den Unter- und Mittelbau in den supranationalen und internationalen Behörden vernachlässigt hat. Dort aber werden die Entwicklungen eingeleitet, Kompromisse vorbereitet und letztlich Entscheidungen und Handlungen mehr oder weniger vorausbestimmt. Die operative Macht liegt gerade bei den überstaatlichen Institutionen in den Stockwerken unterhalb der Bel Etage. (Die ZEIT, 19. 4. 2000, S. 6-7).

Ebenso wichtig sind die Schärfung eines sprachenpolitischen Bewusstseins und die Veränderung der Einstellung gegenüber der eigenen Sprache bei den Deutschen selbst. Voraussetzung dafür, dass die internationale Verankerung des Deutschen erhalten bleibt und ihr Erlernen attraktiv ist. Weltoffenheit bedeutet nicht Verzicht auf die eigene Sprache und Kultur, sondern Offenheit gegenüber Anderem bei Wertschätzung auch des Eigenen. Minderwertigkeitskomplexe wirken nicht anziehend. Eine durch Verzicht auf das eigene kulturelle Profil erstrebte Weltläufigkeit wird im Ausland eher als Anbiederung, als seltsam und leicht provinziell empfunden.

Erst mit einem verbesserten eigenen Sprachbewusstsein lässt sich Deutsch auch im Ausland besser „vermarkten". Und dazu gehört vor allem, dass die Deutschen (ihre Künstler, Wissenschaftler, VIPs, ihre Politiker, ihre Manager, ihre Journalisten) da, wo es die Situation erlaubt und die Gesprächspartner es erwarten, auch selbst ihre Sprache verwenden. Deutsch ist in der Welt gar nicht so schwach vertreten, gerade unter wirklichen Eliten und VIPs. Bei seinem Besuch in Peking im Juli 2000 sprach der russische Präsident Putin mit seinem chinesischen Amtskollegen Jiang Zemin nach den offiziellen Ansprachen Deutsch (Die Welt, 19. 7. 2000, S. 1). Als sich im Jahr zuvor der damalige türkische und der griechische Regierungschef, Yilmaz und Simitis, nach mehreren Jahren Eiszeit in den Beziehungen der beiden Länder trafen, unterhielten sie sich im Vier-Augen-Gespräch ohne Dolmetscher ebenfalls auf Deutsch (persönliche Information von Yilmaz). Der indonesische und der usbekische Präsident beherrschen diese Sprache ebenfalls, und der estnische Präsident Lennart Meri ist bekannt für sein bühnenreifes Deutsch. Der (am 12. 3. 2003 ermordete) serbische Regierungschef Djindjić sprach es, der mazedonische Außenminister Kerim, der frühere polnische Regierungschef Masowiecki, der tschechische Oppositionsführer Klaus oder der rumänische Ex-Kulturminister Plesu tun es ebenso. Und neben ihnen besitzen noch rund zwei Dutzend weitere Minister und Politiker in Europa diese Sprachkenntnis, wie ich als Leiter und Moderator der in europäischen Metropolen in deutscher Sprache aufgezeichneten Diskussionssendung ‚Café Europa' feststellen konnte.

Was der deutschen Sprachenpolitik noch weitgehend fehlt, ist ein besseres Sprach-Marketing. Dazu gehört zum Beispiel ein ausgewogenes Deutschlandbild in den Deutsch als Fremdsprache (DaF)-Lehrwerken. Viele ausländische Germanisten klagen über eine einseitige Betonung gesellschaftskritischer Aspekte in den Lehrbüchern. Etwa der ungarische Germanist Csaba Földes, der in den Schriften eine „Überdimensionierung und fortwährende Wiederholung von tatsächlichen oder vermeintlichen Problemen" und zu wenig „Hinweise auf die Leistungen der deutschsprachigen Länder und der deutschsprachigen Medien" findet. Ausländische DaF-Lernende würden Themen wie „Fremdenfeindlichkeit, Rechtsradikalismus in deutschen Lehrwerken meistens viel weniger Interesse entgegenbringen als auf deutschem Sprachgebiet vorausgesetzt wird" (Földes 2000: 6).

In eigenen Worten und etwa zugespitzt formuliert: Viele Deutsche, nicht nur Lehrwerksautoren, scheinen zu glauben, sie und ihr Land werden umso mehr geliebt, je mehr sie es einseitig-kritisch darstellen. Während Briten und Franzosen vor allem damit werben, was in ihrer Gesellschaft, ihrem Land und ihrer Kultur gut und attraktiv ist, bevorzugen Deutsche eine ‚Werbung' mit dem, was kritikwürdig und demotivierend ist. Mit dieser Bemerkung wird nicht für Verstecken oder Beschönigung plädiert, sondern für ein realitätsgerechtes Gesamtbild.

Literaturverzeichnis

Literaturangaben zu den einzelnen Kapiteln

Teil I

Kapitel 2 und 3

Földes 1993; Kluge 1989; Schneider 1976; Seebold 1981; Stedje 1989; Wandruska 1969 und 1991

Kapitel 4

Deutscher 2010; Gipper 1984; Greenfeld 1992; von Humboldt 1836; Haarmann 1993; Judt 1994; Kloss 1987; Meinecke 1907; Polenz 1984 + 1991; Scheuringer 1992; Wandruszka 1969 + 1991; Whorf 1956/63; Wittgenstein 1958; Zimmer 1986

Teil II

Antonsen 1987; Bajuwaren 1988; Cardona / Hoenigswald / Senn 1970; Germanen 1986 / 88; Döbler 1975; Eggers 1991 (Band 1); Gamkrelidse / Ivanov 1985 a und 1985 b; Gimbutas 1970; Kluge 1989; Krahe 1954 und 1962; Krahe / Meid 1969; Maurer-Rupp 1974; Meid 1989; Renfrew 1987 / 1989; Richter 1982; Schirmer 1960; SG I 1984; Tacitus: De origine et situ Germanorum (diverse deutsche Ausgaben); Tschirch 1983, Band 1; Wasserzieher 1974.

Teil III

Kapitel 1

Althochdeutsch 1987; Betz 1974; Eggers 1986 (Band 1); Lüdtke 1984; Maurer / Rupp 1974; Splett 1984

Kapitel 5

Althochdeutsch 1987; Bach 1970; Braune 1975; De Boor 1979; Duden-Etymologie; Eggers 1986 (Band 1); Kluge-EWB 1989; Krahe / Meid 1969; Lexer WB; Lüdtke 1984; Maurer / Rupp 1974; Paul 1992; Reiffenstein 1985; Schützeichel 1989; Sonderegger 1987; Splett 1984; Tschirch 1983

Kapitel 6

Althochdeutsch 1987; Bach 1970; Eggers 1991 (Band 1); Hüpper 1987; Polenz 1991; Reiffenstein 1987; Richter 1982; Sonderegger 1979 und 1987; SG I und II 1984 / 1985; Vennemann 1984

Teil IV

Kapitel 1

Bach 1970; Eggers 1986 (Band 1); Polenz 1978; Salewski 1993; Schirmer 1960; Stedje 1989: Tschirch 1989 (Band 2)

Kapitel 2

Bach 1970; Eggers 1986 (Band 1); Polenz 1978; Salewski 1993; Schirmer 1960; Stedje 1989: Tschirch 1989 (Band 2)

Kapitel 3

Bowle 1985; Bielfeldt 1982; Duden-Etymologie 1989; Duden-GN 1993; Kluge 1989; Kühnl 1978

Kapitel 5

Eggers 1986 (Band 2); Polenz 1991; Stedje 1989; Tacitus 1991; Tschirch 1989 (Band 2)

Kapitel 6

Ausstellungskatalog Martin Luther 1993; Eggers 1986 (Band 2); Erben 1974; Polenz 1991; Schirmer 1960; Stark 2002; Tschirch 1989 (Band 2)

Teil V

Kapitel 1

Eggers 1986 (Band 2); Moser 1972; Otto 1972; Stedje 1989; Tschirch 1989

Kapitel 2

Bach 1970; Eggers 1986 (Band 2); Polenz 1978; Saña 1989; Schmidt 1984 / 1993

Kapitel 3

Ammon 1991; Fishman 1965 und 1975; Glück 1979; Haarmann 1988; Icliffe 1974; Kloss 1974; Maas 1989; Petschull 1986; Richter 1982; Rudolf 1972; Vertrags-Ploetz Band 3 (1492-1914); Reinbothe 2006; Skála 1976; Wardhaugh 1987

Kapitel 5

Ammon 1991; Brand 1984; Dahlmann 1993; Duden-Etymologie; Eggers 1986, Band 2; Glück 1979; Hübinger / Mommsen 1993; Morgenbrod 1993; Kluge 1989; Maurer / Rupp 1974; Paul 1992; Polenz 1978; Ross 1972; Schebera 1990; Schmidt 1984 / 1993; Schirmer 1960; Wells 1990

Kapitel 6

Gipper 1984; Klemperer 1946; Polenz 1978; Schmidt 1984 / 1993; Sternberger 1945 / 1957; Wells 1990

Kapitel 7

    Braun 1993; Coulmas 1992; Eggers 1986 (Band 2); Schmidt 1993

Teil VI

Kapitel 1

    Betz 1974; Halecki 1957; Seebold 1981

Kapitel 2

    Gamillscheg 1970/35; Larousse 1989; Sander 1938; Scardigli 1990

Kapitel 3

    H. Bach 1977; Haugen 1984; Hutterer 1968 / 1977; Johannisson 1968; Kaestner 1939 / 1987; Mayer 1927; Peters 1968; Schneeweis 1960; Striedter-Temps 1963; Zagiba 1971

Kapitel 5.1

    Borgolte 1992; Deutsche im Osten 1994 (vor allem die Beiträge von Boockmann und Wagner); Schreiber 1984

Kapitel 5.2

    Bellmann 1984; Kaestner 1939 / 1987; Mayer 1927; Schneeweis 1960; Striedter-Temps 1958

Kapitel 5.3

    Borgolte 1992; Hinderling 1984; Raag 1987; Thomas 1978; Ureland 1987; Wagner 1994 (in: Deutsche im Osten)

Kapitel 6

    Bach 1997; Haugen 1984; Johannisson 1968; Korlén 1977; Naumann 1984; Peters 1987; Rosenthal 1987; Ureland 1987

Kapitel 7

    Braun 1993; Coulmas 1992; Eggers 1986 (Band 2); Schmidt 1993

Kapitel 8

    Grotzky 1979; Rammelmeyer 1973; Schneeweis 1960; Striedter-Temps 1958

Kapitel 9

    Kurzfassung eines Beitrags von Csaba Földes in ‚Faszination Deutsch', München 1993, 283-291

Kapitel 10.1

    Fleischhauer 1991; Haarmann 1984 / 1993; Müller 1988; Kiparsky 1975; Kopelew B1; Thomas 1978; Vasmer 1950 / 1958; Wasiliewsky 1905

Kapitel 10.2

ARD 1992a; Fleischhauer 1991; Haarmann 1984 / 1993; Hübner 1992; Kiparsky 1975; Kopelew B2; Neumann-Hoditz 1991; Pohl 1988; Raeff 1992; Vasmer 1950 /1958

Kapitel 11

Carr 1934; Dictionaire P.R.1, Larousse-DE 1971, Larousse 1991; Oxford Etymology 1985; Paul DWB 1992; Pfeffer 1977 / 1987; Stanforth 1968; Wartburg 1930; Webster's Encyclopedic Dictionary 1994; Wolf 1979

Kapitel 12

Baron 1996; Carr 1934; Chomsky 2002; Cobarrubias / Fishmann 1983; Heath / Ferguson 1981; Heath / Kloss et al. 1979 / 1985 / 1987; Koch-Hillebrecht 1977; List 1992; Mandabach 1983; Oxfort Etymologie 1985; Pfeffer 1977 / 1987; Pyles 1952; Schönfelder 1957; Trommler / Mc Veigh 1985; Webster's Encyclopedic Dictionary 1984

Ausführliches Literaturverzeichnis

Althochdeutsch	Althochdeutsch, hrsg. von R. Bergmann, H. Tiefenbach, L. Voetz, Bd. 1: Grammatik, Glossen und Texte; Bd. 2: Wörter, Namen und Forschungsgeschichte. Heidelberg
Ammon 1991	Ammon, Ulrich: Die internationale Stellung der deutschen Sprache. Berlin/New York
Ammon 1989	Ammon Ulrich: Zur Geschichte der Sprachverbreitungspolitik der Bundesrepublik Deutschland von den Anfängen bis 1985. In: Deutsche Sprache 3, 229-263
ARD 1992a	Fernsehdokumentation ‚Deutsch im neuen Europa'. In: ARD 8.11.1992
ARD 1992b	Fernsehdokumentation ‚Deutsch in Osteuropa'. In: ARD 21.11.1992
Bach 1970	Bach, Adolf: Geschichte der deutschen Sprache. 9. Aufl. Heidelberg
Bach 1977	Bach, H.: Der niederdeutsche Einfluss auf die dänische Standardsprache. In: Festschrift Betz
Bajuwaren 1988	Die Bajuwaren. Von Severin bis Tassilo 488-788. Katalog der gemeinsamen Landesausstellung des Freistaates Bayern und des Landes Salzburg, hrsg. von H. Dannheimer und H. Dopsch
Baron 1990	Baron, Dennis: The English-Only Question: An Official Language for Americans? New Haven: Yale University Press
Battisti / Alessio 1975	Battisti, Carlo / Alessio, Giovanni: Dizionario etimologico italiano. 5 Bände, Firenze
Baugh / Cable 1984	Baugh, Albert C. / Cable, Thomas: A History of the English Language. 3. Aufl. London
Bellmann 1984	Bellmann, Günther: Das Deutsche im Sprachkontakt: Slawisch/Deutsch. In: SG I, 897-907
Benjamin / Schneidemesser	Benjamin, St. M. / Schneidemesser, L. von: German Loanwords in American English. A Bibliographie of Studies 1872-1978. In: American Speech, 1979, 210-215

Berschin 1978	Berschin, H. / Felixberger, J. / Goeble, H.: Französische Sprachgeschichte. München
Bielfeldt 1982	Bielfeldt, Hans-Holm: Die slawischen Wörter im Deutschen. Ausgewählte Schriften 1950-1978 (Opuscala XV). Leipzig
Boockmann 1994	Boockmann, Hartmut: Die Geschichte Ostdeutschlands und der deutschen Siedlungsgebiete im östlichen Europa. In: Deutsche im Osten
Bowle 1985	Bowle, John: Geschichte Europas (Übers. aus dem Engl.). München/Zürich
Bräuer 1961/69	Bräuer, Herbert: Slawische Sprachwissenschaft. 3 Bände. Berlin
Braun 1993	Braun, Peter: Tendenzen der deutschen Gegenwartssprache. 3. Aufl. Berlin/Stuttgart
Braune 1979	Braune, Wilhelm: Althochdeutsches Lesebuch. 16. Aufl., bearbeitet von Ernst A. Ebbinghaus. Tübingen
Braunfeld 1972	Braunfeld, Wolfgang: Karl der Große. Hamburg
Brunot 1905/66	Historie de la langue française des origins à nos jours. 13 Bände. Paris (Nachdruck 1966 ff)
Bühler 1934	Bühler, Karl: Sprachtheorie. Die Darstellungsfunktion der Sprache. Jena
Coulmas 1992	Coulmas, Florian: Die Wirtschaft mit der Sprache. Frankfurt am Main
Connon / Mendez-Egle 1979	Cannon, B. / Mendez-Egle, B.: New Borrowings in English. In: American Speech, 1979, 23-27
Cardona / Hoenigswald / Senn 1970	Cardona, G. / Hoenigswald, H. M. / Senn, A.: Indo-European and Indo-Europeans. Philadelphia
Carr 1934	Carr, Charles T.: The German Influence on the English Vocabulary. In: S.P.E., Tract No.XLII, 1353-1413. Oxford
Cobarrubias / Fishman 1983	Cobarrubias, Juan / Fishman, Joshua A.: Progress in Language Planning. International Perspectives. Berlin/New York/Amsterdam
Coulmas 1992	Coulmas, Florian: Die Wirtschaft mit der Sprache. Frankfurt

Dahlmann 1993	Dahlmann, Dittmar: Bildung, Wissenschaft und Revolution. Die russische Intelligencija im Deutschen Reich um die Jahrhundertwende. In: Hübinger / Mommsen 1993
Dann 1993	Dann, Otto: Nation und Nationalismus in Deutschland 1770-1990. München
Décsy 1973	Sécsy, Gyula: Die linguistische Struktur Europas. Vergangenheit – Gegenwart – Zukunft. Wiesbaden
Duden-Etymologie	Das Herkunftswörterbuch. Etymologie der deutschen Sprache. Duden. Bd. 7. 2. Aufl. Mannheim/Wien/Zürich 1989
Duden-GN	Duden-Taschenbücher, Bd. 25: Geographische Namen in Deutschland. Von Dieter Berger, Mannheim 1993
Duden-JW	Duden-Taschenbücher, Bd. 2: Jiddisches Wörterbuch. Von Ronald Lötzsch. 2. Aufl. Mannheim 1992
Duden-Vornamen	Duden-Taschenbücher, Bd. 4: Lexikon der Vornamen. Von Günter Drosdowski. 2. Aufl. Mannheim 1974
Duden-WB	Duden: Das große Wörterbuch der deutschen Sprache. 8 Bände. 2. Aufl. Mannheim/Leipzig/Wien/Zürich 1993ff
Eggers 1986	Eggers, Hans: Deutsche Sprachgeschichte. 2 Bände. Bd. 1: Das Althochdeutsche und das Mittelhochdeutsche. Bd. 2: Das Frühneuhochdeutsche und das Neuhochdeutsche. Hamburg
Erben 1974	Erben, Johannes: Luther und die neuhochdeutsche Schriftsprache. In: Maurer / Rupp 1974
Ferguson / Heath 1981	Ferguson, Charles A. / Heath, Shirley N. (Hrsg.): Language in the USA. Cambridge (USA)
Festschrift Betz 1977	Sprachliche Interferenz. Festschrift für Werner Betz zum 65. Geburtstag, hrsg. von H. Kolb und H. Lauffer, Tübingen
Fishman 1965	Fishman, Joshua: Who Speaks What Language to Whom and When? An Analysis of Multilingual Settings. In: La Linguistique 2, 67-88
Fishman 1975	Language and Nationalism. Two integrative essays. 2. Aufl. Rowley/Mass.

Flexner 1976	Flexner, Stuart B.: I hear America talking, New York
Földes 1993	Földes, Csaba: Deutsch als Verkehrssprache in Ostmitteleuropa – Am Beispiel Ungarns. In: IdS-Jahrbuch 1992
Földes 2000	Was ist die deutsche Sprache wert? Fakten und Potenzen. In: Wirkendes Wort 50, 275-329
Gamillscheg 1935 / 1970	Gamillscheg, Ernst: Romania Germanica. Sprach- und Siedlungsgeschichte der Germanen auf dem Boden des alten Römerreichs. Bd. 1: Die Franken, neubearb. 2. Aufl. Berlin 1970; Bd. 2: Die Ostgoten. Die Langobarden. Leipzig/Berlin 1935
Gamkrelidze / Ivanov 1985	Gamkrelidze, T.V. / Invanov, V.V.: The Ancient Near East and the Indo-European Question. In: Journal of Indo-European Studies 13 (1985), S. 3-49
Germanen 1986 / 88	Die Germanen. Geschichte und Kultur der germanischen Stämme in Mitteleuropa. Ein Handbuch. 2 Bände. Hrsg. von Bruno Krüger. Berlin (Ost)
Gimbutas 1970	Gimbutas, Marija: Proto-Indoeuropean Culture. The Kurgan Culture during the 5th, 4th and 3rd Millenium BC. In: Cardona / Hoenigswald / Senn 1970
Gipper 1984	Gipper, Helmut: Die Sprache als Voraussetzung und S. 8-18 Medium der kulturellen Entwicklung. In: SG I
Glück 1979	Glück, Helmut: Die preußisch-polnische Sprachenpolitik. Eine Studie zur Theorie und Methodologie der Forschung über Sprachenpolitik, Sprachbewusstsein und Sozialgeschichte . . . vor 1914. Hamburg
Glück / Sauer 1995	Glück, Helmut / Sauer, Wolfgang W.: Directions of Change in Contemporary German. In: The German Language in the Real World, ed. By Patrick Stevenson. Oxford
Graudenz 1982	Graudenz, Karlheinz: Die deutschen Kolonien. Geschichte der deutschen Schutzgebiete in Wort, Bild und Karte. München
Greenfeld 1992	Greenfeld, Liah: Nationalism. Five Roads to Modernity. Cambridge (USA)

Grimm 1864	Grimm, Jacob: Kleinere Schriften, 1864 ff (Neudruck 1965 ff)
Grimm-DWB	Grimm, Jacob und Wilhelm: Deutsches Wörterbuch. 16 Bände in 32 Teilen. Leipzig 1854-1960. Neubearbeitung Leipzig 1966 ff
Grotzky 1979	Grotzky, Johannes: Zu den deutschsprachigen Elementen im Serbokroatischen. In: Osteuropa, Jahrg. 1979, 645-648
Halecki 1957	Halecki, Oskar: Europa. Grenzen und Gliederung seiner Geschichte. Darmstadt
Haarmann 1984	Haarmann, Harald: Zu den historischen und rezenten Sprachkontakten des Russischen. In: Jachnow 1984
Haarmann 1988	Haarmann, Harald: Sprachen- und Sprachpolitik. In: SK I, 1660-1678
Haarmann 1993	Haarmann, Harald: Die Sprachenwelt Europas. Geschichte und Zukunft der Sprachnationen zwischen Atlantik und Ural. Frankfurt 1993
Haugen 1984	Haugen, Einar: Die skandinavischen Sprachen. Eine Einführung in ihre Geschichte. Übers. aus dem Engl. Hamburg
Havránek / Fischer 1965	Havránek, Bohuslav / Fischer, Rudolf (Hrsg.): Deutschtschechische Beziehungen im Bereich der Sprache und Kultur. Berlin 1965 (Abh'en der Sächs. Akad. d. Wiss., Leipzig, Bd. 57, 2)
Heath / Mandabach 1983	Heath, Shirley B. / Mandabach, Frederick: Language Status Decisions and the Law in the United States. In: Cobarrubis / Fishman 1983
Herrmann 1970	Herrmann, Joachim (Hrsg.): Die Slawen in Deutschland. Geschichte und Kultur der slawischen Stämme westlich von Oder und Neiße vom 6. bis zum 12. Jahrhundert. Berlin (Ost)
Herrmann 1988 / 92	Herrmann, Joachim (Hrsg.): Griechische und lateinische Quellen zur Frühgeschichte Mitteleuropas bis zur Mitte des 1. Jahrhunderts u. Z., 4 Bde. Berlin
Hinderling 1984	Hinderling, Robert: Das Deutsche im Sprachkontakt: Baltisch/Deutsch. In: SG I, 908-918

Hirt 1921 / 68	Hirt, Hermann: Etymologie der neuhochdeutschen Sprache. München 1968 (unveränd. Nachdruck der 2. Aufl. von 1921)
Hübinger / Mommsen	Hübinger, G. / Mommsen, Wolfgang (Hrsg.): Intellektuelle im Deutschen Kaiserreich. Frankfurt
Hübner 1992	Hübner, E.: Peter der Große: Auch Deutschland lag im Westen. In: Kopelew B2
Hüpper 1987	Hüpper, Dagmar: ‚Apud Thiudiscos' Zu den frühen Selbstzeugnissen einer Sprachgemeinschaft. In: Althochdeutsch 1987; Bd. 2, 1059-1069
Humboldt 1823	Humboldt, Wilhelm von: Über den Nationalcharakter der Sprachen (Diverse Wiederabdrucke u. a. in: Werke, 1960 ff, Bd. III)
Humboldt 1836	Über die Verschiedenheit des menschlichen Sprachbaus und ihren Einfluss auf die geistige Entwicklung des Menschengeschlechts. (Diverse Wiederabdrucke, u. a. in: Werke, 1960 ff, Bd. III)
Hutterer 1968	Hutterer, Claus Jürgen: Deutsch-ungarischer Lehnwortaustausch. In: Mitzka 1968
Hutterer 1977	Hutterer, Claus Jürgen: Die germanischen Sprachen. Ihre Geschichte in Grundzügen. Budapest
Icliffe 1974	Icliffe, J.: Tanzania under German and British rule. In: Ogot / Zamani: A Survey of East African History. Nairobi
IdS-Jahrbuch 1976	Sprachwandel und Sprachgeschichtsschreibung. Jahrbuch 1976 des Instituts für deutsche Sprache in Mannheim. Düsseldorf 1977
IdS-Jahrbuch 1992	Deutsch als Verkehrssprache in Europa. Jahrbuch 1992 des Instituts für deutsche Sprache in Mannheim. Düsseldorf 1993
I Longobardi 1990	Katalog der Langobarden-Ausstellung ‚I Langobardi' der Regionen Friaul / Julisch-Venetien. Milano
Jachnow 1984	Jachnow, Helmut (Hrsg.): Handbuch des Russisten. Sprachwissenschaft und angrenzende Disziplinen. Wiesbaden

Johannisson 1968	Johannisson, Ture: Deutsch-nordischer Lehnwortaustausch. In: Mitzka 1968
Judt 1994	Judt, Tony: Der alte neue Nationalismus (Übers. aus dem Engl.). In: Merkur, Heft 549 (1994), 1047-1064
Kaestner 1939	Kaestner, Walter: Die deutschen Lehnwörter im Polnischen. Teil I: Einleitung und Lautlehre. Leipzig 1939 (Teil II ist nicht erschienen)
Kaestner 1987	Germanistische Aspekte der deutschpolnischen Lehnwortforschung. In: Pohl / Vincenz 1987
Kiefer 1984	Kiefer, Ulrike: Das Jiddische in Beziehung zum Mittelhochdeutschen. In: SG I, 1201-1210
Kiparsky 1975	Kiparsky, Valentin: Russische historische Grammatik. Bd. 3: Entwicklung des Wortschatzes. Heidelberg
Kleinadam 1992	Kleinadam, Hartmut: Politique de la diffusion linguistique et francophonie. In: Journal of the Sociology of Language, 95, 11-33
Klemperer 1946 / 69	Klemperer, Victor: LTI (Lingua Tertii Imperii). Die unbewältigte Sprache. 1. Aufl. 1946; 3. Aufl. 1969. Berlin
Kloss 1974	Kloss, Heinz: Die den internationalen Rang einer Sprache bestimmenden Faktoren. Ein Versuch. In: Forschungsbericht des Instituts für deutsche Sprache, Bd. 20, 7-77. Mannheim
Kloss 1987	Kloss, Heinz: Nation. In: SL 1987, 102-108
Kloss et al. 1979 / 85 / 87	Kloss, Heinz: Auburger, Leopold / Rupp, Heinz / Schwartzkopff, Christa (Hrsg): Deutsch als Muttersprache in den Vereinigten Staaten. 3 Bde. Wiesbaden/Stuttgart
Kluge-EWB 1989	Kluge, Friedrich: Etymologisches Wörterbuch der deutschen Sprache. 22. Aufl., völlig neu bearbeitet von Elmar Seebold. Berlin/New York
Koch-Hillebrecht 1977	Koch-Hillebrecht, Manfred: Das Deutschenbild. Gegenwart-Geschichte-Psychologie. München

Kopelew B1	Kopelew, Lew (Hrsg.): West-östliche Spiegelungen. Reihe B, Band 1: Deutsche und Deutschland aus russischer Sicht. 11.-17. Jahrhundert, hrsg. von Dagmar Herrmann. München 1988
Kopelew B2	Kopelew, Lew (Hrsg.): West-östliche Spiegelungen. Band 2: Deutsche und Deutschland aus russischer Sicht. 18. Jhd.: Aufklärung, hrsg. von Dagmar Herrmann. München 1992
Korlén 1977	Korlén, Gustav: Niederdeutsch-schwedische Lehnbeziehungen. In: IdS-Jahrbuch 1976
Krahe 1954	Krahe, Hans: Sprache und Vorzeit. Heidelberg
Krage 1962	Krahe, Hans: Indogermanische Sprachwissenschaft, 3 Bde., (hier Bd. 1). Berlin
Krahe / Meid 1969	Krahe, Hans / Meid, Wolfgang: Germanische Sprachwissenschaft, 3 Bde. (hier Bd. 1). Berlin
Kratz 1968	Kratz, Bernd: Deutsch-französischer Lehnwortaustausch. In: Mitzka 1968
Kühebacher 1968	Kühebacher, Egon: Deutsch-italienischer Wortaustausch. In: Mitzka 1968
Kühnel 1978	Kühnel, Horst: Slawische Lehnwörter in den sudetendeutschen Mundarten. In: Zeitschrift für Ostforschung, 27. Jahrgang, Heft 3
Landmann 1994	Landmann, Salcia: Jiddisch. Das Abenteuer einer Sprache, 1. Aufl. 1962. Neuausgabe Frankfurt/Berlin 1994
Larousse-DE 1971	Larousse: Nouveau dictionnaire étymologique et historique. Paris
Larousse 1989	Larousse: Dictionnaire étymologique des noms de famille et des prénoms de France. Paris
Larousse 1991	Dictionnaire des mots d'origine étrangère. Paris
Leibnitz 1717	Unvorgreifliche Gedanken, betreffend die Ausübung und Verbesserung der deutschen Sprache. Neudruck Hildesheim/New York 1970
Lexer TWB	Matthias Lexers Mittelhochdeutsches Taschenwörterbuch. 37. Aufl., unveränd. Nachdruck. Stuttgart

Lipold 1984	Lipold, Günter: Entwicklungen des Deutschen außerhalb des geschlossenen Sprachgebietes. Teil I: Ost- und Südosteuropa. In: SG I, 1977-90
List 1992	List, Juliane: Zerrbild Deutschland. Wie uns Engländer, Franzosen und Amerikaner seit der Wiedervereinigung sehen. Köln
Lüdtke 1984	Lüdtke, Helmut: Das Deutsche im Sprachkontakt: Französisch / Deutsch. In: SG I, 872-878
Maas 1989	Maas, Utz: Sprachpolitik und politische Sprachwissenschaft. Sieben Studien. Frankfurt
Mann 1958	Mann, Golo: Deutsche Geschichte des 19. und 20. Jahrhunderts. Frankfurt, 1. Aufl. 1958, 12. Aufl. 1966
Maurer / Rupp 1974	Maurer, Friedrich / Rupp, Heinz (Hrsg.): Deutsche Wortgeschichte, 3. Aufl. Berlin/New York
Mayer 1927	Mayer, Anton: Die deutschen Lehnwörter im Tschechischen (Forschungen zur sudetendeutschen Heimatkunde, Heft 3), Reichenberg
Meid 1989	Meid, Wolfgang: Archäologie und Sprachwissenschaft. Kritisches zu neueren Hypothesen der Ausbreitung der Indogermanen. In: Innsbrucker Beiträge zur Sprachwissenschaft 43, 1989, 5-39
Meinecke 1907	Meinecke, Friedrich: Weltbürgertum und Nationalstaat. In: F. Meinecke, Werke, Bd. V., München 1907. Neudruck 1963
Mencken 1992	Mencken, H.L.: The American Language. New York (Neuausgabe)
Mitzka 1968	Mitzka, Walter (Hrsg.): Wortgeographie und Gesellschaft. Festgabe für L.E. Schmitt. Berlin
Mollay 1976	Mollay, Karl: Deutsch-ungarische Sprachkontakte. In: SG I, 893-897
Morgenbrod 1993	Morgenbrod, Brigitt: Träume in Nachbars Garten. Das Wien-Bild im Deutschen Kaiserreich. In: Hübinger / Mommsen 1993
Müller 1988	Müller, Ludolf: Das Bild vom Deutschen in der Kiever Rus'. In: Kopelew B1

Naumann 1984	Naumann, Hans-Peter: Das Deutsche im Sprachkontakt: Skandinavisch / Deutsch. N: SG I, 918-923
Nelde / Ureland 1986	Nelde, P. / Ureland, S. / Clarkson, I.: Language Contact in Europe. Proceedings of the Working Group 12 and 13 at the XIIIth International Congress of Linguists, Aug. 29 – Sept. 4, 1982, Tokyo. In: Linguistische Arbeiten 168. Tübingen
Ostrower 1965	Ostrower, Alexander: Language, Law and Diplomacy. A Study in Linguistic Diversity of Official International Relation, Vol. I + II. Philadelphia
Oxford Etymology	Oxford Dictionary of English Etymology. Oxford/New York 1985
Paul DWB 1992	Paul, Hermann: Deutsches Wörterbuch, 9. vollständig neu bearb. Aufl. von H. Henne und G. Objartel. Tübingen
Peters 1968	Peters, Bernhard: Deutsch-slawischer Wortaustausch. In: Mitzka 1968
Petschull 1986	Petschull, Jürgen: Der Wahn vom Weltreich. Die Geschichte der deutschen Kolonien. Hamburg
Pfeffer 1977	Pfeffer, Alan J.: Deutsches Lehngut im Wortschatz des Amerikaners von 1976. In: Festschrift Betz 1977
Pfeffer 1987	Pfeffer, Alan J.: Deutsches Sprachgut im Wortschatz der Amerikaner und Engländer. Tübingen
Pohl / Vincenz 1987	Pohl, Alek / De Vincenz, A. (Hrsg.): Deutsch-polnische Sprachkontakte. Beiträge zur gleichnamigen Tagung 10.-13. April 1984 in Göttingen. In: Slavistische Forschungen, Bd. 52, Köln/Wien
Polenz 1978	Polenz, Peter von: Geschichte der deutschen Sprache, 9. Aufl. Berlin/New York
Polenz 1984	Polenz, Peter von: Die Geschichtlichkeit der Sprache und der Geschichtsbegriff der Sprachwissenschaft. In: SG I, 1-8
Polenz 1991	Polenz, Peter von: Deutsche Sprachgeschichte vom Spätmittelalter bis zur Gegenwart. Bd. I: Einführung - Grundbegriffe – Deutsch in frühbürgerlicher Zeit. Berlin/New York

Ponten 1968	Ponten, Jan Peter: Deutschniederländischer Wortaustausch. In: Mitzka 1968
Pyles 1952	Pyles, Thomas: Words and Ways of American English. New York
Raeff 1992	Raeff, Marc: Legenden und Vorurteile. (Übers. aus dem Engl.). In: Kopelew B2
Rammelmeyer 1973	Rammelmeyer, Matthias: Die deutschen Lehnübersetzungen im Serbokroatischen. Beiträge zur Lexikologie und Wortbildung. (Frankfurter Abh'en zur Slavistik 23) Wiesbaden
Reallexikon-GA	Reallexikon der germanischen Altertumskunde, von Johannes Hoops, 2. völlig neu bearb. und stark erweit. Aufl., hrsg. von H. Beck et al., 7 Bde. Berlin/New York 1973 ff
Reiffenstein 1984	Reiffenstein, Ingo: Bezeichnungen der deutschen Gesamtsprache. In: SG I, 1717-1727
Reinbothe 2006	Reinbothe, Roswitha: Deutsch als internationale Wissenschaftssprache und der Boykott nach dem Ersten Weltkrieg. Frankfurt: Peter Lang, 2006
Reiter 1953	Reiter, Norbert: Die deutschen Lehnübersetzungen im Tschechischen (Veröffentlichungen der Abtl. für slavische Sprachen und Literaturen des Osteuropa-Instituts an der FU) Berlin 1963
Renfrew 1989	Renfrew, Colin: Archaeology and Language. The Puzzle of the Indo-European Origins. 2. Aufl. London 1989 (1. Aufl. 1987)
Richter 1982	Richter, Michael: Die Sprachenpolitik Karls des Großen. In: Sprachwissenschaft. Bd. 7, 412-437
Ross 1972	Ross, Werner: Deutsch in der Konkurrenz der Weltsprachen. München
Rudolf 1972	Rudolf, Walter: Die Sprache in der Diplomatie und internationalen Verträgen. Frankfurt
Saña 1989	Saña, Heleno: Die verklemmte Nation. Zur Seelenlage der Deutschen. München

Sander 1938 — Sander, Erich: Die Germanisierung des römischen Heeres. In: Historische Zeitschrift, Jahrg. 160. 1-34. München

Scardigli 1990 — Scardigli, Piergiuseppe: Dalla cultura orale alla cultura scritta. In: I Langobardi

Schebera 1990 — Schebera, Jürgen: Damals im Römischen Café. 2. Aufl. Braunschweig

Scheuringer 1992 — Deutsches Volk und deutsche Sprache. Zum Verhältnis von Deutsch-Sprechern und Deutsch-Sein in der Schweiz und in Österreich nach 1945. In: Muttersprache 3/92, S 218-229

Schirmer 1960 — Schirmer, Adolf: Deutsche Wortkunde. Kulturgeschichte des deutschen Wortschatzes. 4. Aufl. Berlin

Schmidt 1993 — Schmidt, Wilhelm (Hrsg.): Geschichte der deutschen Sprache. 6. Aufl. Stuttgart/Leipzig

Schneeweis 1960 — Schneeweis, Edmund: Die deutschen Lehnwörter im Serbokroatischen in kulturgeschichtlicher Sicht. Berlin

Schneider 1976 — Schneider, Wolf: Wörter machen Leute. Magie und Macht der Sprache. München

Schönfelder 1957 — Schönfelder, Karl-Heinz: Deutsches Lehngut im amerikanischen Englisch. Halle

Schönfeldt 1968 — Schönfeldt, Alfred: Deutsche Sprache und gesellschaftliche Ordnung im Baltikum. In: Mitzka 1968

Schützeichel 1989 — Schützeichel, Rudolf: Althochdeutsches Wörterbuch, 4. überarb. und ergänzte Aufl.; Tübingen

Schulze 1987 — Schulze, Hans K.: Vom Reich der Franken zum Land der Deutschen. Merowinger und Karolinger. Berlin

Schuster-Sewc 1978 ff — Schuster-Sewc, Heinz: Historisch-etymologisches Wörterbuch der ober- und niedersorbischen Sprache 24. Hefte. Bautzen

Schwarz 1960 — Schwarz, Ernst: Sprache und Siedlung in Nordostbayern (Erlanger Beiträge zur Sprach- und Kunstwissenschaft, Bd. 4). Nürnberg

See 1984	See, Klaus von: Politisch-soziale Interessen in der Sprachgeschichtsforschung des 19. und 20. Jhd.s. In: SG I, 242-257
Seebold 1984	Seebold, Elmar: Etymologie. Eine Einführung am Beispiel der deutchen Sprache. München
Seibt 1974	Seibt, Ferdinand: Deutschland und die Tschechen. Geschichte einer Nachbarschaft in der Mitte Europas. München
Simon 1993	Simon, Bettina: Jiddische Sprachgeschichte. Frankfurt 1993
Skála 1968	Skála, Emil: Deutsche Lehnwörter in der heutigen tschechischen Umgangssprache. In: Abh'en der Sächs. Akad. der Wiss.en zu Leipzig, Philolog.-Hist. Klasse, Bd. 59, Heft 2. Berlin
Skála 1976	Skála, Emil: Der deutsch-tschechische Bilingualismus. In: IdS-Jahrbuch 1976
Skála / Štindlová 1961	Skála, Emil / Štindlová, J.: Die deutschen Lehnübersetzungen im Tschechischen. In: ZfSl 6, 1961, 134-139
SG I + I	Sprachgeschichte. Ein Handbuch zur Geschichte der deutschen Sprache und ihrer Erforschung. Zwei Halbbände. Berlin/New York 1984 (Bd. 1), 1985 (Bd. 2)
SL I + II	Soziolinguistik. Ein internationales Handbuch zur Wissenschaft von Sprache und Gesellschaft, von U. Ammon / N. Dittmar / K. Mattheier. Zwei Halbbände. Berlin/New York 1987 (Bd. 1), 1988 (Bd. 2)
Smet 1984	Smet, Gilbert de: Das Deutsche im Sprachkontakt: Niederländisch / Deutsch. In: SG I, 923-930
Sonderegger 1979	Sonderegger, Stefan: Grundzüge deutscher Sprachgeschichte. Diachronie des Systems. Bd. 1, Berlin/New York
Splett 1984	Splett, Jochen: Lexikologie des Althochdeutschen. In: SG I, 1029-1038
Stanforth 1968	Stanforth, Anthony W.: Deutschenglischer Wortaustausch. In: Mitzka 1968
Stedje 1989	Stedje, Astrid: Deutsche Sprache gestern und heute. München

Stender-Petersen 1928	Stender-Petersen, Adolf: Slavisch-germanische Lehnwortkunde. Eine Studie über die ältesten germanischen Lehnwörter im Slavischen in sprach- und kulturgeschichtlicher Sicht. Göteborg
Sternberger 1945 / 57	Sternberger, D. / Storz, G. / Süskind, W.E.: Aus dem Wörterbuch des Unmenschen. 1945 (1. Aufl.), 1957 (2. Aufl.)
Striedter-Temps 1958	Striedter-Temps, Hildegard: Deutsche Lehnwörter im Serbokroatischen. Wiesbaden
Striedter-Temps 1963	Striedter-Temps, Hildegard: Deutsche Lehnwörter im Slovenischen. Wiesbaden
Stroh 1974a	Stroh, Armin: Indogermanische Ursprünge. In: Maurer / Rupp 1974
Stroh 1974b	Stroh, Armin: Germanisches Altertum. In: Maurer / Rupp 1974
Tacitus 1991	De origine et situ Germanorum / Über den Ursprung und die Lage der Germanen, übersetzt von Josef Lindauer, dtv 9101
TDW	Trübners Deutsches Wörterbuch, hrsg. von W. Mitzka, 8 Bde. Berlin 1939-57
Telling 1987	Telling, Rudolf: Französisch im deutschen Wortschatz. Berlin (Ost)
Thomas 1978	Thomas, George: Middle Low German Loanwords in Russian. In: Slavistische Beiträge. Bd. 123, (1978). München
Trommler / Mc Veigh 1985	Trommler, Frank / Mc Veigh, Joseph (Hrsg.): America and the Germans, Vol 1: An Assessment of a 300-Year History, Philadelphia
Tschirch 1983 / 1989	Tschirch, Fritz: Geschichte der deutschen Sprache. Bd. 1: Die Entfaltung der deutschen Sprachgestalt in der Vor- und Frühzeit. 3. Aufl. (1983); Bd. 2: Entwicklungen und Wandlungen der deutschen Sprachgestalt vom Hochmittelalter bis zur Gegenwart. 3. überarb. Aufl. (1989). Berlin
Vennemann 1984	Vennemann, Theo: Hochgermanisch und Niedergermanisch: Die Verzweigungstheorie der germanisch-deutschen Lautverschiebungen. PBB 106, 1-45. Halle/Tübingen

Vertrags-Ploetz Bd. 3	Konferenzen und Verträge: Neuere Zeit 1492-1914. Hrsg. H. Rönnefarth. Würzburg 1952
Viereck 1984	Viereck, Wolfgang: Britisches Englisch und amerikanisches Deutsch. In SG I, 938-948
Wandruszka 1969	Wandruszka, Mario: Sprachen - vergleichbar und unvergleichbar. München
Wandruszka 1990	Wandruszka, Mario: Die europäische Sprachgemeinschaft. Deutsch-Französisch-Englisch-Italienisch-Spanisch im Vergleich. Tübingen
Wardhaugh 1987	Wardhaugh, Ronald: Languages in Competition. Dominance, Diversity and Decline. Oxford 1987
Wartburg 1928 ff	Wartburg, Walter von: Französisches etymologisches Wörterbuch. Eine Darstellung des galloromanischen Wortschatzes, 23 Bde., Leipzig/Basel (Bde. 15-17 behandeln die germanischen Lehnwörter)
Wartburg 1930	Wartburg, Walter von: Der Einfluss der germanischen Sprachen auf den französischen Wortschatz. In: Archiv für Kulturgeschichte, XX, 3
Wasserzieher 1974	Wasserzieher, Ernst: Woher? Ableitendes Wörterbuch der deutschen Sprache. 18. Aufl. Bonn
Webster's Encyclopedic Dictionary 1994	Webster's Encyclopedic Unabridged Dictionary of the English Language. New York
Weinreich 1964	Weinreich, Uriel: Languages in Contact. Findings and Problems. 3. Aufl. London/Haag/Paris
Weisweiler / Betz	Weisweiler, Josef / Betz, Werner: Deutsche Frühzeit. In: Maurer / Rupp
Wells 1990	Wells, Christopher J.: Deutsch – Eine Sprachgeschichte bis 1945. (Übers. a. dem Engl.). Tübingen
Whorf 1956 / 63	Whorf, Benjamin Lee: Thought and Reality. Cambridge, Ma. 1956; Deutsche Übersetzung: Sprache-Denken-Wirklichkeit. Reinbek 1963
Wolf 1979	Wolf, Heinz Jürgen: Französische Sprachgeschichte. Heidelberg

Woolner 1938	Woolner, A.C.: Languages in History and Politics. London
Zagiba 1971	Zagiba, Franz: Das Geistesleben der Slaven im frühen Mittelalter (Annales Instituti Slavici, Bd. 7). Wien/Graz/Köln
Ztschr. Dt. Sprachverein	Zeitschrift des Allgemeinen Deutschen Sprachvereins, Berlin 1886 ff.
Zöllner 1970	Zöllner, Erich: Geschichte der Franken bis zur Mitte des 6. Jahrhunderts. München